우리 언어철학사

우리 언어철학사

This Edition was published by Jipmoondang in 2022, Seoul, Korea.

우리 언어철학사

고영근

집문당

저자 **고영근**

1936년 경남 진양군(현재 진주시)에서 태어나 서울대학교 문리과대학 국어국문학과와 대학원을 거쳐 같은 대학교 인문대학 국어국문학과 교수를 역임하였다(문학박사). 훔볼트 초빙교수로 독일 라이프치히 소재 막스플랑크 연구소, 보훔, 콘스탄츠, 함부르크, 뷔르츠부르크 대학에서 이론 문법과 텍스트 과학을 연구하였다. 현재 서울대학교 명예교수로 있으며 어학전문 국제학술지 『형태론』의 편집고문과 〈이극로박사 기념사업회〉 회장을 맡고 있다.

전자우편(e-mail): komorph@hanmail.net, komorph@snu.ac.kr
홈페이지(homepage): http://www.komorph.com

우리 언어철학사

2022년 10월 20일 1판 1쇄

저자 | 고영근
발행인 | 임동규
발행처 | **(주)집문당**
등록 | 1971. 3. 23. 제2012-000069호
주소 | 03134 서울시 종로구 돈화문로 82, 5층
전화 | +82-1811-7567
이메일 | sale@jipmoon.com
홈페이지 | www.jipmoon.com

ISBN 978-89-303-1933-1 93700

가격 30,000원

(주)집문당 이순신돋움체B (저작권자 아산시, 무료글꼴)

책 머리에 부쳐

우리 민족은 고대로부터 15세기 중반까지는 한자를 가공하여 만든 "이두"라는 문자에 의지하여 문자생활을 영위하여 왔다. 한자를 모르는 일반 서민들은 한자를 가지고는 그들의 생각을 자유롭게 구사할 수 없었다. 조선왕조의 네 번째 임금인 세종대왕은 서민들이 문자생활에 참여할 수 있도록 표음문자인 "한글"을 창제하셨다. 그러나 한글은 주로 여자들 사이에서 사용되었을 뿐이었고 공식 문자의 대접을 받지 못하였다. 한글이 공용문자가 된 것은 19세기 말에 와서야 가능하였다. 고대로부터 우리말은 외국인들에게 주목되어 현재는 우리말이 지구촌의 방방곡곡에서 중요한 외국어의 하나로 학습되고 있다. 최근에는 우리말이 UN의 공식 국제어가 되었다는 보고도 있다. 이 책은 주로 우리 민족의 문자사용의 발자취를 추적하는 면에 역점을 두지만 외국어로서의 우리말의 보급양상을 살펴보기도 한다는 점에서 "문자" 다음에 "언어"라는 표현을 넣기도 하였다.

이 책은 2부로 구성되어 있다.

제1부는 "문자운용의 발자취"를 다루었다. 이곳에서는 국어학개설류를 배운 학부학생들이나 우리말과 한글에 관심을 가진 분들에게 우리 민족의 문자생활의 발자취를 알려 줌을 목표로 삼았다. 한 사회의 문자 · 언어생활의 발자취를 더듬는 데 있어서는 두 가지 방법이 있다. 하나는 문자 · 언어를 언어대중과 밀접하게 관련시키는 것이고 다른 하나는 언어대중과 절연시키는 것이다. 전자를 "관념론"이라 부르고 후자를 "실증론"이라고 부른다. 관념론에 의한 문자 내지 언어의 관찰태도를 보통 "해석학적 언어 철학"이라 부른다. 이 책의 이름을 "우리언어철학사"라 붙인 것은 우리 선인들의 문자생활이 관념론을 바닥에 깔고 영위되어 왔다는 사실

과 관련이 있다. 관념론에 의하여 문자생활을 영위하면서도 실증론에 의하여 우리말의 됨됨이를 구명하는 일도 적지 않게 발견한다. 실증론에 의한 우리의 언어에 대한 연구, 곧 "국어학 연구사"는 대학원과정에서 다룰 수 있다. 저자는 2020년 12월에 〈세계 한국어 대회〉에서 "우리 언어문화의 어제와 오늘"을 발표한 일이 있다. 이 글은 본서의 내용을 요약한 것인데, 여기에는 영문 번역도 붙였다. 이 글을 집문당 홈페이지(www.jipmoon.com) 자료마당의 일반자료실에 공개하여 두었으니 다운받아 미리 이용할 수 있다. 간간이 사진을 넣기도 하였다. 인터넷을 통하여 볼 수 있는 자료는 '[인테넷]'으로 표시하였으니 책을 읽을 때 휴대폰을 이용하면 쉽게 볼 수 있다.

제2부에서는 우리말을 기호학적으로 관찰하고 우리말에 대하여 윤리적 · 미학적으로 접근하는 몇 개의 논고를 실어 우리말을 해석학적 언어철학의 관점에서 바라보는 길을 열어 보기도 하였다. 이들 논고를 읽으면 우리말에는 해석학적 언어철학의 탐구대상이 될 수 있는 주제가 의외로 많다는 것을 알 수 있다.

주석은 "내용보충"이란 이름으로 후주의 형식을 취하되 본문의 내용을 보충 · 해설하는 태도를 취하였다. 학부과정은 본문을 중심으로 우리 문자생활의 면면을 이해할 수 있게 편성하였다. 더 깊이 공부하고자 하거나 대학원과정에 있는 사람은 "내용보충"을 통하여 이론상의 문제점을 발견할 수 있도록 유도하였다. 모든 정보는 '주시경'(1910)과 같이 표시하였으며 자세한 서지사항은 끝의 "참고논저"에서 찾아 보도록 하였다. 참고논저에 나오는 인명은 한글로 적음을 원칙으로 하였으며 외국인은 끝에 따로 배열하였다. 문법용어는 원칙적으로 학교문법의 것을 준용하였으나 그것이 마땅치 않을 때에는 저자가 『우리말 문법, 그 총체적 모습』(2018)에서 개발한 용어를 쓰는 일도 있을 것이다. 그런 경우는 괄호 안에 학교문법용어를 병기하여 이해에 편의를 도모하였다.

이 책을 저술함에 있어 저자는 많은 분들의 도움을 입었다. 배주채(카톨릭대), 윤석민(전북대) 두 교수는 본서의 골격을 편성하는 데 좋은 의견을 제시하여 주셨다. 이 밖에 어문학 및 국학 관련 교수들은 역대 한글 및 이두·한문 자료, 조선 시대의 표기법, 중국의 정음관, 일제 강점기의 우리말 학습자료, 시학에 대한 정보를 제공하여 주셨다. 이종덕(한글편지 연구가) 박사를 비롯하여, 허재영(단국대), 이카라시(동경 외국어대학), 구본관(서울대), 채현식(군산대), 이용(서울시립대), 송원용(인천대), 황문환(한중연), 황국정(경상대), 최형용(이화여대), 최성규(서울시립대), 가와사키(동경대) 등 여러 어문학 교수들은 자료수집은 물론, 내용검토에서부터 편집상의 문제점에 이르기까지 좋은 의견을 많이 제시하여 주셨다. 이 밖에 한글학회의 성기지 연구원, 조선일보의 김덕한 기자, 국립국어원의 정호성 과장, 이지연 연구사, 홍고은 연구원은 일제 강점기의 어문자료, 북한의 최근 언어정책 자료수집에 협력하여 주셨다. 최윤지 교수(인하대)는 책 전체의 얼개로부터 세부사항에 이르기까지 잘못된 점을 많이 지적하여 주셨으며 집문당 편집부의 전정아 님은 책을 예쁘게 꾸미느라고 온갖 정성을 다 기울이셨다. 이들 여러분께 고마운 인사를 표하는 바이다.

끝으로 본서를 구상하는 단계에 격려의 말씀을 해 주신 강신항 교수(성균관대)와, 해석학적 언어철학을 이 땅에 수용하여 이 방면 연구의 기반을 다져 주신 신익성(1924~2000)(서울대 언어학과 교수 역임), 이규호 (1926~2002)(연세대학교 철학과 교수 역임), 허발(1928~2020)(고려대학교 독어독문학과 교수 역임)의 세 선학의 영전에 이 책을 바치는 바이다.

2022. 10. 9.
한글날 576돌을 맞아
서울대학교 명예교수연구동에서
저자 적음

목 차

책 머리에 부쳐 v

제1부

문자 운용의 발자취

제1장

말머리를 들면서 / 3

1.1. **우리 언어철학사의 범위 설정** 3
1.2. **우리 언어철학사의 과제** 4

제2장

우리말에 대한 유형론적 접근과 문자의 가공 · 창제 · 보급 / 7

2.1. **우리말에 대한 유형론적 접근** 7
2.2. **한자의 가공과 이두** 9
A. 삼국시대의 문자생활 10
2.2.1. 고구려의 문자생활과 이두의 발아 10
2.2.2. 백제의 문자생활 12
2.2.3. 신라의 문자생활 14
B. 남북국 시대의 문자생활 18
2.2.4. 통일신라 시대의 문자생활 18
2.2.5. 발해의 문자생활 22

2.3. **고려시대의 문자생활 - 향찰의 쇠퇴와 구결 및 이두의 발전 -** 23
2.3.1. **균여의 방언본 저술과 향가의 창작** 23
2.3.2. **음독구결의 출현** 27
2.3.3. **이두문 사용의 확대** 28
2.3.4. **한문학의 발전** 29
2.3.5. **외국어 교육기관과 외국인의 우리말 학습** 30
2.3.6. **불경 읽기와 부호** 31
2.4. **조선시대의 문자생활** 33
2.4.1. **조선 전기의 문자생활** 33
2.4.1.1. "한글"의 창제와 그 동기 33
2.4.1.2. 한글 창제의 후속 작업 35
2.4.1.3. 한글의 보급과 문학작품의 창작 42
2.4.1.4. 한문학의 발전과 이두문의 확대 사용 51
〈한문학의 발전〉 51
〈이두문의 확대 사용〉 52
2.4.1.5. 조선 전기의 한글 교육과 외국어 학습, 그리고 외국인의 우리말 학습 55
〈한글 교육과 한글의 보급〉 55
〈우리들의 외국어 학습과 외래어 표기〉 57
2.4.1.6. 글쓰기와 문장부호 등 60
2.4.2. **조선 후기의 문자생활** 63
2.4.2.1. 관념론의 쇠퇴와 실증론의 등장 63
2.4.2.2. 한글 사용의 신장과 한글 문학의 자리잡음 64
2.4.2.3. 한문학의 성격 변화와 이두(문)의 쇠퇴 73
2.4.2.4. 조선 후기의 한글 학습과 한자 · 외국어 학습의 다변화 75
〈한글 학습〉 75
〈한자 학습〉 76
〈외국어 학습〉 76
2.4.2.5. 글쓰기와 띄어쓰기 77
2.4.3. **개방시대와 대한제국시대의 문자생활** 77
2.4.3.1. 문호의 개방과 한글 및 우리말에 대한 재인식 77
2.4.3.2. 국문시대의 개막과 "국문연구소"의 설립 81
2.4.3.3. 개화기의 언어철학 88

2.4.3.4. 한글 전용과 국한문 혼용에 얽힌 제 문제 90
2.4.3.5. 주시경과 김규식의 문법 연구 97
2.4.3.6. 정서법 확립을 위한 노력 100
2.4.3.7. 한글의 로마자 표기와 외래어의 한글 표기 107
〈한글의 로마자 표기〉 107
〈외래어의 한글 표기〉 111
2.4.3.8. 외국인의 우리말 배우기와 우리들의 외국어 배우기 113
2.5. 일제 강점기의 문자 · 언어 생활 ········ 118
2.5.1. 일제의 정서법 제정과 사전 편찬 ········ 119
2.5.1.1. 주시경과 해석학적 언어철학의 구현 119
2.5.1.2. 일제의 철자법 제정과 『조선어사전』 편찬 121
2.5.1.3. 주시경 후계학파의 표준화 연구 123
2.5.1.4. 『언문철자법』의 개정과 보급 129
2.5.2. 조선어학회의 정서법 제정과 표준어 사정 ········ 132
2.5.3. 『한글마춤법통일안』 제정 전후의 표준화에 관련된 제 문제 ········ 135
2.5.4. 조선어학회의 『조선어사전』의 편찬 ········ 137
2.5.5. "조선어학회 수난"의 발단과 경과 ········ 140
2.5.6. 실증론의 대두와 우리말의 방언 및 음운의 연구 ········ 142
2.5.7. 반도 밖의 우리말 보급 ········ 144
2.5.8. 우리말(조선어) 교육과 외국어 교육, 고전 주석 ········ 150
2.5.8.1. 조선인을 위한 일본어 교육 150
2.5.8.2. 일본인을 위한 조선어 교육 152
2.5.8.3. 조선인을 위한 영어, 중국어 등 외국어 교육 153
2.6. 분단 시대의 어문 문제 ········ 156
2.6.1. 해방공간(1945~1948)의 우리말 도로 찾기 ········ 157
2.6.2. 남북의 문자 · 언어 생활 양상 ········ 159
2.6.2.1. 남한의 문자생활 양상 159
제1기(1948~1957): 학교 교육에서의 한글 전용과 한글 파동 159
제2기(1958~1969): "한글 전용 실천요강"의 공포 163
제3기(1970~1983): 한글 전용의 시행과 한문교육의 강화 168
제4기(1984~1991): "국어 연구소"의 설립과 정서법의 개정 174
제5기(1992~2005): 개방시대 177

2.6.2.2. 북한의 문자생활 양상 178
제1기(1948~1954): 『한글마춤법통일안』의 준용과 『조선어 신철자법』 178
제2기(1954~1966): 『조선어 철자법』의 공포 182
제3기(1966~1976): "문화어 운동"의 전개 192
제4기(1976~1991): 규범집에 기초한 문화어운동의 정착 197
제5기(1992~2005): 개방시대 201
2.7. 협력시대의 어문 문제(2005~) ········· 215
2.8. 우리말과 한글의 해외 보급 ········· 221
2.8.1. 해외 동포의 우리 문자 및 우리말의 사용 양상 ········· 221
2.8.2. 북한이탈 주민과 다문화시대의 우리말 ········· 223
2.8.3. 외국인의 우리말 학습 상황 ········· 224
2.9. 마무리 - 우리의 해석학적 언어철학 어디로 - ········· 225

제2부

우리말에 대한 기호학적 접근과 윤리적 · 미학적 접근

제3장

우리말에 대한 기호학적 접근 / 231

3.1. 들어가기 ········· 231
3.2. 한힌샘의 사상체계 ········· 233
3.3. 한힌샘의 기호학과 현대의 텍스트과학 ········· 235
3.4. 마무리 - 우리 학문의 국제성 - ········· 239

제4장

우리말 텍스트에 대한 윤리적 접근 / 243

4.1. 들어가기 ········· 243
4.2. 『논어』와 『예기』의 언어윤리 ········· 244
4.3. 우리의 텍스트에 나타나는 언어윤리 ········· 246
4.4. 마무리 ········· 252

제5장

우리말 텍스트에 스며 있는 미학적 측면 / 255

5.1. 들어가기 ········· 255
5.2. 고대가요의 주술적 기능 ········· 256
5.3. 고시조의 감동적 기능 ········· 258
5.4. 현대시의 호소적 기능 ········· 260
5.5. 금기담과 길조담의 미학적 기능 ········· 262
5.6. 마무리 ········· 263

내용 보충

제1장 말머리를 들면서 ········· 267
제2장 우리말에 대한 유형론적 접근과 문자의 가공 · 창제 · 보급 ········· 269
제3장 우리말에 대한 기호학적 접근 ········· 309
제4장 우리 텍스트에 대한 윤리적 접근 ········· 312
제5장 우리말 텍스트에 스며 있는 미학적 측면 ········· 314

참고 논저 317
찾아보기 339

제1부

문자 운용의 발자취

제1장

말머리를 들면서

제2장

우리말에 대한 유형론적 접근과 문자의 가공 · 창제 · 보급

제1장

말머리를 들면서

1.1. 우리 언어철학사의 범위 설정

"언어철학"의 과제에는 여러 가지를 둘 수 있으나 이곳에서는 "해석학적 언어철학"에 국한하여 우리의 언어철학이 걸어온 발자취를 더듬어 보고 앞으로의 과제를 제시하는 면에 중점을 두기로 한다. 해석학적 언어철학이란 언어의 본질을 주체적인 인간과의 관계 속에서 이해하고 언어현상을 삶의 핵심으로 파악하고 철학적으로 해석하는 언어철학의 한 갈래이다. 해석학적 언어철학은 달리 관념론을 지향하는 언어철학이라고도 말할 수 있다. 위와 같은 의미의 언어철학사는 종전에는 철학사와 어학사가 분화되지 않은 "국어학사"라는 큰 테두리 안에서 다루어졌었다. 이러한 현상은 언어철학의 본 고장인 서양, 특히 독일도 큰 차이가 없었다. 19세기 이전까지는 언어학사와 언어철학사가 미분화된 상태에서 연구되어 왔으며 19세기 초에 와서야 언어학사와 언어철학사를 분리하는 관점을 취하였다. 그 본격적 업적은 20세기 중반부터 출현하기 시작한다. 우리가 사용하는 "언어"에는 단순히 "말" 자체를 관념적으로 가리키는 단수로서의 "언어"

(language)와, 개인과 지역에 따라 달리 실현되는 구체적인 복수로서의 "언어들"(languages)의 두 가지 개념을 둘 수 있다. 물론 후자도 경우에 따라서는 언어철학의 대상이 될 수도 있다.

우리나라를 비롯한 동양의 언어학사도 큰 차이가 없다. 일본의 대표적인 국어학자인 도키에다(時枝誠記)의 『國語學史』(국어학사)(1940)은 언어철학의 주제인 "言靈"(언령)[고토다마]을 국어학사의 첫머리에서 다루고 있다. 이는 언어에 주술력(呪術力)을 부여하는 관념론적 언어철학의 한 갈래로 볼 수 있는데 이와 같은 주제를 국어학사에서 다루게 된 것이다. 그러나 저자는 전근대적인 국어학사의 서술태도를 극복해야 할 필요가 있다는 점을 느끼고 갑오경장 이전의 업적은 "국어학적 업적"으로 다루고 진정한 "국어학 업적"은 1930년대의 언어학을 배경으로 한 우리말 연구만을 대상으로 삼아야 한다는 견해를 표명한 바 있다. 이는 관념론과 실증론에 입각한 우리말 연구의 태도와도 직접 관련이 있다. 전자는 우리말 연구를 현실적 문제의 해결과 관련시키고 후자는 우리말의 구조 자체를 객관적 연구의 대상으로 삼는다는 뜻이다.

1.2. 우리 언어철학사의 과제

해석학적 언어철학에 기댄 우리말 연구와 보급의 문제를 시기별로 들어보면 다음과 같다.

(1) 시기별 문자의 가공과 보급
　가. 전통시대 (1)-한자 가공 시대(고대~1443)
　나. 전통시대 (2)-한자 · 이두 · 한글 공존 시대(1443~1894)

다. 국한문 혼용시대(1895~1910)
라. 일본문 전용시대(1910~1945)
마. 해방공간(1945~1948)
바. 분단시대(1948~1991)
사. 소통시대(1992~2004)
아. 협력시대(2005~)

"전통시대"는 둘로 나누었다. "전통시대 (1)"은 한문과 이두가 공존하는 시대를 가리킨다. 이 시대는 한자가 유입된 기원전 2~3세기, 흔히 말하는 "고대"를 가리킨다. "이두"는 한자의 훈과 음을 빌려 우리말을 적는 이른바 "차자 표기법"을 가리킨다. 물론 여기에는 한자를 우리말의 문법 체계에 따라 배열하는 이두문도 포함된다. "전통시대 (2)"는 한문과 이두와 한글이 공존한 시대를 가리킨다. "국한문 혼용시대"는 중국으로부터 정치적 독립을 쟁취하고 훈민정음이 "한글"로 불려짐과 함께 우리나라를 대표하는 국자(國字)의 자격을 얻게 되는 시대를 가리킨다. "일본문 전용시대"는 한글이 국자의 자격을 박탈당하면서 일본의 가나문자와 한자가 공식문자가 된 36년간을 가리킨다. "해방공간"은 잃었던 한글과 우리말을 되찾는 운동을 벌이던 해방후 3년간의 시기를 가리킨다. "분단시대"는 남북이 서로 다른 언어철학에 기대어 어문정책을 수행한 40년간(1948~1991)을 가리킨다. "소통시대"는 남북의 우리민족과 재외교민이 정보를 교환하면서 우리의 언어문화를 국제화하는 12년간(1992~2004)을 가리킨다. "협력시대"는 남북이 힘을 합쳐 『겨레말 사전』을 편찬하고 있는 우리 당대(2005~)를 말한다.

위의 시대 구분에 따라 우리 언어철학사의 어제와 오늘, 그리고 내일을 그려 내어 보기로 한다.

제2장

우리말에 대한 유형론적 접근과 문자의 가공 · 창제 · 보급

2.1. 우리말에 대한 유형론적 접근

우리 민족은 고대에는 한자에 의하여, 중세에는 한자와 한글에 의하여 문자생활을 영위하여 왔다. 이곳에서는 남한에서 사용하는 "한국어, 한글", 북한에서 사용하는 "조선어, 조선글자"를 중립화시킨다는 점에서 "우리"란 수식어를 씀을 원칙으로 하되 단 문자에 대하여는 국제적으로 보급되어 있는 "한글"이란 말을 사용하기로 한다.

우리 민족은 언제부터 우리말을 사용하면서 삶을 누려 왔을까. 가까이는 7세기 중반의 삼국통일과 10세기 초의 고려건국으로 거슬러 올라갈 수 있고 멀리는 기원전 4세기 이전까지 거슬러 올라갈 수 있다. 당시 한반도와 중국의 동북삼성 일대에는 우리말을 공용하는 언어공동체가 형성되어 있었음이 확인되고 있다. 이는 고구려, 백제, 신라도 큰 차이가 없었던 것이 아닌가 한다. 고구려를 계승한 발해는 비록 퉁구스족의 선조인 말갈족(숙신, 여진 포함)과 연대를 맺고 있기는 하였으나 그 공통어는 신라어와 큰 차이가 없던 것으로 보고 있다. 발해 사신이 일본에 갔을 때, 신라 유학생이 통역을 맡았다는 기록 등을 보면 신라어는 발해어와 같은 언어임을 알 수 있다.

양서(梁書)(635 AD) "백제전"을 보면 신라는 문자가 없어 나무에 새겨서 신표로 삼았으며 신라 사람은 백제 사람을 기다린 다음에 의사소통을 하였다는 기록이 있다. 이는 중국어를 아는 백제 사람이 통역을 하여 신라인과 중국인이 접촉하였다는 뜻이니 백제어와 신라어가 큰 차이가 없었음을 뒷받침한다고 하겠다. 고구려를 계승한 발해의 언어가 신라와 차이가 없고 신라어와 백제어가 차이가 없었다는 것은 중국의 동북 삼성 일대와 한반도에는 "우리말"이라고 부를 수 있는 언어 공동체가 형성되어 있었다는 것을 알 수 있다. 역사학자들은 풍속이 같으면 언어도 같은 것으로 간주한다. 발해가 망한 뒤, 발해 태자 대광현 등이 고려로 망명하였을 때, 벼슬을 주었다는 것은 동족의식이 작용하였기 때문이었다. 『고려사』에 전하는 "훈요십조"(訓要十條)를 보면 거란은 언어와 풍습이 우리나라와 다르다고 말하고 있는데 이 역시 언어유형론적 사고의 발현(發顯)으로 볼 수 있다.

고려 광종 때의 한림학사 최행귀(崔行歸)는 균여대사의 향가 11수를 한문으로 번역하였다. 그것은 향찰만으로는 국제성을 띠기가 어려우니 당시 동아시아의 공동문어였던 한문으로 번역해야만 널리 보급될 수 있다고 보았기 때문이었다. 당시 한문을 문어로 채택한 나라는 송(宋), 요(遼), 금(金), 왜(倭)였다. 우리나라는 이미 기원 전에 한문이 수용되어 고구려 · 신라 · 백제는 그들의 역사서(뒤에 나옴)를 편찬하기도 하였다. 이는 중세유럽의 라틴 · 그리스어와 개별언어와의 관계와 그 성격이 다르지 않다. 유럽뿐만 아니라 다른 문명권에서도 볼 수 있는 현상이다. 공동문어는 언어의 유형적 특징과는 관계 없이 관련 문명권에 통용되었다. 그러는가 하면 각 문명권의 언어적 특징에 맞도록 가공된 민족문자가 창안되어 "방언"(方言)으로 불리는 데 사용되었다. 이곳의 "방언"은 한 언어의 지역방언이 아니고 중국 주변 민족의 언어나 기타 다른 언어를 가리킨다. 이와 함께 개별 민족어를 적는 민족문자도 고안되었다. 우리나라의 이두(吏讀)와 한글, 일본의 가나(假名), 베트남의 쯔놈(字喃)이 그것이며 거란, 여진, 서하, 위구르, 몽골도 그들의 문자가 있었다. 우리말을 둘러싸고 있는 언어가 역사적으로 다양하였듯이, 문자도 성격이 달라서 그 나름의 유형론이 성립될 수 있다.

2.2. 한자의 가공과 이두

한자는 기원전 2, 3세기, 곧 중국의 한(漢) 대에 유입된 것으로 보고 있다. "한자"와 "한문"의 "漢"이 바로 위의 "漢"과 일치한다는 점에서 그렇게 볼 수 있다. 한자가 이 땅에 들어오기 전, 고조선시대에 "신지글자"란 우리 고유의 문자가 있었다고 주장하기도 하나 이를 실증할 수 있는 자료가 나타난 일이 없으며 다분히 이데올로기에 치우친 작위(作爲)로 보고 있다. 현재는, 동아시아의 다른 민족과 같이, 한자를 우리말의 특성에 맞게 가공하여 문자생활을 하였다는 견해가 동의(同意)를 얻고 있다. 이곳에서도 위와 같은 관점에서 우리 조상들의 문자생활을 엮어 보기로 한다. 한자를 사용한 시기, 곧 고구려, 백제, 신라의 세 나라와 통일신라와 발해의 남북국 시대의 두 나라의 한자 사용과 그 가공의 양상을 검토하기로 한다.

A. 삼국시대의 문자생활

2.2.1. 고구려의 문자생활과 이두의 발아

앞에서 우리는 한자가 기원전 2, 3세기에 유입된 것으로 보았다. 한자를 접하였을 때 우리 선인들은 고유명사를 비롯한 구체적 사물을 지시하는 어휘부터 적기 시작하였다. 고구려의 시조 '동명성왕'(東明聖王)은 성은 고(高)씨요 이름은 '주몽'(朱蒙)인데 부여의 속어에 활을 잘 쏘는 사람을 '주몽'으로 불렀다는 기록이 있다. 이 한 가지만 보더라도 우리의 선조들이 한자를 접했을 때, 고유명사부터 한자로 기록하였음을 알 수 있다. 개별어휘가 지니고 있는 의미를 고려하여 사람의 이름이나 땅이름을 짓는 행위도 실증론의 영역이라고 할 수 있다. 이런 예를 보면 서기전 37년에는 적어도 통치계급 사이에는 한자가 꽤 보급되어 있었다고 볼 수 있다. 고구려 2대 왕인 유리왕(19 BC~18 AD)이 읊었다는 한시 〈황조가〉(黃鳥歌)는 우리말로 지었는데 한역되었다는 견해도 있지만 당시 통치계급이었던 유리왕이 한문으로 지었다는 견해가 설득력이 있다. 더구나 한나라 출신인 치희(雉姬)를 두고 읊었으니 이는 그 원문이 한문이었을 가능성이 많다. 고구려는 이미 건국 초기에 『유기』(留記) 100권을 편찬하였고 영양왕 11년(600 AD)에는 이문진(李文眞)에게 명하여 『유기』를 『신집』 5권으로 개편하였다.

고구려는 소수림왕 2년에 "태학"(太學)이라는 고등교육기관을 세워 중국의 경전을 가르쳤으며 지방에도 교육기관을 두어 중국의 경전을 읽혔다. 을지문덕장군이 영양왕 23년(612 AD)에 있었던 살수(撒水) 대첩에서 수나라의 장군 우중문(于仲文)에게 지어 보낸 5언 절구는 고구려의 한문학에 대한 지식과 조예(造詣)가 무신계급에까지 고루 침투되어 있었음을 방증한다고 할 수 있다. 그리고 광개토대왕릉의 비문과 같은 석각(石刻) 작품은 당대의 동아시아의 다른 나라에서는 볼 수 없었던 장편서사시였다.

그러면 장수왕 2년(414 AD)에 건립된 광개토대왕 비문을 검토함으로써 고구려 사람들의 문자생활의 일면을 보기로 한다.

알려진 바와 같이, 광개토대왕 비문은 장수왕 2년(414 AD)에 아들 장수왕이 세운 우리나라의 가장 큰 비석이다. 비문은 세 부문으로 구성되어 있다. 주몽의 건국신화를 비롯하여 역대 왕의 치적(治績)과 약력 그리고 비의 건립경위가 그것이다. 제2부는 핵심부문으로서 대왕의 정복활동에 관한 내용이 중심이 되어 있다. 3부는 묘를 관리하는 사람, 곧 수묘인(守墓人)에 관한 내용이 들어 있다. 이 비문은 19세기 후반에 만주를 여행하던 일본군 장교가 변조하였다고 하여 그 진위(眞僞)를 둘러싸고 지금도 논의가 진행 중에 있다. 언어철학사에서 볼 때에는 비문의 내용보다도 비문의 언어적 성격을 밝히는 것이다.

광개토대왕 비문은 순정한문이라기보다 이두문의 성격이 가미된 이른바 초기이두문 내지 변체한문으로 보는 것이 학계의 통설이다. 3부에 나오는 다음 구절이 그러하다.

(2) 賣者刑之 買人制令守墓之(매자형지 매인제령수묘지)
(번역: 파는 자에게는 형벌을 가하고 사는 사람에 대하여는 국가가 법령을 제정하여 그에게 묘를 지키게 한다)

위의 구절에 나오는 '之'는 문장 종결의 기능을 띠고 있으며 이는 후대, 특히 신라 시대의 이두문에도 보인다. 이밖에도 우리말 어순에 맞도록 "어순 재배치"가 일어나거나 문법 형태화한, 우리글에 상당한 표현도 보인다. 광개토대왕 비문을 보면 『논어』, 『예기』, 『춘추』 등의 중국의 경서류와 『사기』, 『삼국지』, 『위서』 등의 사서류에 나오는 한자어(구)가 구사되어 있어 중국의 한자문화를 다각도로 수용하고 있음을 짐작할 수 있다. 고구려는 이미 소수림왕 2년(372 AD)에 태학을 세웠음을 본 바 있는데 그 결실이 비문에 반영되어 있는 것이다.

고구려 사람들의 문자생활을 엿볼 수 있는 자료로 성벽각서, 서봉총 은합우명, 중원 고구려비(495 AD)를 들 수 있다. 성벽각서는 현재 5종이 알려져 있는데 5세기 중반부터 6세기 중반 사이에 새겨진 것으로 보고 있다. 그중 가장 이른 것 하나를 들고 어떻게 해독할 수 있는가 하는 문제를 풀어 보기로 한다. 이에 대하여는 일찍이 일본 학자와 북한의 국어학자 홍기문 교수(1903~1992)에 의하여 해독이 시도되기도 하였으나 이곳에서는 최근에 나온 남풍현 교수의 해독을 보이기로 한다.

> (3) 丙戌十二月中 漢城下 後卩 小兄文達節 自此西北行涉之
> (번역문) 병술년 12월 중에 漢城下의 後部 출신 小兄인 文達이 감독하였다. 여기서부터 서북쪽으로 가서 걸치었다.

'中'(중)은 처격 어미로 보기도 하나 한문의 원래의 뜻대로 푸는 것이 좋다. 12월 1일에서 말일까지의 어느날을 가리킨다. '漢城'(한성)은 현재의 평양시 안에 있었던 성으로 고구려 3경의 하나였다. '涉'(섭)은 어느 정도의 작업량을 받았다는 뜻이다. 끝의 '之'(지)는 앞에서 본 광개토대왕의 비문에 나오는 '之'와 같이 문장종결의 기능을 부여할 수 있다.

2.2.2. 백제의 문자생활

백제는 근초고왕 30년(375 AD)에 박사 고흥이 『서기』를 편찬하였고 이어 일본에 수많은 고급문화를 전하였다. 백제는 해상을 통하여 중국의 성숙된 문화를 많이 수용하였다. 백제의 문자생활은 한성시대(BC 18~AD 475), 웅진시대(AD 475~538), 사비시대(AD 538~660)의 세 시기에 걸쳐 고찰할 수 있다. 한성시대의 문자생활 자료에는 일본 나라의 이소노카미 신궁(石上新宮)에 소장되어 있는 칠지도(七支刀)(369 AD)에 새겨져 있는 명문(銘文)이 있다. 이 밖에도 풍납 토성에서 발견된 명문 토기도 추가할 수 있다. 웅진시대의 문자자료로는 무령왕릉(武寧王陵)의 출토품을 들 수 있다. 이곳에서는 땅을 산 영수증인 매지권(買地券)도 발견되었다. 사비시대의 문자자료로는 사택지적당탑비(砂宅智積堂塔碑)를 비롯하여 목간자료 등이 나오고 있어 이 방면 연구에 활기를 더하여 주고 있다.

백제의 이두 자료는 사마왕 왕비의 은팔찌에 음각되어 있는 초기 이두문에서 볼 수 있다.

(4) 庚子年二月多利作
(庚子年 2월에 多利가 지었다)

위의 예는 그 어순이 국어적인 것이라고 하여 초기 이두문의 범주에 넣고 있다.

이곳에서 특기할 것은 초기 이두문의 형태를 띤 백제시대의 시가가 나타났다는 사실이다.

(5) 宿世結業　전생의 인연으로
同生一處　현세에 함께 하니
是非相問　시비를 서로 물어
上拜白來　상배하고 사뢰져

위의 시는 부여 능사(陵寺) 유적지에서 발굴된 백제 목간에 새겨져 있다. 오른쪽은 왼쪽의 원문을 번역한 것이다. 유물 연대의 하한은 7세기 중엽으로 추정하고 있다. 시의 제목은 첫 구절을 따서 〈숙세가〉(宿世歌)라 부르고 있다. '宿世結業'(숙세결업)은 불교적 표현이며 한문 표현으로 볼 수 있다.

'同生一處'(동생일처)는 한문으로 볼 수 있지만 '是非相問'(시비상문)과 '上拜白來'(상배백래)는 한문문법에 어그러지는 것으로 보아 우리식 한문이라고 할 수 있다. 사언사구체(四言四句體)이므로 시가풍의 고대시가와 형식적으로 유사한 면도 있지만 내용면이나 운율면에서는 한시와 거리가 먼 것으로 평가되고 있다. 전반부는 한문으로 볼 수 있지만 후반부는 우리식 한문 내지 초기 이두문임에 틀림없다.

위의 노래는 현재까지 알려진 백제의 노래 중에서 가장 오래된 것이다. 내용면에서도 어디에 내 놓아도 빠지지 않는다. 이 노래를 발굴하여 소개한 바 있는 김영욱 교수는 〈숙세가〉에 대하여 탈속과 여유의 미학이 배어 있는, 백제에서 가장 오래된 노래라고 하였다. 고조선 시대의 작품인 〈公無渡河歌〉(공무도하가)에서 느낄 수 있는 세속적인 인연의 애절함과는 다른 면이 있다고 보았다. 그것은 어쨌든 후반부는 백제에서도 고구려에서 볼 수 있었던 초기적 이두문을 사용하였음을 실증할 수 있다.

2.2.3. 신라의 문자생활

신라는 삼국 가운데서도 역사책의 편찬이 가장 늦었다. 신라에 한자 · 한문이 언제 수용되었는가 하는 문제는 삼국 중에서 가장 늦게 수용되었을 것으로 짐작된다. 그러나 진흥왕 6년(545 AD)에 거칠부(居柒夫)에게 명하여 『국사』(國史)를 편찬한 것으로 보아 이미 이전에 한자 · 한문이 수용되어 있었지 않나 한다. 더욱이 6세기 중반(540~576 AD)에 진흥왕의 순수비가 건립된 것을 보면 한문이 식자층에게 널리 보급되어 있음을 확인할 수 있다. 이들 비문은 이두문이 아닌 정통 한문이라는 점에서 신라인들의 한(漢) 문화의 수용 양상의 일면을 짐작할 수 있다.

이와는 달리 6세기 초부터 거의 1세기에 걸쳐 이두문의 범주에 넣을 수 있는 자료들 9종이 전하고 있다. 그중 몇 가지만 보이기로 한다.

(6) 신라 초기의 이두 자료
  가. 영일 냉수리 비명(503년?)
  나. 임신 서기석명(512년?)
  다. 남산 신성비명(591년)

각 비명의 첫 구절을 해독하여 보임으로써 초기 이두문의 됨됨이를 엿보기로 한다.

먼저 (6가)를 다음 (6가′)와 같이 적고 해독하여 보기로 한다.

(6가′) 斯羅喙斯夫智王乃智王此二王教

'斯羅'(사라)는 '斯盧(사로), 徐羅伐(서라벌), 新羅(신라)' 등으로 적혀진다. '喙'(훼)는 신라의 6부 중에서 가장 핵심을 이루는 '部'(부)의 이름이다. '斯夫智王'(사부지왕)과 '乃智王'(내지왕)은 구체적으로 어느 왕을 가리키는지 분명치 않다. 화백회의 대표자로 보는 것이 좋다는 견해가 있다. '教'(교)는 판결하여 명령하였다고 해석하는 것이 비교적 무난해 보인다. 위의 설명을 바탕으로 (6가′)를 해석하면 다음과 같다.

(6가″) 斯羅(현재의 경주) 喙部의 '斯夫智王'과 '乃智王', 이 두 왕이 판결하여 명령하였다.

다음으로 임신 서기석명을 보기로 한다.

(6나′) ① 1) 壬申年 六月 十六日 二人幷書記
  2) 天前誓
  3) 今自三年以後 忠道執持過失無怨

4) 若此事失 天大罪
5) 若國不安 大亂世 可容行誓之
② 6) 又別先 辛未年 七月二二日 大誓
7) 詩尙書禮傳倫得誓三年

위의 (6나′)는 임신년(壬申年)의 맹세인 ①과 신미년(辛未年)의 맹세인 ②로 나누고 다시 세분한 것이다.

위의 (6나′)를 해독하면 다음과 같다.

(6″) ① 1) 임신년 6월 16일 두 사람이 함께 기록한다.
2) 하느님 앞에 맹세한다.
3) 지금부터 3년 이후 충도를 집지하고 과실이 없기를 맹세한다.
4) 만약 이 일을 잃으면(어기면) 하느님에게 큰 죄를 얻을 것을 맹세한다.
5) 만약 나라가 불안하고 크게 어지러운 세상이면 가히 용납될 수 있도록 행할 것을 맹세한다.
② 6) 또 따로 먼저 신미년(辛未年) 7월 22일에 크게 맹세하였다.
7) 詩 · 尙書 · 書傳 · 禮記 · 左傳을 차례로 습득할 것을 맹세하되 3년으로 하였다.

위의 임신 서기석명은 화랑도로 보이는 두 젊은이가 국가에 충성을 하고 학문을 닦을 것을 하늘에 맹세한 것이다. 이는 한자를 우리말의 어순에 따라 배열한 것으로 초기 이두문의 하나로 보고 있다. 영어를 우리말의 어순에 따라 배열한 'I가 you에게 book를 give 하였다'와 같은 이른바 콩글리시(Konglish)를 연상케 한다. 위의 임신 서기석의 건립 연대를 남풍현 교수는 6세기 초인 512년으로 비정(批正)하고 있다. 위의 비문 가운데는 사서오경과 좌전(左傳) 등의 중국 역사서를 습득한다는 말이 나오는 것을 보아 이미 6세기 이전에 한문이 통치계급이나 화랑도 등의 엘리트 계층에게는 널리 보급되어 있었음을 알 수 있다.

끝으로 남산 신성비명을 보기로 한다. 신성비명은 네 종류가 전하고 있다. 각 비에 공통된 서약 부분을 통하여 초기 이두문의 모습을 검토하기로 한다.

> (7) 辛亥年 二月 二六日 南山新城 作節 如法以 作後三年 崩破者 罪教事 爲聞 教令 誓事之

(7)을 해독하면 다음과 같다.

> (7′) 신해년(辛亥年) 2월 26일 남산 신성을 지을 때 만약 법도에 따라 지은 후 3년 안에 붕파(崩破)할 것 같으면 죄 주실 일로 삼아 주문(奏聞)하라는 교령(教領)에 따라 맹세하는 일이다.

한문에 의한 신라 사람들의 문자생활은 540~576년 사이에 건립된 진흥왕 순수비를 통하여 엿볼 수 있다. 전문가들에 의하면 이들 순수비문은 정통한문으로 손색이 없는 작품이라는 데에 의견의 일치를 보이고 있다. 앞으로는 이런 인상적인 평가보다는 수사학적 관점에서 가치를 평가할 필요가 있어 보인다. 그것은 어쨌든 6세기 중반기에는 이두는 중인계급에 필적하는 계층의 사람들이 사용하였고 사대부들은 정통한문으로 비문을 짓거나 역사를 편찬하는 데 사용하였음을 알 수 있다.

앞에서 우리는 『삼국사기』에 고구려 시조 '朱蒙'(주몽)에 '활을 잘 쏘는 사람'이라는 의미를 주었음을 본 일이 있는데 이런 현상은 신라에서도 접할 수 있다. 비록 신화적 요소가 있기는 하나 '赫居世(혁거세), 徐羅伐(서라벌), 蘇文(소문)'에 대하여 '弗矩內(불구내), 京(경), 金(금)'의 의미를 준 것도 실증론에 가까운 어원 탐구라 할 것이다. 이런 현상은 신라 경덕왕 때 개정한 지명에서 더 분명하게 나타난다.

B. 남북국 시대의 문자생활

이곳에서는 통일신라(676~978 AD)와 발해(698~926 AD)의 문자생활을 검토하기로 한다. 후삼국은 자료가 없기도 하거니와 앞의 신라나 백제와 큰 차이가 없다고 보고 생략하기로 한다.

2.2.4. 통일신라 시대의 문자생활

통일신라 시대에는 이전의 이두가 초기 이두문의 탈을 벗고 이두문으로서의 틀을 갖추고 이와 동시에 이두가 시 창작의 새로운 형태인 “향찰”이라는 이름으로 정착되었으며 중국의 경서를 번역하여 읽는 석독법이 창안되기도 하였다.

먼저 이두 자료를 보기로 한다. 이 시기의 이두 자료에는 무진사(無盡寺) 종명(鐘銘)(745 AD), 불상명(佛像銘), 화엄경 사경 조성기(775 AD), 신라 장적(771~810 AD) 등 자료가 많다. 화엄경 사경 조성기의 첫째 구절을 보기로 한다.

(8) 天寶 十三載 甲午 八月 一日 初 乙未載 二月 十四日 一部 周了 成內之
[천보 13년(갑오년, 754년) 8월 1일에 시작하여 을미년(755년) 2월 14일에 (화엄경 사경) 1부를 두루 마치어 이루었다(이루기를 마치었다)]

‘天寶’(천보)는 당 현종의 연호이며 신라 경덕왕 13년(754 AD)이다. ‘初’(초)는 ‘비릇’으로 읽히고 ‘시작하여’의 뜻으로 쓰였다. ‘元’(원)과 ‘始’(시)도 같은 뜻으로 쓰였다. ‘乙未載’(을미재)는 갑오년의 이듬해로 경덕왕 14년 755년이다. ‘周’(주)는 훈독자로 ‘두루’로 읽힌다. ‘了’(요)는 ‘마치-’의 뜻으로 훈독되었다. ‘成內之’(성내지)의 ‘成’은 ‘일’ 정도로 훈독되었다. ‘內’는

'ᄂ'로 읽힐 수 있다. '之'는 광개토대왕 비문에서 본 문장종결 표지다. 내용을 보면 이 사경의 조성작업이 754년 8월에 시작하여 이듬해 755년 2월에 끝났다는 것을 알 수 있다. 위의 예는 초기 이두가 무정형(無定型)의 탈을 벗고 서서히 정형(定型)으로 정착되어 가는 예로 간주할 수 있다.

다음은 신라 장적의 한 부분이다.

> (9) 當縣 沙害漸村 見內 山榼地 周五千七百二十五步
> [당현(우리 현)의 사할점촌을 보인(처리한) 산개지 둘레 5725보]
> ('見'자는 '처리하다', '관찰하다'의 뜻으로 생각됨)(남풍현 교수의 해독임)

'當縣'(당현)은 '同縣'(동현)과 같은 뜻이다. 이런 용어를 보면 이 기록이 상위 관청에서 기록된 것임을 보여 주는 것이라고 하겠다. '沙害漸村'(사할점촌)은 어느 마을을 가리키는지 미상이다. '見內'(견내)는 앞의 글자가 훈독, 뒤의 글자가 직설법 '-ᄂ-'에 가까운 직설관형사형 '보ᄂ'을 표사(表寫)한 것이 아닐까 한다. 비슷한 예가 「영천 청제비 정원명」(永川菁堤碑貞元銘)(798)에도 보인다. '산개지'는 '나무가 무성한 지역'으로 보고 있다. '周'(주)는 길이로 보고 있다.

신라 장적은 신라시대 행정문서의 하나로서 일본 나라의 정창원(正倉院)에 보관되어 있다. 정창원은 8세기 중엽에 일본의 성무천왕(聖武天王)이 죽은 후, 그 유품을 보관해 오던 곳이었다. 이두가 벌써 지방의 토지와 인구는 물론, 노비의 출생과 사망, 가축 수, 호구의 변동 등 농촌의 각종 자료를 기록하는 데 쓰였다는 것은 그것이 서리(書吏)들의 사무용 공용 문자로 자리잡고 있었음을 증명한다고 하겠다. 한문이 상류층의 표현 도구였다면 이두는 중류층, 곧 서리들의 표현 매체였다고 말할 수 있다. 위의 자료는 그런 서리들의 역할이 이미 통일신라 시대부터 자리를 잡아왔음을 뒷받침한다고 할 수 있다.

신라 사람들은 이두의 한 갈래인 "향찰"이라는 문자 체계를 고안하여 "향가"라 불리고 있는 노래의 창작에 이용하였다. 이 향가는 『삼국유사』에 14수가 전한다. 대표적으로 우리들의 입에 자주 오르내리는 〈서동요〉를 예로 들어 향찰의 성격을 알아 보기로 한다.

(10) 가. 善花公主主隱
나. 他密只嫁良置古
다. 薯童房乙
라. 夜矣卯乙抱遣去如

이를 중세어로 해독해 보기로 한다. (10가)에서 '善花公主主'(선화공주주)의 '主'는 김완진 교수의 해독을 따라 '니림'을 취하고 '隱'(은)은 중세어의 주제격 '은'에 가까운 격어미로 간주한다. (10나)의 '他'(타)는 중세어의 명사 'ᄂᆞᆷ'으로 읽는다. '密只'(밀지)는 김완진 교수의 해독을 따라 '그ᅀᅳᆨ'을 취한다. 위의 글자 '密'은 번역을 하고 뒤의 '只'는 번역을 하지 않고 쓰는 사람의 편의에 따라 읽는다. 이는 현대에 와서 "訓主音從"(훈주음종)이란 표현으로 대치되었다. (10다)의 '薯童房'(서동방)은 고유명사로서 그대로 읽는다. '乙'(을)은 음으로써 대격어미를 적은 것으로 보고 있다. (10라)의 '夜矣'(야의)는 훈주음종의 원칙에 따라 '바ᄆᆡ'로 읽는다. '卯乙'(묘을)은 '알ᄒᆞᆯ'로 해독하는 것이 훈주음종의 원칙에 부합한다. '抱遣'(포견)의 '遣'은 '견'으로 읽어 선행 어미 '-겨-'와 동명사 어미의 통합형인 '견'과 관련이 있는 것으로 보아 '안견'으로 읽는 황선엽 교수의 견해가 경청할 만하다. '去如'(거여)는 '가다'로 읽는 것은 시인할 수 있으나 모두 현재시제로 해석하고 있다. 이는 고대어의 문법에 어그러진다. 단순과거로 해석해야 한다. 이야기의 흐름으로 볼 때도 '서동방을 밤에 알을 안고 갔다'가 어울린다. 전설상으로는 백제 무왕이 신라 진평왕 때 지어 불렀다고 하며 후세에 향가의 형식을 빌려 문자로 정착된 것으로 보고 있다. (10)은 4구체 향가이나

8구체, 10구체 향가도 있다. 향가의 작가는 화랑과 불교의 승려가 주류를 이루었다.

신라 사람들은 초기 이두나 발전된 이두로써 불사(佛事)를 한다든지 행정 문서에 이용하였으며 향찰이라는 새로운 문자체계를 고안하여 문학작품의 창작에도 응용하였다. 그러는 한편 사대부들은 진흥왕의 순수비를 통해서 보다시피 정통한문으로써 비문이나 종명(鐘銘)에 새기기도 하였다. 682년 신문왕 2년에 국학을 설치할 때 강수나 설총 같은 육두품 출신의 학자들이 실무를 담당한 것으로 보인다. 설총은 원효의 아들로서 원효가 불교에서 차지하는 것과 같은 위치에서 유학(儒學)에서 크게 활약하였다. 그는 현재 전하고 있는 석독구결로써 중국의 경전을 번역하여 읽는 독해법을 창안하여 이두를 정리하고 집대성하였다는 평가를 받고 있다. 신라 말기의 최치원은 당나라에 유학하여 문명을 떨쳤다. 특히 황소(黃巢)가 반란을 일으켰을 때 이를 토벌하는 격문을 지어 물리치기도 하였으며 그가 남긴 『계원필경』(桂苑筆耕)은 당시 동양의 명저로 이름이 나 있었다. 최치원 밖에도 최광유(崔匡裕), 박인범(朴仁範), 최승우(崔承祐) 등은 모두 당나라에 유학하거나 거기서 급제를 한 사람들로서 뛰어난 작품을 많이 남겼다.

앞에서 우리는 고구려 시조 '高朱蒙'(고주몽)에 대하여 실증주의적 어원 해석을 가한 것을 본 일이 있는데 이런 현상은 통일신라 시대의 경덕왕 16년(757 AD)의 지명 개정에서 적나라하게 드러난다.

(11) 가. 東**萊**郡 本**居漆**郡 (삼국사기 34)
나. **新**平縣 本百濟**沙**平縣 (삼국사기 36)
다. **鉛**城 本**乃勿**忽 (삼국사기 37)
(김민수 1980가: 55-59)

(11가)에서 본 신라의 '居漆'(거칠)을 '거칠-'을 의미하는 한자 '萊'(래)로 바

꾸었다는 것은 지명개정에 참여한 사람이 양자의 대응관계를 분명히 파악하고 있었다는 것을 뜻한다. (나)의 본 백제의 '沙平縣'(사평현)의 '沙'를 '新'(신)으로 바꾸었다는 것은 역시 지명개정자가 양자의 대응관계를 분명히 알고 있었음을 뒷받침한다고 하겠다. (다)의 본 고구려의 '乃勿'(내물)을 '鉛'(연)으로 바꾸었다는 것은 고구려어에서 '鉛[납]'을 '乃勿'이라고 불렀음을 알고 있었기 때문이었다. (가, 나)의 신라와 백제의 '居漆'(거칠)과 '沙'(사)는 중세어의 '거츨-'과 '새'의 선대형으로 볼 수 있다. 그러나 '乃勿'은 오히려 고대 일본어와 연결된다. 경덕왕대의 지명 개정에 참여한 사람들은 자신들이 전부터 사용하여 오던 고유지명을 어원에 맞추어서 한자지명을 만들었다. 고유지명인 한자로 바뀌기는 하였어도 일반 언중들은 지금도 사적인 자리에서는 고유지명을 쓰고 있다. 그것은 어쨌든 우리의 선조들은 우리의 고유지명에 대하여 어원의식을 가지고 있었으며 이는 바로 앞서 언급한 실증론의 산물이라고 할 수 있다.

2.2.5. 발해의 문자생활

남국인 통일신라에 이어 북국인 발해의 문자생활을 보기로 한다. 발해는 고구려를 계승하여 건국하되 말갈족과 연합하여 이루어진 국가로 보고 있다. 발해의 역사와 문화를 엿볼 수 있는 자료는 발해인 자신들이 남긴 자료는 없고 소수의 금석문과, 일본에 남아 있는 사신들의 시문밖에는 달리 찾기가 어렵다. 발해는 많은 인재를 당나라에 유학시켜 빈공과(賓貢科)에 급제한 인물이 많이 배출되었는데 신라 유학생과 수석을 다툴 만큼 한문학에 대한 수준이 높았다. 발해의 지배층은 고구려와 마찬가지로 한문에 능숙하였다. 1949년과 1980년에 발견된 문왕의 두 딸, 정혜 공주와 정효 공주의 비문을 보면 발해의 지배층은 유교의 5경을 비롯하여 중국의 역사책을 읽었다는 증거가 보이며 당시 당나라에서 유행하던, 넉 자와 여섯 자로 구성된 "사륙변려문체"(四六駢儷文體)를 따르고 있다.

당시 발해는 신라와는 관계가 소원하였으나 일본과는 가까웠기 때문에 일본에 간 발해의 사신들은 일본 한문학의 발전에 큰 영향을 미쳤다. 발해 사신 양태사(楊泰師)는 시를 잘 지어 송별연에서 일본 문인들과 시를 주고받았으며 현재 그 시 2편이 일본에 전하고 있다. 또한 발해와 일본의 교류를 다룬 구난희 교수의 업적이 나와 당시의 문화적 교류가 소상하게 드러나고 있다.

2.3. 고려시대의 문자생활

- 향찰의 쇠퇴와 구결 및 이두의 발전 -

고려시대는 통일신라 시대에 발아하여 많은 작품을 남겼던 향찰이 마지막 숨결을 멈추고 신라 설총에 의하여 고안되었던 석독구결에 의한 불경의 번역이 성황을 이루었으며 후기에 가서는 음독구결이라는 새로운 문자 체계가 나타나 불경과 유교 경전의 보급에 기여하기 시작하였다.

2.3.1. 균여의 방언본 저술과 향가의 창작

균여(923~973 AD)는 고려 태조 6년에 태어난 고승으로서 〈보현십원가〉 11수를 남겼으며 특히 그는 "방언본"이라 이르는 향찰로 된 저술을 남긴 것으로 유명하다. 그의 방언본 저술은 대부분 뒤에 한문으로 번역되어 전하고 있다. 고려 광종 때의 한림학사 최행귀는 향찰로 적어서는 국제적으로 알려지기가 어렵다고 보고 이를 한문으로 번역하여 우리의 문학을 대외적으로 보급하는 데 구심체 역할을 하였다. 언어유형론적 사고의 산물이라고 할 수 있다. 균여대사가 강설한 많은 책이 한문으로 번역되어 전하는 것도 이런 사실과 관련이 있다. 참고로 균여의 향가 1수(예경제불가)를 먼저 원문대로 보이고 그 옆에 현대역을 보인 다음, 행을 달리하여 최행귀의 한문번역과 그 국문번역을 보이기로 한다.

(12) 〈예경제불가〉의 원문과 번역

心未筆留	마음의 붓으로
慕呂白乎隱佛體前衣	그리온 부처 앞에
拜內乎隱身萬隱	절하는 몸은
法界毛叱所只至去良	法界 없어지도록 이르거라
塵塵馬洛佛體叱刹亦	티끌마다 부첫 절이며
刹刹每如邀里白乎隱	절마다 뫼셔 놓은
法界滿賜隱佛體	法界 차신 부처
九世盡良禮爲白齊	九世 내내 절하옵저
歎曰 身語意業无疲厭	아아, 身語意業无疲厭
此良夫作沙毛叱等耶	이리 完旨 지어 있노
	(김완진 2016: 163-164)

참고로 한역시의 원문과 번역문을 보이기로 한다.

以心爲筆畵空王	마음으로 붓을 삼아 부처님 그려 놓고
瞻拜唯應遍十方	우러러 절하며 시방 세계 가득하길 바랄 뿐이네.
一一塵塵諸佛國	낱낱의 티끌마다 부처 나라요
重重刹刹衆尊堂	거듭거듭 절마다 부처님 집이다.
見聞自覺多生遠	보고 들어 스스로 깨쳐 많은 생 멀어지느니
禮敬寧辭浩劫長	공경하고 예배하는 일 길고 먼 겁인들 어찌 버리랴.
身體語言兼意業	몸과 말, 뜻 겸하여

總无疲厭此爲常　　피로함과 싫증냄 전혀 없이 이것을 상도 삼는다.

이를 현대역한 것을 보인다.

마음의 붓으로
그리옵는 부처님 앞에
절하옵는 몸은
법계(法界)가 다하도록 이르거라.
티끌마다 부처님의 절이며
절마다 모셔놓은
법계(法界)에 차신 부처님
구세(九世) 다하도록 예경(禮敬)하옵고자.
아, 신업(身業) · 어업(語業) · 의업(意業) 싫증냄 없이
이에 항상 부지런히 통달할러라.

위의 사실을 미루어 보면 그러니까 고려 초기의 승려들은 향찰로 향가를 짓는가 하면 자신이 강설한 불교의 내용을 향찰로 기록하기도 하였다. 이렇게 함으로써 불교의 교리가 민중 속에 뿌리 내렸다.

앞에서 우리는 8세기 중엽의 신라 경덕왕 때 설총이 석독구결로써 중국의 경전을 번역하여 읽는 법을 마련하였다고 하였다. 그러나 당시 설총이 창안한 석독구결은 증거물이 아직까지 나타나지 않았다. 현재까지는 지난 70년대 중반에 충남 서산 문수사에서 발견된 『구역인왕경』이 석독구결의 가장 오래된 자료이다. 이 자료에는 한문 불경을 우리말로 번역하여 읽을 수 있도록 구결을 달았으며 특히 어순이 달라지면 역독선(逆讀線)이라는 번역 장치를 두어 그대로 따라 읽으면 바로 우리말 문장이 될 수 있게 하였다. 『대각국사 문집』을 보면 대각국사 의천(義天)이 『화엄경』을 "방언", 곧 우리말로 번역하였다는 기록이 있다. 오늘날 전하는 『화엄경소』 등이 그것일 가능성이 많다. 앞으로 석독구결 자료에 대한 연구가 깊어져 의천의 번

역본의 진본(眞本)이 가려지기를 기대한다.

여기서 大方廣佛華嚴經疏卷第三十五(『대방광불화엄경소』 권 35)의 첫 머리를 보임으로써 대각국사의 손길이 미친 것으로 보이는 『화엄경소』의 번역과정을 보기로 한다.

(13) 화엄경소의 번역 과정

A: 한문 원문　B: 한문 원문에 따른 구결문

C: 우리말 어순으로 바꾼 구결문　D: 15세기 국어를 고려한 독법

E: 구결문에 따른 현대역　F: 동국대 역경원 해독

(그 때 공덕림보살이 다시 여러 보살들에게 말하였다.)

A: 佛子何等爲菩薩摩訶薩聞藏 〈1:3〉

B: 佛子𢒑何ᄒ等丨丷㇕乚爲丷𠂇禾尸入㇕菩薩摩訶薩尸聞藏⺀ノ令ロ 〈1:3〉

C: 佛子𢒑 何ᄒ [等]丨丷㇕乚 菩薩摩訶薩尸 聞藏⺀ノ令ロ [爲]丷𠂇 禾尸入㇕

D: 佛子아 어누 다ᄒᆞᆫ올 菩薩摩訶薩ㅅ 聞藏여 호리고 ᄒᆞ겨릾드

E: 불자들아, 어떤 것을 菩薩摩訶薩의 聞藏이라 하는가 할 것 같으면

F: 불자들이여, 어떤 것을 보살 마하살의 들은 장이라 하는가

B가 한문원문에 단 석독구결문이고 C는 후세의 음독구결과 같이 그 어순은 우리말 어순을 따른 것이다. 한글 창제 후, 특히 세조 재위 시에 짧은 기간에 수많은 불경언해가 인간(印刊)된 것은 석독구결에 의하여 번역하여 읽는 전통이 쌓여 있기 때문이 아니었던가 한다. 불경을 우리말로 번역하여 읽는 전통은 음독 구결이 출현함에 따라 소극화되어 갔다.

2.3.2. 음독구결의 출현

음독구결이란 우리가 한문을 배울 때 각 구절마다 붙여 읽는 토, 이를테면 『童蒙先習』(동몽선습)의 첫머리에 나오는 '天地之間(천지지간) 萬物之衆(만물지중)에 唯人(유인)이 最貴(최귀)하니'에 나타나는 '에, 이, 하니'를 가리킨다. 이렇게 독해의 편의를 위하여 한문의 중간중간에 끼워 넣는 토를 "순독구결"이라고도 부른다. 석독구결이 번역할 때 들어가는 토와 역독선 등의 장치를 갖는 데 대하여 음독구결은 토를 붙여 읽고 바로 번역하는 데 쓰이는 토를 가리킨다.

다음은 음독구결의 대표적 자료인 『범망경 보살계』 4장에 달려 있는 구결의 예이다.

> (14) 其餘千百億釋迦リ 亦復如是ソろソㄱ 無二ソゕ 無別ソヒ 如賢劫品中ろ 說ㅊ丨〈梵網4b〉
> 번역: 그 나머지 천백억의 석가도 또한 이와 같다면(같으니) 둘이 아니고 다름이 없으니 현겁품에서 말한 바와 같다.

위에서 'リ'는 중세어의 주격 표지 'ㅣ'에 대응된다. 'ソろソㄱ'은 'ᄒᆞ야 ᄒᆞᆫ'에, 'ソゕ'는 'ᄒᆞ며'에, 'ソヒ'는 'ᄒᆞ니'에, 'ろ'는 처격 '에'에, 'ㅊ丨'는 확인평술법(평서법)에 각각 대응된다. 석독구결에는 부호구결도 있다.

음독구결은 13세기 후반에 발생한 것으로 추정된다. 구결자는 음독구결, 석독구결, 이두에 공통적으로 나타나는 것이 있는가 하면 어느 한 자료에만 나타나는 것도 있다. 석독구결은 후세로 올수록 음독구결에 밀려 그 사용이 위축되었으나 음독구결은 사용범위도 넓고 고려 말엽에서 조선조 후기까지 걸쳐 있어 자형과 기능의 변화 양상을 구명하는 데도 유익한 점이 많다.

2.3.3. 이두문 사용의 확대

앞에서 우리는 이두가 "초기이두"라는 굴레를 쓰고 고구려에서 발아하여 백제를 거쳐 신라에 이르렀음을 본 바 있다. 통일신라 시대에는 "향찰"이라는 이름으로 보급되어 고려 초기까지 명맥이 유지되었으며 한편으로는 실용문으로 발전하여 서리들의 사무용 문자로 정착되어 가고 있음을 보았다. 이두의 이런 기능이 고려시대에도 확대 · 사용되었다.

앞에서 우리는 이두문이 통일신라 시대의 중류층에 속하는 서리들의 사무용 공용 문서 작성에 이용되었음을 본 바 있는데 고려시대는 그것이 확대 · 사용되었다는 점을 확인할 수 있다. 현재까지 알려진 고려시대의 이두 자료는 50여 종에 이른다. 그 종류를 보면 탑비, 노비문서, 첩문, 호적문서 등으로 분류할 수 있어 이두가 서리들의 문자로뿐만 아니라 노비문서와 호적에도 쓰일 만큼 사용 범위를 확대해 나갔음을 알 수 있다.

다른 한편으로 이두는 운문과 산문에도 사용되었다. 운문은 조선조 후기에 와서 수정된 흔적이 많아 그 실체를 파악하기 힘든 것이 많다. 이곳에서는 고려때 이조년(李兆年)(1269~1343)의 이두 산문의 일부를 보기로 한다.

(15) 右 謹言 所志矣段 隴西接前翰林李太白亦 其矣祖上傳來使用爲如乎婢詩今 及一小生墨德 二小生婢筆今 …
(이에 삼가 말씀드리는 所志는 저의 경우인즉 隴西의 管內에 사는 前翰林學士李太白이 자기의 祖上 대대로 전해 오며 使用하던 계집종 詩今 그리고 그 첫소생인 계집종 墨 둘째소생인 계집종 筆今 …)

위의 고려시대의 이두문은 다음에 보는 『대명률직해』와 비교하여 볼 때 수사적인 차이가 크지 않음을 알 수 있다. 그러니까 고려 후기에 와서는 이두로 시를 짓거나 산문을 작성할 때 그 나름의 표현상의 특징을 갖추고 있었음을 알 수 있다.

이두문의 확대적 적용에 있어 놓쳐서는 안될 것은 『대명률직해』의 간행이다. 이 책은 명나라의 법률서인 『대명률』(大明律)을 우리나라의 실정에 맞게 이두로 번안한 것인데 신라 이후 쌓아 온 이두문에 대한 노하우가 집적되어 이루어진 업적이다.

(16) 가. 凡飛報軍情 在外府州差人 一申布政司 一申都指揮使司 及行移本道按察使 一具實封 俱至御前開坼(飛報軍情)
(군사상의 사정을 비보함에 있어, 외방의 부주는 사람을 뽑아 보내, 1통은 포정사에 보고하고, 한 통은 도지휘사사에 보고하고, 그리고 본도 안찰사에게 공문을 보낸다. 한결같이 밀봉하여 모두 임금 앞에 이르러 개봉한다.)

나. 凡 軍情事/乙 馳報/爲乎矣 外方各村官員軍官/等亦 一道/乙良 都摠節制使 一道/乙良 按廉使 一道/乙良 都評議使司/爲等如馳報/遣 一道/乙良 實封/爲 大內 進呈/爲白齊
(군대의 사정을 급히 보고함에 지방 각촌의 관원·군관 등이 1통은 도총절제사, 1통은 안렴사, 1통은 도평의사사에게 모두 급히 보고하고 1통은 밀봉하여 임금에게 바친다).

위의 (16)에서 (가)가 『대명률』을 직역한 것인데 반하여 (나)는 (가)의 내용을 토대로 우리의 실정에 맞게 가공한 것이다. (가)와 (나)를 비교하면 『대명률직해』가 축자역이 아닌 번안임을 쉽게 알 수 있다.

2.3.4. 한문학의 발전

고려조의 한문학은 통일신라 시대의 유산을 계승하여 풍부한 작품을 남겼으며 그 범위도 매우 넓었다. 특히 과거제의 실시로 중국의 영향을 받아 한문이 전처럼 비문이나 역사서에서만 쓰인 것이 아니라 서정시 등의 문학 작품의 창작에까지 쓰일 정도로 영역이 확대되었다. 『삼국유사』와 같은 야사나 『수이전』 등의 설화와 『동명왕편』과 같은 우리 역사의 영웅 서사시의 창작에도 활용될 만큼 범위를 넓혀 나갔다.

고려조는 불교가 융성하던 시대였다. 거란, 몽골 등의 외적의 침입을 받을 때에는 민심 단합의 수단으로 대장경을 판각해 왔는데 그것이 집대성된 것이 합천(陜川) 해인사에 안치되어 있는 『팔만대장경』이었다. 고려시대에는 서양보다 220년이나 앞서 금속 활자를 발명하여 문화 대국으로서 긍지를 드러내었다. 실제로 현전하는 『직지심체요절』은 독일의 구텐베르크(J. Gutenberg)보다 77년이나 앞선다.

2.3.5. 외국어 교육기관과 외국인의 우리말 학습

외국어 교육기관으로 삼국시대에 "사대"(史臺)가 설치되었다는 기록은 있으나 그 자세한 규모는 알 수 없고 단 고려 말기에 설치된 "통문관"(通文館)을 통하여 어느 정도 규모를 짐작할 수 있다. 이 기구는 조선조에 와서 "司譯院"(사역원)으로 바뀌게 되면서 많은 업적을 남겼다(뒤에 나옴). 외국인들은 우리말을 어떻게 학습하였을까. 일본측의 기록에 "신라역어", "발해통사"라는 기구가 나오는 것을 보면 고대서부터 우리말이 외국어로 학습되었음을 알 수 있다. 12세기 초에 서장관으로 고려에 와 있던 송나라의 손목(孫穆)이 편찬한 『계림유사』(鷄林類事)는 바로 중국인이 우리말을 한자로 기록한 것인데 누대에 걸쳐 판각된 것으로 보아 중국인의 우리말 학습서로 이용된 것으로 보인다. 조선조 초기에 편찬된 『조선관역어』(朝鮮館譯語)는 중국어와 이웃 언어와의 대역 어휘집인데 중국인들의 우리말 학습서로 이용되었다. 중국인의 언어를 "漢語"(한어)라 부르기도 하나 앞으로는 우리말의 별칭인 "韓語"(한어)와의 동음성을 피한다는 뜻에서 "중국어"라 부르는 일도 있을 것이다.

2.3.6. 불경 읽기와 부호

현대의 문자생활을 보면 글을 쓸 때 읽기 쉽도록 하기 위하여 단어별로 띄어쓰기도 하고 글자의 크기를 조정하는가 하면 여러가지 문장부호를 사용하기도 한다. 우리 선조들은 어떠한 방법으로 책을 읽었을까. 문자가 발명되기 전에는 나무나 바위 등에 표적을 가하여 길 가는 사람들에게 안내를 할 수도 있었다. 실제로 『양서』(梁書) 권 54를 보면 신라에는 문자가 없어서 나무에 새겨서 신표로 삼았다는 곧 "刻木爲信"(각목위신)과 같은 기록이 나온다(앞에 나옴). 한자가 들어와서 문장을 만들 때 앞에서 본 남산신성비와 같이 우리말 문법에 따라 한자를 배열하여 이른바 초기이두문의 형태를 띠기도 하였으나 현대와 같이 문장 경계 표시를 하였다는 흔적을 발견하기가 쉽지 않다. 『삼국유사』에 실려 있는 〈처용가〉를 보면 그 앞에는 처용가가 된 내력을 이야기하고 줄도 바꾸지 않고 그대로 이어서 '… 歌曰東京明期月良 … '이라고 적혀 있다. 노래가 불려지게 된 사연이 끝나면 줄을 바꾸어야 하는데 그런 작위(作爲)가 전혀 보이지 않는다. 그러나 고려 광조 때 나온 균여의 〈보현십원가〉는 노래 제목을 따로 내 세우되 글자를 약간 크게 하고 행을 바꾸어 가사 본문이 나온다. 고려때 나온 문헌이 어떤 방식으로 편집되어 있는지 구명해 볼 만하다.

고려 때 나온 불경 가운데서 각필(角筆)로 점과 선을 찍은 자료가 나타나 구결 연구에 새로운 장이 마련되고 있다. 이를 "부호구결"이라고 하는데 일본의 훈점(訓點)과 같은 기능을 표시하는 것으로서 국어사와 일본의 훈점 연구에 중요한 단서를 제공하고 있다. 각필이란 뾰족하게 깎은 상아나

대나무로 종이를 눌러 쓴 것이어서 육안으로는 잘 보이지 않는다. 이를 타개하기 위하여 일본 히로시마대학의 고바야시(小林芳規) 교수는 특수 스코프를 창안하였는데 이를 이용하면 잘 판독할 수 있다. 현재는 『유가사지론』(瑜伽師地論) 권 5와 권 8에 나타나는 점과 선은 부호도 아니고 문자도 아닌 일종의 중간적 성격을 띠는 것이다. 흥미 있는 것은 한글의 자모와 비슷한 것이 많아 또 하나의 한글 기원설을 태동케 하는 빌미를 제공하기도 하였다. 부호의 종류에는 크게 점, 직선, 직각선, 곡선의 넷이 있고 하위 분류도 가능하다.

이승재 교수의 논문에 제시된 자료를 이용하기로 한다.

(17) 점 → ·, ··, ⁚, ∴, ·., ∴, ∵, ···
직선 → ㅣ, ı, ㅡ, -, /(長, 短), ＼(長, 短), ／(한자의 대각선보다 긴 것)
직각선 → ┌, ┐, └, ┘, /ㄱ
곡선 - 하향곡선 → ◝
횡향곡선 → ◡, ◠, ㅡ(ㅡ)
상향곡선 →), |, (, ⌠
포형선 - ◯(한자를 둘러싼 것)

위의 부호들이 하나의 한자에 복합되어 조합형이 많이 생긴다는 것은 필연적이다. 중요한 것은 위의 자료에 나오는 부호형은 전체적으로 400개가 넘는다는 사실이다.

여기서 주목할 것은 점이나 선이 그것이 붙은 한자의 문법적 기능과 음을 표시한다는 것이다. 이를테면 '·□ '은 병렬의 '⺀[여]'에 해당하고 '□' 은 주제의 'ㄱ[은/는]'에, '□'은 속격 '⺈[의/익]'에 각각 대응한다. '.□'은 종결어미 'ㅣ[다]' 또는 '罒[라]'에 해당하고, '□·'은 '尸[읋/옳]'으로 읽을 수 있다. 'ㅣ'은 合符(합부)로 쓰인 예가 많으나 '-, ı, /, \' 등의 다른 직선이 무슨 기능을 담당했는지 아직 확실하지 않다. 직각선도 마찬가지이다. 곡선 중에서 '⌒'은 뒤에 오는 부분을 먼저 해독한 다음 이 곳으로 올라오라고 지시하는 기능을 담당한다. 따라서 이 하향곡선은 『구역인왕경』 등에 보이는 역독선(逆讀線)이라 부를 수 있다. 이 곡선이 붙은 한자는 훈독 가능성이 높아 보인다. 곡선 중에서 '⌣'과 '⌒'은 앞의 한자가 뒤에 오는 한자와 끊어지는 것임을 표기하거나 점의 소속을 밝힐 필요가 있을 때에 표기하였을 가능성이 많다. 아래쪽에서 위쪽으로 치켜 올라간 상향곡선('╮, ⌉, ⌈, ⌈')도 보이는데 이들은 주로 문장이 끊어지는 곳에 온다. 한자를 둘러싼 모양의 포형선도 나오는데 그 기능은 아직 분명하지 않다.

위와 같이 각필 부호 구결에는 현대의 교통 표지판과 같이 일정한 체계를 파악할 수 있는 것이 많다.

2.4. 조선시대의 문자생활

조선시대의 문자생활은 전기와 후기로 나누되 전기는 대체로 임진왜란까지로 잡고 후기는 대한제국의 수립(1897)까지로 잡는다.

2.4.1. 조선 전기의 문자생활

2.4.1.1. "한글"의 창제와 그 동기

앞에서 본 바와 같이, 우리 선조들은 기원전 2, 3세기부터 중국의 "한자"를 수용하여 인명과 지명을 한자로 적어 보기도 하였고 중국의 유교경전을 통하여 "한문"이라는 중국의 문장을 접함에 따라 이를 배워 우리의 역사를 기록하여 보기도 하였다. 우리말과 한문은 문장구조가 달라 글을 지을 때에는 이두문이라는 변체한문이 탄생되기도 하여 비문을 짓는다든지 공문서를 작성하는 데 쓰이기도 하였다. 한자와 한문을 활용하여 우리말의 단어 형성법과 문장구성법에 맞는 단어와 문장을 만들어 내기 위하여 한자와 한문을 여러 가지로 변용하여 적어 보기도 하였다. 이 과정에서 탄생한 것이 이두와 향찰이다. 이어 중국의 경전과 불경을 우리말의 문장구조에 따라 읽는 석독법을 개발하기도 하였으며 나중에는 경전의 원문에 토[구결]를 붙여 읽는 음독법을 창안하기에 이르렀다.

그러나 이런 방식의 문자생활은 서리(胥吏) 등 민중 상대의 행정을 담당하는 계층에게는 큰 불편이 없었으나 여자들이나 한자를 모르는 일반 백성들에게는 큰 도움을 주지 못하였다. 이러한 점을 간파(看破)한 조선조 제4대 세종대왕은 1443년 12월에 드디어 "언문"(諺文), 곧 한글을 창제하였다. 우리 글자에 대하여는 "언문"(諺文)이라 부르고 우리말에 대하여는 일반적으로 "언어"(諺語)라 불렀지만 드물기는 하지만 "국어"(國語)란 말도 쓰였다. 이런 경우의 "국어"는 우리의 고유어를 가리킨다는 해석도 있다. 이때 반포된 한글은 현재 『월인석보』 첫머리에 실려 있는 "예의편"인 것으로 알려져 있다(뒤에 나옴). 이곳에는 세종대왕의 한글 창제 취지문과 자음과 모음의 발음법, 개별 글자의 운용규칙과 사성점 등이 포함되어 있다. 창제된 한글은 공적으로는 "훈민정음"이라 불려졌고 일반적으로는 "언문"이라 불리기도 하였다. 전자는 중국을 의식한 한자음 정리와 관계가 있고 후자는 한자 · 한문에 대한 우리글, 곧 한글을 가리키는 것으로 보고자 한다.

중국에서는 대대로 민심을 귀일(歸一)시키고 왕권을 공고히 한다는 뜻에서 운서를 편찬하여 한자음을 통일시켰다. 이를 "정음사상"이라고 하거니와 세종대왕도 정음사상의 테두리 안에서 한글을 창제하였다. 조선조 말기에 한글에 공용성을 부여한 것이라든지 일제 강점기에 맞춤법을 만들고 사전을 편찬하고 지난 세기 70년대에 남북한에서 "국어 순화 운동"과 "문화어운동"을 벌인 것 등이 모두 민심을 귀일시키고자 하는 정음사상과 관련이 있다(뒤에 나옴).

세종대왕이 한글을 창제하기까지는 이웃 나라의 민족문자의 제정도 큰 참고가 되었다. 정인지의 『훈민정음 해례』 서문을 보면 중국 밖의 민족은 문자가 없어, 앞서 언급한 우리의 이두와 같이, 중국문자를 빌려 가공하여 써 왔다. 그러나 이는 둥근 구멍에 모난 자루를 낀 것과 같이 어긋나는 일이 많기 때문에 우리의 언어구조에 맞는 문자를 만들지 않을 수 없다고 생각하였다.

이는 현대 언어학의 관점으로 해석하면 앞에서 언급한 언어유형론과 직접 관계된다. 풍토가 다르면 언어가 다르고 이에 따라 그에 알맞은 문자를 지녀야 한다는 뜻이다. 세종대왕이 우리의 음악인 향악(鄕樂)을 존중하고 우리 식의 역법(曆法)과 향약 개발에 노력을 기울인 것도 모두 같은 맥락으로 이해된다. 이러한 견해는 신숙주(申叔舟)의 『동국정운』(東國正韻)(1447)과 『홍무정운역훈』(洪武正韻譯訓)에서도 발견할 수 있는 중세의 우리의 언어철학이었다. 곧 소리를 살피는 일이 올바른 정사(政事)를 이끄는 방도라고 생각하였던 것이다. 그리고 최만리의 「언문 창제 반대 상소문」을 보면 당시 중국 밖의 몽골, 서하, 여진, 일본 등의 주변 민족들은 그들 나름의 문자를 가지고 있었다는 정보를 제공하여 주고 있다.

세종대왕이 한글을 창제하게 된 것은 대내적으로는 이두 등에 의한 문자생활의 불편을 해소함으로써 부녀자 및 하층계급, 곧 "愚民들"에게 문자생활의 기회를 제공하고 대외적으로는 문화적으로 중국 의존의 "사대"(事大)에서 벗어나야 하겠다는 자주 의식의 발로(發露)로 해석해 보고자 한다.

2.4.1.2. 한글 창제의 후속 작업

1443년 12월에 한글이 창제되자 이듬해(1444) 2월에 세종은 한자음 정리사업의 기초 작업으로 최항(崔恒) 등에게 『운회』(韻會)를 번역하도록 하였다. 이곳의 『운회』는 뒤에 나오는 『고금운회거요』를 가리킨다고 보고 있다. 이어 최만리(崔萬理) 등의 집현전 학사들은 한글 창제를 반대하는 상소문(上疏文)을 임금에게 올렸다. 상소문의 내용을 보면 한글 창제가 공개적으로 진행된 것이 아니라 몇몇 신하와 세자(뒤의 문종)를 비롯하여 수양대군과 정의공주 등의 왕자와 공주를 중심으로 비밀리에 이루어졌다는 것을 알 수 있다. 그리고 이듬해 1445년에는 신숙주 등으로 하여금 요동(遼東)에 귀양 와 있는 황찬(黃燦)을 찾아가 운서에 관하여 질정하도록 하였는데 이는 뒤의 『동국정운』(1448)과 『홍무정운역훈』(1455)의 편찬을 위한 기초 작업이었던 것으로 보인다.

세종은 한글 창제의 후속작업으로 우선 정인지 등의 집현전 학사들에게 신문자 "한글"의 창제 원리를 설명하는 해설서를 짓도록 하였다. 그것이 현재 간송 박물관에 간수되어 있는, 유네스코 세계기록 문화유산인 『훈민정음』(1446)이다. 이 책은 "예의편"(例義篇)이라 불리는 「훈민정음 본문」과, 「훈민정음 해례」, 그리고 「정인지 서문」으로 구성되어 있다.

예의편은 먼저 한글을 창제한 동기를 적은 세종대왕의 서문과 자모의 발성법으로 구성되어 있다. 자모의 발성법은 한자를 빌려 설명하고 있다. 새로 만든 문자의 발성법을 알리려면 대중이 이미 알고 있는 한자를 이용하지 않으면 안 되었다. 이를테면 'ㄱ'라는 문자는 '君'이라는 한자의 첫소리처럼 발음하라는 방식의 설명법을 도입하고 있다. 이런 방식으로 자음과 모음의 발음법을 설명하고 이어 개별 낱자를 짜맞추어[조합] 글자를 만드는 규칙을 설명하고 있다. 종성, 곧 받침 소리는 첫소리를 쓴다든지 연서(連書)[이어쓰기], 병서(並書)[합쳐쓰기], 부서(附書)[붙여쓰기], 성음(成音)[소리이루기], 가점(加點)[점찍기](흔히 '방점') 규정을 두고 있다. "가점"이라 함은 소리의 높낮이를 점으로 표시하되 "거성"(去聲)[높은 소리]은 점 하나, "상성"(上聲)[높아가는 소리]은 점 둘, "평성"(平聲)[낮은 소리]은 무점(점 안 침)으로 표시하였다. 이곳에는 한음, 곧 중국음에는 치두음과 정치음의 구별이 있고 아음, 설음, 순음, 후음 글자는 중국음에 통용된다는 설명도 덧붙이고 있다. 이런 데서도 한글의 창제 목적이 한자음이나 중국음을 정확하게 적는 데에도 있다는 것을 알 수 있다.

「훈민정음 해례」는 「훈민정음 예의편」에 간단하게 언급되어 있는 내용을 다음과 같은 6개 부문으로 나누어서 설명하고 있다.

(18) 제자해/초성해/중성해/종성해/합자해/용자례

"제자해"는 세종 원년(1419)에 중국으로부터 수입한 『성리대전』(性理大全)의 영향을 받아 이루어졌다. 이곳에서는 정음 28자 중에서 초성은 발음기관을, 중성은 천지인(天地人) 삼재(三才)를 본떴다는 등 상형설에 의한 문자창제의 원리를 설명하였다. 'ㄱ'이라는 글자는 혀뿌리가 목구멍을 닫는 모습을, 'ㅁ'이라는 글자는 입 모양을, 'ㆍ'는 하늘의 둥근 모습을, 'ㅡ'는 땅의 평평한 모습을, 'ㅣ'는 곧추 서 있는 사람 모습을 본떴다는 것이 그것이다. 이어 초성해, 중성해, 종성해에서 각각의 소리가 나는 원리를 설명하고 있다. 합자해에서는 초성과 중성과 종성이 합하여 글자, 곧 음절을 이루는 과정을 설명하였다. 특히 이곳에서는 'ᅟᆜ, ᄀᆜ'와 같이 어린이말이나 변두리말에 나타나는 이중모음 'jʌ, jɨ'를 발견해 내고 있는데 이는 실증론에 의한 우리말에 대한 관찰이라고 할 수 있다. 관념론이 지배적이었던 고대나 중세에 실증론에 의한 우리말에 대한 인식도 발견할 수 있는 것이다. 용자례에서는 각 글자가 초성과 중성과 종성으로 쓰이는 예를 들었다.

정인지 서문은 끝에 붙어 있다. 예의편에 나오는 세종대왕의 공시문이 앞자리를 차지하니 정인지의 글은 자연히 "후서"(後序)로 처리된다. 이곳에서는, 앞에서 언급한 바와 같이, 세종대왕이 언어유형론적 사고에 따라 우리말의 특성에 맞는 문자를 제정하였다고 하였으며 자신을 포함한 집현전 학사들이 임금의 명령에 따라 해례를 짓게 되었다고 하였다. 한글 창제는 1443년 12월이고 『해례』를 간행한 것은 세종 28년(1446) 9월 상한이었다.

1446년에는 세종의 왕비 소헌왕후(1395~1446)가 서거(逝去)하였다. 세종은 왕비의 명복을 비는 뜻에서 수양대군으로 하여금 석가의 일대기를 찬진(撰進)케 하였다. 이 해에는 한글 및 한글에 관련되는 모든 사무를 관장하는 '언문청'(諺文廳)을 창설하였다. 1447년(세종 29)에는 한글 창제 이전인 세종 24년(1442)부터 준비해 오던 『용비어천가』를 간행하였다. 『용비어천가』는 한문가사가 먼저 성립하였고 이를 토대로 국문가사가 지어졌다. 이 노래에는 '곶 됴코, 좇거늘'과 같이 8종성법에 어긋나는 표기법을 보여 주고 있어 이후의 문헌과는 차이를 보이고 있다.

그뿐만 아니라 한자어는 그냥 한자를 노출시킬 뿐, 음을 달지 않았다. 당시 이미 『동국정운』이 완성되어 있었기 때문에 얼마든지 음을 달 수 있었다.

(19) 海東六龍이 ᄂᆞᄅᆞ샤 일마다 天福이시니 古聖이 同符하시니 (용비어천가 제1장)

(19)는 『훈민정음 해례』에 나오는 '孔子ㅣ 魯 사ᄅᆞᆷ'과 같이 한문과 언문이 섞여 쓰일 때의 규정을 따랐다고 할 수 있다. 이는 우리나라의 최초의 국한 혼용의 예로 등록될 수 있다. 〈용비어천가〉가 나왔을 때에는 동국정운식 한자음이 완성되어 있었기 때문에 마음만 먹으면 얼마든지 개신 한자음을 달 수 있었다. 실제로 다음과 같은 예는 〈용비어천가〉의 한자어를 동국정운식 한자음으로 읽었다는 증거가 된다.

(20) 洛水예 山行 가 이셔 한아비를 미드니잇가 (125장)

(20)의 '洛水'의 '水'는 당시의 현실음이 '슈'였기 때문에 이를 따른다면 처

격조사 '에'로 표기되어야 옳다. '예'로 나타난 것은 앞에 나오는 '水'가 동국정운식 한자음 '슁'로 읽힌 것과 관련이 있는 것이다.

세종은 소헌왕후의 명복을 비는 뜻으로 수양대군에게 『석보상절』을 편찬케 하고 이를 한글로 번역하도록 하였다. 모두 24권인데 현재 초간본 권 6, 9, 13, 19, 20, 21, 23, 24(모두 8권)과 후대의 복각본 몇 권이 전한다. 권 1은 현재 전하지 않지만 그 첫머리에 『어제훈민정음』이 실려 있었다고 보기도 한다.

(21) 가. 國귁之징語엉音흠이國은나라히라之는입겨지라語는말ᄊᆞ미라異잉乎쏭中듕國귁ᄒᆞ야

나. 나랏말ᄊᆞ미 中듕國귁에 달아

(21)은 현재 전하고 있는 『세종어제훈민정음』에서 뽑았다. (가)는 구결문인데 본문이나 협주에 아무리 같은 글자가 와도 그때마다 한자음을 붙이고 있다. 이를테면 '語'라는 한자는 반복됨에도 불구하고 음을 붙이고 있다. (나)는 언해문인데 '中國'의 '國'자는 (가)에 같은 글자가 반복되고 있어도 음을 붙였다.

『석보상절』은 앞의 〈용비어천가〉와는 달리 『훈민정음 해례』에 규정된 8종성법을 지키고 있다. 『석보상절』의 간행을 계기로 하여 받침에 8종성을 두는 규정이 제자리를 잡았다. 〈용비어천가〉에는 '곶 됴코'(제2장)와 같이 8종성법을 지키지 않지마는 『석보상절』에는 '곳 잇는 싸ᄒᆞᆯ'(『월인석보』 1, 9뒤)과 같이 8종성법을 지키고 있다.

『석보상절』은 앞의 〈용비어천가〉와는 달리 한자어에 대하여는 동국정운식 한자음을 달아 주었다. 「『석보상절』 서」와 「『월인석보』 서」는 구결문과 언해문을 같이 제시하였다.

(22) 가. ① 佛뿛이爲윙三삼界갱之징尊존ᄒᆞ샤

② 부텨三삼界갱옛尊존이ᄃᆞ외야 겨샤
(석보상절 서)

나. ① 夫붕眞진源원이 廓곽寥룡ᄒᆞ고 性셩智딩湛땀寂쪅ᄒᆞ며
② 眞진實씷根근源원이뷔여괴외ᄒᆞ고性셩智딩ᄆᆞᆰ고괴여ᄒᆞ며
(월인석보 서)

(22가)는 「『석보상절』 서」이고 (나)는 「『월인석보』 서」이다. ①은 구결문이고 ②는 언해문이다. 두 문헌의 한자음 표기를 보면 구결문이든 언해문이든 한자(어)에 대하여는 같은 글자가 반복되어도 항상 한글음을 붙이고 있다. (21)의 『세종어제훈민정음』과 같다. 이는 새로 제정한 『동국정운』의 한자 발음을 보급하려는 어문정책의 산물로 보인다.

세종은 수양대군이 찬술한 『석보상절』을 보고 『월인천강지곡』을 읊었는데 모두 583곡으로 추산하고 있으며 세종 29년(1447)에 간행된 것으로 보인다. 상 · 중 · 하의 3권으로 된 활자본이었는데 현재 권상만 전하고 있다. 나머지는 『월인석보』(1459)(뒤에 나옴)를 통해서만 그 편린(片鱗)을 엿볼 수 있다.

『월인천강지곡』은 앞의 『석보상절』과는 달리 8종성법을 따르지 않고 있으며 현대와 같이 명사와 동사의 기본형을 밝혀 적는 등 현대의 맞춤법과 비슷한 점이 많았다.

(23) 셰世존尊 일 ᄉᆞᆯ보리니 먼萬리里외外ㅅ일이시나 눈에 보논가 너기ᅀᆞᄫᆞ쇼셔 (월인천강지곡 기 二)

위의 예에서 '일이시나'와 '눈에'가 명사와 조사의 형태를 밝혀 적는 예이다.

『석보상절』은, 위의 『월인천강지곡』과는 달리, 앞의 (22)에서 보는 바와 같이, 한자를 앞에 두고 한글은 크기를 작게 하여 뒤에 배치하는 표기법을 택하였다. 곧 국자선치(國字先置)를 한자선치(漢字先置)로 바꾸었다. (22)

와 같은 표기는 현대에서 한자어에 한글음을 다는 것과 같은 방식이고 (23)과 같은 표기는 한글을 앞세우고 한자는 괄호 안에 넣는 방식과 같은 것이다. 이를 두고 (23)과 같은 표기는 세종대왕의 국어 존숭 사상이 반영된 것으로 해석하기도 한다. 한자의 위치를 두고 당시 왕과 신하들 사이에 의견이 맞지 않았던 것이 아닌가 한다.

세종은 26년(1444)에 한자음 정리의 일환으로 『운회』의 번역을 명령한 바 있거니와 4년 뒤인 세종 30년(1448)년에는 『동국정운』 6권을 간행하였다. 세종대왕은 『동국정운』(東國正韻)을 여러 도(道)와 성균관(成均館) · 사부 학당(四部學堂)에 반사(頒賜)하고

> (24) 본국의 인민들이 속운(俗韻)을 익혀서 익숙하게 된 지가 오래 되었으므로, 갑자기 고칠 수 없으니, 억지로 가르치지 말고 배우는 자로 하여금 의사에 따라 하게 하라 (세종실록 1448, 10월 기사)

라고 하교(下敎)한 것을 보면 동국정운식 한자음의 보급에 있어 얼마나 신중을 기하였는가를 알 수 있다. 새 한자음의 골격이 잡혀 있었어도 앞서 본 〈월인천강지곡〉에서는 그 사용이 매우 소극적이었고 뒤에 나온 문헌을 보더라도 규칙성에서 벗어난 예가 더러 보이는데 앞의 (24)와 같은 법령과 관련이 있는지도 모른다.

그 전해 나온 『석보상절』과 〈월인천강지곡〉에 이미 개신 한자음이 적용된 것을 보면 한자음의 골격이 완성되어 있었던 것으로 보인다. 세종 31년(1449)과 32년(1450)에는 신숙주 등과 성삼문 등이 명 사신에게 운모(韻母)를 질정하였던 점을 고려하면 세종이 개신 한자음의 정착에 어느 정도 신중을 기하였는가를 알 수 있다.

한자에 대하여 어떤 방식으로 동국정운식 한자음을 책정하였는가를 보기로 한다. 『동국정운』은 모두 6권으로 성립되어 있다. 원(元)대의 웅충 (熊忠)의 『고금운회거요』(古今韻會擧要)(1297)를 대본으로 하되 우리의 전통

적 한자음도 고려하는 관점에서 우리 한자음을 전면적으로 정리하였다. 앞에서 든 『세종어제훈민정음』의 (21가, 나)에 나오는 '中國'(중국)의 동국정운식 한자음은 '듕귁'으로 나와 있다. 그런데 중세어의 현실 한자음을 적은 『훈몽자회』(訓蒙字會)(1527)에는 '中'은 '듕'으로 나와 있어(단국대 영인본 127쪽), 차이가 없다. 그러나 '國'은 다르다. 동국정운식 한자음은 '귁'인데 중세의 현실음은 '국'(단국대 영인본 1971, 65쪽)이었다. 이런 점을 보면 동국정운식 한자음은 당시의 현실음과 일치하는 것도 있고 그렇지 않은 것도 있다는 것을 알 수 있다.

2.4.1.3. 한글의 보급과 문학작품의 창작

앞에서 본 바와 같이, 세종 25년에 한글이 창제되자, 세종은 한글 관련 문헌을 간행하는 등 후속 작업을 진척시키면서 한글을 보급하는 데 힘쓰기도 하였다. 그 첫째가 1446년에는 서리들에게 한글을 교습시키는 일이었다. 한글의 창제 목적이 우민들을 문자생활에 참여시키는 것이었던 만큼 이과(吏科)에 훈민정음을 부과하는 것은 필연적인 일이었을지 모른다. 1447년에는 선시(選試)에 한글을, 이전(吏典) 취재자(取才者)에게는 병시(並試)를 보게 하였다. 세종 31년(1449)에는 정승 하연(河演)을 비방하는 언문벽서가 나온 것을 보면 당시 적어도 궁중에서는 한글이 상당히 넓게 보급되어 있었던 것으로 보인다.

문종 2년(1452)에는 세종 때 나온 『동국정운』이 과거시험용으로 채택되었는데 이는 동국정운식 한자음을 대중에게 보급하기 위한 포석(布石)이었다. 1455년(단종 3년)에는 신숙주 등이 편찬한 『홍무정운역훈』이 간행되었는데 이로써 개신한자음이 보급될 수 있는 기반이 조성되었다고 할 수 있다. 1458년(세조 4년)에는 최항과 한계희가 『초학자회』(初學字會)에 한글로 주(註)를 달았다는 기록이 나오는 것을 보면 어린이들에게 한글을 가르치는 교수법을 개발하고 있었음을 알 수 있다. 이는 뒤에 나온 최세진의 『훈몽자회』(1527)보다 69년이 빠르다.

세종의 한글 창제와 보급에 공이 많았던 수양 대군은 왕위에 오르자 세종 29년(1447)에 완성하였던 활자본 『월인천강지곡』과 『석보상절』을 묶어 『월인석보』란 이름의 한글 불경을 간행하였다. 세조 5년(1459)에 두 작품을 묶어 25권의 목판본으로 간행하였다. 『월인석보』는 두 문헌을 단순히 합친 것이 아니라 본문은 물론, 협주까지도 보강하였기 때문에 분량이 많이 늘어났다.

세종 때에 나온 『월인천강지곡』이 『월인석보』에 와서는 한자어의 표기 방식이 달라져 있다.

(25) 世솅 尊존 일 ᄉᆞᆯ보리니 萬먼里리外ㅅ일이시나 눈에 보논가 너기ᅀᆞᄫᆞ쇼셔 (월인천강지곡 기 二)

한글 선치(先置)가 후치(後置)로 바뀌고 한자음은 한 포인트 낮게 판각(板刻)하였다. 위의 (25)를 앞의 (23)과 비교하면 그 차이점을 잘 알 수 있다. 한자의 위치뿐만 아니라 한자음도 달라져 있다. 이를테면 '世尊'의 '世'가 세종 때의 『월인천강지곡』에는 (23)과 같이 '셰'로 적혀 있는데 세조 때의 『월인석보』에는 '솅'와 같이 적혀 있다. 한자음의 표기를 둘러싸고 세종과 신하들 사이에 의견이 달랐지 않나 한다. 그러나 그 이후의 문헌에는 『월인석보』의 표기 방식을 따랐다.

세종의 한글 창제와 그 후속 사업에 관여하였던 세조는 『월인석보』의 간행에 이어 불경을 대대적으로 언해하기 시작하였다. 잠저(潛邸) 시절에 부왕의 한글 창제를 보좌하였던 세조는 한글 편지, 곧 언간을 쓰기도 하였다. 세조의 불경언해 사업은 1461년에 설치된 간경도감에서 주관하였다. 앞의 『월인석보』가 석가모니의 일대기에 관련된 사실을 여기저기서 가려 뽑은 것임에 대하여 간경도감에서 인출된 불경은 『능엄경』, 『묘법연화경』

(일명 『법화경』), 『선종영가집』, 『금강경』, 『심경』, 『불설아미타경』, 『원각경』, 『목우자수심결』, 『몽산법어』 등과 같은 특수 불교 경전이었다. 이렇게 불경을 한글로 번역하고 한자어에 대하여는 동국정운식 한자음을 붙임으로써 적어도 불교 신자에 대하여는 한글이 널리 보급될 수 있었다. 그러나 민간에서는 보급의 속도가 빠르지 않았던 것 같다. 그것은 밀양 박씨가 세조 14년 10월 26일에 아들 김종직(1431~1492)에게 보낸 편지가 이두문이었다는 사실로 충분히 알 수 있다.

간경도감에서 처음 나온 『능엄경언해』(세조 8, 1462)를 보기로 한다. 이 책은 그 전해 활자본이 간행되기는 하였으나 잘못이 많아 이듬해 목판본으로 다시 찍어 내었는데 이를 대상으로 한다.

(26) 가. 如來ㅅ果體ᄂᆞᆫ 其體ㅣ本然커시니 何假密因ᄒᆞ시며
나. 如ᅀᅧᆼ來ᄅᆡᆼㅅ果광體뎽ᄂᆞᆫ 그體뎽 本본來ᄅᆡᆼ 그러커시니 엇뎨 祕빙 密밇ᄒᆞᆫ因ᅙᅵᆫᄋᆞᆯ브트시며
(능엄경언해1, 6장 앞, 계명문화사 영인본 21면)

(26)은 『능엄경언해』 권1의 첫머리다. (가)는 구결문인데 개별 한자에 음을 달지 않았다. 『세종어제훈민정음』이나 「석보상절 서」, 「월인석보 서」에는 구결문에도 한자음을 정확하게 기입하였는데 『능언경언해』에 와서는 언해문에만 동국정운식 한자음을 붙이고 구결문에서는 한자만 노출하였다. (26가)와 (26나)를 비교해 보면 알 수 있다. 이러한 표기방식은 간경도감에서 나온 『법화경언해』(1463), 『금강경언해』(1464), 『선종영가집언해』(1464), 『원각경언해』(1465)에 공통적으로 확인된다.

그중 『원각경언해』를 보기로 한다.

(27) 가. 夫血氣之屬이 必有知ᄒᆞ고 (원각경언해 서, 2장 뒤, 세종대왕기념사업회 2002, 4쪽)

나. 피와 氣킝分뿐엣類륑 반ᄃᆞ기 아로미 잇고 (같음)

(27가)는 구결문이고 (27나)는 언해문이다. 앞의 (26)의 『능엄경언해』와 조금도 차이가 없다. 이는 성종 때에 나온 『내훈』(1475), 『금강경삼가해』(1482)에 이르기까지 공통되어 있다.

세조 때에는 불교와 관련이 없는 긴급 조치법 의서(醫書)인 『구급방언해』가 간행된 것을 보면 한글이 불경의 언해에서 벗어나 실제 생활과 관련되는 서적의 언해로 미쳐 나갔음을 알 수 있다. 6, 7년 동안에 불경이 다량으로 언해된 것은 이미 고려시대부터 석독구결에 의한 경전번역의 전통이 쌓여 있었기 때문이었다. 오대산 「상원사 중창 권선문」(1464)은 분량은 얼마 되지 않지만 필사 자료라는 점에서 가치가 돋보인다.

성종도 세조와 같이 한글로 언간을 썼다는 기록이 전한다. 앞에서 본 바와 같이, 비빈(妃嬪)들이 한글을 애용하였다. 온 백성이 알아야 할 문제 등은 한글을 사용하였다. 성종 때에도 불경의 언해 사업이 계속되었다. 『몽산화상법어약록언해』(1472), 『금강경삼가해』(5권)(1482), 『남명집언해』(1482) 등이 그것이다. 1485년에는 『불정심경언해』와 『영험약초』가 나왔는데 1447년부터 사용되기 시작한 동국정운식 한자음이 마지막으로 쓰인 문헌으로 알려져 있다. 성종 때에는 불교 전적뿐만 아니라 『내훈』(1475), 『삼강행실도』(1481) 등의 유교 전적과 『두시언해』(1481) 등의 중국 당(唐)대의 한시집도 언해 · 간행되었다.

『내훈』은 성종 때의 초간본(1475)은 전하지 않고 선조 6년에 나온 중간본이 가장 오래된 것이다. 효친장 제이(第二)의 첫머리를 보기로 한다.

(28) 가. 文王之爲世子에朝於王季ᄒᆞ샤ᄃᆡ日三ᄒᆞ더시니
나. 文문王왕이世솅子ᄌᆞᆼᄃᆞ외야겨실제王왕季귕씌朝뜡ᄒᆞ샤ᄃᆡ날마다세번곰ᄒᆞ더시니

(28가)는 구결문이고 (나)는 그 언해문이다. 구결문은 이전의 불경 언해와 같이 한자음을 달지 않았으며 언해문에서만 동국정운식 한자음을 붙여 놓고 있다. 『내훈』은, 이전의 언해서와 같이, 한글 구결문을 먼저 제시하고 이어 언해문을 배치하였는데 여성 독자에 대한 한글 보급의 구심체 역할을 하였다. 이 책은 선조조에 중판이 나오기도 하였다.

성종 12년(1481)에 나온 『두시언해』는 25권으로 분책되어 출판되었다. 이 책은 이전의 불경 번안류와 불경 언해류와는 성격을 달리한다. 한시에 한자음을 붙인다든지 하는 변개를 가하지 않았다.

(29) 가. 溪回松風長蒼鼠竄古瓦
나. 言溪ㅣ回遠故로松風이 不歇也ㅣ라
다. 시내횟돈ᄃᆡ솘ᄇᆞᄅᆞ미기리부ᄂᆞ니프른쥐넷디샛서리예숨ᄂᆞ다

(29가)는 〈玉華宮〉(옥화궁)이라는 고시(古詩)의 첫 구절이고 (나)는 그에 대한 주석이다. 시내가 멀리 돌아흐르기 때문에 소나무 바람이 끊어질 사이가 없다는 내용을 설명하는 구절이다. (다)는 (가)에 대한 언해이다. (가)의 시의 본문은 물론, (나)의 주석문에 나오는 한자에 대하여 전혀 음을 붙이지 않고 있다. 우리는 앞에서 (19)의 『용비어천가』에 나타나는 한자어에 음을 붙이지 않았음을 본 바 있는데 이곳의 『두시언해』도 같은 방식을 취하고 있다. 한문 내지 한시에 조예가 깊은 독자를 상대로 하기 때문에 음을 붙이지 않았다는 견해가 비교적 설득력이 있어 보인다. 16세기 중엽 이후에 나온 『백련초해』에는 음이 붙어 있는 것을 보면 독자와 관련시키는 것도 무리가 아닐 가능성이 많다.

성종 때 나온 문헌이라 하더라도 문헌에 따라 표기법에 차이를 보이는 일도 있다. 『몽산법어』는 성종 3년(1472)에 나온 것으로 알려져 있는데 성종이나 세조 때의 문헌과는 달리 『석보상절』이나 『월인석보』, 그 중에서

도 『월인석보』와 비슷한 점이 많아 세조 때의 문헌으로 보고 있다. '조ᄉᆞᄅᆞᄫᅵ니라(9장 뒤), 누ᄫᅳ며(15장 앞), 수ᄫᅵ(24장 앞)' 등과 같이 순경음이 실현된 예가 많이 보이는데 이는 세종 때의 『석보상절』이나 세조 5년(1459)의 『월인석보』와 차이가 없다. 속격에 후치사 '그에'가 붙어 이루어진 'ᄋᆡ/의 그에'가 『몽산법어』에서 '趙州의 사ᄅᆞᄆᆡ게'와 같이 'ᄋᆡ게'로 나타난다는 것은 『월인석보』와 매우 비슷하다. 저자는 1960년대 초에 『석보상절』(1447)에서 'ᄋᆡ/의 그에'로 실현되던 여격 표시어가 『월인석보』(1459)에 와서는 'ᄋᆡ/의게'로 축약되었음을 논증한 일이 있는데 이는 위의 『몽산법어』와 완전히 일치한다(예: 사ᄅᆞᄆᆡ게, 44장 앞). 『몽산법어』는 간행은 성종조일지라도 그 원고는 세조 초에 완성되어 있었던 것으로 보인다.

성종 13년(1482)에 나온 『삼강행실도』는 그 사정이 매우 복잡하다. 세종은 도덕교육의 일환으로 한글 창제 훨씬 이전인 세종 12년부터 『삼강행실도』의 편찬에 착수하였으며 16년에 마침내 완성하여 전국에 배포한 바 있다. 최만리의 「언문 창제 반대 상소문」에 대한 답변에서도 『삼강행실도』의 번역의 필요성이 거론된 것을 보면 『삼강행실도』의 번역은 한글 창제 후부터 바로 착수된 것이 아닌가 한다. 실제 성종 때 나왔다는 『삼강행실도』를 보면 세종 때의 표기법과 말씨가 나타나기도 하고 세조 초기의 것으로 보이는 말씨가 나타나기도 하여 세종~세조 연간의 문헌으로 보는 것이 옳지 않은가 한다. 한자음을 보면 '孝흫道똫後ᅘᅳᇢ'와 같이 동국정운식 한자음을 취한 것도 있고 '弟뗴子ᄌᆞ'와 같이 종성의 'ㅇ'을 빠뜨린 예가 많다. 世세間간'과 같이 현실 한자음을 적은 예도 적지 않다.

성종 때까지는 동국정운식 한자음이 사용되었으나 연산군 때부터는 문헌에 따라 동국정운식 한자음이 자취를 감추고 현실 한자음이 자리를 잡기 시작하였다. 그 첫 문헌이 『육조법보단경언해』이다.

(30) 가. 大師ㅅ名은惠能ㅣ오父ᄂᆞᆫ盧氏니諱ᄂᆞᆫ行韜ㅣ라 (육조법보단경언

해, 略序1장 앞)

나. 大대師ᄉ 일후믄惠혜能능이오아비ᄂᆞᆫ盧로氏씨니일후믄行힝韜도ㅣ라 (같은 책 1장 뒤)

(30)은 연산군 2년(1496)에 나온 『육조법보단경』의 「약서」(略序)에서 뽑은 것인데 (가)는 구결문이고 (나)는 언해문이다. 앞에서 본 성종 때의 문헌과는 달리 당시의 현실 한자음으로 나와 있다. 이전에 나온 문헌이라도 동국정운식 한자음이 철저하게 사용되지 않는 일이 있었다. 이는 앞에서 보인 법령 (24)와 관련되는지 모르겠다.

앞에서 우리는 세종조 말년에 이미 궁중에서 한글이 벽서에 사용되었다는 사실을 본 바 있는데 시대가 내려올수록 이런 현상이 잦았다. 먼저 단종 원년(1453)에 수강궁에 머물던 한 시녀가 세종의 후궁이었던 혜빈 양씨에게 언문 편지를 보낸 일도 있고 세조 11년(1465)에는 궁녀가 왕자에게 연애 편지를 보냈다는 기록도 있다. 성종 때와 연산군 때에는 부부 사이에 언문 편지가 왕래하였다는 기록도 보인다. 시대가 내려올수록 수렴청정하는 왕후나 대비들은 언문으로 교서를 내리기도 하여 언문이 의사소통의 수단으로 확산되어 갔다. 그러는가 하면 성종~연산군 연간, 곧 15세기 말을 전후하여 나온 신창 맹씨 묘의 언간을 보면 한글이 궁중을 뛰어넘어 민간에까지 보급되었음을 알려 주고 있다. 이러한 경향은 한글 비석을 통하여서도 드러난다. 중종 31년(1536)에 세워진 이문건의 『양주의 영비 각자』는 한글이 비석에도 쓰였음을 보여 준다.

(31) 녕한 비라 거운 사ᄅᆞ믄 ᄌᆡ화ᄅᆞᆯ 니브리라
靈碑
이ᄂᆞᆫ 글 모ᄅᆞᄂᆞᆫ 사ᄅᆞᆷᄃᆞ려 알외노라

'靈碑'(영비)란 신령스런 비석이란 뜻이다. 함부로 손을 대면 재화를 입는

다는 경고문의 성격을 띠고 있다. 당시의 한글 자료는 (22)에서 본 바와 같이, 한자어의 경우는 일반적으로 한자를 먼저 적고 다음에 글씨 크기를 작게 하여 한글음을 달았었는데 '녕, 비, 직화'와 같이 한자어라도 한자를 병기하지 않았다. 조선 전기에는 이런 유의 비석이 하나밖에 확인되지 않았지만 조선 후기에는 더러 볼 수 있다(뒤에 나옴).

『석보상절』과 『월인석보』를 비롯하여 각종 불경언해의 간행은 8종성법과 어휘의 표준화에도 적지 않은 기여를 하였다.

(32) 가. 石은 돌히오 壁은 ᄇᆞᄅᆞ미니 (석보상절 9, 24뒤)
나. 增은 더을씨오 (석보상절 9, 13뒤)

(32가)는 한자 기원의 명사 '石'(석)과 '壁'(벽)에 대한 뜻풀이이고 (나)는 한자 동사 '增'에 대한 뜻풀이인데 이런 예를 보면 한글 창제에 즈음하여 표기법과 함께 어휘 표준화도 생각하고 있었음이 틀림없다. 이런 뜻풀이에서 사용된 어휘는 한결같이 통일된 모습을 보여 준다. 앞에서 든 『초학자회』도 어휘의 표준화를 겨냥한 저술이 아니었던가 한다.

어휘의 표준화는 최세진의 『훈몽자회』(1527)에 와서 자리를 잡는다. 모든 한자에 대하여 다음과 같이 훈과 음을 달고 이어 주를 달았다.

(33) 天 하ᄂᆞᆯ텬 ㅡ 天道尙左日月右旋

한자 '天'과 이에 대한 훈 '하ᄂᆞᆯ'과 음 '텬'을 달았다. 'ㅡ'의 오른쪽의 '天道尙左日月右旋'(天道는 왼쪽을 숭상하므로 해와 달이 (왼쪽[동쪽]에서 시작하여) 오른쪽[서쪽]으로 돈다)는 '天'에 대한 주석이다. 이어 『新增類合』(신증유합)(1574)과 『石峯千字文』(석봉천자문)(1583)도 비슷한 성격의 한자 입문서이다. 한자를 배울 때에 훈이 달린 위와 같은 책을 통하여 어휘의 표준화가 자연스럽게 이루어질 수 있었다고 생각한다. 한자 학습서 가운데서 가장 많이 이용된 것은 천자문류의 학습서이다. 얼마 전까지만 하더라도 천자문 종류는 한자 학습의 기본서로 널리 읽혔다.

한글은 서민들의 표현 매체에서 벗어나 사대부들의 감정을 노래하는 문학작품의 창작으로 이어졌다. 훈민정음 창제 후에 나온 〈용비어천가〉와 〈월인천강지곡〉은 한글 창제와 동시에 생산된 문학작품이라고 할 수 있으나 전자는 이미 한문시가 먼저 성립되어 있었던 만큼 참된 의미의 창작이라고 하기가 어렵다. 그 뒤에 나온 〈월인천강지곡〉은 〈용비어천가〉보다는 덜하지만 이미 완성된 『석보상절』을 대본으로 하여 성립된 만큼 역시 참된 의미의 창작시라고 하기가 어렵지 않은가 한다.

참된 의미의 한글문학작품은 시조와 가사 문학의 출현으로부터 그 원류를 찾아야 하지 않을까 한다. 사대부들 사이에는 한문으로 시를 창작하면서도 한글로 문학작품을 창작하기도 하였다. 시조는 고려말 13세기경에 고려가요를 바탕으로 성립되어 조선조에 와서 서서히 대중의 사랑을 받아 우리의 고유한 정형시로서 정착되어 왔다. 이와 함께 산문과 운문을 절충한 가사문학이 고개를 들면서 한글이 그 표현 매체로 정착되기에 이르렀다. 정극인(丁克仁)(1401~1481)은 〈상춘곡〉을 지어 가사 문학의 효시(嚆矢)를 이루었다. 참된 의미의 한글문학작품은 시조에서 시작하여 가사문학을 거쳐 소설로 이어 가는 전통을 확립하였다. 그 대표적인 작품이 앞에서 든 〈상춘곡〉에서 시작하여 송순(宋純)(1493~1582)의 〈면앙정가〉를 거쳐 정철(1536~1593)의 〈속사미인곡〉과 〈관동별곡〉에서 절정을 이루었다. 그러는가 하면 사대부들은 고려 후기에 발생된 경기체가를 발전시켰으며 특히 구절구절마다 우리말의 '위 경 긔 엇더ᄒᆞ니잇고'에 해당하는 한문 글귀를 붙임으로써 전통계승에의 강한 열의를 보여 주었다.

세종 원년(1419)에 우리나라에 들어와 한글 창제의 메타이론의 역할을 하였던 성리학은 조선 전기의 사상계를 지배하였다. 성리학의 이론적 탐구가 심화된 것은 서경덕(徐敬德)(1489~1546)과 이언적(李彥迪)(1491~1553)

으로부터 비롯된다. 특히 서경덕의 「황극경세성음해」(皇極經世聲音解) 등은 조선 후기의 최석정의 『경세정운』의 형성에 큰 영향을 미쳤다는 점에서 일단 주목해 두기로 한다.

2.4.1.4. 한문학의 발전과 이두문의 확대 사용

〈한문학의 발전〉

앞에서 우리는 고려조의 한문학이 풍부한 작품을 남겼으며 우리의 설화문학을 한문으로 씀으로써 한문의 실용화가 각 분야로 뻗어 나갔음을 본 바 있다. 이 점은 조선시대도 마찬가지였으며 한글이 창제된 것과 관계없이 한문학은 그 발전 속도를 더하였다. 한글 창제에 공헌하였던 집현전 출신의 학자들 중 이른바 사육신으로 분류되는 하위지(河緯地)는 대책(對策)과 소(疏)를 잘 지었으며 박팽년, 이개, 성삼문 등은 "팔가문서"(八家文序)를 남겨 뒤에 『동문선』에 실리기도 하였다. 서거정(徐居正)(1420~1488)은 우리나라 역대의 시문을 뽑아 위의 『동문선』(東文選)을 편찬함으로써 우리의 한문학 수준이 중국에 뒤지지 않는다는 긍지를 심어 주었다. 박상(朴祥)(1474~1530), 노수신(1515~1590), 황정욱(1532~1607) 등은 "해동강서파"라 불릴 정도로 우리 한시의 수준을 높였다는 평가를 받고 있다. 김종직(金宗直)(1431~1492), 서경덕(徐敬德)(1489~1546), 이황(李滉)(1501~1570), 이이(李珥)(1536~1584), 송순(宋純)(1493~1583), 정철(鄭澈)(1536~1593) 등은 우수한 작품을 많이 남겼으며 특히 이이, 송순, 정철은 시조와 가사문학작품을 남겨 국문학의 발전에 이바지하기도 하여 우리의 문학적 자산을 영글게 하는 데 공헌하였다.

한문학은 전통적으로 지배층인 사대부를 중심으로 발전하였는데 조선시대에는 방외인(方外人)의 문학이 나타났다. 그 대표적인 인물이 매월당 김시습(金時習)(1435~1493)이었다. 그는 사대부이기는 하였으나 인륜 도덕에 어긋나는 행동을 많이 하여 방외인 문학을 창도한 것으로 보고 있다.

홍유손(1452~1529), 정희량(1469~?), 정렴(1506~1549), 조신(1454~1528) 등도 방외인 문학의 테두리에 넣는다. 특히 김시습은 한문으로 『금오신화』를 지어 우리나라 최초의 고대 소설 작가라는 영예를 누리고 있다. 이와 같은 김시습의 작품 창작 동기는 고려조에 싹텄던 민간 전승 설화류의 문자 정착과 이어지는 문학사의 맥이라고도 해석할 수 있다. 율곡의 어머니인 신사임당(1504~1551)은 그림만 잘 그렸을 뿐만 아니라 한시도 잘 지었으며 허균의 누나인 허난설헌(1563~1589)(본명 허초희)과 황진이도 여류 시인으로서 좋은 작품을 많이 남겼다. 황진이는 "동짓달 기나긴 밤을 한 허리를 둘헤 내어"라는 시조를 짓기도 하였지만 사랑과 이별을 노래한 한시도 많이 남겼다. 조선조의 '숭유억불'(崇儒抑佛) 정책에 눌려 위축되어 있던 불교계에서 특히 보우(普雨)(1509~1565)와 휴정(休靜)(1520~1604) 같은 승려는 좋은 한시를 많이 남겼다.

임진왜란과 병자호란을 전후하여 이른바 한문학 사대가가 출현하여 사장파와 관인 문학의 시대가 재현되는 양상을 보이었다. 최립(1539~1612), 차천로(1556~1615), 이정구(1564~1635), 신흠(1566~1628)이 그런 사람들이었는데 이들은 뒤 시기의 "후사가"(後四家)에 대하여 "사가"(四家)로 불리었다.

〈이두문의 확대 사용〉

앞에서 우리는 조선조 초기에 명나라의 법률서를 우리의 실정에 맞도록 번안한 『대명률직해』가 나온 것을 보았다. 장계(狀啓) 등 왕에게 보고된 문서는 이두문으로 작성되는 것이 관례였다. 세종대왕이 창제한 한글은 궁중에서 비빈(妃嬪)들 사이에 주로 쓰였다. 물론 시대가 내려옴에 따라 부녀자를 대상으로 한 서신 왕래에 한글이 쓰이기도 하였다. 서리들은 이두로 대민 행정을 수행하였다. 마침 최근에 조선조 전기, 특히 15, 16세기의 이두 자료를 분석한 업적이 나와 있어 이를 중심으로 이두의 사용 양상을 살펴보기로 한다.

조선 전기의 이두 자료는 앞에서 든 『대명률직해』를 비롯하여 많은 자료가 확인되어 있다. 크게 전적(典籍)·성책(成冊)·등록(謄錄)류와 문서류로 나눌 수 있다. 전적류로는 앞에서 든 『대명률직해』를 비롯하여 20건에 가까운 자료를 들 수 있다. 그 중 몇 가지를 들어 보인다.

(34) 전적류 등
  가. ① 경상도 지리지
    ② 한노개 개국원종 공신녹권
  나. 농포집
  다. 임진장초

(34가)①의 『경상도 지리지』는 세종 때 나온 경상도 도지(道志)인데 지역별로 첫 부분에 개별 항목의 제목에 해당하는 부분이 이두문으로 표시되어 있다. 격어미 '乙'(대격), '亦'(주격), 부동사형(연결형) '爲乎矣' 등 이두 토를 사용하였다. 지리지의 독자는 일반 서민이기 때문에 이두문으로 작성된 것으로 보인다. ②는 1395년 태조 4년에 나온 공신녹권인데 '白'이 겸손법(흔히 겸양법 또는 객체존대)으로 쓰이고 있다. (나)는 정문부(1565~1624)의 문집인데 선행어미(선어말어미) '白'이 겸손법으로 쓰인 것이 아니고 존비법(더러 공손법, 상대높임법) 표지로 쓰이고 있어 문법사 연구의 호재(好材)를 제공하고 있다. 한글문헌에서도 '白'이 존비법 표지로 쓰인 것이 16세기 후반부터 보이는데 이는 한글과 이두자료가 문법변화의 양상을 거의 동시에 반영하고 있다는 증거로 활용할 수 있다. 한글과 이두의 사용주체가 달랐는데 언어 변화가 거의 동일하게 반영되었다고 말할 수 있다. (34다)의 '임진장초'는 충무공 이순신이 임진왜란 중 1592년 4월 15일부터 1594년 4월 20일 사이에 왕과 세자에게 올린 등초(謄抄)이다. '-置, -齊'가 정동사어미(종결어미)로 사용되는 등 전반적으로 이두문으로 작성되고 있

다. 사실 충무공의 〈임진장초〉(壬辰壯草)를 보면 이두문이 바탕이 되어 한국식 한문이 이루어졌다는 증거가 나타나고 있다는 사실이 지적되고 있다. 이는 우리가 영문 등 서양어로 문장을 작성할 때 일차적으로는 우리말 어순에 따라 문장을 얽어 매고 다음에 퇴고 과정을 거치기는 하나 엉터리 영어의 맛이 풍기는 것과 차이가 없어 보인다.

다음은 16세기에 나온 〈노비결송입안〉의 이두이다. "입안"(立案)이란 관에서 발급하는 문서로서 개인의 청원에 따라 매매 등을 공증해 주는 문서이다.

(35) 가. 庫(곧), 所(바), 矣(의)
나. 敎/敎是; 次知; -是-
다. 良혀, 如혀, 只혀
라. 亦(이), 乙(을), 良中(여히), 以(로), 果(과)

(35가)는 자립명사, 의존명사, 격어미(격조사)로 쓰인 예이다. '庫'는 '五庫'(다섯 곳)에서 보는 바와 같이, 수단위 의존명사이고 '所'는 형식성 의존명사이며 '矣'는 속격 어미다. (나)의 '敎/敎是'는 중세어의 '이시-'나 '이샨'으로 읽힌다. '次知'는 'ᄀᆞᅀᆞᆷ 알(다)'로 해독되는데 '담당하다'의 의미이고 '-是-'는 계사(서술격조사) '이라'의 '이'로 해독된다. (다)는 부사 형성의 접미사로 중세어 한글자료와 대응된다. (라)는 주격, 대격, 처격, 조격, 접속격으로서 대체로 중세어의 한글 자료와 대응된다.

지금까지는 국어사 연구에서 한글 자료를 우선으로 하고 이두 자료는 문어성을 띤 자료로 보아 정통 자료로 간주하지 않았으나 앞으로는 한글 자료와 대등하게, 혹은 그보다 더 높은 가치를 부여함으로써 국어사 연구를 확대할 필요가 있어 보인다. 이두는 삼국 이래 1900년대 초까지 1600년 동안 실용문에 폭넓게 사용되어 왔다.

2.4.1.5. 조선 전기의 한글 교육과 외국어 학습, 그리고 외국인의 우리말 학습

이곳에서는 조선 전기의 한글 교육과 외국어 학습이 어떠한 형태로 이루어지고 있었는가를 살펴보도록 한다.

〈한글 교육과 한글의 보급〉

앞에서 우리는 세조 4년에 전래되던 『초학자회』에 한글로 주석을 붙인 일이 있었음을 본 바 있다. 한글이 창제되자마자 바로 이어 이과(吏科)와 병시(並試)에 한글을 부과하였다는 사실도 본 바 있다. 이로 미루어 보면 세종 25년 12월에 한글 창제를 선포할 때 한글을 익힐 수 있는 모종의 편람이 공개된 것이 아닌가 한다. 『월인석보』 권 1의 머리에 얹혀 있는 예의편이 이미 세종 25년 한글 반포 때에 공개된 편람임이 틀림없어 보인다. 이미 앞에서 언급한 바와 같이, 이 예의편에는 한글 낱자의 음가는 물론, 그것을 결합하여 운용되는 각종 규정이 들어 있다. 『석보상절』(1447)이 나옴으로써 예의편이 정식으로 공개되고 『월인석보』(1459)가 편찬됨으로써 더 많은 독자를 확보하여 널리 보급된 것으로 보인다. 어린이들은 『초학자회』의 주석을 통하여 한자를 익혔으며 뒤에 와서는 최세진의 『훈몽자회』를 통하여 한글 자모를 익히고 훈을 통하여 우리말 어휘를 익힌 것이 아니었던가 한다. 실제로 『훈몽자회 범례』를 보면 시골에는 언문을 모르는 사람이 많으므로 언문 자모를 저술한다고 하였다.

우선 한글은 궁중을 무대로 하여 민간으로 퍼져 나갔다. 단종 1년(1453) 4월에 수강궁에 머물던 묘단(卯丹)이라는 시녀가 혜빈(惠嬪) 양(楊)씨에게 언문으로 안부를 물었는데 이것이 발단이 되어 사통(私通) 옥사가 벌어졌다. 이를 통하여 보면 한글을 최상층인 비빈(妃嬪)뿐만 아니라 방자와 낮은 신분의 궁녀들까지 사용하였음을 알 수 있다. 성종과 연산군 때에도 비슷한 사건이 궁궐 안에서 자주 일어났다. 성종 13년(1482)에 폐비 윤씨의 사사(賜死)가 결정되었을 때, 삼전(三殿)이 모두 이를 지지하는 언간을 내렸다. '삼전'이라 함은 세조비 정희왕후, 성종모 소혜왕후, 예종비 안순왕후를 가리킨다. 성종이 등극한 이래 6인의 왕후가 수렴청정을 하였는데 이들의 전교(傳敎)는 모두 한글로 작성되어 있었다. 인종비 인성왕후(仁聖王后) 박씨(1514~1577)는 인종의 평소 언행을 적은 장문의 언문 행록을 남긴 바 있다. 왕후들이 남긴 "언문"이 실록에 실릴 때에는 한문으로 번역되어 실렸다.

그러면 궁중 밖의 세계는 어떻게 한글이 보급되었을까. 특히 시골에서는, 앞에서 본 바와 같이, 한글이 거의 보급되어 있지 않았다. 『훈몽자회』에서는 다음과 같은 "언문 자모"(諺文 字母) 27자의 용법을 간단명료하게 규정하고 있다.

(36) 가. 초성종성통용팔자(初聲終聲通用八字)
나. 초성독용팔자(初聲獨用八字)
다. 중성독용십일자(中聲獨用十一字)

(36가)에서는 이른바 여린 히읗으로 불려지는 'ㆆ'이 빠져 있다. 『훈몽자회』가 나올 당시는 동국정운식 한자음이 이미 폐용(廢用)된 시기였기 때문에 빠진 것으로 보인다. (나)는 『훈민정음 해례』의 8종성법을 우회적으로 표현한 것이다. 사실 한자를 배우는 어린이는 이 정도의 규정만으로도 한글을 읽을 수 있다. 앞에서 본 바와 같이, 이는 한글이 그만큼 배우기가 쉽다는 것을 함의한다. 『훈몽자회』는 여러 차례 중간되었는데 이는 그것이 한글을 배우는 기본 학습서의 역할을 하였기 때문이었다. 뒤를 이어 『천자문』과 『유합』도 한글 보급에 큰 영향을 미친 것으로 보인다.

한글이 『훈몽자회』와 같은 한자 학습서에 의하여 대중 속으로 파고듦에 따라 한글은 부녀자나 어린이들을 상대로 한 서간문에 쓰이기 시작하였다. 저자의 선친(성함: 仁錫, 자: 明玉, 호: 若山)은 1899년생으로서 정통 유학자였다. 1960대 전반에 서울에 사는 우리 내외와 손자들에게 편지를 쓰실 때에는 반드시 한글, 곧 언문으로 쓰시고 친구들과 서신을 교환하실 때에는 정통 한문을 쓰시는 것을 보았다. 우리 선조들에게는 수신인이 여자이거나 어린이일 때에는 반드시 한글로 쓰는 것이 불문율처럼 되어 있었다. 조선시대 언간은 현재 400여 건이 알려져 있다. 그 중 임진왜란 이전 것을 들어 보기로 한다. 이런 사실을 보면 『훈몽자회』 등을 통하여 한글을 깨친 사대부들이 부녀자들과 아이들에게 한글을 가르친 것으로 볼 수 있다. 사대부들은 공적인 언어생활에서는 한문을 쓰다가도 여자들이나 아이들에게는 한글을 가르쳐서 편지 등 일상 문자생활에서는 한글을 쓰도록 유도한 것이 아니었던가 한다.

최초의 언간은 15세기 말(1490년대)의 신창 맹씨 묘에서 출토된 것인데 남편 나신걸이 아내 신창 맹씨에게 보낸 것이다. 다음으로는 순천 김씨 묘에서 출토된 189건의 언간이다. 쓰여진 연대는 16세기 중반 이후 30년간으로 비정(批正)된다. 발신인은 어머니, 남편, 오빠이고 수신인은 순천 김씨다. 현재 충북대학교 박물관에 소장되어 있다. 1977년 충청북도 청원군에서 순천 김씨의 묘를 이장할 때 발견되었다. 단편적인 것으로는 16세기 중반의 송강 정철의 어머니 안씨가 송강 형제에게 보낸 언간과 송강이 부인에게 보낸 언간도 전하고 있다. 왕들도 수신인이 왕후나 공주 등 여성일 때에는 반드시 한글로 편지를 썼다. 여기서 하나 놓쳐서 안 될 것은 임진왜란 때 선조 대왕이 백성들에게 알리는 방문이 한글로 쓰여졌다는 것이다. 당시까지 나타난 한글 텍스트는 여성일 경우에 국한하였었는데 선조의 방문은 전 백성을 대상으로 하였다는 점에서 한글의 통용 범위가 전 백성에 미치고 있었음을 실증하는 자료로 이용할 수 있다.

〈우리들의 외국어 학습과 외래어 표기〉

이곳의 외국어 학습에는 한자 교육도 포함시키기로 한다. 한자 학습서로는 중종 때 최세진의 『훈몽자회』가 나왔고 뒤이어 『유합』과 『천자문』이 나왔다. 우리는 앞에서 고려 말기에 외국어 교육 기관으로 통문관이 설치되었음을 본 바 있는데 이는 조선시대에 와서는 사역원(태조 2년)으로 바뀌었으며 외교 문서를 관장하는 승문원(承文院)을 두기도 하였다. 그러면 먼저 조선 전기의 외국어 교육이 어떠한 형태로 이루어졌는가를 살펴보기로 한다. 이곳에서는 우선 조선조 전기의 두 기구의 역할을 보기로 한다. 현대의 우리나라에는 각 대학에 외국어문학을 연구하는 학과가 있으면서 이와는 별개로 특정 외국어를 전문적으로 교수하는 외국어 대학이 설치되어 있는 것과 관련시키면 조선시대의 승문원과 사역원을 둔 까닭을 이해할 수 있다.

실제로 조선 『성종실록』에서는 왜어, 여진어 등의 외국어 학습을 권장한 기사가 나오는가 하면 임진왜란 때에는 왜어 학습을 금지한 기사도 나온다.

(37) 가. 왜어 여진어(女眞語)를 학습(學習)하는 문신(文臣)의 권과절목(勸課節目)입니다. (성종 13년 4월 11일)

나. 도성의 백성들이 오래 왜적에게 함몰되어 있었으므로 왜어(倭語)에 물들었을 수도 있을 것이다. 각별히 방(榜)을 내걸어 엄하게 금지하되 혹시라도 왜어를 하는 자가 있으면 각기 동리 안에서 엄하게 규제하여 원수인 오랑캐들의 말이 항간에 섞이지 않게 하라. (선조 26년 10월 2일)

승문원에서는 사대교린(事大交隣)에 관한 문서를 관장(管掌)하였다. 승문원의 관원은 모두 문관만 임용하였다. 승문원에서는 이문(吏文)을 사용하였다. 이문이라 함은 중국과 주고받는 외교 문서 또는 우리나라의 관청 공문서 등에 사용하던 한문의 독특한 문체를 가리킨다. 이문의 대표적인 책은 『이문대사』(吏文大師)이다. 글자 그대로 이문을 가리키는 큰 스승이라는 뜻으로 이문의 학습서이다. 이문은 앞에서 누누이 본 이두와 구별할 필요가 있다. 이문은 한자 어구와 이두를 포함한 문체 전부를 가리키나 이두는 차자로 표기된 고유어로서 이문의 문맥을 밝혀 주는 어구를 가리킨다.

중국에서는 13세기에 즈음하여 북경 지역을 중심으로 한 북방 민족과의 융합 과정에서 중국어가 질적 변화를 가져와 근대 중국어의 시기에 진입하였다. 원대에 들어오면서 대민 업무를 담당하던 관리들이 다루던 관부 문서나 법전 율서 등에는 기존의 문어인 한문에 구어가 섞인 문체가 사용되었다. 원(元)·명(明)은 자국의 관부 문서의 서식과 문체를 고려와 조선과의 외교 문서에 그대로 사용하였고 중국의 법전 율서는 고려와 조선에 그대로 수입되어 활용되었다. 당시 사용된 근대 중국문어를 고려와 조선에서는 "吏文"(이문)이라 불렀던 것이다.

사역원은 간단히 말해서 통역관 양성소이다. 사역원에는 한학, 몽학, 여진학, 왜학을 두었으며 특히 한어 교육에 열중하였다. 지방에도 평양과 의주 등지와 통영과 제주 등지에 역학 훈도를 두기도 하였다. 이는 현대의 한국외국어대학이 영어학부가 중심이 되는 것과 밀접한 유추의 기반을 이룬다. 조선 전기에 사역원을 거쳐 나온 역관 가운데는 학문적인 업적을 남긴 사람도 많다. 이런 부류의 역관은 역학자의 테두리에 넣어서 처리하기도 한다. 태종대의 설장수(偰長壽), 세종대의 신숙주(申叔舟), 중종대의 최세진(崔世珍)이 대표적인 역학자이다. 설장수는 『직해소학』을 저술하였다고 하나 전하지 않으며 신숙주는 『동국정운』의 저술과 함께 『홍무정운역훈』을 편찬하여 동국정운식 한자음을 보급하는 데 큰 역할을 하였다. 최세진은 뛰어난 중국어학자로서 『사성통해』를 짓기도 하였으며 이문에 대한 좋은 업적을 남기기도 하였다. 그러는가 하면 『번역박통사』, 『번역노걸대』, 『노박집람』 등을 내어 중국어 학습에 기여하기도 하였다. 이들 두 책은 한글로 중국어의 정음(표준음)과 속음을 달고 번역한 것이다. 『이로파(伊路波)』

(1492)는 성종 23년(1492)에 사역원에서 편찬되었는데 가장 오래된 일본어 학습서이다. 이를테면 일본 문자 'い, ろ' 아래 '이 音' '로 音'과 같이 발음을 적고 있다[사진 1]. 원이 멸망한 뒤에는 그 사이 소외되어 있었던 한어에 대한 관심이 증대하여 우리나라의 사역원도 한어 교육에 열의를 보였다.

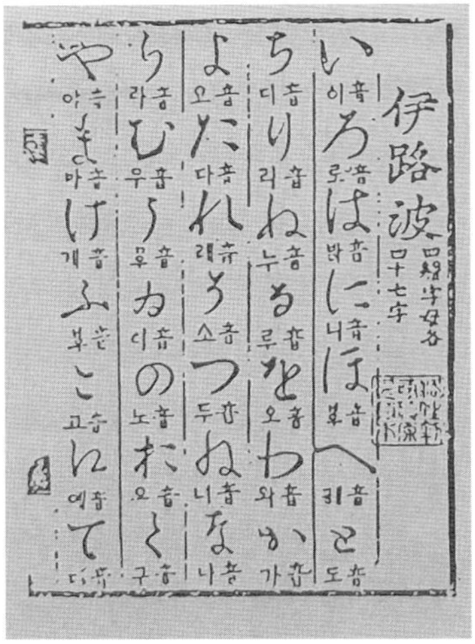

사진 1. 이로파(伊路波)

2.4.1.6. 글쓰기와 문장부호 등

앞의 고려시대의 문자생활(§2.3.6)에서 특히 불경 『유가사지론』의 구결문에서 각종 부호가 쓰였음을 본 바 있는데 이와 비슷한 작위를 조선시대에 와서도 볼 수 있다. 그 대표적인 것이 『훈민정음 해례』과 『용비어천가』이다.

먼저 『훈민정음 해례』부터 보기로 한다. 『훈민정음 해례』에는 흰 권점이 위치를 달리하여 배치되어 있다[사진 2]. 매 글자의 오른쪽 아래에 찍기도 하고 가운데 찍기도 하였다.

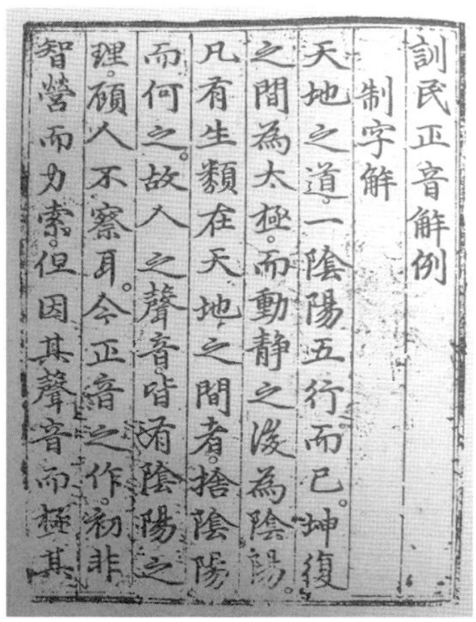
訓民正音解例
制字解
天地之道一陰陽五行而已。坤復之間為太極而動靜之後為陰陽。凡有生類在天地之間者捨陰陽而何之。故人之聲音皆有陰陽之理顧人不察耳。今正音之作初非智營而力索但因其聲音而極其

사진 2. 『훈민정음 해례』의 흰 권점

(38) 癸亥冬。我殿下創制正音二十八字◦略揭例義以示之◦名曰訓民正音。
(正音解例 27ㄴ)

위에서 '癸亥冬'(계해동)의 아래에 찍은 흰 권점을 "아랫점", '二十八字'(이십팔자)와 '示之'(시지) 다음에 찍은 흰 권점을 "가운뎃점"이라 부르기로 한다. 아랫점과 가운뎃점은 중국의 영향을 받은 것임에 틀림없으나 아직도 그 기능이 면밀하게 밝혀져 있지 않다.

다음으로는 〈용비어천가〉를 보기로 한다.

(39) 불휘 기픈 남ᄀᆞᆫ◦ᄇᆞᄅᆞ매 아니 뮐ᄊᆡ。(용비어천가 2장)[인터넷]

위의 예를 보면 가운뎃점은 한 문장의 주제를 표시하는 것 같기도 하고 아랫점은 문장 접속의 기능을 띠는 것 같기도 하다.

다음 예는 사정이 다르다.

(40) (商德이 衰ᄒᆞ거든◦ 天下ᄅᆞᆯ 맛ᄃᆞ시리)ㄹᄊᆡ。(西水ㅅ ᄀᆞᅀᅵ◦져재 ᄀᆞᆮᄒᆞ니) (용비어천가 5장)

(40)은 두 개의 앞뒤 절을 부동사형 어미(연결 어미) '-ㄹᄊᆡ'에 의하여 인과관계로 이어 주는 예이다. 앞의 절은 부동사형 어미 '-거든'에 의하여 이어져 있는데 가운뎃점을 찍었고 뒤의 절은 주어부 '西水ㅅ ᄀᆞᅀᅵ'와 서술부 '져재 ᄀᆞᆮᄒᆞ(니)'로 구성되어 있는데 가운뎃점을 찍었다.

한문 가사의 점찍기가 국문 가사에 그대로 반영되어 있으니 국문 가사의 점 찍기만으로는 그 소종래를 파악하기가 어렵지 않은가 한다.

중세어의 한글 언해 문헌의 구결문에는 언해임을 가리키는 특수한 부호가 쓰이었다.

(41) 가. 義團이破ᄒᆞ야正眼開ㅣ近矣리라 (몽산법어약록 43뒤),
비교: 疑團이허러正ᄒᆞᆫ눈ᄠᅳ미갓가ᄫᆞ리라 (같은 책 같은 쪽)
나. 當知世間 一切境界ㅣ皆依無名ᄒᆞ야 (원각경언해 권상 1-2, 133장),
비교: 반ᄃᆞ기 알라 世間一切境界(∅) 다 無名을 브터 (원각경언해 권상 102, 134장)
다. 癘氣ㅣ方熾ᄒᆞᆯᄊᆡ (번역소학 9, 72앞),
비교: 병ᄭᅴ운이뵈야호로셩ᄒᆞᆯᄊᆡ (번역소학 9, 73앞)

(41가)는 그 언해는 세종 때에 되었으나 세조 때 간행되었다. 구결문과 언해문이 짝지어진 문헌은, (41가)에서 보는 바와 같이, 구결문에서는 'i/y'로 끝나는 말 뒤에서는 딴이 'ㅣ'를 덧붙인다. 뒤의 언해문과 비교하면 주격 어미 'ㅣ'를 붙이지 않으면 언해가 되었는지 그렇지 않은지를 분간할 수 없다. (나)는 세조 때의 간경도감에서 간행된 『원각경언해』에서 뽑은 것인데 그 아래의 언해문과 비교하면 불필요한 'ㅣ'가 붙어 있다. (다)는 중종 13년(1518)에 나온 『번역소학』의 예인데 역시 같이 설명할 수 있다. 선행어가 'i/y'로 끝나는 말임에도 불구하고 주격 어미를 덧붙이는 것은 그것을 언해하여 읽으라는 뜻으로 볼 수밖에 없다.

이밖에도 우리의 옛 문헌에는 소리의 높낮이를 표시하는 성점(聲點), 주석 표시, 존대 및 겸손 표시 방식 등 많은 부호를 접할 수 있다.

『훈민정음 해례』를 보면 높은 소리인 거성은 글자의 왼쪽에 한 점, 높아가는 소리인 상성은 두 점, 낮은 소리는 점을 찍지 않는다. 특히 협주에서 주석문임을 표시할 때에는 본문과 달리 한 칸에 두 줄을 배치한다든지 주석문 앞에 ○를 둔다든지 하여 독해에 도움을 제공하였다. 주체를 높일 필요가 있을 때에는 "대두법"이라 하여 줄을 바꾸어 1~3자 정도 높이기도 하였고 편지 쓸 때의 '소자(小子)' 등과 같이 글씨를 작게 쓰기도 하였다.

2.4.2. 조선 후기의 문자생활

2.4.2.1. 관념론의 쇠퇴와 실증론의 등장

한글과 우리말에 대한 조선조 후기의 연구 업적을 보면 처음에는 성리학에 바탕을 둔 운학 연구가 주류를 이루었다. 첫째로 꼽을 수 있는 대표적인 학자는 인조 반정의 공신 최명길(崔鳴吉)의 손자 최석정(崔錫鼎)(1646~1715)이다. 그는 양명학 계통의 학문을 잇기는 하였으나 실제로는 성리학으로 대표되는 송학적 언어철학을 충실하게 계승·발전시켰다. 그의 『경세정운』(經世正韻)은 송학적 언어철학을 계승·발전시켜 훈민정음을 새롭게 해석하고 특히 운도(韻圖) 작성에 적지 않은 관심을 기울였다. 최석정의 저술은, 앞에서 잠깐 언급한 바와 같이, 조선 전기의 서경덕에 의하여 착안된 일종의 "경세 성음론"이었으며 이는 그 뒤의 황윤석, 신경준 등에게 큰 영향을 미쳤다.

신경준(申景濬)(1712~1781)은 『훈민정음운해』를 저술하였다. 이로써 최석정에 의하여 불길이 붙은 운학 연구가 절정기를 맞았다. 관념론에 치우친 운학 연구에 매진하면서도 '‥'라는 새로운 모음[인터넷]을 세운 것은 앞의 『훈민정음 해례』의 'ᅐ, ᅑ'와 같은 음의 설정과 함께 실증론의 소산이라고 할 수 있다.

황윤석(黃胤錫)(1729~1791)은 『理藪新編』(이수신편) 등을 통하여 "등운학"이라 부르는 운도(韻圖)의 학(學)을 정밀화하는 데 기여하였다. 이밖에도 박성원, 홍계희, 정동유, 이규경, 유희 등을 들 수 있다. 특히 유희(1773~1837)는 구개음화의 절대적 연대를 확정할 수 있는 자료를 제공한 것으로 유명하다. 앞의 신경준에서도 주목한 바 있지만 조선조 후기로 내려올수록 방언을 수집한다든지 어휘를 수집하고 어원을 탐구함으로써 실증론에 기울어진 업적을 내기 시작하였다.

2.4.2.2. 한글 사용의 신장과 한글 문학의 자리잡음

조선 전기에는 『훈민정음 예의』나 『훈몽자회』 등에 의하여 한글이 궁중에서부터 차츰 민간으로 파급되고 있었고 임진왜란 때에는 백성에 대한 선조의 "언문 방문"이 나옴으로써 한글이 반도 전역에 걸쳐 보급되어 있었음을 본 바 있다. 이러한 경향은 시대가 내려올수록 가속화하여 한글이 실질적으로는 제도권 문자의 기능을 수행하고 있었다.

실제로 왕이 비빈(妃嬪)이나 공주 등 여성에게 전갈할 일이 있으면 언간(諺簡)에 의존하였다. 다음은 숙종 대왕이 고모 숙휘 공주에게 쓴 언간의 일부로 『宸翰帖 坤』(신한첩 곤)에 전하여지고 있다.

> (42) 뎍ᄉᆞ오시니 보ᄋᆞᆸ고 친히 뵈ᄋᆞᆸᄂᆞᆫ ᄃᆞᆺ 든든 반갑ᄉᆞ와 ᄒᆞ오며 나도 몬 뵈완 디 ᄃᆞᆯ포 되오니 섭섭ᄒᆞ오미 아ᄆᆞ라타 업ᄉᆞ와 ᄒᆞᄋᆞᆸᄂᆞ이다 ᄉᆞ연은 ᄌᆞ시 아와ᄉᆞ오니 얼현이 ᄒᆞ오리잇가.
> (현대역) 적으신 것을 보고 친히 뵙는 듯 매우 반가우며 나도 못 뵌지 달포가 되오니 섭섭함이 뭐라고 이를 바 없습니다. 사연은 자세히 알았으니 어련히 하지 않겠습니까. (장요한, 『宸翰帖 坤』의 연구 및 역주, 계명대학교 출판부, 2019, 82-83)

『宸翰帖 坤』은 효종, 현종, 숙종, 명성 왕후 등의 한글 편지를 묶은 것인데 전통 사회의 궁중의 한글 사용의 실태를 파악하는 중요한 자료이다.

그리고 훈민정음 창제 이래로 계속되어 왔던 불교와 유교 등의 경전은 물론, 도교 등의 종교 경전이 "언해"라는 이름 아래 지속적으로 간행되어 한글이 민중 속으로 파고들기에 좋은 조건을 갖추고 있었다.

우리 고대 국문 소설의 효시인 〈홍길동전〉만 해도 〈계축일기〉 등과 같은 궁중 실기 문학이 발판이 되어 형성되었다는 견해가 있다. 숙종 때의 김만중의 〈구운몽〉, 〈사씨남정기〉와 작자 미상의 〈인현왕후전〉은 물론, 그 이후부터 쏟아져 나온 〈완월회맹연〉 등의 장편 대하 소설의 탄생도 위와 같은 맥락으로 이해할 수 있다. 혜경궁 홍씨의 〈한중록〉도 같은 계열의 작품으로 볼 수 있다. 더욱이 17세기 중반부터 세책(貰冊)과 방각(坊刻)이 등장함에 따라 한글 소설이 늘어나 출판문화가 기하급수적으로 형성되기 시작하였다. 방각은 손으로 베끼는 것이 아니라 판매할 목적으로 서방(書房) 등에서 목판으로 대량으로 찍어 내던 출판 방식을 가리킨다.

이와 같이 한글이 궁중 사회에서 정보 교환과 의사소통의 수단으로 보편화되어 감에 따라 이러한 흐름은 전국으로 뻗쳐 나갔다. 이러한 경향은 경상도 지역이 현저하여 이를 뒷받침하는 자료가 많이 나타나고 있다.

17세기 후반(현종 · 숙종대 1670~1680)에 나온 안동 장씨의 『음식디미방』(飮食知味方)은 한글로 쓴 최초의 조리서로서 주목을 받고 있다. 음식조리서로 유명한 중부 지방에서 나온 빙허각 이씨의 『규합총서』(순조 9, 1809)보다 150년이나 앞선다. 이를 통하여 보면 경상도 안동을 중심으로 한 여성들의 한글 구사력이 어느 지역보다도 왕성하였다는 것을 알 수 있다.

(43) 모밀ᄀᆞᄅᆞ 쟝만ᄒᆞ기ᄅᆞᆯ 마치 조ᄒᆞᆫ 면ᄀᆞᄅᆞ ᄀᆞ치 ᄀᆞᄂᆞᆫ 모시예나 깁의 뇌여 그 ᄀᆞᄅᆞᆯ 더러 플 ᄡᆞᄃᆡ 의이쥭 ᄀᆞ치 ᄡᅮ어 그 프릐 눅게 ᄆᆞ라 개곰 낫마곰 ᄣᅦ여 비ᄌᆞ라
메밀가루 장만하기를 마치 깨끗한 면가루같이 가는 모시나 비단에 거듭 쳐서 그 가루를 덜어 풀을 쑤되 율무죽같이 쑤어서 그 풀을 눅게 반죽하여 개암알 크기만큼씩 떼어 빚어라 (백두현, 음식디미방 주해, 글누림, 2016, 55-56)

위의 구절은 만두 빚는 법을 베푸는 설명문의 첫머리 부분이다. 'ᄀᆞᄅᆞ'는 15세기와 차이가 없다. '(면ᄀᆞᄅᆞ)ᄀᆞ치(<ᄀᆞ티)'는 당시 영남지방에서 일어난 구개음화 현상을 반영하는 자료로 활용할 수 있다. 영남 지역에는 이미 『두시언해』 중간본(1632 AD)에 't' 구개음화가 반영되어 있었다.

앞에서 본 바와 같이, 우리 민족은 조선시대 이전까지는 이두와 한자 · 한

문으로, 한글 창제 이후로는 여기에 한글이 더하여 한문 · 이두 · 한글의 삼두마차에 의하여 문자생활을 영위하였다. 시대가 내려옴에 따라 한글의 사용 인구가 늘어나 조선조 후기만 하여도 각종 문서가 한글로 작성되었다. 그 사이 호사가들 중심으로 많은 한글 자료가 수집 · 정리되었으며 2014년 10월 9일을 기하여 "한글 박물관"이 문을 열게 됨에 따라 특히 조선 후기에 나온 한글 자료가 한자리에 모이고 있다. 그 대표적인 업적이 이상규 교수의 『한글 고문서 연구』(도서출판 경진, 2011: 37-74)이다. 이 책에서는 한글 고문서를 크게 다음 5개 부문으로 정리하였으며 다시 세분하였다.

(44) 한글 고문서의 분류

가. 한글 관부 문서: 교령/통고/인증/소지 · 청원
나. 한글 사인 문서: 약속 · 계약/상하달문서/집단 문서
다. 한글 관부 기록물: 왕실 기록물
라. 한글 사인 기록물: 사실 기록물(행장 · 세계 · 단자)/치부 기록물 (노비치부 · 전장 치부 ... 노정기 · 기행문/교육 훈계 · 언문 반절표)
마. 한글 시문류: 시문/한글 언간과 제문/소설/명문(銘文)

이 중에서 우암 송시열이 맏손부에게 발급한 분재기의 첫머리를 보기로 한다.

(45) 댱손 은셕 쳐

형님 내외 신쥬ㅣ 례로ᄂᆞᆫ 한아버님ᄭᅴ 부위될 것이로ᄃᆡ 종가의 형셰 어렵기로 어마님이 각별이 내게 맛디옵셔 졔ᄉᆞᄒᆞ게 ᄒᆞ옵시더니 이제 내 나믄 날이 업서 가니 이 졔ᄉᆞᄅᆞᆯ 네 싀부의게 맛딜 ᄃᆞᆺ 호ᄃᆡ 네 싀뷔 홀아비로 집이 업시 인ᄂᆞᆫ디라 우리 부쳐도 너ᄒᆡ게 거ᄂᆞ리이니 ᄒᆞᄆᆞᆯ며 이 일을 엇디 네 싀부의게 맛디리 마디 몯ᄒᆞ여 너ᄒᆡ게 분부ᄒᆞ노니 이 졔ᄉᆡ 너희 몸ᄀᆞ티 ᄒᆞᆯ디라

(장손 은석 처
형님 내외 신주는 예법으로는 할아버님께 부위(部位)될 것이로되 종가의 형세가 어려우므로 어머님께서 각별히 내게 맡기시어 제사를 지내게 하셨다. 이제 내게 남은 날이 없어져 가니 이 제사를 네 시부에게 맡길까 하였다. 그러나 네 시부가 홀아비로 집 없이 지내는지라 우리 부부도 너희에게 봉양하게 하니 하물며 이 일을 어찌 네 시부에게 맡기겠느냐? 마지 못하여 너희에게 분부하노니 이 제사를 너희 몸같이 여길지니라)

송시열(1607~1689)은 충북 옥천 출생으로서 비슷한 시기(17세기 후반)에 영남 지방에서 나온 앞의 (43)의 안동 장씨의 『음식디미방』과는 달리 구개음화를 반영하고 있지 않다. '댱손, 엇디, 마디, ᄀᆞ티'가 그런 예이다. 문헌에 나타나는 방언과 현장에 실현되는 방언과의 관련성을 구명하는 것도 우리말 연구의 좋은 소재가 될 수 있다. 방언뿐만 아니라 풍속 등 모든 문화 유산에 걸쳐 지역적 특성을 역대의 그것과 비교하는 작업에 관심을 기울일 필요가 있다.

다음으로 들 수 있는 것은 17세기 초에 경상도 현풍 소례 마을에 살았던 곽주(郭澍)(1569~1617)의 언간이다. 이는 흔히 『현풍곽씨언간』이라고 불리는 것인데 현재 176편이 알려져 있다. 이 언간은 1989년 4월 4일에 이장(移葬)을 하는 도중에 발견되었다.

(46) 아ᄋᆞ ᄌᆞ식 둘란 게 갓ᄉᆞᆸᄂᆞᆫ 제 언문 ᄀᆞᄅᆞ쳐 보내ᄋᆞᆸ쇼셔 슈고롭ᄉᆞ오신 <u>언문</u> ᄀᆞᄅᆞ치ᄋᆞᆸ쇼셔 ᄒᆞᄋᆞᆸ기 젓ᄉᆞ와 ᄒᆞᄋᆞᆸ다가 알외ᄋᆞᆸ노이다. 나도 모 심기ᄋᆞᆸ고 타작 ᄒᆞᄋᆞ온 휘면 낫ᄌᆞ와 뵈ᄋᆞ오리이다

(아우의 자식도 둘이 거기 가 있을 때에 언문을 가르쳐 보내시옵소서 수고로우겠으나 **언문**을 가르치옵소서. 이 말씀을 드리기 송구스러워 하다가 알외옵니다. 나도 (일꾼들을 시켜) 모를 심기고 타작한

후이면 (장모님 안전에) 나아가 뵙겠습니다)

위의 편지는 곽주가 그의 장모에게 보낸 편지로서 외가에 간 아이들, 곧 외손자들에게 언문, 곧 한글을 가르쳐 주기를 당부하는 내용이다. 당시의 교재가 『훈몽자회』에 나오는 언문 자모 27자나 『유합』, 『천자문』과 같은 책을 이용하였거나 아니면 후세에 보이는 반절표와 같은 것이었는지 아직 단언할 수 없으나 오늘날의 국어 교과서처럼 단어나 문장을 통하여 배웠을 가능성도 배제할 수 없다. 앞으로 이 방면의 자료를 발굴하여 전통 사회의 한글의 교습 방법을 깊이 연구할 필요가 있다. 17세기 초에 살았던 곽주가 언간을 통하여 장모에게 손자들에게 한글을 가르치라고 당부한 것은 당시 여성들은 아이들에게 언문을 가르칠 수 있는 기본 능력을 소유하고 있었음을 방증하는 자료로 이용할 수 있다. 현풍 곽씨의 한글 편지에는 구개음화가 된 것도 보이고 안 된 것도 보인다. 이는 16세기 말이나 17세기 초에는 구개음화가 진행 중이었다는 사실을 알려 주는 자료로 이용할 수 있다.

세 번째로 들 수 있는 자료는 18세기 중엽부터 19세기 후반 사이에 작성된 『의성김씨 학봉 종가 언간』이다. 이 언간은 모두 171건으로서 한국학중앙연구원에서 이종덕 박사 팀이 이종덕 밖에(2019)를 냄으로써 세상에 알려졌다. 우리는 이 자료를 통하여 18, 9세기경의 안동을 중심으로 한 경북 서북부 출신자들의 인적 교류와 우리말 어법의 특수성에 대한 정보를 많이 얻을 수 있다. 그 중 아내인 여강 이씨가 남편인 김진화에게 보낸 언간의 한 부분을 보기로 한다.

(47) 츈근이(사내종)와 부전(계집종)의 소의(所爲) 졀통의 괘심ᄒᆞ오나 엇디 ᄒᆞᄋᆞᆸ 제 상젼이 ᄃᆞᆯ포 누어시니 그것들이 더고나 긔괴ᄒᆞ온 ᄃᆞᆺ ᄒᆞᄋᆞᆸ 이녹(사내 종의 이름) 올 ᄡᅵ 잔과 슈저 수ᄃᆡ로 와ᄉᆞ오나 열ᄒᆞᆫ 위 졔ᄉᆞ의 수져이 ᄒᆞᆫ 단식이오니 … 졀통ᄒᆞᄋᆞᆸ 댱을 보내라 ᄒᆞ오니

된댱 말인지 씨져나 ᄌᆞᆸᄉᆞ오실가 된댱이 나올 ᄃᆞᆺ한 항아리 고초댱 두부댱 ᄒᆞᆫ 할식 가ᄋᆞᆸ 봉물은 보내신 대로 다 와ᄉᆞᆸ (이종덕 밖에 2019: 243)

(춘근이와 부전이의 소행이 절통하고 괘씸하오나 **어찌합니까**? 제 상전이 달포 누웠으니 그것들이 더구나 기괴한 듯하옵니다. 이녹이가 올 때 잔과 수저 수대로 왔으나 열 한 위(位) 제사에 수저가 한 단씩이니 … **절통합니다**. 장을 보내라 하니 된장 말인지, 지져나 잡수실까 (하여) 된장이 나올 듯하여 한 항아리, 고추장, 두부장 한 항씩 **갑니다**. 봉물은 보내신 대로 다 **왔습니다** (같은 책 244쪽))

(47)을 통하여 우리는 경북 서북부 사람들이 혼인을 하여 흩어져 살아도 언간을 통하여 서로 소식을 주고 받았다는 것을 알 수 있다. 당시의 언간에는 밑줄 그은 'ᄒᆞᄋᆞᆸ, ᄃᆞᆺᄒᆞᄋᆞᆸ, 졀통ᄒᆞᄋᆞᆸ, 가ᄋᆞᆸ, 와ᄉᆞᆸ'이 현대어의 반말과 같이 평술문(평서문)이나 의문문을 표시하는 기능도 띠고 있었음을 확인할 수 있다. 이러한 어법의 기능을 실증적으로 밝히는 것도 좋은 연구 과제가 될 수 있다.

끝으로 19세기 초에 나온 빙허각 이씨의 『규합총서』(閨閤叢書)를 보기로 한다. 이 책은 부녀자를 위하여 엮은 일종의 생활 지침서이다. 술과 음식, 바느질, 길쌈, 살림살이, 병 간호 등에 관한 가정백과사전의 성격을 띠고 있다. 정양완(역주)(1975)의 "경험방"(411쪽)의 한 구절을 따 오기로 한다.

(48) 목에 가ᄉᆡ 걸린 ᄃᆡ 인절미ᄅᆞᆯ 먹으면 즉시 무더 ᄂᆞ려가ᄂᆞ니라, 양의 털을 실의 여러흘 ᄆᆡ여 가ᄉᆡ 박힌 ᄃᆡ 까지 삼키고 이슥ᄒᆞ거든 양의 털이 졀로 가ᄉᆡᄅᆞᆯ 감ᄂᆞ니 실을 당긔면 가ᄉᆡ가 무더오ᄂᆞ니라

(목에 가시 걸린 데 인절미를 먹으면 즉시 묻어 내려 간다. 양의 털을 실에 여럿을 매어 가시 박힌 데까지 더러 삼키고 좀 있으면 양의

털이 절로 거사를 감으니 실을 당기면 가시가 묻어 나온다 (같은 책, 411쪽))

위의 구절의 내용은 우리에게 알려진 민간 요법이다. 목에 가시가 걸렸을 때에 인절미를 먹는다는 것은 김치를 먹는 것과 같은 민간 요법이다. 앞의 예들은 동남 방언의 예들로서 사투리가 더러 섞여 있었으나 『규합총서』는 저자가 서울 출신인 것과 관련되는지 몰라도 당시의 서울말이 충실하게 구사되어 있다.

위에서 본 바와 같이, 조선 후기는 전기에 비하여 한글의 사용 범위가 점점 확대되고 있었으며 서울뿐만 아니라 경상도와 같은 구석진 곳에서도 한글로 서신을 주고 받았다. 이전 같으면 이두에 의존하던 문서를 한글로 작성하였으며 독자가 여성일 때에는 예외없이 그러하였다. 이와 같이 한글은 부녀자 상대의 문서에만 나타나는 것이 아니었다. 외교 문서, 특히 중국 상대의 외교 문서에서는 기밀 유지를 위하여 한글로 작성한 자료가 나타나고 있어 한글이 반드시 여성만을 상대로 하지 않았다는 것을 알 수 있다. 18세기 말(1796) 동지 부사 이형원(李亨元)이 의주 부윤 심진형(沈晉賢)에게 보낸 문서가 한글로 되어 있었다는 자료가 나타나고 있어 한글이 여성 층에서만 사용된 것이 아니라 국가의 기밀을 유지하기 위하여 남성 간에도 사용되었음을 알 수 있다. 한글로 된 편지가 무사히 도착하면 한문으로 번역되어 조정에 보고하였다는 것이다. 이런 일은 한 · 일 간에도 있었다는 자료가 나타나고 있어 전통 사회에서의 한글 용도의 특수성을 엿볼 수 있다.

지금까지는 한글 고문서와 한글 편지 중심으로 한글의 사용 양상을 개관하였다. 그러나 눈을 크게 뜨고 우리 선조들의 문자생활을 자세히 들여다보면 제문, 비석, 족보, 노정기, 의류, 생활 용구, 족보에도 한글이 사용된 자취를 찾을 수 있다.

먼저 한글 제문을 보기로 한다. 전통사회에서는 제사를 모실 때 남자들은 보통 한문으로 제문을 썼으나 여자들은 한글, 곧 언문으로 썼다. 다음 (49)는 비록 1950년대에 쓰여졌지만 전통 사회에서의 제문의 양식을 그대로 보여 주고 있다.

(49) 유세차 정유 삼월 임인석삭 초십일 신해는 우리 누님 대상지일야(大喪之日夜)라 불초 아우는 누님 생시에 남다른 자정(慈情)에도 일천 가지로 부족하온 일배주(一杯酒)로 생시에 다 못하온 말삼 대강이라도 상달(上達)할가 하와 …

'유세차'로 시작하는 방식은 한문 제문의 것을 그대로 답습하고 있다. 그러나 수신인이 여성일 때에는 한글로 쓴 자료가 보인다. 이런 예를 보아서도 전통 사회의 한글은 대부분 그 수신자가 여성임을 알 수 있다. 제문은 주로 영남지방, 특히 경북지역에서 많이 발견된다.

전통 시대의 제문으로 흔히 드는 것은 부러진 바늘을 조상(弔喪)하는 조선 순조 때의 유씨 부인의 〈조침문〉(弔針文)이다.

(50) 유세차(維歲次) 모년(某年) 모월(某月) 모일(某日)에, 미망인(未亡人) 모씨(某氏)는 두어자 글로써 침자(針者)에게 고(告)하노니, 인간 부녀(人間婦女)의 손 가운데 종요로운 것이 바늘이로대, 세상 사람이 귀히 아니 여기는 것은 도처(到處)에 흔한 바이로다. 이 바늘은 한낱 작은 물건(物件)이나, 이렇듯이 슬퍼함은 나의 정회(情懷)가 남과 다름이라. 오호 통재(嗚呼痛哉)라, 아깝고 불쌍하다. 너를 얻어 손 가운데 지닌 지 우금(于今) 이십칠 년이라. 어이 인정(人情)이 그렇지 아니하리요. 슬프다. 눈물을 잠깐 거두고 심신(心身)을 겨우 진정(鎭定)하여, 너의 행장(行狀)과 나의 회포(懷抱)를 총총히 적어 영결(永訣)하노라.

비록 부러진 바늘을 조상하는 제문이기는 하나 죽은 사람의 영혼 앞에서 읊조리는 것과 하등 차이가 없다. 조선시대의 여성들은 혜경궁 홍씨와 같이 자신의 일대기를 한글로 적기도 하였고 작자 미상의 〈규중칠우쟁공기〉(閨中七友爭功記)와 같이 '자, 골무, 바늘, 인두'를 의인화하여 한글로 쓴 수필도 전하고 있다. 그러는가 하면 〈의유당 관북 유람 일기〉(1772)에 전하는《동명일기》와 같은 일기체의 형식을 갖춘 기행문도 접할 수 있다. 이렇게 시대가 내려옴에 따라서 한글은 특히 여성들의 손에 의하여 여러 갈래의 작품들이 창작되었다.

우리는 앞 (31)에서 중종 때 건립된 한글 비석을 본 바 있는데 조선조 후기로 오면 이런 자료가 더러 발견된다. 정조 때 세워진 것으로 짐작되는 조령(鳥嶺)[새재]의 '산불 됴심'은 비석이라기보다 일종의 경고 표지판이다. 경기도 포천군 영중면 양문리에 있는 이우(1637~1693)의 전서 "이비가극히녕검ᄒᆞ니ᄉᆡᆼ심도사람이거우디말라"는 "이 비석이 매우 영험하니 감히 사람이 범하지 말라"는 뜻이니 앞의 (31)의 양주 '영비 각자'와 표현마저 일치한다. 주격 어미('이 비가'의 '가')가 쓰인 것을 보면 중부 지방에는 17세기 중·후반기에 주격어미 '가'가 널리 쓰였음을 보여 주는 자료로 활용할 수 있다. 경남 진주시 상봉동 소재의 비봉산 기슭의 의곡사 입구에는 '부묘ᄉᆡᆼ쳔목연경'이라는 한글 비석도 보인다. 한글 비석은 일제 강점기를 거치고 광복이 된 다음부터는 눈에 띄게 늘어났다. 상해 임시정부 주석이었던 김구의 부인 최중례 여사의 비석은 일제 강점기에 세워진 것인데 이것이 시발점이 되어 해방 후의 주시경, 이윤재, 김윤경, 최현배 등 한글 학자들은 모두 한글로 비문을 새겼다. 최근에는 띄어쓰기한 한글 전용의 비문이 독해에 불편이 많아 국한문 혼용으로 새기되 띄어쓰지 않는 방향으로 자리를 잡아가고 있다.

족보는 전통적으로 한문으로 작성되었다. 그런데 17세기 중반 김두망(金斗望)이 출가하는 손녀에게 집안의 내력을 적어 준 자료가 전하고 있다.

그 예를 들면 다음과 같다.

(51) 가. 듕현태우 젼긱령 휘 윤인 광졍태우 판밀직ᄉᆞᄉᆞ휘형 …
나. 中顯大夫 典客令 諱 允仁 匡精大夫 判密直司事諱泂 …

(51가)는 한글로 적은 것이고 (나)는 족보 원본이다. 그러니까 조부는 손녀에게 족보의 원문을 수진본(袖珍本)에 한글로 적어 준 것이다. '수진본'이란 소매 안에 넣고 다닐 수 있는 작은 책자이다. 여자들에게는 한문을 가르치지 않았기 때문에 한글 족보를 만들어 주었던 것이다.

한글은 노정기(路程記)에도 사용되었다. 노정기란 여행 경로와 거리를 적은 기록을 뜻한다. 얼마 전까지 사용하던 여행 안내 책자와 같은 기능을 표시하였으며 스마트폰이나 인터넷 상에서 접할 수 있는 인터넷 지도와 같이 여정에 대한 정보를 제공하여 주는 기록이다. 대부분은 한문으로 되어 있으나 한글로 된 노정기도 전한다. 여정기에는 여정, 집 찾기, 무덤 찾기 등 여러 가지 형태가 있다. 최근에는 삼림이 울창하여 조상의 무덤을 찾지 못하기 때문에 긴가민가 하다가 멀찌감치 서서 절만 하고 성묘를 때우는 일도 없지 않았다. 삼림이 울창해지니 조상들의 무덤을 추모 공원으로 이장하는 일이 빈번하여지는 까닭을 이해할 수 있다. 한글은 생활 용구에도 더러 쓰였다. 다듬잇돌, 시루, 옹기, 술병, 실패, 담뱃대, 목판, 소반, 제기 사발, 보자기, 항아리, 떡살, 기와 등이 그것이다.

2.4.2.3. 한문학의 성격 변화와 이두(문)의 쇠퇴

한글이 나라의 전역과 전 계층에 걸쳐 보급됨에 따라 한글문학이 자리를 잡아 갔으며 이두에 의존하던 실용문도 점차 한글로 대치되어 갔다. 조선 후기도 전기와 같이 한문학이 융성하였으나 그 성격이 전기와는 달랐다. 이른바 실학사상이 유입됨에 따라 종전의 성리학에 기반을 둔 한문학도 그 성격을 달리하였다. 이익(1681~1763), 안정복(1712~1791), 박지원(1737~1805) 등은 주자학의 그늘에서 수련을 받기는 하였으나 실학에 바탕을 두는 방면으로 작품을 썼다. 이인상은 주자학의 그늘에서 시서화(詩書畵)를 경계없이 넘나들어 21세기부터 목도되는 매체융합의 선구적 역할을 수행하였다. 홍대용(1731~1783)과 박지원은 청나라에 갔다 와서 기행문을 남겼다. 홍대용은 한문본과 함께 어머니를 위하여 한글본 〈을병연행록〉을 남기기도 하였다. 특히 박지원의 〈열하일기〉는 이내 한글로 번역되었으며 그 필사본 자료가 나타나 당시의 독자층의 요구가 어떠하였는가를 알 수 있다. 이덕무, 유득공, 박제가, 이서구는 후사가(後四家)라는 호칭을 들으면서 근대기의 이행에 부합하는 한시를 많이 남겼다.

앞의 박지원 등의 진보적인 문인들이 정통적인 문체를 벗어나 독특한 문체를 생산해 내자 정조를 비롯한 보수파가 이른바 "문제 반정"(文體反正)이라는 캐치프레이즈를 내걸고 문풍을 바로잡고자 하였다. 겉으로는 규장각(奎章閣)을 세워 문풍을 쇄신(刷新)한다고 하였지만 실상에 있어서는 탕평책(蕩平策)을 추진하는 데 목표를 두었다. 예로부터 이완(弛緩)된 민심을 거두어들이고 국정(國政)을 쇄신하는 데 있어 언어정책을 비롯한 문화정책의 쇄신이 크게 작용하는 것은 동서고금의 역사에서 흔히 보는 일이다. 가까운 예로 앞에서 본 세종대왕의 한글 창제와 한자음 정리사업을 들 수 있다. 이런 일은 후세의 우리 역사에서도 더러 볼 수 있다.

사대부와 서민 사이에서 공공문서를 이두로 작성하여 대민행정을 관장하던 중인(中人)들은 그들 나름대로 시사(詩社)를 이루어 문학활동을 전개하였다. 이를 "위항문학운동"(委巷文學運動)이라고 하는데 이는 개화기까지 꾸준히 계속되었다. 그 대표적인 것을 들면 "옥계시사"(玉溪詩社)가 있었으며 그 뒤를 이어 서원시사(西園詩社), 비연시사(斐然詩社), 직하시사(稷下詩社) 등의 소규모의 시사가 결성되어 활발한 활동을 전개하였다. 우리의 귀에 익은 한말(韓末)의 삼대 시인 강위(姜瑋), 김택영(金澤榮), 황현(黃

炫)은 사대부 출신이 아닌 것으로 보아 문단의 주도권은 이미 사대부의 손에서 떠났다고 할 수 있다.

다음은 이두(문)의 사용 양상을 보기로 한다. 조선조 후기에도 이두는 특히 관공서에서 쓰였다. 우리는 앞에서 이두 사용의 전범서로 조선조 초에 『대명률직해』가 나온 것을 보았거니와 후기에는 이두문의 문례집과 자류(字類) 편람이 많이 나왔다. 전자의 대표적인 것으로는 『유서필지』(儒胥必知)(정조조)가 있고 후자의 예로는 『고금석림』(古今釋林)에 전하는 「나려이두」(羅麗吏讀)(1789), 『이두편람』(吏讀便覽)(1829), 구윤명의 『전율통보』(典律通補)(정조조)를 들 수 있다. 이두의 용례집으로는 『이문대사』(吏文大師)(17, 18세기), 편자 미상의 『이문』(吏文)(1658) 등을 들 수 있다. 이두자료는 한국학 중앙연구원에서 1982년부터 간행되고 있는 『古文書集成』(고문서집성)에서 손쉽게 볼 수 있다.

2.4.2.4. 조선 후기의 한글 학습과 한자 · 외국어 학습의 다변화

〈한글 학습〉

조선조 전기에는 『훈민정음 예의』, 『훈몽자회』, 『천자문』 등을 통하여 한글을 학습하였음을 본 바 있는데, 조선조 후기에는 어떠한 방식으로 한글을 익혔을까. 후기로 올수록 한글이 많이 보급되어 특별한 편람이 없이도 쉽게 한글을 배울 수 있지 않았나 한다. 개화기 이후에 많이 보급된 한글 자모표는 이미 19세기 전반부터 통용되지 않았나 한다. 실제로 조선 사신이 18세기 초(1719, 숙종 45)에 일본 사신에게 반절표를 적어 주었다는 기록을 보면 조선조 후기에는 반절표를 가지고 한글을 학습하였던 것이 아닌가 한다. 독일인 의사 지볼트(Fr. von Siebold)(1796~1866)가 공개한 한글 반절표는 18세기 전반기에 조선 사신이 일본사람들에게 적어 준 반절표와 같다고 보고 있다.

〈한자 학습〉

한자 학습 교재로는 이미 전기에 『훈몽자회』, 『유합』, 『천자문』이 나와 한자와 한글을 익히는 데 필수적 교재였음을 본 바 있는데 후기에 와서는 정약용이 『아학편』(兒學編)을 내어 한자학습을 도왔다. 정약용은 조선 전기부터 사용되던 『천자문』이 단계성이나 난이도를 무시하고 있다고 보고 어린이용 한자 학습 교재를 저술하였다. 권 상에는 구체적인 명사나 자연계 · 자연 현상 · 실제적인 현상에 부합하는 유형적 개념을 담았고 권 하에는 추상명사 · 대명사 · 형용사 · 동사 및 계절 · 기구 · 방위 개념 등의 추상적 개념을 수록하였다. 정약용의 『아학편』은 개화기에 와서 지석영의 손으로 일본어, 영어, 중국어로 대역하여 한자를 가지고 우리말뿐만 아니라 다른 외국어도 공부할 수 있게 하였다.(뒤에 나옴)

〈외국어 학습〉

외국어를 학습하는 기관은 문헌상으로는 이미 고려말에 설치되었고 조선조에 들어와서는 사역원을 두어 중국어, 몽골어, 여진어, 일본어를 담당하는 통역관을 양성하였음을 앞에서 본 바 있다. 곧 한학, 몽학, 여진학, 왜학이 성립되어 있었으며 여진학은 병자호란 이후에는 청학으로 바뀌었다. 조선 후기의 외국어 학습은 전통적인 사학(四學)이 그대로 존치되었다. 그에 따라 새로운 형태의 교재가 많이 나왔다. 한학에는 『노걸대』, 『박통사』, 몽학에는 『첩해몽어』, 왜학에는 『첩해신어』, 여진학에는 『소아론』, 『팔세아』 등의 교재가 사용되었다. 여기서 특기할 것은 17세기에 나온 『상원제어』(象院題語)는 조선 후기의 한어교재였는데 주로 외교업무에 맞도록 실용성 있는 구두 표현이 다수를 차지하고 있다. 조선조 말에 나온 『화음계몽』(華音啓蒙)은 조선 전기의 『노걸대』와 『박통사』류의 언해류의 전통을 계승하되 새로운 내용을 도입하여 저술한 중국어 교재였다.

2.4.2.5. 글쓰기와 띄어쓰기

앞에서 우리는 『훈민정음 해례』와 『용비어천가』에 현대의 띄어쓰기를 방불케 하는 부호가 쓰였음을 본 바 있는데 19세기 중엽에 나온 『규합총서』(1869)에는 어절이나 구절 단위로 띄어쓴 예가 보인다.

(52) ᄀᆞ올, 셔리젼에, ᄡᆞᆯ, ᄒᆞᆫ말을, 뵈셰ᄒᆞ야, 담가, 밤을 ᄌᆡ아, 씨고, 조흔물, 두병을, ᄉᆞᆯ혀, 밥과 물이, 어름갓티ᄎᆞ거든, ᄒᆞᆫᄃᆡ셕고, ᄉᆡᆼ년녑을, 독속에, 편후에, 바블, 그우의, 너코 … (김중진 1999: 280)

띄어쓰기는 영국 선교사 로쓰(J. Ross)(1842~1915)의 우리말 교재 *Corean Primer*(1877)에 처음 나온다고 알려져 있었으나(뒤에 나옴), 그보다 8년 빠른 우리의 문헌인 『규합총서』에 처음 나타나는 것이다. 자생적인 것인지 아니면 외부의 영향인지 구명하여 볼 필요가 있다.

2.4.3. 개방시대와 대한제국시대의 문자생활

2.4.3.1. 문호의 개방과 한글 및 우리말에 대한 재인식

한글이 우리나라의 공식문자 자격을 얻은 것은 대한제국의 출범이 계기가 되었지만 그 분위기는 19세기 전반부터 움트기 시작하였다. 일본에 머물러 있던 독일인 의사 지볼트가 그의 『한국기술』에서 우리나라의 역사와 지리 및 우리말 문법을 처음으로 기술하였고[사진 3] 중국에서 활동하고 있었던 독일 출신의 네덜란드 선교사 귀츠라프(Ch. Gützlaff)(1803~1851)도 비슷한 시기에 우리말 문법에 접근하였다. 이들을 바탕으로 프랑스의 동양학자 로우니(L. de Rosny)(1837~1916) 역시 우리말 문법을 썼다. 병인양요(1866) 때 우리나라를 탈출한 프랑스의 신부 리델(1830~1884) 일행은 요동반도에서 우리말 문법을 저술하고 사전을 편찬하였다. 사전은

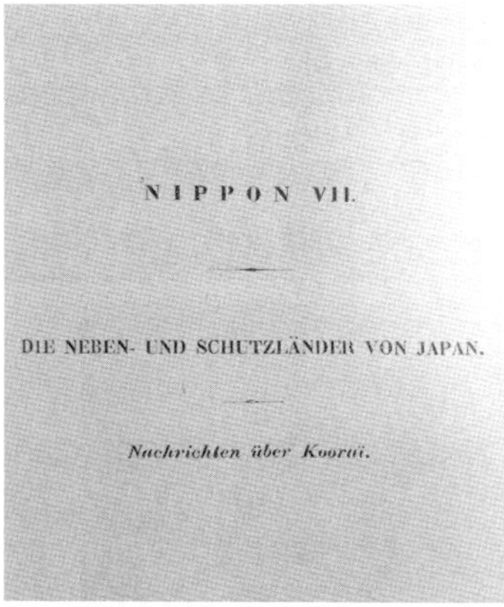

NIPPON VII.

DIE NEBEN- UND SCHUTZLÄNDER VON JAPAN.

Nachrichten über Koorai.

사진 3. 지볼트의 『한국기술』

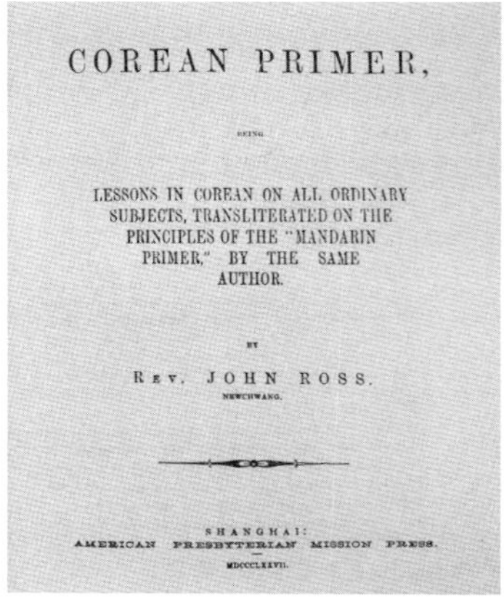

COREAN PRIMER,

BEING

LESSONS IN COREAN ON ALL ORDINARY SUBJECTS, TRANSLITERATED ON THE PRINCIPLES OF THE "MANDARIN PRIMER," BY THE SAME AUTHOR.

BY

REV. JOHN ROSS.

NEWCHWANG.

SHANGHAI:

AMERICAN PRESBYTERIAN MISSION PRESS.

MDCCCLXXVII.

사진 4. 로쓰의 *Corean Primer*

1880년에, 문법은 1881년에 나왔다. 달레(Ch. Dallet) 신부는 1874년에 낸 『조선교회사』 속에 앞의 리델 신부의 우리말 문법의 초고를 요약하여 실었다. 러시아에서는 1854년에 위의 지볼트의 『한국기술』을 러시아어로 번역하여 우리나라 접근의 발판으로 삼았으며 1874년에는 푸찔로(M. Putsillo)에 의하여 『노한사전』(뒤에 다시 나옴)이 나왔다. 1877년에는 영국 선교사 로쓰(J. Ross)의 『한국어 초보』(*Corean Primer*)[사진 4]가 나왔는데 어절 단위의 띄어쓰기가 처음으로 시도되어 있다. 이런 일들이 모두 고종의 왕위 계승을 전후하여(1864) 일어났다는 사실과 관련시킬 때 그렇게 볼 수 있다.

19세기 후반으로 접어들면서는 우리나라가 서양과 접촉함에 따라 "우리 것"에 대한 인식이 새로워지기 시작하였다. 특히 윤치호(1865~1945)와 같은 사람은 일찍이 16세 때 신사 유람단을 따라 일본을 구경하였고 중국과 미국에서 체계적인 근대교육을 받으면서 우리나라의 근대화를 위하여 많은 활동을 펼쳤다. 그는 1883년 1월 1일부터 1887년 11월 24일까지는

"한문"으로, 1887년 11월 25일부터 12월 7일까지는 "우리말"로, 그 이후는 "영어"로 일기를 썼다. 1887년 11월 25일자의 일기에는 다음과 같이 적고 있다.

(53) 십일일(청, 이십오일, F.) 각ᄉᆡᆨ 일과 여전이 ᄒᆞ다. 오후 수신회 ᄆᆡ주회 여전ᄒᆞ다. 이날로붓터 일긔를 국문(밑줄-저자)으로 ᄒᆞ다 (『한국사료총서』 제19, 국사편찬위원회 1, 1973, 287면)

당시의 한글의 범칭(汎稱)은 "언문"이었는데 이렇게 "국문"이라는 어휘를 쓴 것은 해외에서 얻은 경험이 작용한 것으로 보인다. "국문"이라는 어휘가 공적으로 출현한 것은 1894년이라는 것(뒤에 나옴)과 비교해 볼 때 윤치호의 선구적 발상을 다시 평가할 필요가 있다. 일본에서는 "國語 國文"(국어 국문)이라는 말이 1866년부터 사용되었다는 사실과 관련시켜 볼 때 일본으로부터 영향을 받았을 가능성이 없지 않다.

우리는 흔히 한글 운동의 선구자로 19세기 말의 이봉운, 이규대, 서재필, 주시경을 들고 있지만 한글운동의 횃불을 든 사람은 알고 보면 미국인 헐버트(Holmer B. Hulbert)(1863~1949)였다. 그는 1886년 7월에 우리나라 최초의 근대식 국립학교인 "육영공원"(育英公院) 교사로 초빙을 받아 영어를 가르치면서 우리 문자와 우리말에 대하여 관심을 가졌으며 이를 바탕으로 1889년에 "한국어"(The Korean Language)라는 논문을 발표하였다. 이 논문은 실증적 관점에서 우리말의 특징을 문자, 음운, 문법에 걸쳐 매우 조리 있게 설명하였다. 물론 헐버트 이전에도 실증적 관점에서 우리말의 특징을 소묘(素描)한 업적이 없는 바 아니었으나 그는 우리나라에 직접 와서 우리말을 익혀 가면서 터득한 지식을 바탕으로 우리말의 특징을 기술하였다는 점에서 그 기여(寄與)를 예사롭게 처리해서는 안 된다고 생각한다.

헐버트는 위에서 든 우리말에 대한 실증적 지식을 바탕으로 하여 1889년 『ᄉᆞ민필지』(士民必知)라는 한글 교과서를 만들어 세계의 지리와 문화를 소개하였으며 이듬해 1890년에는 정식으로 책자를 발간하였다. 'ᄉᆞ민필지'라는 말은 한자로는 '士民必知'인데 선비와 백성 모두, 다시 말하면 우리 민족 전체가 꼭 알아야 할 지식이라는 뜻이다. 헐버트는 이 책의 머리말에서 다음과 같이 우리나라 사람의 한글 경시의 태도를 질타(叱咤)하였다.

> (54) 중국 글자로는 모든 사람이 빨리 알며 널리 볼 수가 없고 조선 언문은 본국 글일뿐더러 선비와 백성과 남녀가 널리 보고 알기 쉬우니 슬프다! 조선 언문이 중국 글자에 비하여 크게 요긴하건만 사람들이 요긴한 줄도 알지 못하고 오히려 업신여기니 어찌 안타깝지 않으리오. (김동진, 2016: 112)

19세기 후반에는 우리의 것, 특히 우리의 고유문자인 "한글"이 국제적으로 그 가치를 발산하기 시작하였다. 독일의 동양 언어학자 가벨렌츠(G. von Gabelentz)(1840~1893)는 같은 해 한글에 대하여 다음과 같이 평가하였다.

> (55) 학문적인 목적으로 한국어에 관심을 가진 사람들은 누구든지 처음부터 곤욕스러운 어려움에 부닥치게 된다. 그러나 그 문자만은 어떤 다른 문자보다도 쉽게 빨리 배울 수 있다. 잘 인쇄된 텍스트는 몇 분 안에 정확하게 철자에 맞게 쓸 수 있다. 이 문자는 내가 알기로는 아메리카 언어의 현대적인 인공 언어를 제외하고는 한 민족이 소유한 문자 가운데서 가장 단순하다. (가벨렌츠 1892)

가벨렌츠의 위의 견해는 오랫동안 주목되지 않았으나 일찍이 중국어 문법을 저술한 그가 이런 발언을 하였다는 것은 주목의 대상이 된다.

2.4.3.2. 국문시대의 개막과 "국문연구소"의 설립

이상과 같이 "국문"이 우리나라의 문자를 대표하는 문자가 됨에 따라 이를 연구 · 정리해야겠다는 여론이 들끓어 이에 대한제국 정부는 1907년 7월에 드디어 학부에 "국문연구소"를 설치하기에 이르렀다. "학부"는 현재의 교육부를 의미한다.

(56) 내각 총리대신(內閣總理大臣) 이완용(李完用)이 아뢰기를, "학부 대신(學部大臣) 이재곤(李載崐)이 청의(請議)한 것으로 인해 국문 연구소를 설치하고 특별히 위원(委員)을 차용할 데 대하여 이미 회의를 거쳐 가부를 표제(標題)하여 별도로 첨부하고 아울러 원안(原案)을 올려 삼가 성상께서 재결하시기를 기다립니다." 하니, 제칙(制勅)을 내리기를, "재가(裁可)한다." 하였다. (고종실록 1907. 7월항)

위의 법령 (56)에 따라 학부에 국문연구소가 설치되고 "국문의 원리와 연혁과 현재 행용과 장래 발전 등의 방법을 연구함"과 같은 규정에 따라 활동이 가시화되었다. 당시 의학교 교장이었던 지석영(1855~1935)이 「신정국문」(新訂國文)을 통하여 'ㅣ ㅡ' 합음자인 '='를 만들어 공포됨에 따라 거센 비판이 쏟아졌다. 여론의 완강한 반대에 부딪친 당국은 실시를 보류하고 대신 "국문연구소"를 설치하기에 이른 것이다.

어윤적, 이능화, 주시경을 중심으로 한 10명의 위원에 의하여 2개년에 걸쳐 결정된 내용은 다음과 같다. 이 의정안은 일제 강점기의 조선어학회의 맞춤법과 직접 연계를 맺고 있기 때문에 그 의정안을 소개한다. 한자로 기록되어 있어 가급적 한글로 바꾸어 적되 특수한 어휘는 괄호 안에 한자를 병기한다.

(57) 국문연구소의 의정안

1. 국문의 연원과 자체(字體) 및 발음의 연혁(沿革)

2. 초성 중 ㆁ, ㆆ, ㅿ, ◇, ㅱ, ㅸ, ㆄ, ㅹ 8자의 부용(復用) 당부(當否)
3. 초성의 ㄲ ㄸ ㅃ ㅆ ㅉ ㆅ 육자 병서의 서법(書法) 일정(통일)
4. 중성 중 ㆍ자 폐지
5. 종성의 ㄷ ㅅ 이자(二字) 용법 및 ㅈ ㅊ ㅋ ㅌ ㅍ ㅎ 6자도 종성에 통용 당부(當否)
6. 자모의 7음과 청탁의 구별 여하(오음과 淸, 激, 濁音으로 구분)
7. 사성표의 용부(用否) 및 국어음의 고저법(사성표는 불용)
8. 자모의 음독 일정(ㆁ ㄱ ㄴ ㄷ ㄹ ㅁ ㅂ ㅅ ㅈ ㅎ ㅋ ㅌ ㅍ ㅊ ㅏ아 ㅑ야 ㅓ어 ㅕ여 ㅗ오 ㅛ요 ㅜ우 ㅠ유 ㅡ으 ㅣ이 ㆍᄋᆞ)
9. 자순 · 행순의 일정(초성 牙舌脣齒喉와 淸激, 중성 「자회」의 순)
10. 철자법(훈민정음 예의대로—모아쓰기)

위와 같은 의정안이 나옴에 따라 『신정국문』은 4년 만에 철회되고 새로운 국문철자법이 마련되었으나 당국의 무성의와 일본의 국권침탈로 폐기되고 말았다. 그러나 당시 국문연구소의 의정안은 일제강점기의 우리의 정서법 제정에 큰 밑거름이 되었다.

이상과 같은 나라 안팎의 우리 글자, 곧 한글에 대한 평가는 1894년 당시의 대한제국 정부에 의하여 "국문"(國文)이란 표현으로 자리잡기 시작하였다. 고종 31년 7월과 11월에는 다음과 같이 "국문"(밑줄 부분 참조)이란 말이 보인다.

(58) 가. 보통시험(普通試驗)은 국문(國文), 한문(漢文), 글자쓰기 … (고종실록 32권, 고종 31년 7월 12일, 1894)
나. 법률 · 칙령은 모두 국문(國文)을 기본으로 하고 한문(漢文)으로 번역을 붙이거나 혹은 국한문(國漢文)을 혼용한다. (고종실록 32권, 고종 31년 11월 22일)

(58가)에 나오는 "국문"과 "한문", (나)에 나오는 "국문", "한문", "국한문"은

(53)에서 본 윤치호의 일기에서부터 목격되는 표현이며 무엇보다 "국문"을 앞세우고 "한문"은 뒤에 놓았다는 것이 우리의 눈길을 끌고 있다. 사실 당시는 한글은 "국문"으로, 영문자와 한문자는 "영문", "한문"으로 불렀다.

이상과 같이 "국문"이란 말이 우리나라의 공식적 문자 이름으로 자리잡음에 따라 "국문"으로 편집한 《독립신문》이 창간되고 국문을 학습하는 『국문정리』(國文正理)가 두 종류나 나왔다. 이 당시에는 "국문"이라는 말이 "국어"를 대신하여 쓰이는 일이 많았다.

먼저 최초의 한글 신문인 《독립신문》(1896)은 창간호 논설에서 다음과 같이 《독립신문》의 주장을 베풀고 있다.

> (59) 우리 신문이 한문은 아니 쓰고 다만 국문으로만 쓰는 것은 상하귀천(上下貴賤)이 다 보게 함이라. 또 국문을 이렇게 구절을 띄어쓴즉 아무라도 이 신문 보기가 쉽고 신문 속에 있는 말을 자세히 알아 보게 함이라. 각국에서는 사람들이 남녀 무론(毋論)하고 본국 국문을 먼저 배워 능통한 후에야 외국글을 배우는 법인데 조선에서는 조선 국문은 배우지 않더라도 한문만 공부하는 까닭에 국문을 잘 아는 사람이 드묾이라.
>
> (주의) 원문에는 '국문토로만'으로 되어 있으나 '국문으로만'의 잘못이라고 보고 고쳤다.

(59)에서 본 바와 같이 이미 국문을 공용(公用)하기로 한 이상, 대한제국의 정체성을 표방하는 《독립신문》이 한글로 제작되어 나오는 것은 필연적인 추세였다. 《독립신문》보다 몇 달 뒤에 나온 이봉운과 이규대의 『국문정리』(1897)에서도 비슷한 내용을 볼 수 있다. 이봉운은 그의 『국문정리』 서문에서 서양 사람들이 우리나라 사람들은 한문만 숭상하고 자기 민족의 글자인 한글, 곧 "국문"에 대한 지식이 없음을 비방한다는 말을 하면서 국문의 법식을 베푼 조그만 책을 저술하였다. 이규대 역시 같은 이름의 책의

서문에서 외국인이 우리나라 사람들에게 국문의 이치를 물으면 몰라서 당황해한다는 말을 하면서 국문의 법식을 적은 책을 한글로 저술하였다. 이 두 책은 마땅한 교과서가 없던 당시에 국문 교재로 널리 사용된 것으로 보인다. 우리가 일본 제국주의로부터 해방이 되었을 때 바로 『한글 첫걸음』(뒤에 나옴)이란 국문 입문서가 나와 반도 전체의 우리 민족의 교재로 사용하였던 것을 기억하고 있다.

국문을 존중하는 것이 시대의 큰 흐름이었기 때문에 당시 개화사상에 물들어 있던 지성인들 사이에는 국문의 중요성을 각성하고 이에 관심을 갖거나 연구하는 사람이 눈에 띄기 시작하였다. 지석영은 같은 해(1896) 12월의 《독립신문》에서 어린이에게 국문을 먼저 가르친 경험담을 소개하면서 세종대왕이 창제한 국문을 갈고 닦아서 독립자존의 기초를 닦아야 한다고 역설하였다. 같은 해 6월에 나온 《독립신문》의 "잡보"에는 머리 깎고 양복을 입는 것은 야만이 되는 시초이고 청국글을 버리고 조선글을 쓰는 것은 사람을 짐승으로 만드는 것이며 서양의 태양력을 사용하는 것은 도리에 어긋난다고 하는 학부대신 신기선(申箕善)의 상소문을 비판하는 대목도 볼 수 있다.

앞에서 우리는 윤치호가 1887년 11월 25일자의 일기에서 "국문"으로 일기를 썼음을 본 바 있는데(53), 《독립신문》의 간행에 참여하였던 그는 1897년 5월 26일자 《조선크리스토인 회보》에서 「죠선국문」이라는 짤막한 글을 기고하였다[사진 5]. 원문은 사진으로 미루고 여기서는 현대역을 보이고 내용을 평가하기로

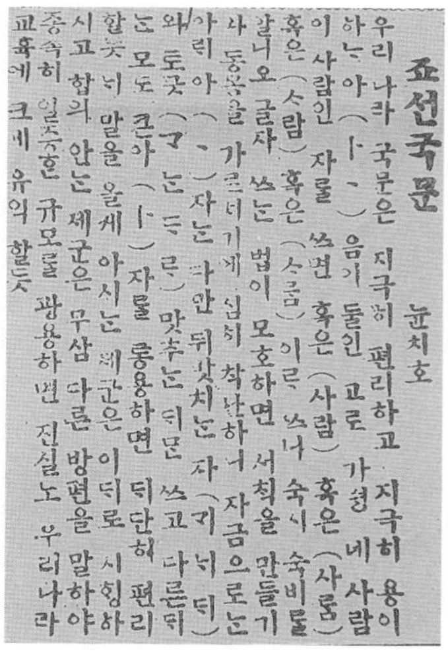

사진 5. 윤치호의 「조선국문」

한다.

> (60) 우리나라 국문은 지극히 편리하고 지극히 용이하나 '아'(ㅏ ㆍ)음이 둘인 고로 가령 네 사람이 사람 '人' 자를 쓰면 혹은 '사람', 혹은 '사룸' 혹은 'ᄉᆞ람' 혹은 'ᄉᆞ룸'이라 쓰니 어느것이 옳고 그른가를 알 수 있겠는가. 글자 쓰는 법이 모호하면 서책을 만들기와 어린이를 가르치기에 심히 착난하니 지금부터는 아래 아(ㆍ)는 다만 뒤받치는 자 'ᄀᆡ, ᄂᆡ, ᄃᆡ'와 토끝 'ᄀᆞ, ᄂᆞ, ᄃᆞ, ᄅᆞ' 맞추는 데만 쓰고 다른 데는 모두 큰 아(ㅏ)를 통용하면 대단히 편리할 듯, 내 말을 옳게 아시는 제군은 이대로 시행하시고 합의하지 않는 제군은 무슨 다른 방편을 말하여 종속(從速)히 일정한 규모를 광용(廣用)하면 진실로 우리나라 교육에 유익할 듯.

아래 아 'ㆍ'는 제2 음절 이하에서는 이미 16세기에 소실되었고 제1 음절에서는 18세기에 그 음가를 잃어버렸다. 그런 까닭으로 정서법상으로는 혼란을 일으키고 있었으며 따라서 폐기하는 것이 옳다고 할 수 있다. 윤치호도 그것을 관찰하였는지 모르나 뒤받치는 글자와 어미와 조사의 경우만 아래아를 쓰기를 제안하면서 합리적인 안이 나오기를 바란다는 견해를 피력하였다.

주시경(1876~1914)은 1897년 4월과 9월에 장문의 「국문론」을 《독립신문》에 기고하였다. 주시경은 17세부터 우리말 연구에 뜻을 세우고 배재학당에서 서재필을 통하여 신학문을 배우면서 《독립신문》의 발간에 협조하였다. 주시경은 세종 이후의 국문 사용의 역사를 개관하고 국문 연구의 당위성을 누구보다도 조리있게 주장하였다. 그는 문법을 알아야만 남의 글을 잘 이해할 수 있고 자신도 좋은 글을 쓸 수 있다고 하면서 다음과 같이 말하였다.

> (61) 조선말로 문법책을 정밀하게 만들어서 남녀간에 글을 볼 때에도 그

글의 뜻을 분명히 알아 보고 글을 지을 때에도 법식(法式)에 맞고 남이 알아 보기에 쉽고 문리와 경계가 밝게 짓도록 가르쳐야 하겠고 또는 불가불 국문으로 옥편을 만들어야 할지라.

당시의 우리말 문법이라면, 앞에서 본 바와 같이, 서양 사람들이 선교나 외교의 방편으로 저술한 몇 종류밖에 없었고 그것도 자신들의 필요, 이를테면 선교나 외교를 수행하기 위한 것이었지 우리들의 언어생활과는 직접적 관계가 없었다. 주시경이 후일 우리말 문법책을 저술하고 『말모이』라는 우리말 사전을 편찬한 것은 이미 20세 전후에 싹이 터 있었던 우리말과 우리글에 대한 자신의 신념을 실천한 것에 다름 아니다. 주시경은 《독립신문》의 기고에서 가로풀어쓰기의 필요성도 주장하였다. 주시경의 이런 생각이 당시 그와 접촉하였던 서양인들의 영향이라는 견해가 없지 않으나 국문의 법식을 깊이 연구해 온 그가 터득한 필연적인 발상이었을 가능성이 많다.

《독립신문》을 주축으로 하는 한글 전용 신문이 나오자 《황성신문》은 국한문 혼용의 기치(旗幟)를 내걸며 신문을 발간하였고 《독립신문》이나 기독교 등의 종교 단체에서 내는 간행물은 한글 전용의 방향으로 나아갔다. 이를테면 《신학월보》는 순 한글로만 간행된 월보인데 주시경은 1901년에는 「말」을 내고 1903년에는 「사람의 지혜와 권력」을 순 한글로 기고하였다. 그는 이미 《독립신문》에 기고한 「국문론」에서와 같이 띄어쓰기를 하였다. 주시경은 이후에도 일반대중 상대의 글, 이를테면 『가정잡지』에 실린 글(김민수 편, 『주시경전서』 1, 1992, 287-345쪽)은 한글로 써서 기고하였으며 그 밖의 저술도 보조를 맞추어 한글로 저술하였다. 『월남망국사』(1907)(『주시경전서』 6, 17-108쪽), 『국문초학』(1909)(『주시경전서』 6, 203-249쪽)이 한글로 저술한 대표적인 저작이다. 이렇게 한글로 기고한 저술은 대체로 띄어쓰기 부호로 쉼표를 치기도 하고 공백을 두기도 하였다. 개화기의 국한문 혼용체는 멀리는 (19)의 〈용비어천가〉로, 가까이는 유길준의 『서유견문』으로 거슬러 올라갈 수 있다.

주시경은 국한문 혼용으로 저술하였던 그의 『국어문법』을 일본의 주권 침탈을 계기로 하여 한글로 고쳐쓰기 시작하였다. 1980년대 중반에 발견된 원고본 주시경의 『말』(1908?)과 주시경의 『국어문법』(1910)의 검열용 원고본을 보면 한자어로 되어 있던 많은 문법용어가 고유어로 바뀌어 있다. 주시경은 이전의 문법서에는 "명사"를 "名號"(명호)라고 불렀었는데 검열본의 원고에는 '임名號'과 같이 고유어 용어를 먼저 적고 한 호 낮은 한자어 용어를 그 아래 적었다. 그런데 교정과정에서는 한자어까지 모두 삭제하였다. 이러한 교정의 결과는 활판본 『국어문법』(1910)에 그대로 반영되어 있다. 이러한 조처는 "한글 전용"이란 음만 한글로 바꾸는 것이 아니라 한자어를 고유어로 바꾸는 언어개혁을 수반한다는 사실을 깨달았기 때문이었다. 주시경의 후계학자들이 '임씨, 이름씨'와 같은 고유어 문법용어의 개발에 앞장을 섰던 것은 주시경의 영향이 절대적이었음을 확인할 수 있다. 주시경과 그의 후계들이 만들어 낸 고유어 용어는 부정적인 측면이 많아 현대에 와서는 대부분 한자어로 복귀하고 있지만 이는 우리말 순화운동의 횃불을 들었을 뿐만 아니라 한자어와 외래어를 고유어로 순화하는 기틀을 잡는 데 영향을 미쳤다는 점에서 긍정적인 측면이 없지 않다.

주시경은 20세기 초에 접어들면서 자신이 저술한 『국어문법』(1898)을 가지고 서울 시내 각급 학교에서 가르쳤고 1907년부터는 "夏期國語講習所"(하기국어강습소)를 열어 당시의 청소년들에게 독립 자존의 정신을 불어넣어 주었으며 1908년에는 "국어연구학회"를 창립하여 우리말의 과학적 연구의 기틀을 다졌다. 한편 주시경은 당시 학부에 설치된 국문연구소 주임위원으로서 우리 어문의 표준화를 위하여 중추적 역할을 수행하였다(뒤에 나옴). 그가 남긴 최종 보고서 『국문연구』(1909)는 친필로 작성되어 있는데 한 글자 한 획이 조금도 소홀함이 없어 그의 우리말과 우리 문자에 대한 태도가 거의 신앙에 가까운 경지에 이르러 있었음을 알 수 있다. 이 무렵 법률가였던 박승빈(1880~1943)은 일본어로 된 법률 문장을 우리말로 옮기면서 우리말 연구에 관심을 갖기 시작하였다(뒤에 나옴).

2.4.3.3. 개화기의 언어철학

"국문"을 본으로 삼는 대한제국시대의 언어정책적 기조는 어떠한 언어철학을 기반으로 하고 있을까.

앞에서 저자는 이봉운과 이규대가 그들의 『국문정리』(1897)에서 국문을 정리하고 연구하는 것이 "독립권리와 자주사무에 제일 긴요한 것"이라고 주장하면서 "내 나라를 생각하는 노래"를 지어 붙이기도 하였다고 언급하였다. 갑오경장 직후의 우리의 지식인들은 한결같이 한글을 제정한 세종대왕의 위업을 찬양하고 오랫동안 국문을 천시해 온 풍조를 비판하면서 모처럼 공용문자의 자격을 획득한 국문, 곧 "한글"을 정리하고 이를 연구하는 것이 독립국가의 정체성을 유지하는 길이라고 믿고 있었다. 특히 이들 가운데는 당시 우리나라에 발을 붙이기 시작하였던 외국인들로부터 자국 언어의 장단도 모른다고 비방하는 말을 듣고 의분을 느껴 우리 어문 연구에 관심을 기울인 사람들이 적지 않았다. 우리 어문의 정리와 연구를 나라의 독립자존과 연결시키는 철학적 기조는 주시경, 이상재, 박태서로부터 구체적으로 접할 수 있다.

주시경은 그의 『국어문법』(1910)의 "서"에서

> (62) 그러므로 구역은 독립의 '基'요, 인종은 독립의 '體'요, 언어는 독립의 '性'이다. 이 성이 없으면 몸이 있어도 몸이 있다고 할 수 없고 구역, 곧 터가 있어도 터가 있다고 할 수 없다. 그러므로 국가의 성쇠도 언어의 성쇠에 달려 있고 국가의 존부(存否)도 언어의 존부에 달려 있는 것이다. (현대역)

와 같이 말하여 언어를 독립의 가장 중요한 요소, 곧 "性"(성)으로 표현하였다. 주시경은, 『대한국어문법』(1906)에서는 말과 글을 사회 형성의 "기관"이라고 하였는데 『국어문법』에 와서는 이를 "性"으로 달리 표현하였다. 이는 주시경의 사상체계의 변모와 관련하여 해석할 수 있다. 이러한 언어철학은 우리나라가 1905년의 "을사늑약"(흔히 "을사보호조약")으로 우리의 주권이 일제에 빼앗기자 더욱 들판의 불길처럼 번져나갔다.

이상과 같은 언어철학은 박태서의 「국어유지론」(1908)에서도 볼 수 있다. 박태서는, 유럽학자들은 국가의 3대 요소를 "토지, 인민, 법률"이라고 하나 자기는 "국어, 종교, 역사"를 덧붙여야 한다고 말하고 국어 유지의 까닭을 다음과 같이 베풀었다.

(63) 사람이 이 세상에 살면 반드시 나라가 있고 이미 나라가 있으면 반드시 국어가 있다. 국어는 한 나라의 사상을 발표하고 국시(國是)를 연기(演起)게 하며 문장을 대표하여 인민을 교육하고 역사를 술전(述傳)하는 천연적으로 형체가 없는 운용기(運用器)다. 그러므로 완전히 독립된 국어가 없으면 인민도 가르치기가 어렵고 역사도 전하기가 어려우며 국시도 통일하기가 어렵다.

앞의 주시경과 같은 분명한 철학적 명제는 발견할 수 없지만 국어를 국가의 성립과 밀접하게 관련시키고 있다는 점에서는 차이가 없다.

국어를 국가와 관련시키는 철학적 명제는 최광옥의 『대한문전』(1908)의 서문을 쓴 이상재(李商在)에게서도 찾을 수 있다.

(64) 태서 문명국이 각기 자국의 문장과 언어의 규범이 있어 국민으로 하여금 일정한 방향으로 나아갈 수 있게 하여 그 마음을 단합하게 한 것이 자못 까닭이 있는 것이다. 우리 한(韓) 민족의 마음이 단합할 수 없는 것은 미상불 문자와 언어가 궤범을 달리함에 연유한 것이다 … 이로써 국민을 가르쳐 이끌면 언어나 문장이 갈라져 둘이

> 되지 않게 되리니 흐트러진 마음을 거두어 합쳐 대중의 마음을 하나로 묶을 수 있도록 함이 반드시 하루 만에 될 것이다.

이상재는 우리 민족이 단합되지 않는 것은 문장과 언어의 궤범이 다른 데 그 까닭이 있다고 하면서 문법 연구의 중요성을 설파하기도 하였다. 한 나라나 민족의 정체성을 표방하는 요소에는 앞의 박태서의 견해와 같이 여러 가지를 들 수 있으나 우리나라와 같이 단일 민족으로 구성된 나라에서는 언어가 그 한 부분을 차지한다는 철학적 명제가 결코 그르다고 할 수 없다.

요컨대 갑오경장 이후의 우리의 지식인들이 품고 있었던 언어철학은 국어를 독립자존의 중요 요소로 간주한 데 있다. 이는 물론 해석학적 언어철학의 영역에 속한다. 이러한 언어철학적 기조를 흔히 "어문민족주의"라고 한다. 어문민족주의 철학을 가장 극명하게 체계화한 사람은 주시경이라고 할 수 있는데 이는 신채호 등에 의하여 주창된 "역사 민족주의"와 함께 개화기를 대표하는 두 사상체계였다. 주시경은 원래 기독교 신자였으나 나중에 대종교로 개종을 하였다. 주시경의 언어철학의 변모는 이런 사실과 관련이 있어 보이지만 현재로서는 그 소종래(所從來)를 정확하게 판단할 수 없다. 개화기에 많은 사람들이 어문운동에 헌신하고 우리 어문의 표준화를 위한 기초연구에 몰두한 것은 어문민족주의의 철학이 바닥에 깔려 있었기 때문이었다. 이러한 정신은 일제강점기에도 그대로 이어져 우리 어문의 수호와 표준화에 적지 않은 영향을 미쳤다(뒤에 나옴).

2.4.3.4. 한글 전용과 국한문 혼용에 얽힌 제 문제

앞에서 본 바와 같이, 갑오경장 이후의 공식적인 문체는 국한문 혼용체였다. 따라서 대부분의 공식적 문건은 국한문 혼용체로 일관하였다. 간혹 한문체를 고집하는 일도 없지 않았으나 대중들은 국한문 혼용체를 선호하였다. 유길준과 같은 사람은 국한문 혼용체를 지향하면서도 고대의 우리 선조들이나 현대의 일본인처럼 한자를 훈독하는 새로운 문체를 제안하기도 하였으나 큰 호응을 얻지 못하였다. 그러나 《독립신문》처럼 처음부터 한글 전용의 기치를 내걸고 서민을 독자로 하는 새로운 문체를 개발하는 일도 있었다. 개화기의 한글 전용 운동은 유길준, 서재필, 박영효 등 미국과 일본 등의 해외 유학을 하고 돌아온 지식인들이 선도하였다. 서재필은 한글 전용을 내걸었고 유길준과 박영효는 국한문 혼용론을 주장하였다. 개화기의 "한글 전용 운동"이 어느 정도 성과를 거둘 수 있었던 것은 한글사용의 역사적 기반과 사회적 여건이 조성되어 있었기 때문이었다.

한글 전용 운동은 멀리는, 앞에서 본 바와 같이, 여성들의 한글애호와 근대 이후의 우리 고전작품의 한글화에 그 뿌리를 댈 수 있고 가까이는 1886년에 창간된 《한성주보》(漢城週報)에 근거를 둘 수 있다. 《한성주보》는 한문, 국문체, 국한문 혼용체의 세 문체를 시험한 일이 있다. 다른 한편으로는 19세기 중엽 이후의 서양 선교사들의 성경 번역에서도 실마리를 찾을 수 있다. 선교사들은 우리나라에 기독교를 전파하는 데는 한글보다 더 좋은 도구가 없다고 생각하고 그 나름의 철자법에 근거하여 성경을 우리말로 번역하였다. 또 선교사와 외교관들이 우리말 문법서를 저술할 때에도 예문을 모두 한글로 제시하되 띄어쓰기를 실시하였다. 그 가운데서도 프랑스 선교사들의 「한불자전」(1880)과 「한국어문법」(1881)은 비록 띄어쓰기는 하지 않았지만 새로운 시대에 호흡을 함께 할 수 있는 한글 자체(字體)를 고안하여 오늘날 우리 활자체의 원류를 이루기도 하였다. 《독립신문》의 한글 전용은 이미 서양문물을 접한 서재필과 그의 제자였던 주시경의 합작품이며 뒤에는 앞에서 본, 배재학당의 교사로 있던 헐버트의 역할도 적지 않았다고 보기도 한다. 주시경은, 앞에서 지적한 바와 같이, 이미 17세(1892) 되던 해부터 우리말 연구에 뜻을 세웠고 서재필이 《독립신문》을 창간할 때에는 배재학당 학생으로서 독립신문사의 교보원으로 일했던 만큼 어떻게 보면 《독립신문》의 기사가 대부분 주시경의 손으로 작성되었을 가능성도 없지 않다. 사실 《독립신문》의 기사들은 주시경의 문체로 보아도 좋을 것이 상당하다는 데서도 그런 추리가 잘못되지 않았음을 알 수 있다. 주시경은 2차에 걸친 「국문론」(1897. 4/9)을 통하여 한문의 폐해를 지적하였고 국문을 배워 독립의 기둥으로 삼아야 하며 옥편과 문법을 편찬하여 철자법을 통일할 것을 강력하게 주장하였다. 그는 또 글씨를 왼쪽에서 오른쪽으로 쓰는 것이 오른쪽에서 왼쪽으로 쓰는 것보다 좋다는 점을 여러 가지 증거를 들어 실증하였다. 지석영도 「국문론」(1896. 12)을 통하여 국문천시의 관습을 비판하고 구체적인 예를 들어가며 국문정리의 필요성을 주장하였으며 1907년에는 "국문연구회"를 조직하여 많은 사람들의 호응을 받기도 하였다.

주시경은 「필상자국문언」(必尙自國文言)(1907. 4)을 통하여 자신의 철학적 기조를 다져 나갔으며 「말」(1901. 9), 「사람의 지혜와 권력」(1902. 9), 「국어와 국문의 필요」(1907. 1)에서는 띄어쓰기를 하면서 한글 전용의 글을 썼고, 「한나라말」(1910. 6)에서는 문법용어를 고유어로 바꾸면서 한글 전용의 전범(典範)을 보이었다. 이를테면 주시경은 자신이 이전부터 써 오던 "子音"(자음)과 "母音"(모음)을 "으뜸소리", "붙음소리"로 바꾸었다. 사실 한글 전용이란 원칙적으로 한자교육을 배제하기 때문에 한자어는 우리 고유의 표현으로 바꾸어야 한다. 주시경의 국어순화사상은 많은 문제를 안고 있어 당시나 후세의 어문학자들로부터 비판을 받아왔지만 그 정신만은 존중할 필요가 있다. 개화 이후 수많은 어려운 한자어가 추방되고 고유어가 그 자리를 차지하게 된 뒤켠에는 주시경의 국어순화사상이 밑거름이 되어 있었기 때문이었다. 신해영은 "漢文字(한문자)와 國文字(국문자)의 損益如何 (손익여하)"(1897. 6~7)에서 문명의 선진이었던 아시아가 낙후된 것은 한자만 숭상하고 자국국문을 천시하였기 때문이라고 말하고 국문교육을 강화하여 국문보급에 매진해야 한다고 하였다. 《독립신문》은 「타국 글 아니다」(1899. 5. 20)라는 논설을 통하여 대한제국정부의 국한문혼용의 정책을 비판하는 논조를 펴기도 하였다.

대한민국 초대 대통령 이승만(1875~1965)도 한글 전용에 많은 기여를 하였다. 이승만은 700여 편의 국문논설을 발표한 것으로 알려져 있다. 그는 「국문이 나라 문명할 근본」(1898. 6. 17)이라는 논설을 통하여 당시의 국문천시의 풍조를 매섭게 비판하면서 국문이 우리나라를 문명화시킬 수 있는 가장 좋은 도구라는 점을 주장하였으며, "국문교육"(1903. 2. 3)을 통하여는 모든 교과서를 국문으로 편찬해야 하며 특히 "국어문법"이 필요하다고 주장하면서 주시경이 『국어문법』을 저술하였음도 아울러 기록하였다. 주시경의 문법은 그의 이력서에 기대면 1898년 12월 31일에 개성(概成)하였다고 적혀 있는데 이승만의 증언은 그 기록의 신빙성을 더욱 짙게 한다.

《독립신문》의 한글 전용은 뒤에도 영향을 미쳐 《협성회회보》(1898. 1), 《매일신문》(1898. 4), 《京城新聞》(경성신문)(1898. 3)/《대한황성신문》(1898. 4), 《제국신문》(1898. 8)이 모두 한글 전용으로 편집되었다. 그러나 《대한황성신문》이 《皇城新聞》(황성신문)으로 개제되면서는 국한문 혼용으로 바꾸었다. 그 이후의 대부분의 신문은 국한문 혼용의 방향을 취하였다. 이는 당시의 어문정책이 국한문 혼용의 기치를 내걸고 있었고 신문 독자의 대부분이 국한문체를 선호했다는 사실과 관련이 있어 보인다. 그러나 드물기는 하였지만 신문에 따라서 국문판을 내는 일도 없지 않았다. 이는 어디까지나 독자층과 관련되는 문제로 보인다. 잡지가 국한문 혼용체를 지향하고 소설과 같은 문학작품이 국문체로 방향을 정한 것도 모두 독자층과 관련하여 해석할 수 있다. 개화기의 교과서를 보면 남성 상대의 교과서는 국한문을 혼용한다든지 혼용을 해도 한자어 옆에 한글로 음을 다는 체재를 보여 주는데 여성 상대의 교과서는 한글을 노출시키고 한자는 옆에 붙였다. 후자의 대표적인 예는 장지연이 편집한 『녀ᄌᆞ독본』(1908)이다. 이는 전통적으로 여자는 한문 소양이 남자에 미치지 못한다는 관념이 뿌리 박혀 있다는 사실과 관련하여 해석할 수 있다. 신문 가운데서도 《신학월보》와 같은 기독교 계통의 신문은 한글 전용으로 나아갔다. 이렇게 기독교는 성경 번역에부터 시작하여 신문 등에 이르기까지 시종일관 한글 전용의 기치를 조금도 바꾸지 않았다. 그뿐만 아니라 개화기의 성경은 그 나름의 철자법도 견지하고 있었다.

한글만으로 문자생활을 영위하여야 한다는 흐름은 1900년대에 들어와서도 꾸준히 제기되었다. 앞서 든 박태서는 분별없이 외국어를 사용하는 사람을 엄벌해야 하며 국어교육을 제대로 받지 않은 사람은 외국에 가지 못하도록 해야 한다고 하면서 국어 유지의 방안을 자세히 제시하였다. 박태서의 견해는 국어가 몸에 배기도 전에 초등학교에서 영어교육을 실시하도록 하는 우리 정부나 자녀들의 조기 외국유학에 들떠 있는 일부 계층에게 경종을 울려 주기도 한다. 《경향신문》(1907. 5. 10~17)에는 천주교의 영향을 받아 국문의 요긴함을 알게 되었다는 내용이 실려 있다. 특히 19세기 후반의 프랑스 선교사들의 사전편찬을 부각시켰다. 사실 프랑스 선교사들에 의해 제대로 된 우리말 문법과 우리말 사전이 나왔다는 것은 앞에서 검토한 바 있다. 이종일의 "論國文"(논국문)(1908. 5)에서도 한문은 중국글이기 때문에 우리에게 맞지 않다고 하면서 국문의 진흥에 힘써야 한다고 하였다.

이승교의 "國漢文論"(국한문론)(1908. 6)에서는 국문을 숭상하면 우리나라를 사랑하는 것이요, 한문을 숭상하면 남의 나라를 사랑하는 것이라고 하면서 초등학교에서는 국문으로 전 과정을 영위하고 다음에 한문을 가르치자고 하였다. 신채호도 "文法(문법)을 宜統一(의통일)"(1908. 12)에서 난무하는 당시의 여러 가지 문체를 비판하고 한문을 아무리 동아시아에서 폐지하기 어렵다고 하더라도 국문교육이 한문교육에 선행해야 함을 강조하였다. 《황성신문》은 "국문 발달을 주의함"(1910. 4. 29)에서 국문사용이 줄어짐을 한탄하면서 보통교육을 잘할 것을 주장하였다. 이보경(소설가 이광수의 필명)은 "國文(국문)과 漢文(한문)의 過渡時代(과도시대)"(1908. 5. 24)에서 "한문 전용", "국한문 혼용", "국문 전용"의 세 주장을 놓고 국문 전용으로 나아가되 한문도 외국어의 하나로 보고 가르쳐야 한다고 하였다.

개화기의 어문정책 가운데서 가장 큰 아픔을 겪은 것은 한자폐지, 한글 전용, 국한문 혼용을 앞에 놓고 그 장단점을 가려내는 것이었다. 오늘날의 한글 전용과 국한문 혼용의 갈등에 뒤지지 않은 아픔을 겪고 있었다. 《독립신문》은 "잡보"(1896. 6. 4)를 통하여 "한문을 버리고 한글을 사용하는 것은 사람을 짐승으로 만든다"는 학부대신 신기선(申箕善)이 올린 상소문의 내용을 싣고 이를 비판하는 기사를 싣기도 하였다(앞에 나옴). 《독립신문》의 한글 전용에 반기를 드는 사람들이 적지 아니하였음을 증언하는 자료로 활용할 수 있다.

앞에서 우리는 우리나라가 20세기로 접어들면서 몇몇 특수한 간행물을 제외하고는 대부분 국한문 혼용의 길로 나아가고 있었음을 본 바 있는데 이는 고종의 칙령과 당시의 여론에 따른 부득이한 조처였다. 《황성신문》은 사설(1898. 9. 5)을 통하여 황제의 성칙(聖勅)을 준수하고 공람(供覽)의 편의를 제공한다는 뜻에서 "국한문 혼용"이 옳다는 주장을 펴면서 신문을 국한문 혼용하는 방향으로 만들었다. 또 "國漢文論"(국한문론)(1898. 9. 28)이라는 논설에서도 한문사용의 전통이 오랜 만큼 한자를 일시에 폐지할 수 없다는 주장을 내세웠다.

이능화는 "國文一定法意見書"(국문일정법의견서)(1906. 7)에서 우리나라와 일본은 국한문 혼용을 하는 것이 편리하다는 의견을 내세우면서 한자 옆에 우리말을 붙이는 이른바 훈독법을 제안하기도 하였다. 이러한 생각은 유길준이 일찍부터 가지고 있었던 안이었다. 강전의 "國文便利及漢文弊害의 說"(국문편리급한문폐해의 설)(1907. 1)에서는 모든 공문서와 각급

학교 교과서는 물론, 심지어는 소설도 국한문으로 적어야 함을 주장하였다. 사실 초기 신소설 가운데는 국한문 혼용을 하는 작품이 있었다. 한흥교의 "國文과 漢文의 關係"(국문과 한문의 관계)(1907. 3)에서는 국문의 우수성을 선양하면서 일본의 가나문자의 예를 들어 국문과 한문을 섞어 쓸 것을 제안하였다. 이를테면 '孝悌忠信 仁義禮智'(효제충신 인의예지)를 音(음)으로만 가르쳐서는 교육에 도움이 되지 않는다고 하였다. 이광수는 "今日我韓用文"(금일아한용문)(1910.7)에서 한글 전용이 만년대계(萬年大計)이나 국한문을 병용하는 것이 좋다고 하였다. 이광수는 전일의 국문 전용론을 많이 후퇴시켰다. 요즈음 국한문 혼용론자와 한글 전용론자 사이에 벌어지고 있는 행태(行態)가 이미 개화기에 싹이 뿌려져 있었음을 확인할 수 있다.

우리는 앞에서 19세기 말에 한문을 공용어의 자리에서 쫓아낸 대한제국의 어문정책을 비판하는 일이 있었음을 본 바 있는데, 1900년대에도 그런 생각을 하는 사람들이 있었다. 개혁이 일어날 때에는 항상 신구(新舊)의 갈등이 생기는 법이다. 여규형은 "論漢文國文"(논한문국문)(1908. 2. 25)에서 한문을 폐지하고 국문을 사용하는 당시의 어문정책을 비판하고 특히 한문을 버리는 것은 공자의 도(道)를 버리는 것과 같다고 하면서 국문사용을 강력하게 비판하였다. 여규형은 한문은 4,000여 년 동안 사용해 온 우리의 문자이고 언문은 어리석은 남녀 중에 한문을 알지 못하는 자들을 가르치려 한 것이지 한문을 폐하고 언문을 세우고자 한 것이 아니라고 하면서 한문폐지론을 강력하게 비판하였다. 마치 세종 때 최만리가 훈민정음 창제를 반대하여 올린 상소문의 내용과 비슷한 면이 없지 않다. 정교(鄭喬)도 비슷한 취지로 한문 폐지론을 신랄하게 비판하였다. 한문을 쓰는 것이 한인(漢人)의 종이 아니라는 점을 서양의 예를 들어 옹호하였다. 이에 대하여 이기(李沂)는 "一斧劈破"(일부벽파)(1908. 6)에서 여규형의 "한문 불가폐론"(漢文不可廢論)은 국문의 역신이 되고 한문의 충노가 된다고 하면서 국문으로 독립의 기초를 닦아야 한다고 응수하였다.

개화기의 어문정책의 기조가 어디에 있었는가 하는 것은 당시 일본의 "漢子統一會"(한자통일회) 회장의 글이 번역되었다는 사실에서 그 구체적인 사정을 알 수 있다. 「西友」(서우) 13.4(1907. 12/1908.1)에 역재(譯載)된 편집자의 소견은 일본한자통일회 회장 가네코(金子堅太郎)의 견해를 역재(譯載)하여 모든 동포들에게 참고하게 한다는 것이었다. 내용인즉 동아시아에서는 한자가 역사적으로 오랫동안 공용문자의 역할을 하여 왔기 때문에 버릴 수 없다고 말하고 로마자 도입의 부당성을 비판하였다. 가네코는 일본, 한국, 중국이 공통으로 사용할 수 있는 사전을 만들어 상용(商用), 학술, 외교에 사용하기를 바란다고 하면서 다음과 같은 견해를 피력하였다.

> (65) 한문자는 중국과 우리나라를 결합할 수 있는 좋은 연쇄가 될 뿐만 아니라 두 나라 사람들의 사상을 교환하고 또 무역을 발달하게 함에 둘도 없는 이익이 있으니 이 이익은 유럽과 아메리카 여러 나라의 인민이 갖지 못하는 바이니 …

사실 한자는 동아시아 문명권의 오랜 공동문어로서 사용되어 왔기 때문에, 이를 잘 활용하면 동양 세 나라의 의사소통에도 유리할 뿐만 아니라 서양에 대하여 동양의 문화적 우위성을 선양하는 데도 큰 도움이 된다. 이런 이점(利點)이 있기 때문에 현대에 와서도 동양 삼국의 "상용한자통일안"을 만들자는 의견이 팽배하여 그 사이 왕래가 몇 번 있었던 것으로 알고 있다.

2.4.3.5. 주시경과 김규식의 문법 연구

앞에서 본 바와 같이, 주시경은 관념론을 바닥에 깔고 우리 어문의 표준화를 위하여 노력을 기울이면서 우리말의 음운체계와 문법체계를 세우는 데에 헌신하였다. 당시의 대부분의 우리 문법가들은 주시경과 같이 관념론을 지향하였으나 비슷한 세대의 김규식(1881~1950)은 시종일관 실증론을 바닥에 깔고 우리말의 문법연구에 매진하였다.

주시경의 주저인 『국어문법』(1910: 27)은 대체로 〈國文의 소리, 기난갈, 짬듣갈〉로 구성되어 있다. 그 중 〈國文의 소리〉를 보면 복모음, 이를테면 'ㅑ'가 'ㅣ'와 'ㅏ'의 겹이듯이 'ㆍ'도 'ㅣ'와 'ㅡ'의 겹으로 해석하고 있다[사진 6]. 이는 그 진위(眞僞)와는 달리 『훈민정음 해례』에서 본 바와 같이, 실증론의 극치에 다다르고 있음을 보여 주고 있다. 품사분류론을 뜻하는 〈기난갈〉을 보면 체언에 붙는 조사는 물론, 용언의 어간에 붙는 어미도 단어로 간주하고 있다.

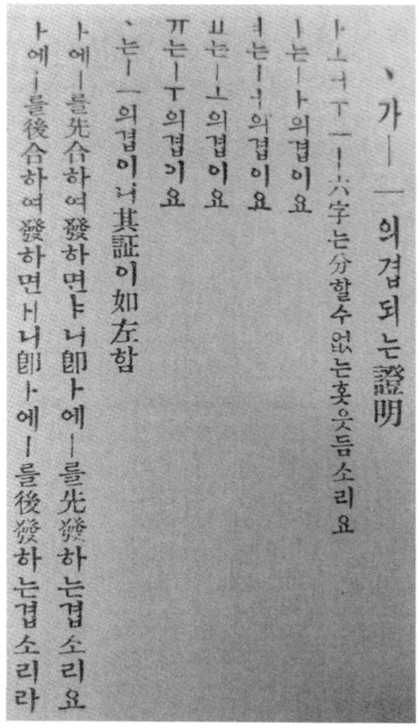
ㆍ가ㅣㅡ의겹되는證明
ㅏㅗㅓㅜㅡㅣ六字는分할수없는홋웃듬소리요
ㅑ는ㅣㅏ의겹이요
ㅕ는ㅣㅓ의겹이요
ㅛ는ㅣㅗ의겹이요
ㅠ는ㅣㅜ의겹이요
ㆍ는ㅣㅡ의겹이니其証이如左함
ㅏ에ㅣ를先合하여發하면ㅑ니卽ㅏ에ㅣ를先發하는겹소리요
ㅏ에ㅣ를後合하여發하면ㅐ니卽ㅏ에ㅣ를後發하는겹소리라

사진 6. 주시경의 'ㆍ' 해석

(66) 우리 나라가 곱다

위의 문장은 다음의 다섯 단어로 구성되어 있는 것으로 보고 있다.

(67) 우리, 나라, 가, 곱, 다

현행 학교문법은 조사만 단어로 인정하고 어미는 단어의 한 부분으로 보고 있으나 주시경은 어미도 단어로 간주하는 태도를 취하고 있다. 주시경뿐만 아니라 개화기와 일제 강점기의 우리의 문법가들도 대부분 이런 태도를 취하였다. 이런 단어관을 "제1유형" 또는 "분석적 체계"라 부른다.

문장구성론인 〈짬듣갈〉에는 한 문장의 의미를 파악하는 절차를 설명하고 있다. 주시경은 "말"(언어 기호)의 의미를 파악할 때에는 말과 말 사이의 관계는 물론, "일"(현실, 지칭대상)과 "일의 뜻"(지칭개념)은 물론, "마음"(화자의 태도)과 밀접하게 관련시키는 태도를 취하고 있다. 이는 "말"을 화자가 속한 사회와 이를 사용하는 사람과 밀접하게 관련시키는 생각이 영글어진 것이다.

(68) 이 소는 누르고 저 말은 검다

(68)과 같은 문장은 현실적으로는 (또는 지칭대상상으로는) 먼저와 나중이 없는 등시적(공간적) 사건으로 볼 수 있기 때문에 성분의 순서를 바꾸어 '저 말은 검고 이 소는 누르다'와 같이 말할 수 있다. '소'가 전통적으로 농경민인 우리에게 '말'보다 친숙하기 때문에 앞자리를 차지한 것이다. 그러나 유목민에게는 '말'이 '소'보다 앞설 수 있다. 이는 기호론의 소관이기 때문에 뒤의 제2부 제3장에서 논하고자 한다.

김규식은 언더우드 고아원에서 자라다가 미국 유학을 가서 우리말에 대하여 관심을 가져 『대한문법』(1908)을 저술하였다. 그는 언더우드의 『한영문법』(1890)을 기반으로 하여 품사를 분류하고 형태론을 구성하고 문장론을 얽었다. 그는 1900년에 우리말에 대한 총체적 서술을 행한 바 있는데 그의 문법은 위의 논문을 기반으로 하여 형성되었다. 그는 철저하게 실증론에 입각하여 우리말의 계통을 투라니아어(우랄 · 알타이어)에 두되 남방계의 언어가 혼입된 것으로 보았으며 명사에 격을 둔다든지 문장의 구성을 입체적으로 보는 점 등이 그러한 예이다. 이를테면 '개구리와 악어는 물과 뭍에 산다'를 '개구리가 물에 산다, 악어가 뭍에 산다'와 같은 문장이 복합된 것으로 보고 있다. 김규식이 실증론에 기울어진 것은 미국 유학을 통하여 우리말을 객관적으로 관찰할 수 있는 바탕을 쌓았기 때문이 아니었던가 한다.

2.4.3.6. 정서법 확립을 위한 노력

이곳에서 "정서법"이란 글을 쓸 때 지켜야 할 준칙을 의미한다. 개별 글자를 짜서 맞추는 철자법(흔히 맞춤법), 개별 글자의 나열 방식, 구두점, 띄어쓰기, 고유명사 표시, 문장 부호 등 글을 바르게 쓰는 준칙을 가리킨다.

먼저 철자법부터 보기로 한다. 글자 운용의 방식은 소리의 높낮이를 표시하는 방점을 제외하고는 중세어의 그것과 차이가 없다. 곧 연서, 병서, 부서가 그것이다. 그러나 초성에 쓰이는 글자를 모두 종성에 쓸 수 있는가, 아니면 한정된 글자에 한하여 종성에 써야 하는가. 중세에는 『용비어천가』나 『월인천강지곡』과 같이 세종이 직접 관여한 문헌에서는 초성에 쓰이는 글자가 종성에도 쓰였지만 그 이후의 문헌에서는 『훈민정음 해례』의 "八終聲法"(팔종성법)에 따라 받침에 8자를 쓰는 것이 관례화되어 조선조 후기까지 이어졌다. 그러나 주시경 등의 진보적인 학자들은 훈민정음의 "終聲復用初聲"(초성부용초성)을 초성에 쓰이는 모든 글자는 종성, 곧 받침으로 쓸 수 있다고 해석하였다. 이 문제는 일제 강점기의 철자법 제정 과정에서 열띤 논쟁을 불러일으켰다(뒤에 나옴).

글자 나열법은 전통적으로는 한문과 같이 오른쪽에서 왼쪽으로 나아갔으나 개화기에는 왼쪽에서 오른쪽으로 나아가는 예를 드물지만 목격할 수 있다.

(69) 가. ① 漢譯: 亞細亞洲/영음: 에시아 (유길준 『西遊見聞』, 14쪽)
② 漢譯: 歐羅巴洲/영음: 유로프 (위와 같음)
나. 에시아: 亞細亞/유롭: 歐羅巴, 『人地諸名表』(1896), 『역문』 [3] 03, p.11.
다. Alpha, 알파, 『朝鮮地名字彙』(1903), 『역문』 [3] 04, p.IV.
라. An-ak, 安岳, *A CATALOGUE of the ROMANIZED GEOGRAPHICAL NAMES of KOREA* (1903), 『역문』 [3] 05, p.2.

(69가)는 유길준의 『서유견문』(1880/1895)의 영어음을 한역에 붙인 것이다. 우리나라 최초의 고유명사의 한글 표기로 보인다. 왼쪽에는 한역 지명을, 오른쪽에는 영어 발음을 한글로 옮긴 것이다. (나)는 우리나라 최초의 서양사 교과서인 『泰西新史』(태서신사)의 지명 표기인데 (가)와 같이 한자와 한글을 가로로 배열하였다. 우리나라 문헌에서 한글과 한자를 가로로 배열한 것은 처음이 아닌가 한다. (다)는 일본학자 Kanazawa와 Kato가 공동편찬한 조선 로마자 색인 조선 지명 자휘인데 로마자와 한글이 가로로 배열되어 있다. (라)는 〈성경 번역인 협회〉에서 만든 것인데 로마자와 한자가 가로로 배열되어 있다. 1910년까지의 대한제국 시대에는 한글이나 한자가 로마자와 병기될 때에는 가로로 글자를 나열하였음을 확인할 수 있다.

한글을 가로로 배열하는 예는 지석영(池錫永)(1855~1935)의 아래의 두 저술에서 적극적으로 사용되었다.

(70) 가. '學'의 사진 (7) (『兒學編』, 1908, 『역문』 3 11)
　　나. '가로 街路'의 사진 (8) (『言文』, 1909, 『역문』 3 12)

(70가)의 사진에서 보는 바와 같이, 한자 '學'(학)에 대하여 먼저 우리말로

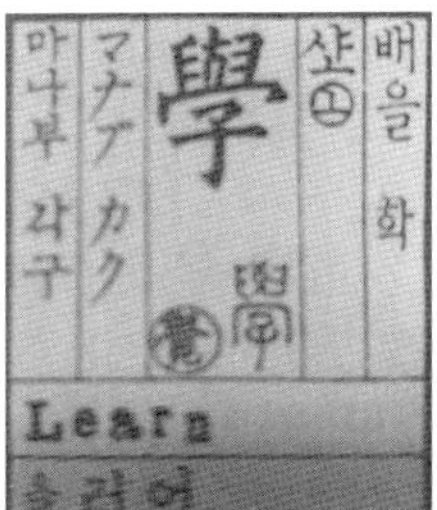

사진 7. 지석영 '學' 사진

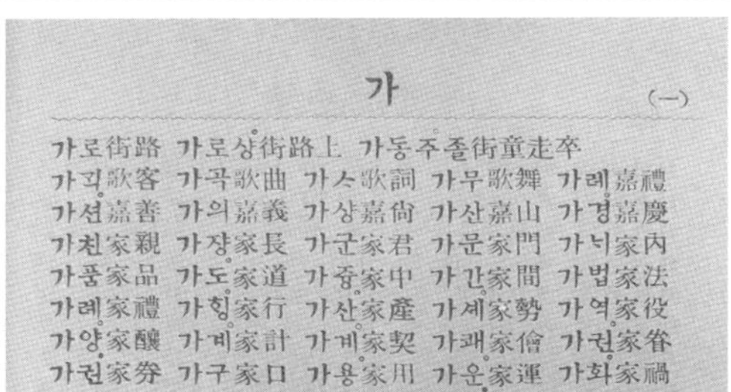

사진 8. 지석영의 '街路'의 사진

'배을 학'이라고 종서로 훈과 음을 달고 다음으로는 '쇼'와 같이 중국음으로 음을 달았으며 왼쪽에는 일본 가타카나를 종서로 배열하고 그 옆에는 한글을 종서로 표기하였다. 그리고 아래쪽에는 해당 영어를 적고 그 발음을 한글로 적었다. (나)는 '가로'를 횡서하고 그 옆에 한자를 적었다. 그러니까 지석영은 (가)에서는 한글을 종서와 횡서의 두 서식으로 표기하고 있고 (나)에서는 한글을 한자와 함께 가로로 배열하고 있다.

(69), (70)의 두 예를 통하여 한글은 한문과 함께 횡서와 종서가 다 가능함을 실증할 수 있었다. 그러면 국문, 곧 한글이 공용문자가 됨에 따라 한글 전용과 국한문 혼용의 어느 방향으로 문자생활이 영위되었는가를 보기로 한다.

한글이 공용성을 띠지 못하던 전통시대에는 여성 상대의 문건이나 소설류에서는 한글로만 글을 썼으며 띄어쓰기란 생심도 못하였다. 한글 문서의 띄어쓰기는, 앞에서 지적한 바와 같이, 영국 선교사 로쓰(J. Ross)의 *Corean Primer* (1877)에서 비롯된다. 그러면 개화기 자료를 중심으로 띄어쓰기의 실상을 엿보기로 한다.

개화기의 국문, 곧 한글 자료로 첫째로 들 수 있는 것은 《독립신문》이다. 《독립신문》은 모두 국문, 곧 한글로 편집되어 있으며 띄어쓰기를 하고 있다[인터넷].

(71) 가. 정부에서 ᄒᆞ시는 일을 ᄇᆡᆨ셩의게 전ᄒᆞᆯ **터**이오 (『역문』 3 06 제3부 제3책, 논설, 1쪽)

나. 우리 신문이 한문은 아니 쓰고 다만 국문으로만 쓰는 **것**은 샹하귀천이 다 보게 홈(<ᄒᆞ옴)이라 (『역문』 3 06, 제3부 제3책 논셜, 2쪽)

(71가)의 예를 보면 어절 단위로 띄어 썼음을 확인할 수 있다. 단 의존명사 '터'도 띄어 쓰고 있다. (나)에서도 의존명사 '것'과 보조동사 'ᄒᆞ-'를 띄어

쓰고 있다. 이들은 의존어로서 붙여 쓸 수 있는데 띄어 쓴 것은 자주 쓰이는 의존어는 붙여쓰기의 대상으로 삼지 않았음을 알 수 있다.

《독립신문》에 이어 나온 이봉운의 『국문정리』(1897)는 《독립신문》과 마찬가지로 대체로 어절 단위로 띄어 쓰되 어절 사이의 오른쪽에 권점 '。'을 쳤다. 어절 단위라고는 하나 '연고'와 같이 추상성을 띤 단어는 붙여 쓰기도 하였다. 그리고 '단군'이나 '기자'와 같은 고유명사는 오른쪽 아래로 두 줄을 그었다. 후세의 교과서에 고유명사에 밑줄을 긋는 정서법이 『국문정리』로부터 비롯됨을 알 수 있다.

앞에서 본 바와 같이, 《독립신문》 등의 한글자료는 대체로 어절 단위로 띄어 쓰고 있으나 절 단위로 띄어 쓰는 경향도 보인다.

(72) a (나라가 잇ᄉᆞ면 ᄇᆡᆨ셩이잇고) b (ᄇᆡᆨ셩이잇ᄉᆞ면 말이잇고) c (말이잇ᄉᆞ면 글이잇ᄂᆞᆫ) 거산(<것안) 텬연ᄒᆞᆫ 리치라 (『역문』 3 06, 제3부 제3책, 112쪽)

위의 (72)는 '학문'을 설명하는 박일삼의 글인데 모두 접속 부동사어미(연결어미) '-면'에 의하여 종속문이 되고 이들이 결합하여 의존명사 '것'을 꾸며 주는 수식절(관형절)을 형성하고 있다. 그런데 a는 네 어절로 구성되어 있는데 '잇고'는 붙여 썼다. b와 c는 a와 똑같은 구성인데 붙여 썼다. 주절과 종속절이 한 단위가 되어 있다. 이런 예가 달리 있는지 찾아볼 필요가 있어 보인다.

국한문을 혼용할 때는 붙여 쓰는 것이 보통이나 띄어 쓰는 경우도 보인다.

(73) 學問은一人의私有할거실ᄉᆡ否라萬人의同由ᄒᆞ야利用ᄒᆞᆯ거시니라 (『역문』 3 06, 제3부 제3책, 15쪽)

위의 (71)은 『대조선독립협회』 1호(1897)에 실린 신해영(申海永)의 「漢文字(한문자)와 國文字(국문자)의 損益如何(손익여하)」의 첫 구절인데 전통적 한문과 같이 붙여 쓰고 있다. 개화기의 국한문 자료는 대부분 붙여 쓰고 있다. 자료는 『역문』 ③ 06(제3부 제3책)에서 볼 수 있다.

그러나 많지는 않지만 경우에 따라 띄어 쓴 예도 보인다.

(74) 小學은 國民의 基本教育이라 高尙ᄒᆞᆫ 文學을 主 ᄒᆞᆷ이 아니오 人世의 普通 知識을 幼年者의 腦中에 浸染ᄒᆞ야 … (『역문』 ③ 06, 제3부 제3책 148쪽)

(74)는 유길준의 「小學教育(소학교육)에 對(대)하는 意見(의견)」인데 국한문 혼용임에도 불구하고 띄어 썼다. 국한문 혼용의 『서유견문』(1889/1895)은 모두 붙여 썼다. 그 사이 우리말 정서법에 대한 태도가 달라졌음을 알 수 있다.

그런데 주시경은 「한나라말」(『역문』 ③ 05, 제3부 제3책)에서 《독립신문》과 같이 띄어쓰고 있는데 띄어쓰기 부호로 진한 쉼표(、)를 사용하고 있다[사진 9]. 그런데 《독립신문》과 비교하면 의존 명사를 띄어 쓴 것이 더러 보인다.

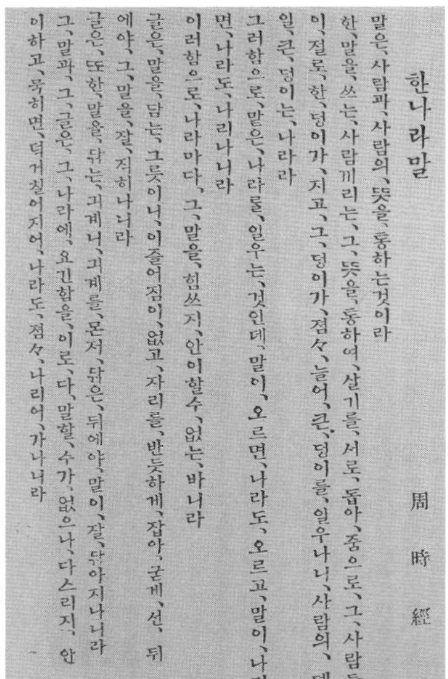
한나라말 周時經

말은、사람과、사람의、뜻을、통하는것이라
한、말을、쓰는、사람끼리는、그、뜻을、통하여、살기를、서로、돕아、줄으로、그、사람들
이、절로、한、덩이가、지고、그、덩이가、점々、늘어、큰、덩이를、일우나니、사람의、데
일、큰、덩이는、나라라
그러함으로、말은、나라를、일우는、것인데、말이、오르면、나라도、오르고、말이、나리
면、나라도、나리나니라
이러함으로、나라마다、그、말을、힘쓰지、안이할수、없는、바니라
글은、말을、담는、그릇이니、이즐어짐이、없고、자리를、반듯하게、잡아、굳게、선、뒤
에야、그、말을、잘、직히나니라
글은、또한、말을、닦는、긔계니、긔계를、몬저、닦은、뒤에야、말이、잘、닦아지나니라
그、말과、그、글은、그、나라에、요긴함을、이로、다、말할、수가、없으나、다스리지、안
이하고、묵히면、덧거칠어지어、나라도、점々、나리어、가나니라

사진 9. 띄어쓰기를 위한 진한 쉼표

(75) 가. 말은, 사람과, 사람의, 뜻을, 통하는것이다. (『역문』 3 06 제3부 제3책 182쪽)

나. 말은, 나라를, 이루는, 것인데 … (위와 같음)

다. 힘쓰지, 안이할수 없는 바니라 … (위와 같음)

라. 이로 다 말할, 수가 없으나 … (위와 같음)

(75)를 보면 같은 페이지에서 같은 의존명사가 띄어지기도 하고 붙여지기도 하였다. '것'을 (가)에서는 붙여 썼고 (나)에서는 띄어 적었다. (다)에서는 의존명사 '수'를 붙여 썼고 (라)에서는 띄어 썼다. 이는 의존명사의 명사성이 경우에 따라 투명하기도 하고 그렇지 않기도 하다는 자료로 쓰일 수 있다.

띄어쓰기에 이어 철자법을 보기로 한다. 앞의 (60)에서 우리는 윤치호가 아래 아(ㆍ)의 음가가 제대로 구별되지 않는다는 예를 들어 이를 토와 같은 경우에만 쓰자는 견해를 비친 일이 있음을 주목한 바 있다. 사실 우리의 국문, 곧 한글의 쓰임새를 잘 관찰하면 현재는 그 실체를 파악할 수 없는 글자가 적지 않다는 사실을 관찰할 수 있다.

"철자"(綴字)라는 이름 아래 처음 나온 책은 한승곤(韓承坤)의 『國語綴字捷徑』(국어철자첩경)(『역문』 3 08)인데 1908년 평양에서 나왔다. 캐나다 선교사 게일(J. S. Gale)의 『韓英字典』(한영자전)의 철자법을 참고하여 만들었다고 한다. 한승곤이 가리키는 철자란 개별 낱자를 결합시켜 한 단어를 만들 때 쓰였는데 표준형과 비표준형을 다음과 같이 제시하고 있다.

(76) 가. 아바님

나. 압아림, ᄋᆞᆸᄋᆞ림, 압ᄋᆞ림, ᄋᆞᆸ아님, ᄋᆞᄇᆞ님, 아ᄇᆞ님

(76가)는 전통적 표준형인데 (나)는 아래아까지 넣어서 가능한 철자형을 제시하고 있다. 당시는 '아'와 아래 '아'가 구별되지 않았기 때문에 처음 우

리말을 배우는 어린이나 외국인들은 얼마든지 (나)와 같은 변이 표기형을 쓸 수 있었다. 그는 60개에 가까운 예를 들어 바른 철자와 그른 철자를 구별하는 방식을 도입하고 있다.

재미있는 것은 아들이 아버지에게 국문 배우는 법을 묻는 데 대하여 아버지가 그것을 한문과 비교하여 설명하는 다음과 같은 설명 방식이다.

> (77) 국문 배우는 법은 한문과 같이 음과 새김과 뜻이 각각 나뉜 것이 아니고 성음(成音)이 되면 뜻은 저절로 나타나니 배우기 쉬우나 특별히 힘쓸 것은 철자법이니 만일 철자법을 배우지 않고는 무슨 책을 보든지 쓰든지 할 때에 변하여 다른 뜻이 되고 마나니 가령 누가 전보하기를 "누이(妹) 보내시오" 하였는데 보는 사람은 '누에'인 줄 알면 안 될 것이요 또 전보하는 사람이 '누이'(妹)를 '누에'(蠶)로 전보하면 안 될 것이니 불가불 법대로 보고 법대로 써야 할 것이니라 (한승곤, 「국문철자첩경」, 『역문』 ③ 08, 『역문』 제3부 제4책)

독해의 편의를 위하여 현대 맞춤법으로 바꾸어 적었다. 철자법을 배우지 않고는 뜻을 올바로 파악하지 못한다는 사실을 '누이'를 '누에'로 잘못 이해한다는 것을 예로 들었다. 이곳의 "철자"란 표준 발음대로 지키지 않는다는 뜻이지 (76)과 같은 철자의 차이에 의한 어형의 차이가 아니다. 이렇게 우리 선인들은 철자의 차이와 발음의 차이를 분명히 구별하고 있었던 것이다. 이는 1930년대의 맞춤법의 제정과 표준말의 사정으로 직접 이어진다.

뒤이어 주시경도 「국문연구의정안」(國文硏究議定案)(1909)(『역문』 ③ 10, 제3부 제6책, 623쪽)에서 "綴字法"(철자법)이란 말을 썼는데 여기에는 한글의 횡서(橫書), 곧 가로풀어쓰기의 가능성을 비치고 있다.

원문을 현대어로 풀어 보이면 다음과 같다.

> (78) 철자법은 훈민정음의 예를 따라 전부터 써 오던 법에 의거함이 옳

으니 이는 가로세로로 쓰기보다는 발음의 선후가 순하고 가르치기가 역시 편하니 식자하기에도 중요한지라. 그러므로 예를 들어 '우리나라가 밝고 곱다'라고 함을 아래와 같이 가로풀어쓸 수 있다.

ㅜㄹㅣㄴㅏㄹㅏㄱㅏ ㅂㅏㄺ ㄱㅗ ㄱㅗㅂ ㄷㅏ

주시경은 '간'을 예로 들어 'ㄱ'은 왼쪽에, 'ㅏ'는 오른쪽에, 'ㄴ'은 아래쪽에 놓이니 횡서(세로쓰기)와 종서(가로쓰기)가 뒤섞이므로 참다운 의미의 가로풀어쓰기라 할 수 없다고 하였다. 주시경의 가로풀어쓰기가 이전에 이런 발상을 한 일이 없다는 점에서 가히 독창적이라고 말할 수 있으나 이는 "배재학당"에서 신교육을 받는 도중에 착안한 문자개혁의 단초라고 할 수 있다. 주시경의 가로풀어쓰기는 『말의 소리』(1914)에서 극치를 이루고 그의 후학들에 의하여 발전된다(뒤에 나옴).

2.4.3.7. 한글의 로마자 표기와 외래어의 한글 표기

한글을 현재 국제적으로 널리 쓰이고 있는 로마 문자로 전사(轉寫)하는 예를 다루기로 한다. 동유럽(러시아, 벨라루스, 우크라이나)과 세르비아, 몬테네그로, 몽골 등에서 사용되는 키릴 문자(Cyrillic script)로 전사하는 예도 보여야 함이 마땅하나 이 방면의 기초 연구가 안 되어 있어 보류하기로 한다. 특히 옛 소련 연방에 살고 있는 "고려인"들의 모국 방문이 잦아짐에 따라 한글과 키릴 문자의 전사 문제에 대하여도 무관심할 수 없다. 앞으로 이 방면에 대한 기초연구가 축적되어 공백이 메꾸어지기 바란다. 로마 문자는 라틴 문자라고도 부르거니와 보통 "로마자"라 부른다. 로마자는 사용 지역에 따라 자형(字形)을 달리하기도 한다.

〈한글의 로마자 표기〉

우리나라가 19세기 중반부터 문호를 대외적으로 개방함에 따라 특히 서양인들이 우리나라에 접근하기 시작하였고 이들은 우리나라에 고유문자가 있음을 발견하고 이를 저네들의 로마 문자나 키릴 문자로 바꾸어쓰[전사(轉寫)하]는 문제에 관심을 기울였다. 우리는 서양인의 전사 시도에 영향을 받아 20세기 전반기에 조선어학회에서 학회의 안을 마련한 바 있다. 1984년에는 머큔·라이샤워 체계를 약간 수정하여 쓰다가 2000년에는 종전에 쓰던 반달표와 어깨점을 없애는 등 실용 위주의 로마자 표기법이 완성되었다. 북한은 북한대로 로마자 표기법을 제정하였으나 이곳에서는 보류하기로 한다. 19세기 전반부터 서양 어휘와 일본·중국 등의 외래 어휘가 유입됨에 따라 이를 한글로 어떻게 적을 것인가 하는 문제, 곧 외래어 표기법에 대하여도 관심을 기울였다.

한글을 로마자로 전사하는 문제가 본격적으로 시도된 것은 리델(F. Ridel)(1830~1884) 등의 『한불ᄌᆞ뎐』(*Dictionnaire Coréen-Français*)(1880)이다. 이 책의 서론(PRÉFACE)에 한글의 모음 11자와 자음 14자에 대한 프랑스식 로마자가 배치되어 있다.

(79) 가. 아 야 ᄋᆞ 어 여 으 이 오 요 우 유
A YA Ā E YE EU I O YO OU YOU
나. ㅎ ㄱ ㅋ ㅁ ㄴ ㆁ ㅂ ㅍ ㄹ ㅅ ㄷ ㅌ ㅈ ㅊ
H K HK M N NG P HP R(L) S(T) T HT TJ TCH

Ridel 등은 모음 11자와 자음 14자를 프랑스식 로마자로 배치하였으며 이에 따라 우리말 어휘를 배치하여 사전을 편찬하였다. 위의 로마자는 달레(Ch. Dallet)의 "La langue coréenne"(『역문』 [2] 22)에서 처음으로 선을 보였으며 1981년에 나온 *Grammaire coréenne*(1881)과 Imbault-Huart의 *Manuel de la langue coréenne parlée*(1889)에도 사용되어 있다. 이 전사체계는 독일인 신부 P. L. Roth의 문법(1936)(뒤에 나옴)에도 영향을 미치고 있다.

프랑스인 다음으로는 영국인의 전사체계가 얼굴을 내밀었다. W. G.

Aston은 1879년에 구두로 발표하고 이듬해 지상으로 전사 체계를 발표하였는데 "Korean Alphabet"이란 제목 아래 한글의 자모를 모음, 이중 모음, 자음별로 구분하여 로마자로 전사하는 방안을 제시하였다.

(80) 가. ① ㅏ ㅑ ㅓ ㅕ ㅗ ㅛ ㅜ ㅠ ㅣ ㅡ ㆍ
a ya ŭ yŭ o yo u yu I eu ă
② ㅐ ㅔ ᄋᆡ
è ė ê
나. Labials ㅂ ㅍ ㅁ (Base ㅁ)
p ph m
다. Dentals ㄷ ㅌ ㄴ ㄹ (Base ㄴ)
t th n l
라. Palatals ㅈ ㅊ ㅅ (Base ㅅ)
ch chh s
마. Gutturals ㄱ ㅋ (Base ㄱ)
k kh
바. Laryngeals (?) ㅎ ㅇ (Base ㅇ)
h ng final

(80가)의 특징은 글자의 구성에 따라 둘로 나누었는데 ①은 음가대로 전사하였고 ②는 글자의 구성은 이중모음인데 발음대로 전사하고 있다. 자음에서는 기본자를 밝히고 있어 제자의 원리를 터득하고 있다.

(80)의 전사체계는 *A MANUAL of KOREAN GEOGRAPHICAL AND OTHER PROPER Names: romanized* NAMES ROMANIZED, Yokohama 1883(『역문』 3 01, 3부 1책 25-157쪽)에 실려 있다. 이 책은 한자지명, 영문철자, 기술, 소속도, 위도, 경도의 순서로 배열되어 있다. 자세한 내용은 저자 고영근의 해설이 참조된다.

이어 영미인들은 한글의 로마자 표기법에 대하여 논설을 통하여 자신들의 견해를 피력하였다. Baird(1895)는 한글의 로마자 표기를 다룬 최초의 논설이며 Hulbert(1895)는 상충되는 견해를 조정하는 내용으로 되어 있다. Gale(1897)은 그의 『한영사전』의 첫머리에 붙어 있는데 어휘배열은 앞의 프랑스 선교사들의 체계를 따르고 있다.

영미인 다음으로는 독일인의 전사체계를 볼 수 있다. 가벨렌츠(1892)는 중국 언어학자인 G. von der Gabelentz가 이전의 서양인의 업적을 종합하고 중국어와 비교하는 관점에서 우리말의 음운을 논함으로써 그 나름의 전사 체계를 마련한 것이다. 그는 이곳에서 한글이 아메리카의 인공언어를 제외하고는 가장 단순한 문자라는 점을 지적하였다.

(81) 가. ㄱ ㅁ ㄴ ㅂ ㄹ ㅅ ㄷ ㅈ ㅿ ㅋ ㅍ ㅌ ㅊ ㅎ
k,g m n p,b l,r s *d,t* *č,ĵ* *n* *k'* *p'* *t'* *c'* *h*
나. ㅏ ㅓ ㆍ ㅡ ㅗ ㅜ
a e â ö o u
ㅑ ㅕ ㅛ ㅠ
ia ie io iu

독일어 사용권의 한글의 로마자 표기법은 일제 강점기와 해방 후에 본격화된다(뒤에 나옴).

우리말의 본격적인 로마자 표기는 일본인 B. Kato(小藤文次郎)와 Kanazawa(金澤庄三郎)가 공동 편찬한 『羅馬字索引 朝鮮地名字彙』(*A Catalogue of the Romanized Geographical Names of Korean*)(『역문』 ③ 04, 제3부 제2책)이다. 전사체계는 (80)[109쪽]의 Aston의 것과 차이가 크지 않다. 이 책은 일본의 지리학자이며 동경제국대학 교수였던 B. Kato가 1899년과 1902년 두 차례에 걸쳐 14개월 동안 우리나라 전역을 답사하여 기록한 지명에 E. Satow · W. Aston · B. H. Camberlain의 *Manual of Korean Geographical and other Proper Names Romanized* (British

Legation in Tokyo, 1882)의 지명을 수록한 것이며 우리말의 로마자 표기는 Kanazawa 교수의 협력으로 작성되었다.

다음과 같이 2부로 구성되어 있다.

(82) 가. 제I부(part I): 羅馬字索引 朝鮮地名字彙(index of Romanized Names)
나. 제II부(part II): index to the names of Chinese characters

(82가)에서는 '阿珍山/A-Jin-san'과 같이 한자지명을 한자로 보이고 옆에는 로마자로 바꾼 지명을 보이었으며 오른쪽에는 소속 도를 밝히었다. 통속지명이 있을 때에는, '馬洞/mal-gol'과 같이, 앞에는 한자지명을, 뒤에서는 통속지명을 보이었다.

〈외래어의 한글 표기〉

이곳에서는 개화기의 로마자의 표기에 이어 외래어표기의 현상을 보기로 한다. 외래어라고 하였지만 여기에는 외국어표기도 포함된다. 먼저 개화기의 논설 · 신문 기사를 중심으로 표기 현황을 보고 다음으로 『泰西新史』(태서신사)(『역문』 ③ 03, 제3부 제3책)와 지석영의 『아학편』(兒學編)(『역문』 ③ 11, 제3부 제7책)을 중심으로 개화기의 외래어 표기안의 실태를 보기로 한다.

개화기의 논설에 쓰인 고유명사는 한글 전용문에는 당시 중국과 일본에서 사용하던 '영어, 일어, 아메리가 또는 합중국, 불란셔' 등을 사용하였고 국한문 혼용문에서는 '英美, 歐美, 泰西, 伊國, 法國, 德國, 羅典語, 英國, 漢土, 歐美, 漢文, 日本文, 英法德文' 등이 보인다. 한글이 겨우 공용문자의 자격을 얻은 데다가 한글 전용문과 국한문 혼용문이 공존하던 시기였던 것만큼 외래어 표기에 통일을 기하기가 어렵지 않았던가 한다.

1896년 학부 편집국에서 나온 「인지 제명표」(人地諸名表)(『역문』 ③

03, 제3부 2책)는 최초의 서양사 교과서인『태셔신ᄉᆞ』에 실려 있는데 서양의 인사와 지명을 로마자로 표기하고 있다. 이는 우리나라에서 최초로 공표한 외래어 표기자료이다. 제1권 제1, 2절의 예를 보임으로써 개화기 당시의 외래어 표기실태를 보이기로 한다.

(83) 一節	유롭	歐羅巴	洲
	노ᄯᅳ 씨	北海	海
二節	ᄯᅳ란스	法蘭西	國
	잉글랜드	英吉利	國

그 가운데서도 우리 어문 정리에 일가견(一家見)을 지니고 있었던 경성의학교 교장 지석영(앞에 나옴)은 정조대의 다산 정약용이 지은 어린이의 한자교본『아학편』(兒學編)을 한 · 중 · 일 · 영어의 4개 언어로 대역함으로써 외국어 표기의 선구적 역할을 하였다[사진 10 참조]. 이를테면 '天'이란 한자를 가운데 배치하고 오른쪽에는 우리의 훈과 음, 중국음, 왼쪽에는 일본의 훈과 음, 아래에는 영어와 함께 영어의 한글표기를 배치하였다. 그리고 가운데는 전서(篆書)를 넣어 어린이들에게 한자의 서체도 익히도록 하였다.

사진 10. 지석영의『아학편』

개화기에 나온 또 하나의 외래어 표기를 보기로 한다. 그것은 성경번역인회(The Board of Bible Translators)에서 마련한 *A List of the Proper Names of the Bible Translators*(1903)인데 1913년에 개정판이 나오기도 하였다(『역문』③ 05 해설, 제3부 2책). 이 책은 최초의 표준어 국역인데 고유명의 한글 표기를 다음과 같이 알파벳순으로 모았다.

(84) b, p ㅂ, g, k ㄱ, d t ㄷ, l, r ㄹ, s, z ㅅ

부호는 사용하지 않았지만 격음(ㅋ, ㅌ, ㅍ 등)이 빠져 있다. 한역 성경의 한자 표기에서 유래한 것으로 보이는 이 표기는 현재의 성경에도 그대로 계승되고 있다.

2.4.3.8. 외국인의 우리말 배우기와 우리들의 외국어 배우기

외국어를 학습하는 기관은 문헌상으로는 이미 고려 말에 설치되었고 조선조에 들어와서는 사역원을 두어 중국어, 몽골어, 여진어, 일본어를 담당하는 통역관을 양성하였음을 앞에서 본 바 있다(§2.4.2.4). 곧 한학, 몽학, 여진학, 왜학이 성립되어 있었으며 병자호란 이후에는 청학으로 바뀌었다. 조선 후기의 외국어 학습은 전통적인 사학(四學)이 그대로 존치되었다. 그에 따라 새로운 형태의 교재가 많이 나왔다. 한학은 『노걸대』, 『박통사』, 몽학은 『첩해몽어』, 왜학은 『첩해신어』, 여진학은 『소아론』, 『팔세아』 등이 그것이다.

그러나 19세기 후반의 개항을 계기로 하여 유럽 제도를 본 뜬 신식 학교가 들어섬에 따라 전통적 일본어와 중국어 밖에 영어, 프랑스어, 독일어, 러시아어를 가르치는 외국어학교가 생기기 시작하였다. 특히 1895년부터는 관립외국어학교가 생겨 전통적 사학(四學)의 전통을 계승하면서 일어·영어·러시아어를 가르쳤다. 1906년부터는 "관립한성외국어학교"가 설립되어 독일어와 프랑스어가 추가되었다. 이들 외국어학교는 1910년의 일제 강점이 계기가 되어 폐교되고 말았다. 전통적 사학(四學)과 근대의 서양 외국어는 국권 회복 후인 1954년에 "한국외국어대학"이라는 새로운 형태의 외국어 연수기관으로 거듭났다(뒤에 나옴). 19세기 후반에 전통적인 사역원이 언제 어떠한 과정을 밟아 외국어 학교로 대체되었는가 하는 문제도 구명해야 한다. 이런 작업이 선행되지 않고는 우리나라의 외국어 교육의 역사를 바로 엮을 수 없다. 먼저 외국인의 우리말 배우기에서 실마리를 찾고 뒤이어 우리들의 외국어 배우기를 보기로 한다. 외국인의 우리말 배우기는 먼저 일본인의 우리말 배우기에서 실마리를 찾을 수 있다.

우리나라와 일본은 아득한 옛날부터 중국과 함께 지역적으로 이웃으로 살아왔기 때문에 서로의 언어를 학습하여 외교와 교역의 도구로 삼아 왔다. 실제로 『조선왕조실록』의 국역판에서 "倭語"(왜어)를 치면 많은 양의 어휘가 검색된다. 전통적으로 일본인은 우리나라와 가까이 자리잡고 있는 대마도(對馬島)에서 우리말 통역사를 양성하였다. 이 기구는 1880년에 동경외국어대학 조선어학과로 격상되어 한일 외교에 필요한 요원을 양성하였다.

개항 이후 처음으로 얼굴을 내민 교재로는 호세코의 다음 두 저술을 들 수 있다.

(85) 가. 寶迫繁勝, 『韓語入門』 (上/下) (1880, ② 26, 27, 『역문』 제2부 제10책)

나. 寶迫繁勝, 『日韓善隣通話』 (上/下) (1880, ② 28, 29, 『역문』 제2부 제10책)

(85가)는 유럽어 문법을 도입하여 저술한 일본 최초의 우리말 문법서이고 (나)는 (가)의 자매편으로서 우리말 회화서이다. 품사는 크게 체언, 용언, 감탄사를 두었으며 체언에는 총괄명사, 보통명사, 독립명사, 대명사를, 용언에는 형용사, 관 형용사, 수 형용사 등 9개를 두었다. 이렇게 일본인들은 벌써부터 서양의 영향을 받아 우리말 문법을 연구하여 우리말 학습에 응용하였던 것이다. (나)에서 예문을 제시할 때에는, 가운데는 한글 예문을 종서로 보이고 오른쪽에는 작은 글씨의 가나로 뜻을 달고 왼쪽 역시 작은 글씨의 가나로 의미를 붙였다.

다음으로 일본이 우리 국토를 강점한 1910년까지 나온 우리말 교습서 내지 참고서를 들면 다음과 같다. 끝에 『역문』의 고유 번호와 책수를 보인다.

(86) 가. 島井浩, 『實用韓語學』(1902, ② 30, 제2부 11책)
나. 安泳中, 『韓語』(1906, ② 31, 제2부 12책)
다. 前間恭作, 『韓語通』(1909, ② 32, 제2부 13책)
라. 高橋亨, 『韓語文典』(1909, ② 33, 제2부 14책)
마. 藥師寺知曨, 『韓語硏究法』(1909, ② 34, 제2부 15책)
바. 趙義淵·井田勤衛, 『日韓 韓日 言語集』(1910, ② 35, 제2부 16책)
사. 金澤庄三郞, 『日韓兩國語同系論』(1910)

(86가)의 저자 히로시(島井浩)는 나가사키의 사족(士族)으로서 당시 부산에 머물고 있었다. 서울[京城] 출신의 세 사람이 교열하였다. 조선 언문표, 이른바 반절표에 가나로 음을 달았다. 예문에 대하여는 오른쪽에는 우리말 발음을, 왼쪽에는 의미를 붙였다. (나)의 저자 안영중은 우리나라 사람으로서 일본에 가서 일본어를 공부하여 우리말 교수가 된 것으로 알려져 있다. 총 48장, 문법과 읽기를 겸하였으며 부록으로 동사와 형용사 활용표가 붙어 있다. (다)의 저자 마에마(前間恭作)(1864~1942)는 우리의 고대어와 중세어에 관한 업적을 남긴 일본의 언어학자로서 위의 책이 시발점이 되어 우리말을 연구하였다. 이 책은 문법 중심의 우리말 교습서로 각 장 끝에는 우리말 어휘를 품사별로 제시하였으며 끝에는 일상회화를 보이었다. (라)는 품사론 중심의 문법모형을 지향하고 있다. 고쳐 말하면 일본인들이 우리말을 학습하는 데 필요한 참고 문법의 역할을 하고 있다. (마)는 당시 우리나라에 머물고 있었던 일본인을 위한 우리말 학습서로 저술되었다. 일본은 1905년에 을사늑약을 계기로 하여 이듬해 통감부를 설치하였다. 이를 계기로 하여 우리나라를 저네들의 보호령으로 만듦에 따라 우리말을 습득하는 문법서를 많이 출간한 것으로 보인다. (바)는, 제목을 통하여 알 수 있

는 바와 같이, 일본어와 우리말을 동시에 학습할 수 있는 책이다. 권 상은 우리말, 권 중은 일본어를 학습하는 내용을 다루었다. 권 하에는 문법에 대한 지식을 다루되 위 칸에는 일본어, 아래 칸에는 우리말을 배치함으로써 서로 대조하여 가면서 문법 지식을 평설하였다. 부록에는 지리적 위치, 면적 및 인구, 기후와 생산물, 인종, 황실 및 정체, 재정 및 교통, 교육 및 종교, 산업 및 무역, 계급 등 25개 항목에 걸쳐 우리나라 사정의 일반을 평설하였다. (사)는 우리말과 일본어의 동계론을 주장한 가나자와(1872~1967)의 저서인데 일본의 정한론을 뒷받침하는 책이다. 그 밖에도 이두 등 차자 표기에 대한 업적도 보인다.

일본인 다음으로 우리말 학습 자료를 개발한 외국인은 러시아인이다. 우리나라 사람이 제정 러시아 영토였던 연해주 방면으로 이주를 한 것은 1864년이었다. 연해주는 함경북도와 이웃해 있어서 두만강을 건너면 바로 러시아 영토였다. 이후 러시아 땅으로 이주하는 우리나라 사람의 수효는 급격히 늘어나서 1867년에는 185가구 999명으로 파악되었고 우리 민족의 마을도 계속하여 증가하였다. 당시 연해주 행정청에 근무하고 있던 M. 푸찔로(Putsillo)(1845~1889)는 우리 이주민과 접촉하면서 우리말을 익혔으며 1870년에는 이전에 나온 『왜어유해』, 『조선위국자휘』 등을 참조하여 저 유명한 『노한사전』(B5판 746쪽)[인터넷]을 편찬하였다. 사실 제정 러시아에서는 1854년에 독일인 지볼트(Fr. von Siebold)의 『한국에 관한 정보』(*Nachrichten über Korai*)가 번역되어 웬만한 식자들이라면 우리나라에 대한 기본 지식을 갖추고 있었던 것이다.

우리말 사전은 프랑스 선교사 리델(F. C. Ridel) 등의 손을 거치면서 편찬되었다. 프랑스 선교사들이 우리나라에 접근한 것은 19세기 전반이었으며 19세기 중반부터는 충청도 제천의 배론[舟論] 신학교를 거점으로 하여 사전과 문법을 편찬하였다. 그러나 1866년 병인박해 때 원고가 소실되고 말았으며 당시 박해를 피하여 만주로 간 리델신부 일행은 10여 년에 걸쳐 사전과 문법을 다시 편찬하였다. 두 책은 1880년과 1881년에 일본에서 출판되었다.

먼저 1880년에 나온 『한불ᄌᆞ뎐』(*Dictionnaire CORÉEN-FRANÇAIS*)을 보기로 한다[인터넷]. 이 책은 알파벳의 순서에 따라 우리말 어휘를 앞에서 보인 로마자 표기법 (79)에 따라 전사한 다음, 이를 표제어로 삼아 제시하고 이어 한글 철자를 배치하였으며 그것이 한자어라면 한자를 병기하였다. 부록으로 우리말의 활용표를 알파벳 순서로 배치하였으며 다음으로 관직과 지명을 제시하였다. 리델 등의 프랑스 선교사들은 이듬해 1881년에 *Grammaire Coréenne*를 간행하기도 하였다. 이들은 이 두 권의 사전과 문법을 냄으로써 우리말의 문법과 어휘에 접근할 수 있는 바탕을 마련하였다. 프랑스 선교사들은 19세기 중엽 휴대용 『나한소사전』(羅韓小辭典)(*parvum vocabulariumlation-co-reanum ad usum studiosae juventutis coreanae*)[인터넷]을 편찬하였는데 1891년 홍콩에서 간행되었다. 이 책은 책 이름과 같이 우리나라 사람의 라틴어 학습을 위하여 라틴어에 한국어 단어를 대응시킨 일종의 어휘집이다.

로쓰(J. Ross)는 1882년에 1877년의 학습서를 증보 · 개편하여 *Korean Speech*를 내었으며 이어 스코트(J. Scott)는 『언문말칙』(*A Corean Mannual*)(1887)[인터넷]을, 앵보르-위아르(M. C. Imbault-Huart)는 *Manuel de la langue coréenne parlée* (『한국어 구어 편람』)(1887)을 내었다. 언더우드(H. G. Underwood)(元杜尤)는 『韓英文法』(한영문법)(*An Introduction to the Korean Spoken Language*)(1890)[인터넷]을, 게일(J. S. Gale)은 『辭課指南』(『ᄉᆞ과지남』)(*Korean Grammatical Forms*)(1894)[인터넷]을 각각 저술하였으며 이들 책은 재판(1903)과 수정판(1916)도 나왔다. 특히 게일은 1897년에 일본의 요코하마에서 『한영자전』(*A Korean-English Dictionary*)[인터넷]을 간행하기도 하여 1930년대의 우리들 자신에 의한 우리말 사전 편찬의 디딤돌을 마련하였다. 특히 게일은

주시경 등의 우리 어학자들과 친분을 쌓으면서 한글 기원론을 전개하는 등 우리말 문법과 한글에 관한 많은 연구 업적을 쌓았다.

끝으로 언급할 것은 우리나라 사람이 저술한 한문법 내지 한자 교본이다.

(87) 가. 원영의(元泳義), 『初等作文法』(1908, 『역문』 ② 66, 제2부 제35책)
나. 지석영, 『石版 兒學編』(1908, 『역문』 ③ 11, 제3부 제7책)
다. 지석영, 『言文』(1909, 『역문』 ③ 12, 제3부 제7책)

(87가)는 어린이들에게 한문을 가르칠 목적으로 편찬한 이 땅 최초의 한문 문법이 아닌가 한다. "품사는 명사, 대명사, 동사, 형용사, 부사, 전사, 탄사, 지사"의 8품사이다. (87나)는 한 · 중 · 일 · 영의 4개 국어를 대조한 한자 교본이다. (87다)는 일종의 문자집이라고 할 수 있는데 특히 한자의 고저음 및 국어의 장단음이 표시되어 있어 개화기 당시의 우리 한자어의 고저음과 국어의 장단음을 연구하는 데 중요한 정보를 제공한다. 이는 중세의 언해문헌에 나타나는 방점과 같은 기능을 표시하는 것으로 보인다.

2.5. 일제 강점기의 문자 · 언어 생활

일제 강점기의 문자 · 언어 생활은 작업의 편의상 전기와 후기로 나누어 서술하기로 한다. 전기는 일본 제국주의가 우리나라를 강점한 1910년부터 1938년까지의 일본어문과 우리 민족 어문의 병용 시기를, 후기는 1938년부터 1945년까지의 일본 제국주의자들의 우리 민족어의 말살 시기를 가리킨다.

2.5.1. 일제의 정서법 제정과 사전 편찬

2.5.1.1. 주시경과 해석학적 언어철학의 구현

17세 때부터 우리말 문법 연구에 손을 댄 주시경은 1896년 서재필(1864~1951)을 도와 《독립신문》의 교보원으로 일하면서 국어 문법 연구에 정진하여 우리나라가 일제에 넘어가기 4개월 전에 『국어문법』을 간행하였다. 앞에서 본 바와 같이, 『국어문법』의 「序」에는 어문민족주의 사상이 짙게 배어 있었다. 주시경은 우리나라가 일본 제국주의에 강점된다고 보고 이전에 사용되었던 "국문"과 "국어"를 "한나라글"과 "한나라말"로 바꾸었다. 이어 1911년 4월에는 '한나라말'을 '한말'로, 1911년 9월에는 '국어'와 '국문'을 포괄하는 뜻으로 '배달말글'을 사용하였으며 1912년경에는 현재 우리 문자의 이름으로 보편화되어 있는 '한글'을 사용하였다. 1913년에는 우리말 사전의 이름을 『말모이』로 고쳤다. 흥미 있는 것은 『국어문법』의 개정판 『조선어문법』(1913)의 "이 온글의 잡이"에서는 본명인 "周時經"(주시경) 대신 "한힌샘"을 사용하였다는 점이다. 그는 자신의 모든 저술을 이름과 함께 고유의 우리말로 바꾸고 있다는 것을 확인할 수 있다.

1914년에는 『말의 소리』란 책을 스스로 한글로 써서 석판(石版)으로 출간하였다. 이 책은 이보다 4년 전(1910)에 나온 『국어문법』에서 미루어 두었던 국어 음성론, 곧 「國文의 소리」를 개편한 것이다. 이로써 한힌샘 주시경은 음성에서부터 품사를 거쳐 문장에 이르는 우리말 문법의 전반을 다시 손질하여 신판 『국어문법』을 낼 준비를 하고 있었는데 애석하게도 3개월 후에 39세의 나이로 작고하고 말았다. 이 책의 끝에는 「국문연구의정안」(國文研究議定案)(1909)에서 얼굴을 내밀었던 가로풀어쓰기를 "우리글의 가로쓰는 익힘"을 통하여 제시하였다. 한힌샘의 가로풀어쓰기는 이내 러시아의 한인 사회에 영향을 미쳤으며(뒤에 나옴), "『말의 소리』의 끝"에 두는 말을 보면 대체로 어절 단위에는 중간 권점 ·을, 늦씨 곧 형태소 단

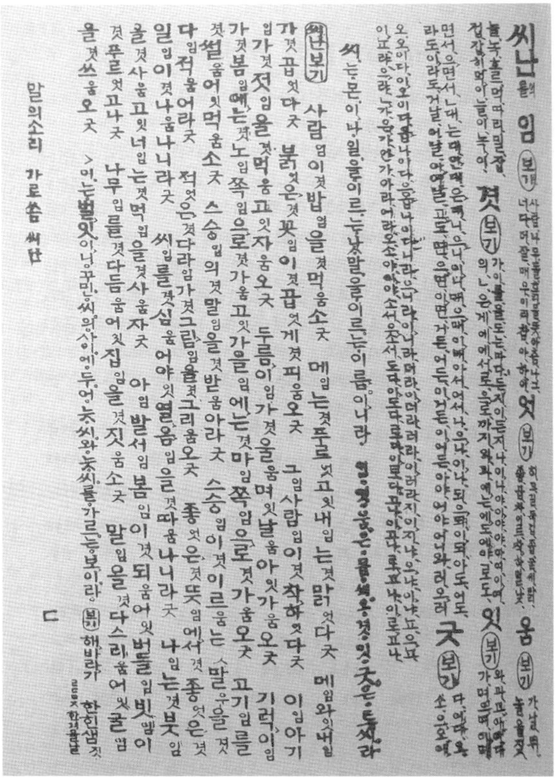

사진 11. 주시경의 "늣씨" 표시법

위에는 오른쪽에 ˚을 표하여 극도의 추상성을 추구하고 있다[사진 11]. 더 구체적인 분석 예는 "씨난의 틀"의 '씨난보기'에서 볼 수 있다. 이는 음소에 해당하는 단위를 "고나"로 처리한 것과 함께 주시경의 말년의 우리말 연구의 태도가 실증론의 극에 이르렀다는 것을 알 수 있다. 우리는 앞에서 우리의 선인들이 우리의 고유 지명을 한자 지명으로 바꿀 때 지명의 구성요소에 대한 어원 의식이 매우 강하였으며 훈민정음 제정 당시에도 우리말의 방언이나 어린이의 말씨를 매우 실증적으로 관찰하였음을 주목한 바 있다.

한힌샘은 문장의 구성을 매우 미시적으로 관찰하였음을 잠깐 살펴본 바 있었는데[(67)], 단어 내지 그 구성 요소에 대하여도 극도의 추상성을 지향하고 있었다. 이는 전통시대로부터 연면히 계속되어 온 우리말에 대한 실증론적 연구의 한 가닥이라고 하겠다.

그러면서도 주시경은 관념론에 바탕을 둔 우리말의 가공과 발전을 위한 해석학적 언어철학의 명제를 늦추지 않고 오히려 고삐를 잡아당기고 있는 것이다. 이는 『말의 소리』의 끝부분에 분명히 표백되어 있다.

(88) 사람의 나아감이라 하는 것은 하늘의 일을 사람이 알기 쉽고 쓰기에 단케 함을 이름이니 절로 자란 나무는 하늘이요, 먹줄을 쳐서 다듬는 것은 사람이라. 그 다듬는 길을 따라 사람의 나아감이 덜하고 더함을 얻나니 사람의 다스림을 받지 아니한 버릇은 절로 자란 나무와 한 가지라. 그 버릇이 된 바를 아주 돌아보지 아니할 수가 없다 하겠으되 어찌 익음에만 어리어서 나무를 마르지도 아니하고 그대로 집을 짓겠다 하리오. (주시경, 『말의 소리』, 1914, ㄴㅁ장)

이 자리에서 주시경은 '4358'과 '4359'를 'ㄹ ㄷ ㅁ ㅇ'과 'ㄹ ㄷ ㅁ ㅈ'로 해독하고 있는데 무엇을 의미하는지 아직 밝혀지지 않았으나 주시경은 숫자까지도 외래 요소를 배격한 우리의 것에 집착하고 있었다.

2.5.1.2. 일제의 철자법 제정과 『조선어사전』 편찬

일본 제국주의자들은 1910년 8월에 우리나라를 저네들의 식민지로 삼음에 따라 곧 우리말 철자법을 제정하기 시작하여 1912년 4월에 『普通學校用諺文綴字法』(보통학교용언문철자법)이란 이름으로 공포하였다. 이곳의 "보통학교"란 현재의 "초등학교"를 가리킨다. 일본 제국주의자들은 피지배 민족인 우리의 언어를 "朝鮮語"(조선어), 지배자인 자신들의 언어를 "國語"(국어)라 불렀으며 각급 학교(보통학교, 고등보통학교)에서 우리말을 가르치도록 하였다. 명목상으로는 필수과목으로 되어 있지만 상급학교 진학에 출제가 되지 않았으니 현실적으로는 수의과목이나 다름이 없었다.

총칙에 해당하는 "방침"(方針)을 옮겨 오되 현형 맞춤법으로 바꾸어 적는다.

(89) (1) 경성어를 표준으로 함
(2) 표기법은 표음주의에 의하고 현실 발음과 먼 역사적 철자법 등은 이를 피함
(3) 한자음으로 된 단어를 언문으로 표기하는 경우에는 특히 종래의 철자법을 채용함

위의 (89)는 한글이 창제된 후 처음으로 명문화된 서울 중심의 표준어와 정서법이 문면화된 것이다. 여기서 한자어의 표기에 대한 규정이 들어간 것은 한자를 사용하는 일본 본토의 문자생활과 보조를 맞추기 위한 작위(作爲)로 보인다. 총독부 철자법의 가장 큰 특징은 표음주의를 지향하고 있다는 점이다. 학무국 주관의 언문 철자법에 관여한 인사는 모두 7명인데 일본인 3명(國分象太郎, 新匠順貞, 高橋亨), 우리 학자 4명[현은(玄檃), 유길준(俞吉濬), 강화석(姜華錫), 어윤적(魚允迪)]이었다. 고쿠부(國分象太郎)는 조선 총독부에 근무한 적이 있는 통역관이었으며 신조(新匠順貞)와 다카하시(高橋亨)(1878~1967) 역시 통역관으로서 이미 우리말 문법서나 학습서를 내었다. 우리나라 사람 중 '유길준'은 『大韓文典』(대한문전)을 저술하였고 '현은, 어윤적'은 국문연구소 연구 위원이었으며 '강화석'은 미상이다. 특이한 것은 주시경 학파는 한 사람도 관여하지 않았다는 점이다. 총독부 철자법이 표음주의에 기울어진 것이 결코 우연이 아님을 알 수 있다(뒤에 나옴). 『朝鮮語辭典』(조선어사전)에는 주시경이 내세운 언어와 국가 내지 사회 형성과 관련되는 명제는 아무데도 보이지 않는다.

철자법과 동시에 진행된 『조선어사전』은 1920년에 완성되었다. 편찬하

는 데 10년이 걸렸다. 수록어휘는 8만인데 내역은 언문어(諺文語), 곧 우리의 고유어와, 한자어, 이두이다. 사전 역시 철자법과 같이 편집위원은 우리나라 사람과 일본인으로 구성되어 있다. 실무 작업은 현은, 어윤적, 정만조 등 우리나라 사람 10여 명이 맡은 것으로 나와 있으나 주시경 학파는 철자법 제정위원의 경우와 같이 한 사람도 보이지 않는다. 일본인으로 뒤에 경성제국대학 조선어문학과 교수를 지낸 오구라(小倉進平)(1882~1944), 다카하시(高橋亨)(1878~1967)가 눈에 익은 사람이고 나머지는 통역관을 지낸 사람들이다. 어휘 풀이와 같은 것은 우리나라 사람이 관여하였으며 일본어 번역은 일본 사람이 맡은 것으로 보인다. 원래의 계획은 풀이도 우리말로 하기로 하였으나 후반에 가서 일본어 풀이만 넣었다. 이전에 나온 『한불자전』(1880)이나 『한영자전』(1897)과 같은 이중언어사전이었다. "序文"(서문)을 넣지 않고 "凡例"(범례)만 둔 것이 이런 점과 관련이 있는지 모르겠다.

1920년에 사전이 완성되자 먼저 만든 철자법은 수정이 불가피하였다. 1921년 3월에 개정된 『언문철자법』은 권덕규 등 주시경 학파가 관여하기도 하였는데 중요한 내용은 장음 표시를 폐기한 것이었다. 그러다가 1930년에는 표음주의를 완화하는 방면으로 크게 수정을 가하였다(뒤에 나옴).

2.5.1.3. 주시경 후계학파의 표준화 연구

해석학적 언어철학을 바닥에 깔고 우리 어문의 표준화와 대중화에 정성을 쏟던 한힌샘 주시경이 세상을 떠나자 그가 길러 내었거나 그를 사숙(私淑)한 이윤재, 장지영, 이규영, 김두봉, 최현배, 이극로, 정렬모, 권덕규, 이규방, 이필수, 이상춘, 이병기 등의 후계학자들은 주시경의 해석학적 언어철학을 계승 · 발전시키는 데 혼신(渾身)의 힘을 다하였다. 이들의 활동은 "조선어 연구회"가 창립되던 1921년 12월을 경계로 하여 양분될 수 있다.

우선 전기의 활동 상황을 보기로 한다. 이윤재는 주시경의 "하기국어강습소"(1907)의 활동에 영향을 받아 20세 되던 1908년 여름에 김해에서 "농무회"를 조직하여 국문과 역사를 가르쳤다. 그는 대구 계성학교에서 신학문에 접하고 이어 마산 창신학교에 취직하여 주시경의 제자인 한결 김윤경을 알게 됨으로써 우리 어문에 관심을 갖게 되었다. 그는 우리 어문 정리의 직접적 뿌리를 주시경의 우리말 연구에서 찾았으며 1897년의 "국문동식회", 1915년에 해산된 "한글 모", 1921년에 창립된 "조선어연구회", 1931년의 "조선어학회"에 이르기까지 우리 어문 단체의 역사를 엮기도 하였다.

장지영은 주시경의 후계학자 중 가장 먼저 주시경을 보필한 제자였다. 그는 제3회 "하기국어강습소"(1909. 7. 10.~8. 30.) 수료생으로서 이듬해 제4회 "하기국어강습소"(1910. 7. 15.~8. 31.)의 강사직을 맡기도 하였으며 1910년 3월에는 그해 개교한 중국 간도 명동중학교에서 한글 교사로 초빙되기도 하였다(뒤에 나옴).

검돌 이규영은 주시경을 비서처럼 가까이에서 모시던 제자였다. 그는 주시경이 작고한 뒤, 주시경이 남긴 일지와 학적부 등을 중심으로 『한글모죽 보기』(朝鮮言文會一覽)(1917~1920)를 편찬하였다. 이 책에는 1907년의 "하기국어강습소"부터 1917년까지의 국문보급기관과 국어연구 단체의 활동상황이 기록되어 있으며 회의록, 회칙과 원칙, 임원, 강습생의 명단과 성적, 졸업 및 수업 증서 양식이 전하고 있다. 이곳의 양식은 수료생들이 받은 실제 증서와 일치하여 결코 가공의 양식이 아님을 알려 준다.

이규영은 초기에는 주로 그의 스승인 주시경의 문법체계를 계승하여 『말듬』('언어의 문법')을 저술하였고 후기에는 김두봉의 문법을 응용하여 『現今朝鮮文典』(현금조선문전)을 저술하였다. 그리고 현재 영본(零本)으로 전하는 『한글적새』는 그 중간의 성격을 띠고 있다. 전자는 이규영의 사후에 같은 주시경의 제자인 한별 권덕규가 교정하여 출판하였다. 이들은 조사와 어미를 모두 단어로 처리하는 제1유형(흔히 분석적 체계)의 문법가들인데 조사와 어미를 다음과 같이 띄어 쓰고 있다.

(90) 우리 의 말 과 글 과를 의론하 는 이 가운데 에 가장 가까 이 넘너들기 는 배곳과 검돌과 의 두 언니 러니 배곳언니 는 멀리 밖 으로 나아가시 고 검돌언니 와 나 와가 이 속 에서 지나이 ㄹ새 … (머리 에 씀)

그러니까 제1유형을 창도하고 발전시킨 주시경과 그의 문하생 김두봉(뒤에 나옴)의 단어관을 우리말 교육의 현장에서 시험한 것이다.

다음으로는 주시경의 학통을 가장 성실하게 계승한 김두봉의 문법을 보기로 한다. 김두봉은 1911년부터 시작된 『말모이』(앞에 나옴)의 참고문법으로 사용하기 위하여 1916년에 『조선말본』을 간행하였다. 「머리말」의 첫머리를 현대어로 풀이하여 적는다.

(91) 길이 없다고 하여 가지 못할까마는 그 말미암을 땅이 어디며 본이 없다고 하여 말을 못할까마는 그 말이 말미암을 바가 무엇이겠는가. 이러하므로 감에는 반드시 길이 있고 말에는 반드시 본이 있게 되는 것이다.

(91)은 어디로 이동하려면 '길'을 이용하듯이, 남에게 말을 하려면 '본', 곧 질서를 따라야만 언어생활을 할 수 있다는 뜻이다. 이어 김두봉은 스승의 유업을 계승하는 비장한 결의를 보이기도 하였다.

(92) 이에 작은 힘을 돌아보지 아니하고 이를 만들었거니와 이로써 스승님의 여시던 길을 넉넉히 더 열었다 함이 아니요 다만 그 길이 묻히지나 아니하게 하는 김에 힘자라는 데까지 조금씩조금씩이라도 더 열어가면서 이 다음에 훌륭한 사람이 나시기를 기다리는 뜻이다.

우리의 문법 연구가 개화기 이후 120여 년에 걸쳐 풍성한 성과를 거두게 된 것이 김두봉의 후학들에 대한 위와 같은 당부의 말이 주효(奏效)했던 것이 아니겠는가 하는 자부심에 사로잡히기도 한다.

김두봉은 1919년에 중국 상해로 망명하여 인성학교 교장을 하면서 상해 임시정부에 관여하기도 하였고 우리말 문법 연구에 정진하여 1922년 앞의 책의 보정판인 『깁더조선말본』을 출판하였다. 위의 책은 [붙임]으로 "좋을글, 날적, 표준말"을 덧붙이고 있다. "좋을글"은 문자론('글씨'), 형태론('낱말'), 통사론('월')에 대하여 그 사이 다듬어진 생각을 베푼 것이다. "날적"은 속기법이고 "표준말"은 사정(査定) 문제를 논의한 것이다. 이는 1936년 조선어학회의 표준어사정 때 중요한 참고자료로 활용되었을 가능성이 많다. 그는 특히 성분 사이의 관계를 "힘"의 개념으로 설명하고 있는데 이는 한 문장 내의 문제라는 점에서 실증론의 범위에 속한다고 하겠다.

주시경 후계학파의 후기는 1919년의 "삼일운동"의 영향으로 이른바 "문화통치"가 시행됨에 따라 창립된 "조선어연구회"의 활동으로부터 비롯된다. 주시경 후계학파 중에서 국내에 머물러 있던 임경재, 최두선, 이규방, 권덕규, 이승규, 신명균, 장지영 등은 1921년 12월 3일 휘문학교에 모여 "조선어연구회"를 창립하였다. 창립목적은 "조선어의 정확한 법리를 연구함"이었다. 1908년 8월 31일에 창립된 "국어연구학회"는 "국어를 연구하"는 데 목적을 두었고 1913년 3월 23일에 창립된 "조선언문회"(속칭 "한글모")는 "조선의 언문을 실행"하는 데 목적을 두었다. 전자는 일제의 우리나라 강점을 앞두고 국어의 '연구'에 목표를 두었고 후자는 일제 식민지 통치 아래에서 우리말을 지키는 데 목표를 두었다. "조선어 연구회"에서 조선어의 정확한 법리를 연구한다는 것은 우리말의 질서를 밝힌다는 뜻으로 이해하고자 한다. 조선어 연구회가 탄생된 이면에는 주시경 학파에 반기를 들고 있었던 박승빈 학파를 견제(牽制)하는 면도 작용한 것으로 보인다. 그 해 2월에 박승빈이 이끄는 계명 구락부에서 "우리 언문에 대한 긴급한 요구"라는 주제로 강연회를 가졌기 때문이다(뒤에 나옴).

후기의 특징은 주시경 후계학자들이 중국, 일본, 독일 등 해외에서 연구나 학업을 마치고 귀국하여 우리 어문의 정리와 연구에 박차를 가하여 민족어 규범을 제정함으로써 사전편찬의 기초작업을 완수하였다는 점이다. 이윤재, 최현배, 정렬모, 이극로, 김윤경이 그런 사람들이다. 이윤재는 중국에서 4년간 머물면서 중국의 문자개혁 및 문학운동을 비롯하여 중국 근대사와 우리 역사의 인식에 대하여 견문을 넓혀 이를 국내에 보고하기도 하였다. 최현배는 교토대학에서 교육학을 전공하면서 주로 야마다(山田孝雄)의 문법이론을 독습(獨習)하였으며 재학 중에는 주시경과 김두봉에 의하여 기반이 닦인 "가로풀어쓰기"를 중심으로 한글개량론을 전개하기도 하였다. 정렬모는 일본에 가서도 시종일관 마쓰시다(松下大三郎)의 문법이론을 전공하였다. 이극로는 이미 중국에 머물고 있을 때 김두봉 등의 주시경의 제자들을 통하여 주시경의 학문에 심취하였다. 독일에서는 경제학을 주전공으로 하면서 인류학과 언어학, 특히 음성학을 부전공으로 선택하였으며 특히 당시 언어학계를 휩쓸고 있었던 파울(H. Paul)의 언어사에 대한 지식을 섭취하기도 하였다. 특히 그는 무보수로 베를린 대학에서 우리말을 가르치기도 하였다. 김윤경은 일본 유학시 우리 문자사를 전공하였으며 뒤에 나온 『朝鮮文字及語學史』(조선문자급어학사)의 기반을 닦았다.

한편 이 시기에는 반주시경 학파의 표준화운동도 만만치 않았다. 먼저 들 수 있는 사람은 1908년경부터 법률문장의 우리말 표현에 관심을 기울이면서(앞에 나옴), 우리 어문의 표준화 운동을 전개한 학범(學凡) 박승빈(朴勝彬)(1880~1943)의 행적이다. 박승빈은 1919년에 민족계몽과 학술연구를 목적으로 "계명구락부"를 창립하여 기관지 『계명』(啓明)을 창간하였으며 1921년 2월에는 「言文(언문)에 대한 긴급한 요구」란 주제로 1,000여 명의 청중 앞에서 강연회를 가졌다. 어린이 상호간에 하오 등의 공대말(높임말)을 쓰게 한다든지 한자의 훈독법을 도입하자는 것이 그 내용이었다. 주시경 학파와는 반대의 길을 가고 있는 것이다. 그러나 우리 어학자 중에서 훔볼트(W. von Humboldt)의 언어철학을 최초로 도입하여 민족어문의 표준화운동을 철학적으로 뒷받침한 것은 길이 기억될 필요가 있다. 다음으로는 안확(安廓)(1886~1946)이다. 그는 국어문법서도 저술하여 반주시경 학파의 노선을 걸어왔는데 철자법에 대하여도 대부분 같은 태도를 취하였다.

후기의 특징으로 놓쳐서는 안될 것은 1921년 12월에 창립된 "조선어 연구회"에서 1924년 2월 1일에 훈민정음 창제 8주갑(480년) 행사를 치른 일이다. 이것이 계기가 되어 해방후 한글날이 공휴일로 지정되었으며 2013년부터는 법정 공휴일로 승격되었다.

우리 어문의 표준화운동은 1920년대 중반으로 접어들면서 새로운 양상을 띠게 된다.

1926년 무렵에는 대중용 종합월간지 『東光』(동광), 『別乾坤』(별건곤), 『新民』(신민), 『한빛』 등이 나와 우리 민족어문의 표준화에 대하여 관심을 불러일으켰고 《동아일보》, 《조선일보》, 《중외일보》 등 일간 신문도 이에 가세하였다. 특히 이윤재는 중국 유학을 통하여 얻은 경험을 토대로 하여 조선 총독부의 표음적 철자법을 비판하고 주시경의 문법식 철자법을 채용하여야 한다는 주장을 펼쳤다. 이곳에서 특기할 것은 안창호의 흥사단을 배경으로 하여 창간된 『동광』의 어문표준화에 대한 관심과 실천이다. 이에 앞서 편집부는 토론의 빌미를 제공하기 위하여 『동광』 8(1926. 12)에 안확의 글을 싣기도 하였다. 『동광』 9(1927. 1)에는 아래 아자(ㆍ)를 비롯하여 10개 항에 걸쳐 설문지를 돌려 그 결과를 수합하였는데 대부분은 주시경 학파에서 주장해 오던 것이 다수 의견으로 집계되었다. 이는 같은 해 6월에 창간된 동인지 『한글』에서 "정리된 철자법"이라 하여 실용되기 시작하였으며 이를 중심으로 1933년의 『한글마춤법통일안』이 마련되었다. 어두에서 'ㄴ, ㄹ'을 밝혀 적는 문제는 해방후 북한에서 가로풀어쓰기에 대비한다는 뜻에서 수용하였는데 이는 『東光』 설문지의 답변에서는 소수 의견이었다는 점을 지적하여 둔다. 주시경 학파와 안확의 지상 토론은 그 뒤에도 이어졌다.

1927년(소화 2년) 7월에는 조선어 연구회의 동인지 『한글』이 창간되었다. 동인은 권덕규, 이병기, 최현배, 정렬모, 신명균 등 모두 주시경 후계들이었다. 끝의 '편집실에서'를 보면 이들은 앞에서 언급한 이른바 "정리한 철자법"을 가지고 동인지 『한글』을 펴내었던 것이다. 따라서 위의 『한글』은 1932년(소화 7)에 창간된 기관지 『한글』에 대하여 "동인지"라 부르는 것이다.

2.5.1.4. 『언문철자법』의 개정과 보급

위와 같이 주로 주시경 학파에서 언문철자법의 문제점을 파헤치는 논의가 줄을 잇자 총독부는 드디어 개정에 착수하였다. 개정안 원안에는 주시경 학파가 주장해 온 새 받침의 설정과 병서 문제는 포함되지 않았는데 주시경 학파가 대거 참여함에 따라 한자어의 표음주의와 새 받침과 병서를 채택하기로 하였다. 이렇게 되기까지는 조선, 동아, 중외 등 민간 언론기관에서도 "한글 정리는 어떻게 할까"라는 설문을 내어 전문가들의 견해를 수합하였다. 19명의 위원 중 8명만 주시경 학파이고 나머지는 소속이 분명치 않음에도 불구하고 주시경의 철자법을 지지한 것을 보면 주시경의 철자법 이론이 당시 넓은 공감대를 형성하고 있었음을 알 수 있다.

여기서 주목할 것은 『조선사상통신』(朝鮮思想通信)에서 12회에 걸쳐 총독부의 철자법에 대하여 의견을 묻는 특집을 마련한 일이다. 박승빈 등의 어문학자는 물론, 일본인과 신문사 직원으로 구성되어 있었다. 박승빈 등의 반주시경 학파는 개정무용론을 주장하였고 신명균 등의 주시경 학파에서는 물론 반론을 폈다. 처음부터 반주시경 학파의 노선을 견지하던 안확은 각 나라의 철자법 개정 운동을 들면서 반론을 폈다.

한편 경성고등상업학교를 다니다가 1926년 육십만세운동에 연루된 권영달(權寧達)(1901~1945?)은 학교를 그만두고 경북 예천의 대창학원(大昌

學院)에서 우리말을 가르치면서 우리 어문을 연구하였다. 그는 1929년에는 주시경 학파의 각자병서의 옳음을 주장하는 글을 《중외일보》에 기고하기도 하였으며 1930년에는 자신의 철자법이론의 일부를 같은 지상에 발표하기도 하였다. 그의 철자법 이론은 주시경 학파와 같이 표의적 표기법을 지향하였으며 이를 보완하여 『조선문철자법』을 유고로 남기기도 하였다(뒤에 나옴).

조선 총독부 철자법 개정을 위한 모임이 진행되는 동안 조선어연구회 회원들은 자신들의 철자법 이론이 정당하다는 것을 주장하면서 이를 계몽하는 행사를 가지기도 하였다. 이곳에서 주목하고 싶은 것은 네 번째 맞는 한글날을 계기로 하여 1929년 10월 30일에 결성된 〈조선어사전편찬회〉의 활동이다.

그 취지서의 일부를 보이면 다음과 같다.

(93) 인류의 행복은 문화의 향상을 따라 증진되는 것이요, 문화의 발전은 언어 및 문자의 합리적 정리와 통일로 말미암아 촉성되는 것이다. 그러하므로 어문의 정리와 통일은 제반문화의 기초를 이루며 또 인류 행복의 원천이 되는 것이다(『한글』 4.2, 1936; 『한글학회 50년사』 1971: 263)

이곳에서 주목할 것은 문화의 발전을 언어 및 문자의 합리적 정리와 통일로 보는 점이다. 개화기의 주시경은 언어를 국가 · 사회를 형성하는 기관이라고 하였는데 〈조선어사전편찬회〉는 언어와 문자를 문화의 발전과 관련시키고 있는 것이다. 뒤의 (110)의 내용과 관련시켜 볼 때 (93)의 초안 작성자는 이극로임이 틀림없어 보인다. 사전편찬회의 간사장을 맡았던 이극로는 사전편찬에 앞서서 기초공사인 철자법과 표준말을 정하는 것이 우선되어야 한다고 말하고 두 사업을 〈조선어연구회〉와 〈조선어사전편찬회〉가 나누어 맡기로 하였다.

앞에서 우리는 한글속기법이 김두봉에 의하여 성안되었음을 본 바 있는데 1920년대 후반에 와서도 이런 노력을 접할 수 있다. 1927년 9월에 "조선어속기술연구회"가 창립되어 강습회까지 열렸다. 김두봉처럼 속기문자를 창안한 흔적은 없고 속기문자의 보급의 필요성을 강조한 움직임을 볼 수 있다.

조선총독부는 거의 2년에 걸쳐 각계각층의 여론을 거두어 1930년 2월에 『언문철자법개정안』이란 이름으로 개정된 철자법을 공포하기에 이르렀다. 이 철자법은 종래의 '普通學校用'(보통학교용)과 같은 교과서 편찬용이란 굴레를 씌울 명분이 없어졌기 때문에 이름도 『언문철자법개정안』이라 붙였다. 앞에서도 비친 바와 같이, 총독부 철자법은 『동광』 설문지와 거의 일치한다. 차이가 있다면 'ㅎ' 받침이 빠진 것뿐이다. 원안에는 들어 있었으나 당시 서울에 와 있던 일본의 조선어학자 가나자와(金澤庄三郞)의 발언이 작용하여 폐기된 것으로 보고 있다.

1920년대의 우리 어학자들은 당시 국제 공통어로 군림하던 에스페란토의 보급에 관심을 기울이는 사람들이 줄을 이었다. 시인 김억, 백남규, 원종린 같은 사람이 이 방면에 업적을 남기었다. 나라를 잃고 그 말마저 빼앗긴 민족으로서는 어쩔 수 없는 선택이었는지 모른다.

조선 총독부의 철자법에 문제가 많아 개정의 필요성이 고조되어 있을 때 주시경의 뛰어난 제자의 한 사람이었던 외솔 최현배는 주시경이 들었던 (66)의 문장(98쪽)을 5개가 아닌 4개의 단어로 구성된 것으로 보았다.

(94) 우리-나라-가-곱다

최현배는 '곱다'를 주시경처럼 '곱-, -다'의 두 단어로 보는 것이 아니라 한 단어로 보았다. 체언에 조사가 붙을 때에는 조사를 단어로 인정하는 데 대하여 어간에 어미가 붙을 때에는 한 단어로 보는 견해를 내놓았다. 이를

"제2유형" 또는 "절충적 체계"라 부른다. 실용적으로는 편리한 점이 있을지 모르겠으나 이러한 처리는 국어문법을 거의 1세기나 정체시킨 과오도 만만치 않다.

2.5.2. 조선어학회의 정서법 제정과 표준어 사정

1921년 12월에 주시경 후계학파를 중심으로 창립되었던 〈조선어연구회〉는 1930년 12월 13일에 총회의 결의로 『한글마춤법통일안』을 제정하기로 하고 이희승 등 12명에게 원안 작성을 의뢰하였다. 이듬해 1931년 1월에는 조선어 연구회를 〈조선어학회〉로 바꾸고 회칙을 손질하되 학회의 목적을 조선어문의 연구와 통일을 목적으로 한다고 고침으로써 우리 어문의 본격적인 표준화를 위한 기반을 조성하였다. 당시 《동아일보》는 사설을 통하여 조선어학회의 창립이 "조선 문화의 기초"를 닦는 일이라고 외친 것을 보아도 당시 지성계의 반향이 어느 정도였던가를 알 수 있다. 1921년의 〈조선어연구회〉의 창립 목적은 "조선어의 법리"를 연구한다고 하였는데 정식 학회로 발족함에 즈음하여서는 '조선어문의 통일'을 목적으로 한다고 하여 창립 목적을 분명히 하였다. 한편으로는 조선총독부를 의식하고 다른 한편으로는 박승빈 등 반주시경 학파를 의식한 끝에 나온 창립 목적으로 보인다. 이어 1932년 5월 1일에는 기관지 『한글』이 창간되었다.

조선어학회의 새로운 발족은 또 하나의 어문 단체를 발족시키는 계기를 마련하였다. 개화기에 일본의 법률서를 우리말로 번역하면서 우리말 연구에 뜻을 두기도 하였고 계명구락부를 중심으로 우리 어문의 표준화를 비롯하여 생활양식의 개선을 위하여 노력하던 법률가 박승빈은 1931년 12월에 동조자를 규합하여 〈조선어학연구회〉를 창립하였다. 박승빈은 매월 연구회를 개최하였으며 1934년에는 기관지 『정음』(正音)을 창간하였다. 1921년에 닻을 올린 〈조선어 연구회〉가 〈계명구락부〉를 의식하여 창립된 것과는 정히 대조적이다. 역사 전개의 아이러니를 실감케 한다. 이렇게 우리 어문의 표준화를 겨냥하는 두 어문 단체가 발족되었다는 것은 어문 표준화를 지연(遲延)시킬 수 있는 부정적 측면은 있지만 결과적으로는 우리 어문의 표준화를 바른길로 이끌 수 있었던 측면이 없지 않았다.

조선어학회의 이갑(李甲)은 'ㅎ, ㅆ' 받침을 제외한 총독부 철자법을 비판하기도 하였다. 그가 훈민정음의 '終聲復用初聲'(종성부용초성)을 받침 규정이 아니라 제자의 문제라는 사실을 지적한 것은 현대적 관점에 설 때 경청의 가치가 충분하다는 것이 뒤에 밝혀졌다. 『동광』 편집부는 1927년 전문가들에게 우리 어문의 표준화에 관련되는 문제에 대한 여론을 수렴한 것을 앞에서 보았는데 1932년에도 "한글 철자에 대한 新理論(신이론) 검토"란 주제의 설문을 보내어 의견을 수렴하기도 하였다. 이렇듯 『동광』은 우리 어문의 표준화를 위하여 많은 노력을 기울였다.

우리 어문의 표준화를 둘러싸고 주시경 계열의 조선어학회와 박승빈 계열의 조선어학연구회가 논전을 벌이고 있을 때, 중도적 위치에 있던 홍기문은 두 학파를 싸잡아 비판하였다. 홍기문은 원리적 면에서는 박승빈을 비판하였고 용어의 측면에서는 주시경 학파를 비판하였다. 두 학파는 철자법의 기본이론인 실용성을 지키지 않고 학리상의 표준에만 치중하고 있다는 것이었다.

한편 권영달은 앞에서 비친 유고에서 주시경, 김두봉, 이규영, 권덕규, 『동광』 설문지, 장지영, 총독부 등의 견해를 비판하고 표의적 철자법을 지향하는 그의 이론을 전개하였다. 그는 단어의 개성을 대외적 개성과 내재적 개성으로 나누었다. 전자는 체언에 조사가 붙거나(예: 산-이, 산-은) 용언의 어간에 어미가 붙는(예: 붉-다, 밝-고) 현상을 가리키고 후자는 한 단어의 유래를 밝히는 경우(매암이, 꾀꼴이; 낱아나- '顯'(현), 풀으- '靑'(청))

를 가리킨다. 곧 권영달의 철자법은 극도의 표의적 표기법을 지향하고 있는 것이다.

《동아일보》는 1932년 11월 7일부터 9일 사이에 조선어 철자법 토론회를 열었는데 "조선어학회" 측에서는 신명균, 이희승, 최현배가, "조선어학연구회" 측에서는 박승빈, 정규창, 백남규가 참석하였다. 토론주제는 쌍서 문제, 겹받침과 받침문제, 어미활용 문제였다. 당시의 여론을 보면 "조선어학회" 측이 "조선어학연구회"보다 이론적 우위성을 견지하고 있는 것으로 평가받았다. 그러나 "조선어학회"는 그 나름대로 부정적 측면이 없는 바 아니었고 조선어학연구회는 그 나름대로 긍정적 측면이 없는 바 아니었다.

조선어학회는 조선어학연구회와 논쟁을 거듭하는 사이에 이론적 우위성을 확보하여 우선 『신철자법편람』과 같은 과도기적인 안을 발판으로 삼아 수정을 가하여 1933년 10월 29일 한글 반포 487회 기념일에 『한글마춤법통일안』이란 이름으로 우리말의 정서법을 세상에 공포하였다. 총론 3항, 각론 7장 총 65항의 세부 규정으로 성립되어 있으며 부록에 표준어와 문장 부호를 두었다. 총칙만 보이기로 한다.

(95) 가. 한글 마춤법은 표준말을 그 소리대로 적되 語法(어법)에 맞도록 함으로써 원칙을 삼는다.
나. 표준말은 大體(대체)로 現在(현재) 中流社會(중류사회)에서 쓰는 서울말로 한다.
다. 文章(문장)의 각 單語(단어)는 띄어 쓰되 토는 윗말에 붙여 쓴다.

앞의 총독부 정서법 (89)[122쪽]를 검토하는 자리에서 언급한 바와 같이, (95)와 같은 내용은 정서법(正書法, orthography)의 소관이다. (가)는 철자법을, (나)는 표준어를, (다)는 띄어쓰기를 각각 가리킨다. 위의 3개항을 포괄하는 용어로는 "정서법"이 가장 적합하다. 이 문제는 해방 후의 남북한의 정서법을 다루는 자리에서도 언급될 것이다. 앞의 언문철자법의 개정이 식민지 지배 아래의 민족문화창조의 위대한 승리였다면 『한글마춤법통일안』의 제정은 이희승의 표현대로 "우리의 반세기 동안 말과 글에 관한 학술적 노력의 총결산이요 동시에 광휘(光輝) 있는 고심의 결정체"임에 틀림없다.

조선어학회는 1933년 일단 정서법을 완성하고 3개년에 걸쳐 사전편찬의 준비작업으로서 표준말을 사정하여 1936년에 공포하였으며 이어 외래어 표기법과 로마자 표기법도 성안하였다.

2.5.3. 『한글마춤법통일안』 제정 전후의 표준화에 관련된 제 문제

이 시기에는 개화기와 일제강점기 초기에 간간이 목격되던 한글의 글씨체와 속기법에 대한 관심이 꾸준히 이어졌으며 문장부호를 정서법의 소관으로 보아 관심을 기울이는 일도 목격할 수 있다.

1930년대 초에 가로풀어쓰기에 대하여 관심을 보였던 김석곤은 한글의 자형을 발음기관의 움직임과 관련하여 논증한 바 있고 강준원은 엄정우에 이어 한글의 속기술에 대하여 그 나름의 견해를 피력하였다. 그는 김두봉으로부터 엄정우를 거쳐 1934년까지 나온 업적을 개관하고 속기법에 관심을 가진 사람은 누구든지 접근할 수 있도록 연습문제까지 넣어 가면서 쉽게 서술하였다. 강준원의 업적을 통하여 우리는 우리 정서법 내지 문자론의 주제로 속기법을 추가할 수 있게 되었다.

전통시대에 간간이 보였던 문장부호에 대한 관심은 개화기에는 접하기가 어렵고 일제강점기에 와서야 비로소 접할 수 있다. 김영창은 중국 상해에 머물고 있었는데 문장부호를 "點句法"(점구법)이라 부르고 온점, 반점 등 11개의 문장부호를 제시하고 우리말 문장에 응용하였다. 그 뒤를 이어 이상춘이 그의 『조선어문법』(1925)의 끝에 문장부호를 넣었으며 『한글마춤법통일안』(1933)에서는 "부록"으로 붙였다.

최현배는 『조선민족의 갱생의 도』(1926/1930)에서 박승빈에 이어 우리말에 대한 해석학적 언어철학을 전개하였다. 곧 우리말이 울리는 곳에는 '조선심'이 울리고 이 말이 피어나는 곳에는 '조선혼'이 피어난다고 보았다. 최현배는 그의 대작 『우리말본』의 "머리말"에서 다음과 같이 설파하였다.

> (96) 한 겨레의 문화 창조의 활동은, 그 말로써 들어가며, 그 말로써 남기나니 이제 조선말은 줄 잡아도 반만 년 동안 역사의 흐름에서, 조선 사람의 창조적 활동의 말미암던 길이요, 연장이요, 또 그 성과(成果)의 축적(縮積)의 끼침이라. (우리말본 1937/1971)

개화기의 주시경은 어문민족주의에 기대어 언어를 사회 내지 국가 형성의 기관으로 본 데 대하여 최현배는 언어를 문화활동과 관련시키고 있다. 언어를 문화활동과 관련시키는 최현배의 견해는 (93)의 "조선어사전편찬회"의 견해(130쪽)를 그대로 수용하고 있다. 개화기는 우리나라가 자주 독립국이었기 때문에 언어를 사회 형성과 관련시키지 않을 수 없었으나 일제강점기는 주권을 상실한 상태였기 때문에 민족문화의 창조 · 계승과 관련시키지 않을 수 없었다고 생각한다.

"조선어학회"와 "조선어학연구회"가 우리말의 표준화를 둘러싸고 논전을 벌이고 있을 때 시인이나 소설가들은 우리말을 문학어로 다듬는 문제에 관심을 기울이기도 하였다. 최남선의 『시문독본』(1916), 이윤재의 『문예독본』(1935), 이태준의 『문장강화』(1940)은 각 시기를 대표하는 글쓰기의 전범 노릇을 하였다.

2.5.4. 조선어학회의 『조선어사전』의 편찬

철자법을 중심으로 벌어진 "조선어학연구회"와의 대결에서 일단 기선(機先)을 잡은 "조선어학회"는 철자법과 표준어 등의 사전편찬의 기초작업이 끝나자 1936년 4월 1일에 "사전편찬위원회"와 통합하여 민족어 정리의 최후 작업인 사전편찬에 착수하였다. 사전편찬의 주무를 맡아 오던 이극로는 어문정리의 3대 기초작업으로 철자법 통일안 작성, 표준어 사정, 외래어 사정을 들고 다음과 같이 어문 정리의 과제를 명세하였다.

(97) 가. 품사의 통일
　　나. 철자법 사전 편찬
　　다. 주해 대사전 편찬
　　라. 한글 학습
　　마. 한글 사범 강습소와 사범 강습소
　　바. 출판계 통제

(97가)는 전문 위원 다섯 사람을 뽑아 연구를 의뢰한다고 하였으나 문면화한 것은 아직 보이지 않는다. 『큰사전』의 범례의 "6. 문법형태의 표시"가 그 결실이 아닌가 한다(뒤에 나옴). (나)는 철자법이 달라졌으니 신구 철자법을 대조하는 철자법 사전을 편찬한다는 뜻이다. (다)는 백과사전적 어휘 풀이를 가리킨다. (라)는 각급 학교의 한글 학습을, (마)는 서울과 지방에 한글 강습소를 두어 한글 강습을 시킨다는 것이다. (바)는 새 철자법을 보급하는 데 있어서는 출판계의 역할이 크며 학계에서도 교정 부서를 두어 신철자법을 보급한다는 것이다.

이 무렵 환산 이윤재(1888~1943)와 청람 문세영(1888~1950?)은 조선어학회와는 별도로 개인적으로 사전을 편찬하였다. 이윤재는 그의 사위 되는 김병제의 도움을 받아가면서 사전을 편찬하였다. 이 책은 1947년에

『표준조선말사전』이란 이름으로 간행되었기 때문에 뒤에 가서 논의하기로 하고 이곳에서는 문세영의 『朝鮮語辭典』(조선어사전)을 보기로 한다. 이 책은, 서문은 1936년(丙子) 10월 28에 썼고 발행은 1938년 7월 10일로 되어 있다. 1939년에 고침판이 나왔다. 서문의 첫머리를 다음에 보인다.

(98) 우리는 수 많은 말이 있습니다. 배우기와 쓰기 쉽고 아름다운 글을 가졌습니다. 그러면서도 아직까지 말을 하는데 앞잡이가 되고 글을 닦는데 가장 요긴한 곳집이 되는 사전(辭典)이 하나도 없습니다. (…) 반만년의 역사가 있고 찬란한 문화를 가진 우리로서 얼마나 섭섭한 일이며 또 중외(中外)에 대하여 이보다 더 큰 부끄러움이 어디 있겠습니까. 이것은 과연 한 두 사람의 부끄러움이 아니요 참으로 우리 겨레의 치욕이라 아니할 수 없습니다.

위에서 (…) 부분은 외국인들이 우리말을 배우기 위하여 만든 대역체의 사전이 있다는 표현을 생략하였다는 뜻이다. 그것은 어쨌든 문세영은 우리 민족으로서는 처음으로 우리말 어휘를 우리말로 풀이한 사전을 편찬하였다는 영예를 안게 된 것이다.

끝으로 청람은, 환산 이윤재가 편찬의 체계로부터 교정에 이르기까지 책임을 져 주었고 효창 한징, 운향 홍달수, 해성 이현규, 송석 최창하 등 네 사람이 교정에 책임을 져 주었다는 내용의 인사말을 붙이고 있다.

"일러두기"를 보면 순수 고유어, 이두, 한자어, 외래어를 대상으로 우리말로 주해를 붙였다. 주해어는 서울 중류계급에서 쓰는 말을 사용하였으며 옛말은 발음할 수 있는 말만 수용하였다고 하였다. 문법체계는 『한글마춤법통일안』을 따르고 있다.

문세영은 일본의 "동양 대학"에서 교육학을 전공하였으며 중국인 학생으로부터 "너희 나라에 사전이 있는가"라는 물음에서 사전편찬의 동기를 얻어 귀국 후에 배재고보와 근화학교에 근무하면서 어휘를 모았다. 그는

1929년 독일에서 학업을 마치고 귀국한 이극로를 만나면서부터 사전편찬의 필요성을 절감하고 사전편찬에 몰두하였다. 사실 이극로도 베를린 대학에서 우리말을 가르칠 때 학생들로부터 당신네 말은 어째서 철자법도 없고 사전도 없느냐는 힐난에 부끄러움을 느껴 귀국 후 사전편찬을 진두지휘하였다고 한다. 청람은 1933년 『맞춤법통일안』이 공포되자 이에 맞추어 원고를 개편하였다. 더욱이 표준어사정 위원이 되면서부터 작업에 박차를 가하였으며 1938년에 우리말로 풀이한 사전을 처음으로 공간하였다[인터넷]. 이 사전은 1961년 이희승의 『국어대사전』이 나올 때까지 시판되었다.

1929년부터 1930년 사이 《시대일보》를 거점으로 삼아 우리 민족어문의 철자법에 관심을 기울여 오던 권영달은 경북 예천 대창학원에서 우리말을 가르치면서 『조선어문정체』(1941)를 펴내었다. 이 책은 다음 3개 장과 부록으로 구성되어 있다.

(98)-1. 『조선어문정체』의 목차
- 가. 제1장 자모
- 나. 제2장 언어에 파급되는 심의의 영향
- 다. 제3장 문법의 최요점
- 라. 부록: 시공원리/음의 질량/물리적 현상으로서의 성음/조선어음과 조선문자와의 합리성

위의 책에는 저자의 문자 · 음성론(제1장), 형태론과 어휘론(제2장), 품사론(제3장)이 마련되어 있고 [부록]으로 우리말 연구의 재출발을 부르짖는 학설 근거가 붙어 있다.

일제 강점기의 말기는 "일제 암흑기"(더러 "어두운 시대")로 불리기도 한다. 1938년에 각급학교에서 조선어과목이 폐지되고 1939년에 창씨개명이 강요되었기 때문이다. 갈수록 민족어문에 대한 사용과 연구가 압박

을 받던 때였다. 그럼에도 불구하고 1938년에 문세영의 『조선어사전』이 나오고 뒤이어 1942년에 조선어학회의 『조선어대사전』이 탈고되고 최현배의 『한글갈』, 양주동의 『조선고가연구』가 나와 민족문화의 수호 · 발전을 위한 노력의 결실들이 얼굴을 내밀었다. 위와 같은 민족문화의 수호 발전을 위한 물줄기에 지금까지 잊혀져 있었던 권영달의 『조선어문정체』를 덧붙임으로써 우리의 근대 문자론과 어학사의 빈 구석을 채울 수 있다고 믿는 바이다.

2.5.5. "조선어학회 수난"의 발단과 경과

일본은 1931년에 만주 사변을 일으키고 이듬해 "만주국"이라는 괴뢰정부를 세워 만주를 제2식민지로 만들었으며 1937년에는 노구교(盧溝橋) 사건을 조작하여 중일전쟁을 일으켰다. 일제는 확장되는 일본의 힘을 배경으로 하여 우리 민족에 대한 탄압을 가속화하였다. 내선일체(內鮮一體)라는 동화정책을 내세운 일제는 1930년대 후반부터 중등학교에서 조선어 과목을 철폐하고 "국어(일본어) 사용"(1938), "창씨 개명"(1939)을 강요하였으며 드디어 1941년에는 진주만을 폭격하여 태평양 전쟁을 일으켰다. 일제가 날조한 이른바 조선어학회 사건, 곧 "조선어학회 수난"은 이상과 같은 시대적 배경 속에서 일어났다.

수난의 발단은 1942년 여름 일제가 박병엽(朴炳燁)의 질녀 박영옥(朴英玉)의 일기장에서 "國語(국어)를 常用(상용)하는 자를 處罰(처벌)하였다"라는 구절을 발견한 데서 찾을 수 있다. 박병엽은 일제에 비협조적인 지식인이었으며 박영옥은 당시 함흥영생고등여학교 4학년에 재학 중이었다. 위 구절의 "國語"란 일본어를 뜻하는 것으로서 국어 사용자를 학교 당국이 처벌하였디고 하니 그렇다면 반국가적인 행동을 한 것이 된다. 당시 조선 사람으로서 일본의 주구 노릇을 하였고 인간 백정이라는 별명을 가지고 있었던 야스다[安田念, 본명 안정묵(安正默)]에게 일기장이 발견되어 이로부터 수난을 당하게 되었다. 9년 동안 영생 학교에 근무하고 있던 정태진(丁泰鎭)은 학생들에게 우리 문화가 일본보다 우수하다든지 임진왜란 때 일본을 물리친 역사 이야기를 자주 하여 학생들에게 민족정기를 기를 수 있는 이야기를 많이 해 주었다. 박영옥의 일기장이 도화선이 되어 정태진은 홍원으로 끌려가서 모진 고문을 받았다. 고문을 이기지 못한 정태진은 조선어학회가 민족주의 단체라는 사실을 비롯하여 100여 종의 조목을 열거한 허위 자백서를 썼다. 그 해 10월 1일에 이극로와 정태진을 비롯하여 이중화, 장지영, 최현배, 한징, 이윤재, 이희승, 정인승, 권승욱, 이석린 등 11명의 조선어학회 간부가 모두 검거되었으며 차례로 당시 우리 지성계를 대표하던 김법린 등 22명의 인사들이 검거되었다. 일제는 비행기 태우기, 물먹이기, 난장질하기 등 갖은 고문을 가하면서 조선어학회사건을 범법 행위로 조작하였다. 피의자 가운데서 이윤재, 한징 두 분은 모진 고문으로 옥사하는 변을 당하기도 하였다.

앞에서 우리는 "조선어학회 수난"이 일어난 당시의 시대적 배경을 살펴본 바 있거니와 전세가 불리한 당시의 일제로서는 불령선인(不逞鮮人)들을 그대로 두었다가는 "내선일체"의 정책과 전쟁 수행에 방해가 된다고 보았기 때문에 우리의 지성인들을 검거하고 최후로 6년에서 2년의 징역을 언도하였다. 몇 사람의 형량을 적어 보면 다음과 같다.

(99) 주요 회원들의 형량

이극로 6년, 최현배 4년, 이희승 2년 6개월, 정인승 2년, 정태진 2년

당시의 "예심종결결정서"를 보면 일제는 조선어학회의 어문운동을 민족운동의 한 형태로 규정하였다. 사전편찬의 기획 단계에서부터 출판까지

허가를 내 준 조선총독부가 이와 같이 반국가적인 죄목을 씌운 것은 사전 편찬을 민족운동의 한 고리로 해석하였기 때문이었다. 당시 피의자들은 살아남기 위하여 민족운동이 아니라고 변명하였지만 주시경의 "어문 민족주의"와 일제 강점기의 "문화 민족주의"와 관련시키면 이들의 어문 운동, 곧 한글 운동은 독립 운동, 다시 말하면 "국권 회복 운동"이라고 규정할 수 있다.

피의자 중 6년의 언도를 받은 고루 이극로의 한시 〈獄中吟〉(옥중음)과 기소 유예로 석방된 가람 이병기의 시조 〈洪原低調〉(홍원저조)의 한 수를 인용함으로써 민족 지사들의 옥중 생활의 일면을 보이고자 한다.

(100) 가. 〈獄中吟〉 (이극로)
忍苦編辭典 (고생을 참으며 사전을 편찬하여)
士道盡義務 (선비의 도리로 의무를 다하려 하였다)
其人犧牲一時事 (사람이 희생되는 것은 한 때의 일이고)
正義眞理永遠生 (진리와 정의는 영원히 살 것이로다)
(조동일, 한국문학통사 5, 지식산업사, 2005, 537쪽)

나. 〈洪原低調〉 (이병기)
이쑤시개 바늘 삼아 해진 옷을 얽어 매고
밥풀을 손에 이겨 단추를 만들어 달고
따뜻한 볕을 향하여 이 사냥을 하도다
(한글학회 편, 『얼음장 밑에도 물은 흘러』, 1993, 140쪽)

2.5.6. 실증론의 대두와 우리말의 방언 및 음운의 연구

관념론에 기대어 우리말 문법을 연구하던 문법 학자들의 업적 가운데는 앞의 주시경과 같이 문법 형태의 기능과 문장 형성의 질서를 실증론에 기대어 파악하는 경향도 찾을 수 있다. 최현배가 선행어미(선어말어미)의 배열 순서를 매기는가 하면 피동사와 사동사의 형성법을 통사 기능과 관련하여 해석한 것은 실증론의 극치를 이루었다고 말할 수 있다. 구두점에 대하여도 이전의 문법가와는 달리 언어학적 의의를 부여하고 있는데 이 또한 구두점에 대한 실증론적 의미 부여라 할 수 있다.

우리말 연구가 중에는 특히 일본인과 서양인, 그리고 일제 강점기에 일본계의 대학에서 학업을 마친 사람들은 실증론 일변도로 우리말을 연구하였다. 초기 서양인들은 선교의 방편으로 우리말 문법을 연구하였고 일본인들은 정한정책을 뒷받침할 목적으로 우리말 역사를 연구하였다. 오구라(小昌進平), 마에마(前間恭作)(1868~1941), 고노(河野六郎)(1912~1998)는 실증론적 관점에서 우리말의 방언, 문헌, 고려어와 중세어를 연구하였다. 이 시기에 핀란드의 언어학자 람스테트(G. J. Ramstedt)(1873~1950)는 우리말의 계통을 밝힐 목적으로 우리말 문법, *Korean Grammar*(1939)을 저술하였는데 이는 실증주의의 대표적 저작으로 평가되고 있다. 경성제국대학에서 오구라의 가르침을 받은 일군의 이희승(1896~1989), 이숭녕(1908~1994), 방종현(1905~1952), 김형규(1911~1996)는 근본적으로 실증론자에 속하지만 이희승과 김형규는 관념론적 면도 보인다. 이희승은 조선어학회 회원으로서 민족어 정서법의 제정에 참여하였고 "조선어학회 수난"에 연루되어 구금되어 옥살이를 하였다는 점에서, 김형규는 1939년 《조선일보》에 일제의 조선어 말살 정책을 비판한 「조선어(朝鮮語)의 과거(過去)와 미래(未來)」라는 글을 발표하여 근무하던 전주사범학교에서 파면당하였다는 점에서 그렇게 볼 수 있다.

2.5.7. 반도 밖의 우리말 보급

우리 민족은 19세기 60년대부터 살길을 찾아 러시아, 중국, 미주 등지로 이민을 갔다. 처음에는 서당식의 교육기관을 만들어 2세들에게 한글을 가르쳤다. 중국의 교민사회에서 1908년 3월에 첫 민족 중학교를 개설하여 주시경의 이른 시기의 제자였던 장지영을 한글 교사로 초빙하여 갔다는 기록이 전하는 것을 보면 중국의 교민사회에서도 한글 보급을 위한 제도적 장치를 마련하였음을 알 수 있다. 1914년 3월에 출판된 『대한인 정교보』 9에는 러시아의 교민들도 한글로 회보를 찍어 나누어 가졌다는 기사가 나오는데 이를 보면 어떤 형태로든 한글 교육을 시켰음을 알 수 있다. 이 회보는 대한인국민회 시베리아 지방총회에서 국권회복운동을 전개하기 위하여 1912년에 발행한 잡지인데 러시아 치타시(Chita市) 대한인국민회(大韓人國民會) 시베리아 지방 총회에서 간행한 월간 잡지이다. 19세기 후반에는 우리말과 한글 교육이 어떤 형태로 실시되었는가는 관련 자료가 나타나지 않아 그 사정을 자세히 알 수 없다.

옛 러시아, 곧 소련 지역의 우리말 교육은 1923년부터 본격화된다. 『무식을 없이하는 자란이의 독본』이 1923년부터 1925년에 걸쳐 편찬된 것을 계기로 하여 민족어 교육이 자리를 잡는다. 1930년에 나온 오창환의 『고려문전』 「서언」을 보면 고려인을 위한 우리말 표준화에 대한 여망이 보통이 아니었음을 알 수 있다.

(101) 우리 변강 고려인 교육, 출판 및 문화 등 모든 사업에 고려문전의 통일되지 못한 그것이 많은 지장을 일으키는 것은 부인할 수 없는 사실이다. 특히 표기법에 있어 학교와 학교, 교원과 교원, 저작자와 저작자, 내지 학생과 학생 사이에서 표기법이 각이하고 같은 사람이 기록한 서류일지라도 똑같은 의미를 가진 구절을 이 장과 저 장에서 각이하게 표기하는 실례도 많다.[평이하게 풀어씀. 원

문은 고영근 편(2000, 411-518)을 보고 이를 원문대로 입력하되 한자어에 대하여는 음을 붙인 『역문』 [2] 86, 제2부 제45책을 보라.]

(101)을 보면 1930년 이전의 연해주 고려인 사회의 각급학교 민족어 교과서의 정서법이 들쭉날쭉하여 민족어문의 정서법과 문법을 통일하지 않을 수 없다는 것이다. 당시 반도 안의 사정과 큰 차이가 없었다.

소련의 한인사회에서는 1912년에 공표된 총독부의 언문철자법이 전통시대와 같이 표음주의에 기울어져 있어 시대적 요청에 부응할 수 있는 정서법이 되기에 부족한 점이 많았다고 보고 그들 나름의 정서법을 제정하기로 하였다. 소련의 변강교육부는 몇 사람에게 정서법 안을 만들 것을 의뢰하였다. 제출된 안 가운데서 오창환의 것이 채택되어 1930년에 드디어 『고려문전』이란 이름으로 공포되었다. 이 책에서는 우리의 민족문자를 "조선문자" 내지 "한글"이라 부르지 않고 "國字"(국자)라고 부르고 있다. 이는 『高麗文典』(고려문전)의 '高麗'(고려)와 함께 정신적으로는 국권이 상실되지 않았음을 교민사회에 인식시키려는 의도와 관련이 있지 않은가 한다. 이는 당시 연해주의 고려인 사회가 독립운동가들의 망명지였다는 사실과 깊은 관련이 있는 것 같다.

『고려문전』에서 특기할 것은 문장부호이다. 우리글의 문장부호는 이미 김영창과 양명에 의하여 시안이 발표된 바 있고 이상춘의 『조선어문법』(1925)에서도 응용화가 모색되었으며 『한글마춤법통일안』(1933)에서 정서법의 한 부문으로서 편입되었다. 그런데 『고려문전』에서는 문장부호가 취급되어 오히려 반도보다 먼저 표준화가 이루어졌다는 사실을 주목할 필요가 있다.

조선총독부의 『언문철자법』이 보급과정에서 문제점이 있었던 것처럼 고려어의 규범 역시 그 보급이 순탄치 않았다. 『고려문전』이 간행되자 계봉우와 오창환은 연해주에서 발행되던 《선봉》을 무대로 하여 논전을 벌였다. 전후 20여 차례에 걸쳐 지상토론을 거듭하였다. 게봉우의 비판내용은 경청의 대상이 되는 것도 없지 않다. 'ㅂ' 불규칙 동사의 원형을 밝혀 적는 것이 옳지 못하다는 것이 그 한 예이다. 이에 대하여 오창환은 게봉우의 주장이 터무니 없는 반론이라고 응수하였다. 사실 1929년 해삼위(블라디보스토크)에서 열린 제1차 회의에서 두 사람의 원고가 함께 상정되었는데 오창환의 것이 선택되었다. 오창환의 문법과 정서법은 「중등학교 조선어문법교과서」(1934, 1935)에서 응용화의 기틀을 잡아 연해주 고려인 사회의 문자생활을 규제하였다.

19세기 중반부터 원동지역에 동아리를 튼 고려인들은 1937년 중앙아시아로 강제 이주당하였다. 고려인들은 강제 이주 후에도 신문을 낸다든지 하여 모국어 보존에 온갖 노력을 기울였다. 이 문제는 다음 시기에 가서 보기로 한다.

앞에서 우리는 19세기 전반에 일본에 머물던 독일인 의사 지볼트(Fr. von Siebold)가 우리말 문법을 처음으로 구성하고 『천자문』과 『유합』에서 어휘를 채취하여 어휘집을 출판한 바 있었음을 본 바 있다. 그 후로는 주로 프랑스, 영미, 일본인들이 선교 내지 식민화를 위하여 우리말에 대한 관심을 기울이기도 하였다.

독일인들은 일제 강점기에 와서야 비로소 우리말 문법과 학습에 대한 업적을 내놓는다. 그 대표적인 사람이 에카르트[A. Eckardt, 우리 이름: 옥락안(玉樂安)(1884~1974)]이다. 그는 1909년에 우리나라에 와서 함경남도 원산 등지에서 선교 활동을 하면서 우리말을 비롯한 우리 문화 일반을 연구하였다. 그의 문법 *Grammatik der Koreanische Konversations-Grammatik mit Lesestücken und Gesprächen* (1923)은 본문과 연습장으로 구성되어 있는데 전자는 설명과 예문이 모두 고딕체로 나와 있고 후자는 저자의 한글 필체로 되어 있다. 위의 문법이 비록 선교의 방편으로 저술되었지만 그 가운데는 실증론의 관점에서 평가를 받을 부분도 상당하다는 것이 알려져 있다. 이를테면 서술격 조사 '이다'를 "반동사"라 부르고 '아프다, 슬프다'와 같은 말을 "주관성 형용사"라 부른 것은 우리말의 통사 구조에 대한 높은 안목을 엿보게 한다. 에카르트는 뒤에 환속하여 독일 뮌헨 대학에서 한국학을 강의하면서 우리말 문법과 사전을 펴 내었다(뒤에 나옴).

일제 강점기에 독일 유학을 하여 베를린 대학에서 경제학을 전공하여 박사 학위를 받은 고루 이극로(Kolu Li)(1893~1978)는 1922년에 베를린 대학에 우리말 강좌를 개설하여 3년 동안 우리말을 무보수로 가르쳤다. 학생들로부터 당신네 말은 사전도 없고 철자법도 통일되어 있지 않느냐는 힐난에 충격을 받아 귀국 후 어문운동에 뛰어들었다는 것이었다.

『압록강은 흐른다』(*Der Yalu Fliesst*)의 저자 이미륵(본명 이의경, 1899~1950)은 전공이 원래 동물학이었는데 1927년에 *Koreanische Grammatik*를 저술하였다. 그 원고가 현재 국립도서관 "이미륵 문고관"에 보관되어 있다. 이미륵이 우리말 문법을 저술한 것은 당시 독일 유학생이던 이극로 등과 접촉하여 항일운동을 벌인 것과 관계가 있지 않나 한다. 이 책은 비록 간행되지는 못하였지만 일제 강점기에 외국에서 우리말 문법서가 저술되었다는 것은 주목의 대상이 된다. 내용을 보면 우리말과 독일어를 대조·분석하는 관점에서 서술되어 있다. 비록 출판되지는 않았지만 먼 이역에서 이런 작업이 이루어졌다는 것은 외국어로서의 우리말 교육의 역사에서 반드시 기억해 둘 필요가 있다.

일제 강점기의 독일인의 우리말 문법서로 기억해 둘 것은 1936년 함경남도 덕원(Tokwon)에서 나온 로트(L. de Roth)의 *Grammatik der koreanischen Sprache*이다. 이 책의 내용은 앞의 에카르트의 것과 큰 차이가 없지마는 세부에 있어서는 달리 생각한, 진보된 면도 없지 않다. 1933년의 조선어학회의 한글맞춤법을 반영시킨 것, 동사 설명의 간소화, 재미있는 읽을거리의 제시 등 달라진 것이 더러 있다. 앞의 에카르트의 책이 분량(800면)도 많거니와 고딕 활자를 사용하여 여간 용기가 없는 보통 사람은 접근하기가 쉽지 않다. 여기 비하면 로트의 문법은 접근이 어렵지 않다.

이 시기의 외국인의 우리말 문법서로 특기할 것은 람스테트의 *A Korean Grammar*(1939)이다. 이전의 서양인들의 우리말 연구의 목적이 주로 선교의 방편에 치우쳐 있었는데 람스테트는 우리말의 계통을 밝힐 목적으로 우리말 문법을 연구하였다. 람스테트는 이전의 서양인의 우리말을 발판으로 삼되 "류진걸"이라는 동경 유학생으로부터 우리말을 배워 몇 편의 기초 연구의 토대 위에서 위의 책을 저술하였다. 그는 1928년 7월 5일에 기차로 귀국하면서 서울역에서 우리말에는 고유한 언어가 없다는 내용의 기자 회견을 하여 일본어판 《京城新聞》(경성신문) 7월 6일자에 기사화하기도 하였는데[사진 12] 이는 물론 일본 제국주의자 기자들의 조작이다. 그때 귀국하여 헬싱키에서 쓴 "Remarks on the Korean Language"(1928. 8. 3. 탈고)를 보면 우리말은 알타이 어족에 속하며 동아시아의 대

朝鮮には本來の語はない
漢語とツングスの轉訛
ラムステッド博士語る

사진 12. 람스테트의 경성역 회견 기사

언어군의 일원이라고 한 데서도 그 부분의 기사가 허위임이 드러난다.

람스테트의 문법은 우리말의 실증적 연구의 대표적 업적이라고 할 수 있다. 그는 우리말의 단어를 다음 세 무리로 묶었다.

(102) 가. 곡용성을 띤 명사와 기타의 명사적 표현
나. 활용성을 띤 동사와 모든 동사적 표현
다. 첨사와 모든 비활용어

이전의 서양인들의 우리말 문법서는 서양의 전통적 품사체계에 따랐는데 람스테트는 20세기 초 몽골어문법을 쓸 때 체계화한 문법모형을 그대로 우리말에 적용하였다. (102가)와 (나)에 나오는 명사적 표현과 동사적 표현을 "후치사" 범주에 소속시키고 (나)의 동사를 정동사, 부동사, 동명사로 나눈 것은 시대적 요구에 맞게 저술한 쾌거였다고 말할 수 있다. 람스테트의 문법체계는 지난 세기 5, 60년대에 우리 문법가들에 의하여 계승·발전되는 기미가 보였으나 일시적 적용에 그치고 말았다. 그러나 21세기 10년대에 와서 그 계승 문제가 논의되고 있어 역사의 되풀이됨을 실감케 한다.

미주 지역의 경우, 20세기 초부터 우리 교민이 하와이 등지로 품팔이하러 나갔으며 《신한민보》 등의 우리말 신문도 간행되어 왔는데 우리말이 어떤 형태로 보급되었는가 하는 것은 자료를 찾기가 쉽지 않다. 다행히 미주의 독립운동가였던 박용만(1881~1928)이 1927년에 하와이 호놀룰루에 국어학교를 새워 『됴선말독본』이라는 교과서를 편찬하여 민족어 교육을 시켰다는 사실을 알게 되었다. 이 책은 인터넷에서 볼 수 있는데 책 이름이 주시경식의 가로풀어쓰기로 되어 있어 러시아에 이어 미주에도 주시경의 가로풀어쓰기가 실용되고 있었음을 확인할 수 있다. 다음으로는 선우학원(Hak-Won Sunwoo)의 *A Korean Grammar*(1940)과 배(E. W. Pai)의 *Conversational Korean*(1944)를 볼 수 있다. 전자는 최현배의 『중등조선말본』(1934)를 요약한 혐의가 짙으며 후자는 2차 대전이 끝나면 우리나라

가 미국 점령 지역에 편입될 것에 대비하여 출판한 것이다. 우리의 노력 여하에 따라서는 미주의 교민사회에서도 민족어 교육자료를 발견할 가능성이 있어 보인다. 미주 지역은 1909년에 《신한민보》 등이 창간됨에 따라 이를 무대로 하여 우리말로 작품을 쓰는 이민문학이 형성되어 우리말이 보존될 수 있는 계기가 마련되기 시작하였다. 동해수부(본명 홍언, 1880~1951) 같은 작가는 주시경으로부터 우리말 문법을 배워 우리말로 소설과 희곡을 통하여 작품활동을 하였다.

2.5.8. 우리말(조선어) 교육과 외국어 교육, 고전 주석

이곳에서는 일제 강점기의 일본인을 위한 조선어 교육, 우리들을 위한 외국어 교육, 우리의 고전 작품에 대한 주석 문제를 다루어 보고자 한다.

2.5.8.1. 조선인을 위한 일본어 교육

이곳에서는 일본이 우리나라를 강점하면서 저네들의 언어인 일본어를 어떻게 가르쳤는가 하는 문제를 짚어 보기로 한다. 우선 일본은 통감부 설치를 계기로 하여 전국에 퍼져 있었던 서당을 폐쇄하는가 하면 각급 학교에 일본어를 교과목 속에 넣기 시작하였으며 1910년의 강점 이후에는 일본어를 필수과목으로, 우리말은 명목상으로는 필수과목이었지만 상급학교에 진학할 때 수험과목에 들지 않았으니 수의과목이나 다름이 없었다. 이를테면 각급 학교 입학시험에 일본어는 부과되어도 우리말, 곧 조선어는 부과되지 않았으니 우리말 교육은 겉치레에 지나지 못하여 학습이 올바로 될 수 없었다.

통감부 시절과 일제 강점기의 일본어 독본, 곧 "國語讀本"(국어독본)을 보면 일본인들이 식민지 조선인을 어떤 형태로 교화하였는가 하는 문제를 역력히 알 수 있다. 우선 강점기 초기에는 역대 천황의 일대기를 신적인 존재로 각인시킴과 함께 천황의 상징성과 일본이라는 나라의 우월성을 주입시키는 데 역점을 두었다. 이는 이전 시기에 가나자와가 저술한 우리말과 일본어의 동조론(116쪽)이 이론적 기반이 되었음에 틀림없다.

국어독본류에는 다양한 형식의 편지글을 통하여 황국 신민화 정책을 홍보하거나 전쟁 참여의 당위성을 강조하는 종류의 글들이 많이 실렸다. 이런 편지글에는 수신자 및 발신자의 창씨 개명이 반영되어 있고 전쟁 독려의 일방적 발신이 전제로 되어 있다. 이는 어디까지나 태평양 전쟁의 당위성을 주입시키려고 하는 교과서 편찬자의 의도와 관련이 있다. 이런 작위는 각종 동화, 철도 부설에도 볼 수 있다. 사실 근대 문명의 형성 과정에서 철도의 역할이 지대하다는 것은 알려진 사실이다. 철도는 기존의 교통과 산업의 판도를 바꾸어 놓을 뿐만 아니라 국민 경제에 이르기까지 획기적 문명의 이기였다. 이러한 식민교육은 노래를 통한 음악교육에서도 찾아볼 수 있다. 우리의 노래를 가르침으로써 정서를 함양하는 문제는 안중에도 없었다.

다음에 일제 강점기에 나온 일본어 교재를 들어 보기로 한다.

(103) 일제 강점기의 일본어 교재

가. 宋憲奭, 增訂改版 中等日文法(1911, 『역문』 ② 50, 제2부 제26책)

나. 玄公廉, 精選日語通編(1911, 『역문』 ② 51, 제2부 제27책)

다. 林圭, 日本語學文典篇(1912, 『역문』 ② 52, 제2부 제28책)

라. 林圭, 日本語學音 · 語篇(1912, 『역문』 ② 53, 제2부 제28책)

이 가운데서 임규(林圭)는 일본어 관련 저술만 남긴 것으로 알려져 왔으나 박승빈이 창간한 『啓明』과 『正音』에 조선어학회의 사전편찬과 활동에 대하여 기고한 것이 알려져 주목을 끌고 있다. 이들 교재는 일제 강점기의 초창기에 일본어의 학습사정을 아는 데 중요한 자료가 될 수 있다.

2.5.8.2. 일본인을 위한 조선어 교육

일본 제국주의자들은 1910년 8월에 일본이 우리나라를 강점하자 통치의 방안으로 1912년에 "언문철자법"을 제정 · 공포하고 1920년에는 『조선어대사전』을 편찬 · 간행하였음을 본 바 있다(§2.5.1.2., 121-3쪽).

일본은 우리나라를 원만하게 통치하려면 언어 · 문자에 숙달해야 한다는 것을 깨닫고 많은 교재를 편찬하는 것을 허용하였다. 개화기에 『韓語文典』을 저술한 바 있는 다카하시(高橋亨)는 처음에는 통역관으로 우리나라에 왔으며 곧 한성 외국어학교 교장으로 부임하였으며 나중에 경성제국대학 조선어문학과 교수로 임용되었다. 오구라(小昌進平)는 조선총독부 통역관으로 왔다가 뒤에 경성제국대학 조선어문학과 교수가 되었다. 1920년대 일본인을 대상으로 한 우리말 교육은 무단 통치기에 비하면 많이 활성화되었다고 말할 수 있다. 일제는 식민통치를 원활하게 하기 위하여 성적에 따라 수당을 지급하는 제도를 도입하기도 하였다. 그러나 조선인에 대한 동화정책이 가속화함에 따라 조선어 정책은 약화될 수밖에 없었다. 일본인들의 조선어 정책은 식민 통치자들의 의사소통 능력을 전제로 한 것이었으므로 우리말의 보존이나 발전과는 무관한 것이었다.

우선 일제 강점기에 나온 일본인을 위한 우리말 교재를 보기로 한다.

(104) 일본인을 위한 우리말 교재

가. 朝鮮總督府編, 朝鮮語法及會話書(1917, 『역문』 2 36, 제2부 제17책)
나. 新庄順貞, 鮮語階梯(1918, 『역문』 2 37, 제2부 제17책)
다. 崔在翊, 朝鮮語の先生(1918, 『역문』 2 38, 제2부 제18책)
라. 朴重華, 日本人之朝鮮語獨學(1923, 『역문』 2 39, 제2부 제19책)
마. 魯璣柱, 應用自在 朝鮮語法詳解(1923, 『역문』 2 40, 제2부 제19책)
바. 李完應, 朝鮮語發音及文法(1926, 『역문』 2 41, 제2부 제21책)
사. 鄭國采, 現行朝鮮語法(1926, 『역문』 2 42, 제2부 제21책)
아. 奧山仙三, 語法會話 朝鮮語大成(1928, 『역문』 2 43, 제2부 제22책)

자. 警察講習所, 朝鮮語教科書(1943, 『역문』 ② 44, 제2부 제22책)

(104가~아)까지는 1920년대까지 나온 것이고 (자)는 일제 말기에 나왔다. 일본인을 위한 우리말 교재가 1910~1920년대에 집중되어 있는 것은 초기의 우리나라를 원만히 통치하기 위한 복안이었던 것으로 보인다. 이들 교재는 벌써 지난 세기 70년대 중반에 정리가 되었지만 이를 활용한 연구가 나왔는지 아직 모르고 있다.

2.5.8.3. 조선인을 위한 영어, 중국어 등 외국어 교육

이곳에서는 일제 강점기에 일본어를 제외한 영어, 라틴어, 에스페란토, 중국어 및 한문 등의 외국어를 어떻게 습득하였는가 하는 문제를 보기로 한다. 우선 『역대한국문법대계』에서 관련 자료를 정리하면 다음과 같다.

(105) 영문법 교재
가. 李起龍, 中等英文法(1911, 『역문』 ② 54, 제2부 제29책)
나. 尹致昊, 英語文法捷徑(1911, 『역문』 ② 55, 제2부 제29책)
다. 尹泰憲, 英文法自通(1913, 『역문』 ② 56, 제2부 제30책)
라. 呂運弘 · 兪興濬, 最新英文法(1923, 『역문』 ② 57, 제2부 제30책)
마. 저자 미상, 最新實用 英語獨習(1923, 『역문』 ② 58, 제2부 제31책)
바. 尹致昊, 實用英語文法(1928, 『역문』 ② 59, 제2부 제32책)

이 가운데서 (105나, 바)의 저자 윤치호는 19세기 80년대의 일기에서 "국문"이라는 말을 최초로 사용하였음을 본 바 있고[(53), 79쪽 참조], 우리 국문 철자법 개혁에 대한 그 나름의 견해를 표명한 바 있음을 본 바 있다[(60), 84-5쪽 참조]. 일제 강점기에는 한성외국어학교가 있었으나 원어민에 의한 직접적 교수법이 주류를 이루어 왔기 때문에 (105)와 같은 교재가 개발되지 않았다. 해방 후의 우리나라의 외국어 교재는 (105)와 같은 형태의 것이 외국어 학습교재의 샘플을 이루지 않았나 한다. 사실 전통 시대는 물론 개화기의 일본어 내지 우리말 학습교재도 그런 틀에서 저술되었다.

다음으로는 라틴어와 에스페란토를 보기로 한다.

(106) 가. 盧炳朝(R.P. Anselm Romer), 鮮羅譯本(1935, 『역문』 2 61, 제2부 제33책)

나. 金億(Verda E. Kim), 에쓰페란토 獨學(1923, 『역문』 2 63, 제2부 제34책)

다. 元鐘麟, 에스페란토 獨習(1925, 『역문』 2 64, 제2부 제34책)

(106가)의 '盧炳朝'(노병조)는 일제 강점기 함경남도 독일 수도원에서 선교하던 신부인데 우리말 문법을 저술하기도 하였다. 이 책은 라틴어를 우리말로 설명한 라틴어 입문서이다. 해방 후에도 이런 책이 몇 종류 나왔다. (나)는 시인 김억의 저술인데 에스페란토의 창안자 자멘호트 박사의 사진이 실려 있으며 2편 9장으로 편성되어 있다. 제1과만 문자 · 발음이고 나머지 8개 과는 어근과 어미, 품사, 격, 조어법 등을 다루고 있다. 당시는 우리가 일본의 식민지로서 모어를 잃은 상태에 있었기 때문에 국제어로 군림하던 에스페란토에 관심을 갖는 사람이 적지 않았으며 이러한 기운은 해방 후에도 이어져 에스페란토를 배우는 사람이 끊이지 않았다.

끝으로 중국어와 한문의 문법서를 보기로 한다. 먼저 중국어 학습서를 보기로 한다.

(107) 중국어 학습서

가. 李起馨, 官話 華語教範(1915, 『역문』 2 66, 제2부 35책)

나. 李祖憲, 中語大全(1934, 『역문』 2 73, 제2부 38책)

다. 李春一, 滿洲語 速成會話 講義錄(1934, 『역문』 2 74, 제2부 제38책)

(107가)는 이기형이 짓고 중국인 진국동이 교열한 중국어 입문서이다. 8편

까지는 품사에 따른 예문을 보이었고 9편은 회화편이다. (나)의 저자 이조헌은 중국에 유학하여 당대의 누구보다도 중국어에 능통하였다. (다)의 "만주어"는 퉁구스어의 일파인 만주어를 가리키는 것이 아니고 중국어, 곧 지나어를 달리 부른 것이니 오해 없기를 바란다. 이들은 결과적으로 조선시대의 박통사, 노걸대 언해류의 전통을 이은 것이다.

다음은 한문 학습서이다.

(108) 한문 학습서

가. 辛在英, 漢文義讀自解(1916, 『역문』 2 68, 제2부 제36책)

나. 姜邁, 漢文法提要(1917, 『역문』 2 69, 제2부 제36책)

다. 永昌書館編輯部, 實地應用作文大方(1921, 『역문』 2 70, 제2부 제37책)

라. 鄭濱, 漢文教授捷徑註釋(1929, 『역문』 2 72, 제2부 제37책)

우리는 (87)[118쪽]에서 개화기에 이 땅 최초의 한문법인 원영의(元泳義)의 『初等作文法』(초등작문법)이 나왔음을 본 바 있는데 이러한 흐름은 일제 강점기에도 목격된다. (108가)는 한문을 배우는 데 있어 의독(義讀)하는 것이 효과적 이해를 돕는다고 말하고 크게 "순사"(順詞)와 "역사"(逆詞)로 나누어 문법에 의한 독해법을 제안하였다. (나)는 한문 입문자를 위한 문법서이다. "字論"(자론)으로 불리는 품사론과 "句讀論"(구두론)으로 불리는 문장론에 걸쳐 한문법을 구성하였다. (다)는 한문 작문법 내지 수사학 저술이다. (라)는 한문 교수에 필요한 주석자료이다.

끝으로 우리의 고전 작품에 대한 주석 문제를 다루어 보고자 한다. 고전 작품에 대한 주석은 작품 이해를 위한 길잡이 역할을 한다는 점에서 관념론의 소관이라고 할 수 있다.

(109) 가. 마에마(前間恭作), 龍歌古語箋, 1924.

나. 마에마, 鷄林類事麗言攷, 1925.

다. 오구라(小倉進平), 鄕歌及吏讀の硏究, 1929.
라. 양주동(梁柱東), 朝鮮古歌硏究, 1942.

일제 강점기 이전부터 우리말 연구에 관한 업적을 내던 일본의 조선어학자였던 마에마는 (가)에서 최초의 한글문헌이었던 〈용비어천가〉 주해서를 남겼으며 이어 (나)에서는 고려 때 중국 송나라 때의 손목(孫穆)이 고려어를 한자로 적은 『계림유사』를 해독하였다. 이어 당시 경성제국대학 조선어문학과의 교수였던 오구라는 향가 25수를 중세어로 해독하였으며 양주동은 오구라의 잘못된 해독을 발판으로 삼아 거의 완벽에 가까운 해독안을 제시하여 우리 조고계(操觚界)의 큰 화제가 되기도 하였었다. 유창선(劉昌宣)은 해방후 남한의 국어학계에 모습을 드러낸 유창돈(劉昌惇)의 실형인데 일제 강점기에 향가를 여러 편 해독하였다(인터넷 『민족문화대백과사전』 참조).

2.6. 분단 시대의 어문 문제

1945년 8월 15일은 우리나라가 일본제국으로부터 해방이 되기는 하였으되 국토가 둘로 쪼개지는 새로운 비극의 역사가 전개되었다. 해방 공간을 기준으로 하여 남북한별로 몇 시기로 나누어 문자 사용 양상을 검토하여 보기로 한다. 우리 민족은 19세기 중엽부터 해외로 이주하여 남의 나라의 시민이 된 경우도 없지 않으나 우리말을 잊지 않고 우리 민족의 정체성을 유지하고 있는 경우도 많다. 그리고 외국인들도 우리 문화에 심취되어 한국어를 배우는 일이 나날이 불어나고 있으며 우리말이 UN의 공식 언어로 채택되었다는 보고도 있다. 남북한의 우리의 문자 · 언어 생활에 이어 재외 교포와 외국인들의 우리의 문자와 언어의 사용 양상을 끝으로 다루어 보고자 한다.

2.6.1. 해방공간(1945~1948)의 우리말 도로 찾기

이곳의 '해방공간'이라 함은 우리의 국토인 '반도'가 일제의 지배에서 해방되어 잃었던 우리말과 우리 글자인 한글을 도로 찾는 1948년까지의 3년의 기간을 가리킨다. 해방이 되자 반도를 가로지르는 삼팔선의 이북에는 소련군이 진주하였고 이남에는 미군이 진주하였다. 주둔군과 관계없이 남북의 우리 민족은 고국을 찾는 재외동포들을 끌어안으면서 자칫하면 잃어버릴 뻔하였던 우리말, 곧 "한말"과, 우리글, 곧 "한글"을 되찾는 일에 온 민족이 협동하였다. 남과 북은 조선어학회에서 1945년 11월 6일에 출간된 『한글 첫 걸음』을 가지고 우리말과 한글을 되찾는 일에 협동하였다. 동시에 남북은 일제 강점기(1933년)에 조선어학회에서 제정한 『한글마춤법통일안』을 근거로 하여 문자 · 언어 생활을 영위하였다. 이 맞춤법은 개화기의 주시경이 씨를 뿌리고 조선어학회에서 움이 돋아 열매를 맺은 것이다.

남한은 조선어학회를 중심으로 한글을 보급하면서 이른바 "한글 전용"과 "국한문 혼용" 중 어느 것을 택할 것인가를 두고 논쟁을 거듭하였다. 남한은 일제강점기 이른바 "조선어학회 수난"이 일어났을 때 압수당하였던 『조선어사전』 원고를 서울역 창고에서 요행히 찾음에 따라 1947년부터 『큰사전』이란 이름으로 출간되기 시작하였다.

그 머리말의 첫머리를 보면 다음과 같다.

> (110) 말은 사람의 특징이요 겨레의 보람이요 문화의 표상이다. 조선말은 우리 겨레가 반만년 역사적 생활에서 문화 활동의 말미암던 길

이요, 연장이요 또 그 길이다. 그 낱낱의 말은 다 우리의 무수한 조상들이 잇고 이어 보태고 다듬어서 우리에게 물려 준 거룩한 보배이다. 그러므로 우리말은 우리 겨레가 가진 정신적 · 물질적 재산의 총목록이라 할 수 있으니 우리는 이 말을 떠나서는 하루 한 때라도 살 수 없는 것이다.

(110)의 내용은 앞의 (93)의 내용을 불린 것이다. (93)과 같이 (110)도 이극로의 입김이 서려 있음이 틀림없다. 이극로가 김구를 따라갔다가 평양에 잔류한 것은 1948년 5월이기 때문이다. (93)과 (110)을 통하여 볼 때 일제 강점기로부터 해방공간에 이르기까지 우리 어학자들이 지니고 있었던 언어철학은 언어를 우리 겨레, 곧 우리 민족의 문화창조와 관련시키는 것이다. 해방이 되어 새 나라를 건설하게 되었으니 주시경이 (62)[88쪽]에서 언어를 독립의 "性"(성)으로 간주하는 테제를 표방할 수 있었는데 그런 점이 보이지 않는다.

8 · 15 광복은 "우리말 되찾기 운동"을 표방하는 관념론만 득세하지 않았다. 일제 강점기에 이미 독일의 젊은이문법학파(Junggrammatiker)의 영향을 받아 아래 아 'ᆞ' 등 중세어의 모음체계에 관심을 기울이던 이숭녕은 그의 경성제국대학 시절의 은사였던 오구라의 모음론을 수정한 "母音調和 修正論"(모음조화 수정론)(1946)을 발표하여 당시의 조고계에 큰 파문을 일으켰다. 오구라는 중성모음에 'ㅡ, ㅣ'의 둘을 두었었는데 이숭녕은 'ㅡ'를 음성모음으로 보내고 중성모음에는 'ㅣ' 하나만 두었다. 이숭녕의 견해는 'ᆞ' 음가에 대한 연구와 함께 우리말 연구사, 곧 국어학사를 다시 쓰게 한 쾌거였다. 일제강점기에 경성제국대학과 동경제국대학에서 언어학을 전공한 김수경(1918~2000)이 "용비어천가 삽입자음고" (1947)란 논문을 통하여 사잇소리를 유성음화의 방지수단으로 본 것은 실증론에 의한 음운론 연구의 또 하나의 쾌거였다고 말할 수 있다.

한편 북쪽은 김일성대학에 설치된 "조선어문연구회"에서 어문 문제를 주관하였다. 해방공간은 남쪽과 같이 교과서를 제외하고는 신문 등 모든 간행물이 국한문 혼용으로 일관하다가 갈수록 한자를 줄이는 쪽으로 편집을 하였다. 이를테면 1948년 6월 10일자 《로동신문》을 보면 1~3면은 대부분 한글로 작성되어 있는데 외신면인 4면은 제목글과 기사문이 모두 국한문 혼용으로 되어 있다. 그러면서 통일안을 대체할 그 나름의 신철자법을 준비하기도 하였다.

2.6.2. 남북의 문자 · 언어 생활 양상

해방 공간을 지나 1948년에 이르자 남한과 북한은 독자적 정부를 세워 한반도에는 두 개의 국가가 공존하였다. 이를 계기로 하여 남한은 남한대로, 북한은 북한대로 어문정책을 세워 문자 · 언어 생활을 영위하였다. 이제 그 양상을 몇 시기로 나누어 살펴보기로 한다.

2.6.2.1. 남한의 문자생활 양상

제1기(1948~1957): 학교 교육에서의 한글 전용과 한글 파동

남한은 초 · 중등 학교 교과서에서는 모든 교과서를 한글로 편찬하되 필요한 경우에는 괄호 안에 한자를 병기하였다. 초등학교에서는 한자를 전폐하였고 중학교 이상에서는 한문과목이 따로 마련되어 있어서 한자어휘의 습득을 보완하기도 하였다. 이러한 어문정책은 대한민국 정부가 수립되던 해에 법률 제6호로 공포된 한글 전용법에 따른 것이었다.

(111) 대한민국의 공문서는 한글로 쓴다. 다만, 얼마 동안 필요할 때에는 한자를 병용할 수 있다.

한글 전용법의 공포에 앞서서 대한민국 정부는 1948년 8월에 한자폐지 정책을 계몽하는 뜻으로 『한자 안쓰기의 이론』이란 책자를 배포하였다. 위의 (111)에서 '다만'이라는 단서를 붙인 것은 한자폐지 반대론자의 의견을 고려하였기 때문이다. 사실 이 단서 때문에 학교 교과서를 제외한 모든 문서가 국한문 혼용체를 벗어나지 못하게 된 것이다.

한글 전용법의 제정과 함께 대한민국 정부는 외래어표기법과 한글의 로마자표기법도 공포하였다. 이미 해방 전에 조선어학회에서 만든 것이 없지 않았으나 시대적 요구에 맞는 대한민국 정부의 안을 만들지 않으면 안 되었다.

학교문법용어도 공포되었다. 우리말 문법은 20세기 초부터 연구되어 성과가 많았으나 용어가 고유어계와 한자어계로 분화되어 있었고 그것도 문법가에 따라 명칭이 각양각색이었다. 외국어문법도 20세기 초부터 학습이 시작되었으나 특별한 교재를 접할 수 없다. 일제 강점기에는 대부분 일본어로 된 문법서를 통하여 외국어를 배웠다. 해방 후에는 국어와 외국어에 통용될 수 있는 통일된 용어가 필요하였다. 이런 점을 의식하여 문교부에서는 1949년 7월에 문법 용어를 제정 · 공포하였는데 고유어계와 한자어계를 같이 인정하였다.

(112) 가. 용어는 당분간 한 개념에 대하여 순수한 우리말로 된 것과 한자음으로 된 것의 두 가지를 정한다.
나. 문교부 검인정 도서는 그 중의 한 가지를 일관성 있게 쓸 것이며 다른 한 가지는 대조하여 표시하여야 한다.
다. 제정 용어 이외에 체계상 더 필요한 경우에는 따로 정하여 씀을 허용한다.

문교부에서 제정한 문법용어는 13개 부문에 걸쳐 292개가 결정되었는데 고유어계는 최현배의 『중등조선말본』(1934)의 용어를 약간 수정한 것이다. 용어가 이원적으로 인정되었다는 것은 국가에서 편찬한 규범문법이 따로 없었기 때문이다. 일제 강점기에 조선어학회에서 사전을 편찬할 때 통일문법을 제정한다고 하였지만 성사되지 못하였다. 앞에서 우리는 어문학자 가운데서 한글 전용 찬성론자와 한자폐지 반대론자가 맞서 있음을 본 바 있었는데 문법용어의 이원성도 이러한 사실과 관련이 있다.

그런데 1948년 대한민국 정부가 들어서면서 초대 대통령 이승만은 취임 초부터 당시 채택하고 있었던 조선어학회의 한글맞춤법에 대하여 간간이 불만을 표시하였으며 그것이 누적되어 1953년 4월에는 국무회의에서 정부문서와 국정교과서 등에서는 신철자법을 버리고 박승빈 학파가 주장하던 구철자법을 사용하라는 훈령을 내렸다.

> (113) 우리 한글은 철자법이 복잡 불편하니, 교과서, 타이프라이터에 대하여는 준비상 관계로 다소 지연되더라도, 정부용 문서에 관하여는 즉시 간이한 구철자법을 사용하도록 훈령함
> (한글학회, 『한글학회 50년사』, 1971, 337쪽)

그러나 위의 훈령은 교육계, 문화계, 언론계, 지식층의 반대 여론에 부딪쳐 드디어 1955년 9월 19일에 이승만 대통령은 한글 간소화 의지를 철회하는 성명서를 발표하였다. 이것이 이른바 "한글파동"이었다. 이로써 5년간에 걸쳐 문화계를 소용돌이쳤던 한글파동은 끝이 났다.

앞에서 본 바와 같이(§2.4.1.1., 34쪽), 중국은 이른바 "정음사상"에 의하여 역대에 걸쳐 운서를 편찬하였는데 세종의 한글 창제와 고종의 한글에 대한 공용성 부여도 같은 맥락으로 이해할 수 있다. 일제 강점기의 조선어학회의 정서법 제정도 정음사상의 테두리에서 이해할 수 있다. 한자폐지에 따른 남한의 "국어순화운동"과 북한의 "문화어운동"도 같은 기준으로 이해할 수 있다.

해방공간의 이숭녕과 김수경의 실증론에 근거한, 중세어의 모음조화 등에 관한 업적이 계기가 되어 실증론에 근거를 둔 업적이 속출하기 시작하였다. 김민수는 종전에 'ㅎ 조사'로 처리되어 온, 명사의 곡용에서 실현되는 'ㅎ'을 조사의 일부분이 아닌 명사의 말음으로 처리함으로써 명사의 곡용체계가 제 모습을 드러내기에 이르렀다. 곧 '하ᄂᆞᆯ히'를 '하ᄂᆞᆯ'과 '히'가 아닌 '하ᄂᆞᆶ'과 '이'로 분석함으로써 명사의 곡용체계를 반듯하게 세울 수 있었다.

김민수의 업적이 계기가 되어 당시의 30대 전후의 신진기예(新進氣銳)의 국어학도들은 이전의 선학들이 미처 주목하지 못한 주제들을 새롭게 보기 시작하였다. 허웅은 종전의 중세어 문법에서 "겸양사" 등으로 불려오던 'ᄉᆞᆸ'을 "객체 존대"로 처리하여 주목을 받았으나 뒤에 안병희 등에 의하여 겸양 내지 겸손으로 보아야 한다는 견해가 나와 수정이 불가피하였다. "겸양"보다는 우리의 입에 자주 오르내리는 "겸손"이라는 말이 훨씬 합리적이다. 이 점은 이희승의 『초등국어문법』(1949)에 잘 정리되어 있다. 그리고 'ㅄ' 등의 자음군은 기원적으로 2음절이었던 것이 모음의 탈락에 의하여 일음절로 축약되었다는 견해가 이기문에 의하여 제안되기도 하였다. 이는 당시 우리나라에 상륙한 람스테트 등의 알타이어 학자들의 영향을 받은 것과 관련이 있어 보인다.

젊은이 문법학파와 같이 실증론에 근거를 둔 언어연구만이 진정한 언어과학이라고 믿었던 이숭녕은 관념론에 근거한 언어연구를 극도로 기피하면서 다음과 같은 견해를 피력하였다.

> (114) 흔히 國語(국어)는 우리 民族(민족)의 固有(고유)한 言語(언어)이며 우리 文化(문화)의 所産(소산)인 듯이 막연하게 생각하고 규정하는 경향을 본다. 물론 이것은 틀림없는 사실이겠지만 國語(국어)라 하면 해방 후 소중히 여기는 나머지 비과학적인 쇼비니즘[chauvinisme: 狂信的 愛國主義(광신적 애국주의)]적 態度(태도)

가 엿보여 정당한 이론을 펼 수 없는 면도 있는 터이다. 더구나 民族(민족)하면 때로는 흥분을 느끼고 神經過敏(신경과민)히 서두르는 學問(학문)하는 태도를 보며 本項(본항)의 論旨(논지)에도 그러할 염려도 있지만 우리는 科學的 精神(과학적 정신)(L'ésprit scientifique)을 끝까지 견지하여야 하며 學問에 있어서는 극도로 냉정하여야 함은 더 말할 필요도 없을 것이다. (「民族 및 文化와 文化社會」(민족 및 문화와 문화사회), 『대학국어』, 서울대학교, 1954)

물론 언어과학으로 자리를 굳히려면 관념론을 배제해야겠지만 그렇다고 실증론으로만 기울어지면 정의적 요소가 배제되는 결함이 있다. 우리 민족처럼 외세에 시달린 역사가 오랜 경우는 양자를 상호보완하는 태도를 지닐 필요가 있지 않을까 한다. (114)의 실증론적 명제에 기댄 이숭녕의 국어학 체계는 그의 『국어학개설』(1954)에서 가시화되어 있다.

제1기에는 전통시대의 사역원이나 개화기의 관립한성외국어학교와 같은 외국어 전수기관이 탄생하였다. 물론 해방 직후에 이를테면 일제 강점기의 경성제국대학의 시설을 물려받은 서울대학교 문리과대학에 영어영문학과, 중어중문학과, 독어독문학과, 불어불문학과, 노어노문학과, 언어학과 등이 설립되지 않은 바 아니었으나 전통시대의 사역원과 같은 기능을 하는 것이 아니었다. 1954년에 "한국외국어대학"이 창립됨으로써 실용위주의 영어, 중국어, 독일어, 프랑스어, 일본어, 러시아어 등의 외국어교육을 실시할 수 있게 되었다.

제2기(1958~1969): "한글 전용 실천요강"의 공포

1948년에 공포된 "한글 전용법"이 실효를 거두지 못하고 있음을 깨달은 한국 정부는 「한글 전용 실천 요강」을 만들어 1958년부터 정부기관은 물론, 정부의 감독을 받는 사사(私事) 단체에 대하여서도 한글 전용을 권장하였다. 이러한 정부의 정책전환에는 1956년 10월 한글학회가 낸 「한글만 쓰기에 관한 성명서」가 크게 주효(奏效)하였다. 이 실천요강은 1958년 1월 1일부터 발효되었는데 이승만 대통령의 다음과 같은 담화문도 함께 시달되었다.

(115) 중공이 한문을 폐지하고 라틴 알파벳을 쓰기로 하였으니, 우리도 어려운 한자를 쓰지 말고 한글만을 씀으로써 문명 발전과 복지 증진에 힘쓰기를 바란다.

(115)의 실천요강에 근거하여 공공문서를 비롯한 기관의 간판과 관인(官印)까지 모두 한글로 적도록 한 것이다.

또 정부는 외국인 상사와 식당을 제외한 일반 상사의 간판도 모두 한글로 바꾸도록 하였다. 시행과정에서 상당한 물의를 일으켰으나 짧은 기간 안에 거리의 간판이 한글로 바뀌었다. 그러나 한글 전용에 관한 법률 제정과 시행령의 제정은 반대 여론이 많아 성공하지 못하였다.

1961년 군사정부가 들어서자 한글학회는 한글 전용법의 개정을 위한 투쟁을 다시 시작하였다. 혁명정부는 1962년 3월부터 신문, 잡지, 기타의 간행물에 한글 전용을 실시할 목적으로 한글 전용법을 개정할 뜻을 밝혔다. 이를 계기로 하여 한글 전용에 대한 찬성 · 반대의 논의가 언론계에서 크게 일어났다. 한글학자 최현배 등의 전문학자의 건의가 국가재건 최고회의 관계자들의 인식을 바꾸어 드디어 1962년 2월 문교부장관을 위원장으로 하는 "한글 전용 특별심의회"가 설치되었다. 이 위원회에서는 일반용어, 언어 · 문학, 법률 · 제도, 경제 · 금융, 예술, 과학 · 기술의 6개 분과위원회를 두어 한자어로 된 용어를 쉬운 우리말로 바꾸는 작업에 착수하였으며 이어 용어집을 회보의 형식으로 발간하였다. 사실 한자어의 우리말 바꾸기와 같은 기초작업이 이루어지지 않은 상태에서 한글 전용을 강행하면 사상누각(砂上樓閣)의 잘못을 저지르게 된다. 한글학회는 계속하여 정부를 상대로 한글 전용의 법제화를 촉구하였으나 반대여론을 의식하였음인지 실현이 지연되었다.

한국정부는 외래어 및 로마자 표기법도 다시 제정하였다. 1948년에 제정된 외래어표기법은 너무 전문적이고 한글자모 이외의 자모도 사용하여 복잡한 점이 많았다. 문교부는 1956년부터 심의에 착수하여 1958년 10월에 「로마자의 한글화 표기법」을 제정하였다. 표기의 기본 원칙은 다음과 같다.

(116) 가. 외래어 표기에는 한글 정자법(正字法)에 따른 현용 24자모만을 쓴다.

나. 외래어의 1 음운은 원칙적으로 1 기호로 표기한다. 곧 이음(異音)이 여럿이 있을 경우라도 주음(主音)만을 표기함을 원칙으로 한다.

현재 사용하고 있는 한글 자모만으로 적되 외래어의 1 음운은 1 기호로 적음을 원칙으로 하였다. 이 밖에도 받침에 사용되는 글자에 'ㄱ, ㄴ, ㄹ, ㅁ, ㅂ, ㅅ, ㅇ'의 7 기호로 제한한다는 것과 관용된 외래어는 관용대로 표기한다는 규정을 두었다.

한편 문교부는 「한글의 로마자 표기법」도 제정하였다. 기본 원칙은 다음과 같다.

(117) 가. 한글의 현행 표기법을 로마자식으로 표기한다.

나. 로마자 이외의 부호는 가급적 사용하지 않는다.

다. 1 음운 1 기호의 표기를 원칙적으로 하되, 자음에 있어서는 2 기호를 허용한다.

이어 문교부는 (117)에 따라 1972년에 「로마자의 지명 일람표」를 만들어 통일된 로마자 표기를 실용화할 수 있도록 하였다. 모음 'ㅓ'와 'ㅗ'를 구별하고 어두의 파열음의 평음을 로마자의 유성파열음으로 적는 것을 큰 특징으로 지적할 수 있다. 정부기관에서는 이 표기법을 준수하였으나 일반 간행물에서는 외면하는 일이 많아 국민 전체가 이용할 수 있는 표기법이 되기에는 부족한 점이 많았다.

앞에서 우리는 1949년에 학교 문법 용어가 고유어계와 한자어계의 두 갈래로 나누어져 제정되었다고 하였는데 이는 결과적으로 학습자에게 큰 부담이 되었다. 특히 국어문법교육이 대학교 입학시험과 깊은 관련을 맺고 있었기 때문에 1950년대 후반에 이르러 국어문법의 체계와 용어가 통일되어야 한다는 요구가 많았다.

문교부는 학계와 교육계의 여망을 받아들여 1년여의 작업 끝에 1963년 7월에 「문법 통일안」을 제정 · 공포하였다. 1963년에 확정된 통일문법의 품사체계는 다음 9품사이다.

(118) 명사, 대명사, 수사, 동사, 형용사, 부사, 관형사, 감탄사, 조사

그리고 252개의 문법용어가 12개 부문에 걸쳐 제정 · 공포되었다. 문법 교육상 무리 없는 것을 선택하되 외국어 문법교육과의 관련성을 고려하는 관점을 취하였다. 말소리와 문장부호에 관련된 용어만 고유어계로 되어 있고 품사론, 형태론, 문장론에 관한 용어는 한자어계로 되어 있었다.

문법통일안은 문법교과서 저자들이 중심이 되어 투표로 결정된 것인데 이에 불복하는 위원들이 있어 이때부터 "문법파동"이 일어나게 된다. 통일문법의 용어가 대부분 한자어계라는 사실과 함께 품사체계에서 지정사가 단어의 자격을 얻지 못한 것이 문제가 되었다. 통일문법의 지지세력은 흔히 "문법파"라 불렸는데 한글 전용을 반대하고 한자어계 용어를 선호하는 사람들이고 반대세력은 "말본파"라 불렸는데 한글 전용을 찬성하고 고유어계 용어를 선호하는 사람들이다. 전자는 경성제국대학과 서울대학교에

서 수학한 이른바 '국어학자'로 대표될 수 있고 후자는 주시경의 제자로서 주로 한글학회를 중심으로 국어운동에 헌신한 이른바 '한글학자'로 대표될 수 있다. "문법 파동"은 1950년대 전반의 "한글 파동"에 뒤지지 않는 아픔을 겪었다. 관념론과 실증론의 대결이었다고 규정할 수 있다.

문법파동으로 말미암아 한국의 어문학계는 완전히 둘로 갈라졌다. 1959년 12월에 순수 국어학의 연구를 표방하고 창립되었던 "국어학회"도 문법파동을 계기로 하여 변화를 보였다. 말본파 국어학자들의 활동이 소극화되고 임원진도 문법파 국어학자만으로 구성되기 시작하였다. 문법파동은 논쟁의 정도가 지나쳐 인신공격으로 번지는 일까지 있었다. 이어 문교부는 통일안을 지키지 않는 문법 교과서 저자에 대하여서도 교과서의 자격을 인정해 주어 사실상 문법통일안은 백지화된 것이나 다름이 없었다.

대한민국 정부는 한글 전용의 준비 작업으로 각종 자료집의 발간을 추진하였다. 과학기술 용어 · 법령 용어 등의 용어집, 기관명의 준말 작성법, 외래어의 한글 표기법에 관련된 자료집을 간행하였으며, 띄어쓰기 및 문장부호에 대한 규정을 보완하기도 하였다. 또 정부는 한글 타자기 표준자판을 확정하기도 하였다.

한글학회는 문법통일안의 폐기에 앞장서면서 정부의 한글 전용 정책을 뒷받침한다는 뜻에서 1967년 『쉬운말 사전』을 내어 "국어순화운동"을 선도(先導)하였다. 이어 한글학회는 정부의 지원을 받아 1957년에 완간된 『큰사전』의 보유작업에 착수하기도 하였다. 또 한글학회는 정부에서 인가한 한글기계화연구소의 설립과 운영에 관여하면서 한글 타자기 글자판의 표준화를 비롯한 한글 기계화 사업에 대하여서도 적지 않은 기여를 하였다. 한글 전용 정책의 추진과 함께 일어난 국어순화운동은 국민운동으로 확대되었다. 1967년에는 "서울대학교 국어운동학생회"가 창립되었는데 이 운동은 다른 대학으로 번져 나가서 '고운 이름 짓기' 등 국어순화에 이바지한 바가 많았다.

중세어의 문법연구에서 초창기에서부터 연구자들을 괴롭힌 주제는 동사의 활용에 나타나는 '오'의 실현양상과 그 기능을 어떻게 파악할 것인가였다. 명사형과 설명 · 인용형에 나타나는 '오'와, 종결형 및 관형사형에 나타나는 '오'를 대상으로 할 때, 양자는 형태 · 음운론적 양상은 같아도 기능은 다르다고 보는 점에 대하여는 이의가 없으나 그 기능이 통사론적인가(인칭 대상법), 아니면 의미론적인가(의도법)로 갈라져 논쟁을 벌여 왔다.

이 시기의 실증론에 의거한 국어학은 주로 외래이론을 받아들여 그것을 우리말의 분석에 적용하는 일에 많은 힘을 기울였다. 1950년대의 후반기에는 알타이 어학을 받아들임으로써 국어의 알타이 어족에의 귀속 가능성을 시험하였고 1960년대 전반기에는 유럽 및 미국의 구조 · 기술 언어학에 기대어 국어의 음운 체계 및 그 변천, 그리고 형태 구조의 구명에 많은 성과를 거두었다. 1960년대 후반부터는 미국의 변형 · 생성 문법의 이론을 도입하여 국어의 통사 구조를 밝히려는 노력을 기울였다. 그러면서 국어의 역사적 연구에도 꾸준히 정진하여 국어의 전사(全史)를 엮는다든지 옛말의 사전을 편찬하기도 하였다. 유창돈, 남광우, 이기문, 김완진, 안병희 등의 국어학자들이 그런 사람들이다.

제3기(1970~1983): 한글 전용의 시행과 한문교육의 강화

1950년대부터 성숙되기 시작한 한글 전용 정책은 1970년을 전후하여 새로운 궤도에 접어들었다. 정부는 1968년에 1972년을 목표로 한글 전용 5개년 계획을 의결하였다. 그런데 박 대통령은 목표연도를 앞당겨 1970년부터 정부의 문서뿐만 아니라 민원서류도 한글 전용을 실시하고 언론 · 출판계에 대하여는 한글 전용을 권장한다는 7개 항을 내각에 지시하였다. 정부 차원에서만 한글 전용을 실시하고 언론계와 출판계는 자율적으로 실시하도록 권고한 것이다. 이 방침은 지금까지 그대로 계속되고 있는데 광복 후에 교육을 받은 이른바 한글세대가 사회의 주역이 됨에 따라 대부분의 출판물은 한글로만 찍혀져 나왔으며 그것이 국한문 혼용보다 더 자연스럽게 느껴지고 있었다. 사실상 남한은 1970년대부터 한글 전용의 단계에 들어섰다고 말할 수 있다.

한글 전용과 함께 한자교육 또한 크게 문제되었다. 1969년에 창립된 〈한국어문교육연구회〉는 한글 전용의 시기상조론(時機尙早論)를 내걸고 한자교육의 부활을 표방하였다. 한글 전용과 한자폐지를 주장하는 "한글학회"에 맞서는 연구단체가 새로 탄생하게 된 것이다. 이 학회는 1973년부터 간행된 기관지 『語文硏究』(어문연구)를 통하여 국한문 혼용과 한자교육의 타당성을 주장하고 나섰다. 이 학회는 일제 강점기에 조선어학회 회원으로서 "조선어학회 수난"에 연루된 바 있는 이희승과 그의 서울대학교 제자 남광우가 중심이 되어 창립하였다. 한편 한글학회는 역시 이희승과 함께 투옥되었던 최현배와 그의 연세대학교 제자 허웅이 이끌었다. 적어도 한국의 어문 문제는 이 두 민간 학술 단체가 이끌게 되었다.

한글 전용은 필연적으로 국어순화를 전제로 한다. 국어순화를 올바로 하려면 한자 · 한문에 대한 지식이 뒷받침되어 있어야 한다. 일상생활의 한글 전용과는 별도로 한자를 가르치는 것이 옳다고 생각한다. 1972년에 교육용 기초한자 1,800자가 제정된 것도 "한국어문교육연구회" 등의 한자교육부활을 위한 끊임없는 노력 끝에 얻어진 결실이다.

1970년대에 접어들면서 정부는 어문정책의 혁신에 눈을 뜨게 되었다. 알기 쉬운 표기법을 연구하라는 박정희 대통령의 지시에 따라 문교부는 "국어 심의회"를 중심으로 1933년의 맞춤법, 1936년의 표준말, 그리고 1950년대 후반에 공포된 외래어 및 로마자 표기법을 전면적으로 다시 검토하기 시작하였다. 국어심의회는 "국어조사위원회"를 별도로 구성하여 이 업무를 위탁하였다. 국어조사위원회는 먼저 설문지를 돌려 문제점을 취합(聚合)하고 다시 이를 공청회에 부쳐 여론을 수렴하는 절차를 밟았다. 국어조사위원회는 개정심의안의 기초작업으로 『된소리 및 긴소리 연구』

를 공간하기도 하였다.

한편 "국어국문학회"에서는 국어조사위원회의 구성이 편파적임을 지적하고 학회나름의 독자적인 『국어 정서법』(안)을 제출하여 받침이 너무 많은 조선어학회의 맞춤법에 수정을 가할 것을 제안하였다. 종래에 쓰여오던 "맞춤법" 대신에 "정서법"이란 말을 선택한 것은 국어의 어문규범을 모두 포괄할 수 있다는 점에서 올바른 처사라고 평가할 수 있다(§2.5.2., 134쪽). 국어조사위원회는 1978년 5월부터 개정에 손을 대어 각계의 의견을 들어 가며 여러 차례 토의를 거듭하다가 1979년 12월에 드디어 개정 시안을 마련하였다. 시안은 "맞춤법, 표준말, 외래어 표기법, 국어의 로마자 표기법"으로 구성되어 있는데 이 가운데서 로마자 표기법만 1983년에 확정 · 고시되었고 나머지는 1984년에 설립된 "국어연구소"로 이관되었다. 로마자 표기법은 그 이름을 "국어의 로마자 표기법"으로 정하고 표음주의 원칙을 채택하여 국어의 표준발음을 소리나는 대로 적도록 한 것이 주요 특징이라 할 수 있다. (117)에서 본 바와 같이, 1958년의 "한글의 로마자 표기법"은 현행 맞춤법을 로마자식으로 적어 표의주의를 채택했었다. 결과적으로는 머큔 · 라이샤워 표기법과 비슷한 것이 되었다. 반달표 (˘)와 어깨점 (')은 인쇄나 타자의 어려움이 있을 때는 생략해도 좋다는 허용규정을 붙였다.

한국어문의 문제는 1978년에 창설된 "한국정신문화연구원"(현재의 "한국학중앙연구원")에서 집중적으로 다루어졌다. 1978년부터 1983년까지 전국 규모의 방언조사가 행해졌고 학술지 『방언』이 간행되어 이론적 기초를 제공하였다. 이 밖에도 북한의 언어, 국어순화, 한자음, 국어생활사, 공대법, 신조어, 방송 매체의 언어순화, 실용문에 관련된 주제들이 공동 또는 단독으로 연구되었다.

유네스코 한국위원회에서는 1983년 "한국 어문의 제문제"라는 주제 아래 7명의 어문학자들이 '표준어, 맞춤법, 한자, 외래어, 신어, 문체, 문자생활의 기계화'의 7개 분야에 걸친 보고서를 제출하였다. 선인(先人)들의 전통적 연구 결과와 현대언어학의 연구 성과를 수용하여 이루어진 이 보고서는 어문 문제에 대한 직접적 해결책보다는 이론적 기반을 구축하는 데 힘을 주고 있다.

한글학회는 이 시기에도 한글 전용과 함께 국어순화운동을 위한 사업을 꾸준히 전개하였다. 1972년 『한글새소식』이라는 월보 형식의 책자를 창간하였는데 한글 전용과 국어순화를 대중화하는 데 목표를 두었다. 이 월보는 2021년 12월까지 592호를 간행하였다. 한글학회는 또 1973년부터 1981년 사이에 고유의 지명을 조사하여 『지명 총람』 9권을 발행하였다. 잊혀져 가는 우리의 지명을 조사해 둔다는 것은 국어사 연구의 자료뿐만 아니라 지명의 우리말 바꾸기의 기초 자료로 이용될 수 있다. 실증론과 관념론을 충족시키는 역할을 할 수 있다. 관념론의 대표적 주제인 “국어 순화 운동”은 한글학회에서만 주도되지 않았다. 우선 “한국교열기자협회”에서는 1978년 신문 언어의 순화에 기여할 목적으로 『말과 글』이라는 계간지를 창간하였다. 1970년대에는 한글 전용 정책에 부응하기 위하여 많은 국어운동단체들이 탄생하였다. 특히 1976년에 창립된 “국어 순화 추진회”는 국어순화헌장을 만들고 이름을 “세종회”라 하여 달마다 “조찬회”라는 정기 모임을 가져 왔다.

국어 순화 추진회의 목적은 다음과 같이 규정되어 있다.

(119) 이 모임은 우리말의 순화 운동을 조직화하여, 국민의 언어 생활을 바로잡고 주체성을 드높이는 것을 목적으로 한다.

(119)를 통하여 “국어 순화 운동”이란 국민의 언어생활을 바로잡아 주체성을 갖도록 하는 국민운동임을 알 수 있다. “한글학회”를 비롯한 국어운동단체에서는 지방 순회 강연을 통해 우리말 사랑의 정신을 고취시키는 사업을 꾸준히 전개하였다.

이 시기에도 남한의 국어학은 꾸준히 성장하였다. 1970년대 전반기는 앞 시대에 도입된 변형생성문법의 연구가 올바른 궤도 위에 섰다는 점을 지적할 수 있다. 맹목적인 이론 전개의 단계를 넘어 국어를 중심으로 하는 이론 개발에 힘을 주게 되었다. 후반기부터는 현대국어에 치우쳐 있었던 국어학이 중세 및 고대로 눈을 돌렸으며 한동안 잠잠하였던 국어의 계통에 대하여 관심을 갖는 일이 뚜렷하였다. 지금까지는 관념론을 최현배와 같이 현대어를 중심으로 적용하였는데 허웅은 이를 중세어에도 적용하였다.

(120) 이 책을 쓰게 된 목적도 단순한 학문을 위한 학문을 하는 데 있는 것이 아니고 지금 우리가 올바른 언어 생활을 해 나가는 데 약간의 도움이나마 되었으면 하는 데 있다.

(우리 옛말본 1975, 머리말)

위의 (120)을 앞의 (96)[136쪽]과 비교하면 두 학자의 관념론이 어디로 귀착하는지 알 수 있다.

한편 국어학의 국제화 경향도 지적할 수 있다. 이기문의 『국어사개설』(1972)이 일본어역과 독일어역이 나와 우리말의 역사가 국제적으로 알려졌으며 외국의 저명한 언어학자를 불러들여 현대 언어학의 흐름을 직접 들을 기회가 늘어났다. 이를테면 1971년 한글학회 50돌 기념강연회에서는 독일의 코제리우(E. Coseriu), 미국의 필모어(Ch. J. Fillmore), 영국의 헨더슨(E. J. A. Henderson) 교수 등이 초빙을 받아 각 나라의 언어학 이론을 소개하기도 하였다. 이들은 자기 나라의 언어(독일어, 영어, 프랑스어)로 발표를 하고 통역을 붙였다. 그러나 『한글학회 50돌 기념논문집』(1971)에는 모두 영어로 기고하였다. 한편 창립 60돌기념 국제대회에는 프랑스학자 앙트완 뀔리올리 교수가 초청되어 발표하였다.

특별히 지적할 것은 주시경에 대한 연구가 본격화되었다는 것이다. 주시경에 대한 연구는 그동안 추모의 수준을 벗어나지 못하였는데 그의 언어이론이 현대의 문법이론과 맥을 같이한다는 사실이 알려지면서부터 관심을 갖는 사람이 많아졌다. 더욱이 1976년 탄생 100주년을 맞아 『주시경 전집』(이기문 편)이 간행되자 그에 대한 연구가 본격화되었다. 주시경 자료가 많이 공개됨에 따라 주시경의 문법이론을 현대적 관점에서 조명하는 기운이 무르익어 갔으며 특히 그의 문법이론이 기호학을 바탕으로 하고 있음이 밝혀졌다. 문장의 의미를 파악함에 있어 "말, 일, 마음, 일의 뜻, 마음으로 살핌"이라는 개념은 서양인들이 20세기 30년대 후반에 세운 기호학 이론보다 30년이나 앞서 있다는 점에서 우리 학문의 수월성을 선양함에 조금도 부족함이 없다고 단언할 수 있게 되었다. 이 문제는 제3장에서 자세히 다루어질 것이다.

1970년대 중반에는 충청남도 문수사에서 고려시대의 석독구결이 나타나 우리의 고대어의 참 모습을 파악하는 데 크게 기여하고 있다. 석독구결이라 함은 불경을 우리말로 번역할 때 사용되는 구결과 역독선(逆讀線)을 따라 읽으면 바로 번역문이 되는 번역장치를 의미한다. 불경을 번역할 때 사용되는 각종 번역장치는 우리 조상들이 개발한 관념론의 극치라고 말할 수 있다. 앞에서 비친 바와 같이(§ 2.2.4., 21쪽), 이는 신라 경덕왕 때의 유학자 설총의 소작일 가능성이 많다.

이 시기에는 중세어의 형태론 연구에서 오랫 동안 숙제로 남겨져 있던, 동사의 활용에 나타나는 '거/어'의 교체 조건이 밝혀졌다. 동사의 활용형 'ᄒᆞ거늘'과 'ᄒᆞ야늘'에서 '거'는 비타동사, 곧 자동사, 형용사, 계사에는 '거' 계열의 어미[예: 가거늘, 곱거늘, 사ᄅᆞ미어(<거)늘]가 붙고 타동사에는 '어'(예: 머거늘)가 붙으며 자동사임에도 불구하고 타동사 표지 '어'가 붙는 것은 그 구문이 능격구문임에 말미암는다는 것이다. 현재 이 견해는 고려시대 자료뿐만 아니라 조선조 후기 및 이두 자료에서도 그 정당성이 증명되어 가고 있다. 중세어 및 고대어의 형태론에 대한 실증론의 극치라고 할

수 있다.

제4기(1984~1991): "국어 연구소"의 설립과 정서법의 개정

제4기의 마지막은 1991년 9월의 남북한의 UN 동시 가입을 기준으로 삼았다.

한국의 언어 · 문자 정책은 1984년을 고비로 하여 새로운 전기를 맞았다. 이해 3월 대한민국 학술원 임원회에서 "국어연구소" 규정이 통과되고 이어 5월 10일 국어연구소가 정식으로 문을 열었다. 국어연구소는 비공식 기구로서 문교부의 어문사업을 위탁받아 연구하는 기능을 띠기는 하였지만 이것이 있음으로써 한국의 어문정책은 어느 정도 바른 궤도를 달릴 수 있게 되었다.

정부의 국어연구 기관으로는 20세기 초에 대한제국 학부에 설치되었던 "국문연구소"가 처음이었다. 대한민국 수립 후, 문교부 안에 "국어심의회"를 두어 어문 문제를 관장하지 않은 바 아니었으나 비상설 자문기구였기 때문에 어문정책을 지속적으로 일관성 있게 추진하기가 어려웠다. 이러한 실정을 감안하여 일찍부터 어문연구단체에서는 국어연구소의 설립을 건의해 왔으며 1983년에 와서는 11개 관련 학회가 "국립국어연구소"를 설치하되 국무총리 직속으로 할 것을 정부에 건의하기까지 하였다. 문교부로서도 이런 기구의 필요성을 느끼고 있던 때였으므로 부족한 대로 우선 학술원의 부속기구로 닻을 올렸다.

국어연구소는 학술원에서 관장해 오던 맞춤법, 표준어, 외래어 표기법의 개정 시안들을 인수받아 심의를 계속하였다. 외래어 표기법은 마무리되어 1986년부터 시행되고 있고, 맞춤법과 표준어는 1987년 4월에 개정안의 최종안을 마련하여 여론을 수렴하였다. 현행 맞춤법과 표준어는 일제시대에 민간단체가 만든 것이므로 대한민국 정부의 공적인 안(案)이 될 수 있도록 개정에 신중을 기하였다.

한글 맞춤법 개정안의 총칙은 다음과 같다.

(121) 한글 맞춤법은 표준어를 소리대로 적되, 뜻이 분명히 드러나도록 함을 원칙으로 삼는다.

(121)을 1933년의 통일안 (95가)와 비교하면 표준어에 대한 규정이 빠졌으며 통일안의 '… 어법에 맞도록 함 … '을 '뜻이 분명히 드러나도록 함 … '으로 바꾸었다. 개정안은 형태음소적 원리를 지향하고 있다는 점에서 통일안과 근본적인 차이가 없고 표현을 약간 쉬운 말로 바꾸었을 뿐이다. (121)의 규정은 다음 (121′)와 같은 1979년의 맞춤법 안을 거쳐 만들어진 것이다.

(121′) 맞춤법은 표준말 형태소의 기본 형태를 밝혀 적음을 원칙으로 한다.

그러나 1988년 1월 19일자로 확정된 한글 맞춤법은 다음과 같이 '어법에 맞도록 함'을 다시 살렸다.

(121″) 한글 맞춤법은 표준어를 소리대로 적되, 어법에 맞도록 함을 원칙으로 삼는다.

한편 표준어 개정안의 총칙은 다음과 같다.

(122) 표준어는 교양 있는 사람들이 두루 쓰는 현대 서울말로 정함을 원칙으로 한다.

(122)는 통일안의 맞춤법 총칙에 들어 있던 것을 표준어로 가져와서 총칙으로 삼은 것이다. 통일안의 '… 현재의 중류 사회에서 쓰는 서울말 … ' 대

신 '교양 있는 사람들이 두루 쓰는 서울말'로 바꾸었다. 중류 사회는 실재하지 않는 낡은 사회조직이라 보고 다른 나라의 예를 좇아 '교양 있는 사람 … '으로 바꾼 것이다. 그런데 이 개정안에는 현행안과는 달리 표준발음법에 대한 규정이 마련되어 있다.

국어연구소는 기관지 『국어생활』을 계간으로 발행하면서 국어지식의 보급에 노력하는 한편, 굵직굵직한 과제에 대한 중점적 연구를 수행하였다. 어휘 빈도수 및 교육용 어휘 선정, 한자 및 한자어 사용 실태, 정부수립 이전의 어문정책, 국어오용실태 등의 연구 보고서를 내었고 외래어 표기법을 뒷받침하는 『외래어 표기 용례집』을 발간하였다.

앞에서 우리는 1960년대 초에 문법통일안이 공포되었으나 실효를 거두지 못했음을 보았다. 이 통일안은 1979년에 고등학교 과정에서 다시 한번 응용의 기회를 가졌지만 교과서마다 용어가 다름은 말할 것도 없고 체계마저 일치되지 않아 교육계에서는 단일 교과서의 편찬을 끊임없이 요구해 왔다. 이에 문교부는 기초연구를 통하여 통일된 체계를 수립하고 교과서를 편찬하여 1985년에 『고등학교 문법』이라는 이름으로 보급하였다. 이 체계에 따라 중학교의 문법내용도 개편되었으며 이 체계를 이론적으로 뒷받침하는 참고문법 『표준국어문법론』이 문법 교과서 집필의 주역인 남기심과 고영근에 의하여 나왔다.

학술원에서는 1984년 국어국문학 전공회원과 외국어문학 전공회원, 어문전공학자 등 13명이 모여서 「국어 교육의 이념과 방향」이라는 공동보고서를 제출하였다. 이 보고서는 국어교육의 역사를 비롯하여 영국, 미국, 독일, 프랑스, 중국, 일본 등 다른 나라의 자국어 교육, 현행 국어 교과서에 대한 분석과 비판이 주요 내용을 이루고 있다. 이 보고서를 통하여 국어교육의 문제점과 개선방안이 광범위하게 논의되었다. 뒤이어 〈한국국어교육학회〉에서는 1987년 8월 1일자로 『국어교육월보』를 창간하였다. 국어를 올바로 교육할 수 있는 지표와 방법을 제시하여 국어 교육 발전에 이바지하고자 하는 데에 목표를 두었다.

우리는 앞에서 우리말과 우리글을 사랑하고 가꾸자는 국어순화운동이 해가 갈수록 대중 가운데 뿌리를 박아 가고 있음을 살펴보았다. 1987년 1월, 그동안 다소 잠잠해 있던 "국어운동 대학생연합회"가 다시 연합 모임을 만들어 『한말글』이라는 기관지를 간행하였다. 이들은 창간호를 '해오름호'라 부르는 등 어휘 선택이나 표현에 있어 외래적 요소를 배제하려고 노력하였다.

현재도 한자교육 및 한자 혼용을 전제로 한 국어운동과 그것을 배제한 국어운동은 날카롭게 대립되어 있다. 이를테면 "국어국문학회"나 "한국어문교육연구회"는 초등학교에서부터 한자 교육을 실시하는 것이 타당하다고 주장하고 있다. 비록 개인에 의해 나오고 있지만 재야(在野)의 어문학자 김경한이 1982년부터 펴냈던 격월간지 『어문춘추』는 한글과 한자의 공존을 표방하면서 역사의식에 바탕을 둔 어문정책을 주장하고 있다.

단어의 뜻을 정확하게 이해함은 물론, 전통문화를 이해한다든지 우리가 한자 문화권의 일원임을 생각하면 한자의 조기교육은 일면의 타당성이 있다. 명분 없이 한자교육을 반대할 것이 아니라 장기적인 한글 전용의 목표를 설정한 바탕 위에서 한자교육을 실시하면 오히려 한글 전용을 바로 이끄는 길임을 명심할 필요가 있다. 한글 전용에는 반드시 국어어휘의 많은 부분을 차지하고 있는 한자어를 우리말로 바꾸는 작업이 동시에 진행되어야 한다.

제5기(1992~2005): 개방시대

남한의 제5기(1992~2005)는 다음 북한의 제5기(1992~2005)와 통합하여 기술하기로 한다.

2.6.2.2. 북한의 문자생활 양상

남한의 언어정책의 초점은 한글 전용 문제에 있었으나, 북한은 맞춤법, 표준말 등의 언어규범에 관련되는 문제를 중심으로 어문정책이 수행되었다. 언어규범의 변화를 중심으로 북한의 언어 · 문자의 문제를 살펴보기로 한다. 북한도 남한과 같이 네 시기로 나눌 수 있다.

제1기(1948~1954): 『한글마춤법통일안』의 준용과 『조선어 신철자법』

우리는 앞에서 광복 직후, 곧 해방 공간에는 조선어학회가 주축이 되어 국어교과서를 편찬하고 국어교사를 양성하여 우리말의 보급에 공헌하였다는 사실을 확인한 바 있었는데 이는 사실상 한반도 전체를 대상으로 한 것이었다. 북한에 소련군이 진주하고 1948년 북한 정권이 수립되기 바로 전까지 조선어학회의 『한글마춤법통일안』이 그대로 사용되었다. 그러는 중에 1948년 1월에 『조선어 신철자법』을 공포하였다. 특징은 다음과 같이 요약할 수 있다.

(123) 『조선어 신철자법』의 특징
가. 한자어 표기에서 어두에 'ㄴ, ㄹ'을 쓴다.
나. 합성어의 표기에서 사이표를 사용한다.
다. 형태론적 어음교체에 사용되는 새 여섯 자모를 설정한다.

(123)의 세 가지만 제외하고는 조선어학회의 맞춤법 통일안과 아무런 차이가 없다. 형태 · 음소적 원칙을 따르고 있다는 점에서 그러하다고 말할 수 있다. 『조선어 신철자법』은 1954년까지 존속되지만 전면적이라기보다 일부의 출판물에 한정된 시험적 사용에 그치었었다. 이렇게 북한 당국이 조선어학회의 맞춤법을 수정 · 준용한 것은 북한 어학자들이 조선어학회의 중진 회원이었고 주시경의 수제자인 김두봉이 북한 권력의 내부에 자리잡고 있었다는 것과 깊은 관련이 있어 보인다. 북한 어학자들은 1933년의

『한글마춤법통일안』을 인민의 지지 위에 성립되었다고 보기 때문에 이를 따른다고 말하고 있다.

더욱이 1948년 4월 애국지사 김구가 남북 협상차 평양으로 갈 때 일제 강점기에 조선어학회의 실질적 대표였던 이극로(>리극로)가 민간단체인 "건민회"의 대표로 참석하였는데 그는 일행과 함께 돌아오지 않고 평양에 머물렀다. 이를 계기로 하여 북한은 김일성 대학에 있던 "조선어문연구회"를 정식학회로 승격시켰으며 이극로가 회장에 취임하였다. 조선어문연구회는 1949년부터 기관지 『조선어 연구』를 창간하였는데 여기에는 북한에서 활약하는 조선 어학자들의 논문이 발표되고 소련의 언어이론이 소개되기 시작하였다. 흥미있는 것은 이숭녕과 함께 실증론에 입각한 우리말 연구의 단초를 열었던 김수경이 1947년에 남한의 『진단학보』 15호에 발표했던 「용비어천가 삽입자음고」(158쪽)를 『조선어 연구』 창간호에 실었다는 사실이다. 북쪽으로 간 어학자들이 그들의 발표기관을 마련한 것이다.

조선어문연구회는 1949년 12월에 『조선어문법』을 공간하였다. 그들의 평가에 기대면 광복 이후의 첫 과학 문법으로서 소련의 언어이론을 토대로 하고 조선문법의 경험적 연구를 섭취하여 이루어진 것이라고 한다. 서문을 보면 이극로, 신구현, 홍기문, 김병제, 박종식 등 남한에서 올라간 사람들이 대부분이고 명월봉은 재소 민족 어학자였다. 민족어 통일의 기반을 세우는 데 목표를 두고 있으니 관념론에 근거한 문법서술이라고 할 수 있다. 또 조선어문연구회는 곧 『조선어사전』의 편찬에 착수하여 원고를 완성하였으나 한국전쟁으로 중단되었다고 한다.

북한의 국어연구는 1950년대 중반부터 본격화된다. 북한의 언어학 연구에 큰 영향을 미친 것은 1950년의 소련의 언어학 대토론이었다.

(124) 조선어학자의 언어학에 관한 대토론이 있은 후 쏘베트 언어학이 달성한 일반리론적 성과들과 우리 언어학의 전통에 기초하여 조

> 선어의 문법 구조, 어휘 구성과 기본 어휘, 조선어 발달의 내적 법칙, 전인민적 언어와 방언과의 관계, 민족어의 형성에 관한 제 문제들을 심오하게 연구하게 되었으며 ….

(124)를 통해서 우리는 북한언어학의 목표설정이 소련언어학의 영향 아래에서 이루어졌음을 쉽게 알 수 있다.

1952년 조선민주주의 인민공화국 과학원이 설립됨에 따라 "조선어문연구회"는 "조선어 및 조선문학연구소"로 개편되었다. 대한민국이 국어 · 국문학 연구는 대학 국어국문학과에, 국어정책 문제는 "한글학회"에 분담된 것과 매우 대조적이다. 대한민국도 1954년에 학술원이 창립되지 않은 바 아니었으나 회원들이 모두 교수로서 비상임이었으며 실천적인 어문연구에 큰 관심을 두지 않았다.

김일성은 1946년 대중을 향한 연설에서, 언어 · 문자 생활에서 일제 침략자의 잔재를 덜어 버리는 일이 중요하다면서 다음과 같이 역설하였다고 한다.

> (125) 문화인들은 우선 언어행동에서부터 일본제국주의의 냄새를 뽑아 버려야 하며 또한 자기들의 작품에서 일제사상 잔재를 청산하도록 하여야 하겠읍니다.

일본어의 요소를 뽑아낸다는 것은 쉬운 우리말과 우리글을 구사한다는 것을 뜻하며 이는 필연적으로 문맹퇴치운동을 전제로 한다. 북한은 1948년 230만의 문맹을 퇴치했다고 보고하고 있다. 이는 전체 문맹자의 1/4에 이르는 숫자이다. 북한은 1948년 인민공화국 수립후 학제를 개편했는데 국어가 중심 교과목의 지위를 차지하고 있어 영어가 중심 교과목인 남한과는 대조적이었다. 그리고 1949년에는 한자를 전폐하여 많은 간행물이 한글로 나왔다. 남한에서는 이미 「한글 전용법」이 공포되어 있었으나 학교 교육에서만 준수되었던 것과 큰 대조가 된다.

김일성의 문맹퇴치의 의지는 조선민주주의 인민공화국 정부의 정강(1948. 9. 8)에 잘 나타나 있다.

> (125′) 또한 성인학교, 성인중학교들을 증설하여 성인교육을 광범히 실시함으로써 근로자들 속에서 문맹을 퇴치하며 그들의 문화 수준을 향상시킬 것입니다.

문맹퇴치는 성인교육기관을 통해서 이루어지고 그 목적은 문화수준을 높이는 데 있다고 하였다.

한글 전용과 함께 북한은 말다듬기에 대해서도 끊임없는 노력을 기울였다. 이는 1960년대 후반부터 "문화어운동"으로 발전되는데 한자어와 일본어는 물론, 문체를 대상으로 이해하기 쉬운 말로 바꾸는 작업을 의미한다. 이는 미군정시대부터 남한에서 한글학회를 중심으로 꾸준히 전개되어 온 "국어순화운동"과 근본적으로 맥을 같이한다. 남한은 이 운동이 민간단체에 의하여 주도되었음에 대하여 북한은 김일성의 지시나 공산당의 지시로 강력하게 추진되었다는 점만 다르다.

광복후 북한에도 해외동포들이 귀환하였다. 그러나 그 숫자는 남한과는 비교가 되지 않았다. 해외동포의 대다수인 재일동포는 남한 출신이 대부분이었다. 광복후 소련군은 미군보다 먼저 북한에 진주하였다. 한국전쟁 때에는 중공군이 북한에 머물렀다. 남한의 공산주의자는 북으로 갔고 납치된 사람도 적지 않다. 서울대학교 문리과대학 언어학과 교수를 지낸 유응호(柳應浩)와 경성(京城)경제전문학교(서울대학교 상과대학의 전신) 교수였던 김수경(金壽卿)은 자진해서 북행한 대표적 언어학자였다.

서울대학교 문리과대학 국어국문학과 2, 3회 졸업생 가운데서 다섯 명이 '불명'(不明)으로 되어 있는데 이는 월북인사라는 뜻이다. 이들 가운데서 안문구는 어학에서, 김삼불은 문학에서 활동한 것으로 알려져 있다. 그러나 남으로 온 사람에 비교한다면 그 수가 매우 적다. 이러한 환경의 변화는 북한의 언어에 어느 정도 영향을 미쳤다고 생각한다.

제2기(1954~1966): 『조선어 철자법』의 공포

남북한의 언어규범은 1954년부터 본격적으로 달라진다. 조선민주주의인민공화국 과학원 조선어 및 조선문학연구소는 그 동안 시험적으로 써오던 『조선어 신철자법』을 버리고 이 해 9월 『조선어 철자법』을 제정 · 공포하였다.

『조선어 철자법』의 총칙은 다음과 같다.

> (126) 가. 조선어 철자법은 단어에서 일정한 의미를 가지는 매개의 부분을 언제나 동일한 형태로 표기하는 형태주의 원칙을 그 기본으로 삼는다.
>
> 나. 조선어 철자법은 그 표기에 있어 일반 어음학적 원리에 의거하되 조선어에 고유한 발음상의 제 규칙을 존중한다.

총칙은 모두 5개 항으로 구성되어 있는데 (126)은 처음 1, 2항만 옮겨 적은 것이다. 3항은 띄어쓰기 규정이고 4항은 표준말 규정이며 5항은 가로쓰기 규정이다. 조선어학회의 『한글마춤법통일안』(1933)과 비교할 때 표준어 규정이 약간 바뀌고 가로쓰기 규정이 추가되었을 뿐, 그 이외에는 큰 차이가 없다. (126)은 통일안의 총칙 1 "한글 맞춤법은 표준말을 그 소리대로 적되 어법에 맞도록 함으로써 원칙을 삼는다."를 둘로 나누어 설명한 것이다.

(126가)는 통일안의 "어법에 맞도록 함으로써"를 자세히 설명한 것이고 (나)는 " … 소리대로 적되 … "를 역시 분명히 표현한 것이다. 형태 · 음소적 원리를 고수하고 있다는 점에서는 통일안과 차이가 없으나 뒷받침되는 문법체계는 성격을 달리한다. 통일안에 나타나는 체언과 동사의 어간을 모두 '어간'으로 통합하고 조사와 어미는 '토' 가운데 넣되 단어로 인정

하지 않는다. 이는 최현배의 문법체계 위에서 성립된 통일안의 문법을 거부하고 김두봉과 정렬모의 문법체계를 중심으로 그들 나름의 체계를 세웠기 때문이다.

표준어는 통일안과 다른 점이 많다.

> (127) 표준어는 조선인민 사이에서 사용되는 공통성이 가장 많은 현대어 가운데서 이를 정한다.

(127)은 표준어에 대한 규정으로서 총칙 4항에 들어 있다. 통일안에서는 표준어의 사정원칙을 '현대 중류사회에서 쓰는 서울말'에 두고 있는 데 대하여 '서울말'과 '중류사회'를 빼고 '조선 인민 사이에서 많이 쓰이는 말'로 바꾸었다. 인민대중을 위한 맞춤법이 될 수 있도록 고친 것이다. 표준 발음법과 문장 부호에 관한 규정이 들어간 것도 『조선어 철자법』의 특징이 될 수 있다.

북한 과학원의 두 번째 큰 업적은 1956년 1월에 펴낸 『조선어 외래어 표기법』이다. 여기에는 「외래어 표기법」 이외에 「외국 자모에 의한 조선어 표기법」과 「조선어의 어음 전사법」이 들어 있다. 부록으로 「조선어 외래어 어휘집」이 마련되어 있다. 소련 자모와 관련된 표기법이 우선적으로 다루어져 있다.

북한은 『조선어 철자법』과 『조선어 외래어 표기법』의 제정을 계기로 하여 어문정책을 지속적으로 일관성 있게 추진하였다. 1956년에는 과학원의 조선어 및 조선문학연구소가 "언어문학연구소"로 발전 · 강화되었다. 이 연구소는 언어학연구실, 문학연구실, 외국문학연구실, 사전 편찬실로 구성되어 있었다. 동시에 언어문학연구소는 기관지 『조선어문』을 창간하였다. 마르크스 · 레닌의 관점에서 조선 어문학을 연구하고 보급하는 임무를 맡았다. 이는 남한의 경우 1952년 임시수도 부산에서 『국어국문학』이 창간되고 1955년에 『한글』이 복간되어 국어연구의 열기가 높아진 사실과 비교된다. 1956년에는 또 "문자개혁위원회"가 조직되어 가로풀어쓰기 등 문자개혁문제를 연구·담당하였으나 이를 제안한 김두봉이 1958년 숙청됨에 따라 언어문학연구소에 통합되고 말았다. 1958년에는 계몽적 성격을 띤 『말과 글』이 창간되었다. 전문적 어문연구의 결과를 대중에게 보급·계몽하는 역할을 띠었던 것 같다.

이곳에서 주목할 것은 1961년에 『조선어학』이 창간되었다는 사실이다. 1956년에 창간된 『조선어문』은 1960년 6호를 마감으로 폐간되고 1961년부터 어학전문지 『조선어학』이 나오게 되었다. 이에 따라 문학부문은 『문학연구』를 따로 내었다. 『조선어학』은 종래의 과학 이념 잡지였던 『조선어문』의 역할을 그대로 이어받으면서 언어학 분야의 새로운 혁명적 과업을 완수한다는 시대적 사명을 띠고 닻을 올린 것이다. 그들의 표현에 따르면 선인들의 언어학적 유산을 계승하고 선진언어이론을 받아들여 주체에 뿌리 박은 조선언어학을 건설하고 조선언어학의 문제를 해결하는 데 목표를 두고 있다. 북한의 이러한 사정은 남한에서 1959년 국어국문학회의 '국어학분과'가 확대적 발전을 위하여 '국어학회'의 창립으로 이어지고 1962년에 학회지 『국어학』이 창간된 사실과 비슷한 점이 많다.

『조선어철자법』 시대의 가장 큰 업적은 규범문법과 사전편찬이라고 할 수 있다. 이에 앞서 북한의 조선어학자들은 철자법과 외래어 표기법을 제정하였으며 『조선어문』과 『말과 글』, 그리고 『조선어학』을 통하여 기초연구를 일관성 있게 수행하였다.

규범문법은 『조선어 문법』이란 이름으로 '어음론'과 '형태론'을 다룬 첫째 권이 1960년에, '문장론'을 다룬 둘째 권이 1963년에 나왔다. 800여 면의 방대한 분량이었다. 당시 남한이 기대고 있었던 학술적 규범문법은 일제 강점기에 나온 최현배의 『우리말본』이었는데 북한은 그 사이 『조선어철자법』을 이론적으로 뒷받침할 수 있는 규범문법을 새로 편찬한 것이다.

이미 북한은 1949년에 『조선어 문법』을 저술한 바 없지 않으나(앞에 나옴), 시대적 요구를 만족시킬 수 없다고 판단한 것 같았다. 이 무렵 남한은 1963년 학교문법의 품사체계와 용어만 통일해 놓았으며 그나마 반대 세력의 강한 반발에 부딪혀 있었다.

『조선어 문법』의 품사 체계는 다음과 같다.

(128) 명사, 수사, 대명사, 동사, 형용사, 관형사, 부사, 감동사

8품사 체계를 택하였다. 이곳에서 용언의 어미는 말할 것도 없고 체언에 붙는 조사까지도 '토'라 하여 단어로 인정하지 않았다. (118), 166쪽에서 보인 남한의 품사 수효보다 하나가 적은 것은 명사에 붙는 조사를 단어로 인정하지 않았기 때문이다. 북한의 단어 처리기준의 설정에는 크게 보아 광복후 종합적 체계를 주장한 정렬모의 영향이 가장 컸던 것으로 보인다. 정렬모는 조선어학회 회원으로서 광복 후 남한에서 문법서를 세 권이나 저술하였으며 전쟁 중에 북한으로 가서 많은 활동을 하였다. 『조선어 문법』의 저자들은 북한의 언어가 남한보다 더 잘 정리되고 훌륭해졌다고 자찬하고 그들의 저술이 조선인민의 언어생활의 규범화와 문화창조생활에 긍정적 역할을 할 수 있다고 평가하고 있다.

북한 과학원은 규범문법 편찬과 함께 사전 편찬도 시도하였다. 우선 그들은 1956년에 8 · 15 광복 10주년을 기념하여 『조선어 소사전』을 편찬하였다. 올림말(표제어) 4만 개를 넣은 이 사전은 8 · 15 이후에 널리 쓰여진 어휘를 수록하였다. 이어 1956년 말부터 본격적인 사전 편찬에 착수하였다. 첫째 권은 8 · 15 광복 15주년을 기념하여 1960년에 발행하였고 나머지는 과학원 창립 10주년을 맞아 1962년에 완간되었다. 5,068면의 『조선말 사전』은 모두 여섯 권으로 총 18만 7,137개의 어휘가 수록되어 있다. 우리나라의 사전편찬의 전통을 계승하고 선진 국가의 사전학 이론을 흡수

하여 만든, 세계적 수준에 도달한 사전으로서 언어생활의 규범화에 크게 기여할 수 있다고 그들은 평가하고 있다.

그들은 광복 전의 문세영의 『조선어사전』(1938), 조선어학회의 『큰사전』(1947~1957)은 물론, 이윤재 · 김병제의 『표준조선말사전』을 중심으로 우리의 사전 편찬의 역사를 개관하고 있다. 북한이 1960년대 초에 펴낸 『조선말사전』은 한글학회의 『큰사전』보다 훨씬 방대하며 충실하다. 개별 어휘의 사용 예가 들어 있는 것이 지금까지의 국어 사전류가 미치지 못한 특징이라고 할 것이다.

『조선말 사전』은 마르크스 · 레닌 주의의 언어 이론에 기초한 것으로서 규범적 성격과 백과사전의 성격을 구비하고 있다. 유물 사관의 관점에서 편찬되었다는 점에서 관념론의 한 극치를 이룬 작품이라고 규정할 수 있다.

> (129) … 이 《조선말사전》은 조선 인민의 언어 생활을 더 한층 규범화하며 그 문화성을 높이는 데 기여함은 물론, 우리 나라에서의 기술 문화 혁명의 성과적 수행에도 적지 않게 이바지하리라고 믿는다. 이 사전은 또한 엄격한 의미에서의 규범적인 주석 사전을 편찬하기 위한 기초로 될뿐 아니라, 앞으로 조국이 평화적으로 통일된 이후, 미제와 그 주구들의 민족 문화 말살 정책으로 말미암아 어지럽게 된 남조선 인민들의 언어 생활을 바로잡으며 그들을 옳게 교양하는 데도 도움이 될 것이다.

위와 같이 편찬자들은 『조선말사전』이 조선 인민의 언어생활을 더 한층 규범화하여 그 문화성을 높임은 물론, 기술 문화 혁명의 성과적 수행에도 이바지할 것이며 궁극적으로는 미제와 그 주구들의 언어생활을 바로잡는 데 궁극적 목표를 두고 있다. 북한의 우리말 사전편찬은 일제 강점기에 사전편찬론을 전개해 가며 사전편찬을 진두하였고 남한에서 1947년 『우리말 큰사전』을 펴내기 시작한 이극로의 입김이 작용한 것으로 보인다.

북한은 조선민주주의인민공화국 창건 15주년을 기념하는 뜻으로 1963년 『새옥편』을 간행했다. 민족문화유산을 발굴 · 정리하고 국어어휘에 대한 지식을 넓혀 나가는 데 있어서는 한자에 대한 지식이 필요하다고 보았다. 1만 7,345 올림자가 실려 있는 가장 풍부한 옥편으로서 활발한 고전연구와 전면적 문화혁명에 이바지함을 목적으로 삼고 있다. 북한은 한글 전용 정책을 추진해 나가면서도 한자에 대한 지식이 필요함을 깨닫고 시대적 요구에 맞는 한자 사전을 편찬했다고 생각한다.

북한의 언어문학연구소는 역사적 전기를 맞을 때라든지 혹은 필요할 때는 어문학 사업의 혁신 · 발전을 다짐하는 주장을 천명하고 있었다. 이런 주장은 대개 기관지 『조선어문』과 『조선어학』의 권두에 실린다. 이들의 논조를 보면 노동당의 노선과 김일성의 교시에 맞추어 초기에는 현대 국어의 구조를 해명하는 방향으로 나아가다가 다음으로는 국어의 역사와 방언 방면으로 연구의 시야를 넓히고 있었으며 1960년대 중엽에는 사회적 현상으로서의 언어의 본질과 발달의 합법칙성을 구명하는 방향을 취하고 있었다.

북한 과학원은 처음부터 공통된 주제를 놓고 토론을 벌인다든지 다시 이를 토대로 공동연구—그들의 표현에 따르면 '집체 연구'를 수행하는 방법을 끌어들였다. 크게는 앞서 살펴본 정서법, 규범 문법, 사전 등이 그러한 연구의 성과이고, 그 밖에 『조선로동당의 지도밑에 개화 발달한 우리 민족어』(1971), 『말과 글의 문화성』(1963), 『우리 생활과 언어』(1963), 『조선어 연구에서의 몇 가지 문제』(학위논문집, 1964) 등도 그러한 테두리에 들어온다. 따라서 이런 저술들에는 저자가 밝혀져 있지 않은 것이 많다. 토론의 성과로는 「문법 구조와 주체 확립」, 「조선 민족어의 형성」, 「문풍의 계급성」, 「우리 당의 언어정책과 조선어의 발달」 등을 들 수 있다.

당시의 남한의 어문학계는 지상을 통하여 논전을 벌이는 일은 있었지만 공개토론을 통하여 의견을 모으는 분위기는 조성되지 않았으며 개인의 이름을 밝히지 않는 공동연구란 상상조차 할 수 없었다. 북한학자들은 숙청된 사람에 대하여는 과거의 공적은 아랑곳하지 않고 매도(罵倒)하기를 서슴지 않는다. 주시경의 수제자이며 북한의 최고 인민회의 상임위원회 위원장을 지낸 김두봉이 1958년 숙청되자 그의 절친한 동료였던 이극로를 비롯한 북한의 어학자들은 김두봉의 '6자모'의 비과학성을 혹독하게 비판하였다. '6자모'란 주로 불규칙 활용에서 원 어간을 밝혀 적으려고 고안한 'ㄹ ㆆ ㅿ Y ㄸ 1'를 말하는데, 이는 1948년에 김두봉에 의해 기안되고 간행된, 앞에서 언급한 『조선어 신철자법』(1950)[178쪽]과 김수경이 집필한 『조선어 문법』(1949)에 채택되어 있다. 이러한 사실로부터 북한은 정치적인 생명이 끊어지면 아무리 훌륭한 업적을 쌓아도 이를 땅속에 묻어 버리고 마는 비정한 사회라는 것을 알 수 있다.

이 시기의 북한 어학자들은 남한의 언어정책과 언어 문제에 대하여 혹독하게 비판하고 있었다. 우선 북한 어학자들은 1950년대 전반기에 공포되었던, 한글파동으로 알려져 있는 「한글 철자법 개정령」을 비판하고 「한글 간소화 방안」이 실패했다고 말하고 있다. 남한의 언어는 8 · 15 이전의 수준에서 답보하고 있거나 오히려 조잡해져 있다고 지적하고 이는 오직 미 제국주의의 영향이므로 하루빨리 미군이 물러가야만 민족어의 자주성을 회복할 수 있다고 말한다. 남한의 언어에는 낡은 사회를 반영하는 부정적 어휘와 표현이 많고 한자어와 외래어, 특히 미국어가 많이 쓰이고 있으며 이로 말미암아 남한의 언어가 더럽혀져 있다고 하였다. 이들은 심지어 남한 당국이 영어를 공용어로 할 것을 선포했다는 사실도 보도하였다. 또 북한 어학자들은 남한의 언어학에 대하여도 매섭게 비판하였다. 여기서 "언어학"은 "국어학"을 가리킨다. 남조선의 언어학은 다른 분야와 마찬가지로 과학적으로 발달하지 못하였으며 사대주의와 허무주의에 물들어 있다는 것이다.

남한의 언어학을 뒷받침하고 있는 미국의 기술언어학(記述言語學)과 유럽의 언어이론은 주관적 관념론에 지나지 못한다고 보고 마르크스·레닌의 언어이론의 관점에서 남한의 언어연구를 비판하고 있다. 이는 남한의 국어학을 지나치게 매도하는 것이다. 이숭녕의 『세종의 언어 정책에 관한 연구』(1958)는 우리 조상들의 언어학 성과를 왜소시켰다고 나무라고 있으며 김형규의 『국어사』(1955)는 허무주의적으로 썼다고 공격을 가하고 있다. 1950년대의 문법용어 및 문법체계의 혼란과 그것이 대학입학시험에 관련되어 있었던 문제 등을 낱낱이 파헤치고 있으며 대학국어의 교과내용을 분석·비판하는 일도 볼 수 있다. 이 당시 남한의 어학자들은 북한 언어학의 동향에 대하여 관심을 기울이지 못하였으며 정보를 얻기가 매우 어려웠었다. 일본을 통하여 『조선어문법』(1960, 1963)과 『조선말 사전』(1960, 1963)이 비공식적으로 들어오는 일도 없지 않았으나 자유롭게 볼 수 없었다.

북한 국어 연구의 전반적 특징은 현대어의 연구와 이의 규범화라고 규정할 수 있다. 당시의 남한의 어학계가 중세국어를 중심으로 한 국어사 연구에 관심이 쏠려 있던 것과는 매우 대조적이다. 그러나 북한 어학계도 국어의 역사와 방언에 대하여 그렇게 무관심하지 않았다. 홍기문의 『향가 해석』(1956), 『리두 연구』(1957), 황부영의 『15세기의 존칭 범주의 연구』(1959), 김병제의 『조선 방언학 개요』 상(1959)·중(1965), 홍기문의 『조선어력사문법』(1966) 등이 대표적 업적이다. 현대어에 관한 연구가 충실하려면 역사적 연구와 방언 연구가 뒷받침되어야 한다고 생각하고 있었기 때문이다. 홍기문의 이두 연구와 황부영의 존칭 범주 연구, 그리고 소련 학자 라치코프와 김금석의 서법 연구는 지금 읽어도 참신한 곳이 적지 않으며 특히 황부영의 존칭 범주가 그런 느낌을 준다. 실증론의 대표적 업적이라고 평가할 수 있다. 북한의 우리말 연구는 전반적으로 관념론에 근거하고 있지만 앞의 황부영의 업적처럼 실증론을 지향하는 일도 볼 수 있다.

북한 어학자들은 국어사 및 방언 연구와 함께 국어학사적 안목의 단련에도 끊임없는 주의를 기울였다. 우리의 고유 문자인 훈민정음에 대한 문자론적 접근을 비롯하여 창제과정에 관한 업적을 내었으며 『훈민정음 해례』의 음운이론을 현대적 관점에서 분석하고 이를 통하여 15세기 국어의 음운체계를 구명하는 일도 볼 수 있다. 이러한 작업은 우리의 어학자들이 남북으로 갈라지기 이전부터 관심을 갖던 분야이며 남한에서는 북한보다 더 깊이 있는 연구가 나오고 있었다.

남한은 1946년부터 『훈민정음 해례』가 간행된 세종 28년 9월 상한(上澣, 양력 10월 9일)을 한글날로 정하여 공휴일로 기념하고 있다. 북한은 남한과 같이 한글날과 같은 기념일은 갖고 있지 않다. 훈민정음이 창제된 세종 25년 12월을 1444년 1월로 양력 환산하여 기념강연회를 갖거나 특집호로 삼은 일이 눈에 띈다. 1956년에는 훈민정음 창제 512주년 기념 강연회를 개최한 일이 있고 1964년에는 훈민정음 창제 520주년을 맞아 기념 강연회를 열었으며 『조선어학』에는 특집 논문까지 실려 있다. 훈민정음은 자주의 태도와 입장을 기초로 창제되었으며 조선어의 음운체계가 과학적으로 구명된 것은 그런 태도의 산물이라고 평가하고 있다. 남한의 정부당국이나 어문단체의 한글날 기념 행사를 연상하게 한다.

북한은 국어학의 비조(鼻祖)인 주시경 연구에 일찍부터 눈을 떴다. 주시경 탄생 80주년을 맞아 과학원 언어문학연구소는 1956년 『주시경 유고집』을 간행하였다. 『국어문전음학』(1908)과 『국어문법』(1910)은 다시 조판을 하고 『말의 소리』(1914)는 영인을 하였다. 당시 남한에서는 주시경 연구에 관심도 없었으려니와 있다고 해도 일제 강점기에 나온 신명균 편의 『주시경선생유고』(1933)나 이의 광복 후의 판인 『조선어문법』(1946)을 이용하는 것이 고작이었다. 유고집의 간행 목적은 주시경이 남긴 고귀한 유산을 계승 · 발전시키는 데 있었다. 이와 함께 북한 어학자들은 『조선어문』을 통하여 주시경의 문법연구, 문자개혁, 생애와 활동에 걸쳐 전면적

조명을 시도하였다.

주시경을 추모하고 평가하는 행사는 그 뒤에도 계속되었다. 탄생 85주년 행사는 1961년 12월 21일 저녁에 있었는데 정렬모, 김병제 등의 과학원 중추학자들에 의해 진행되었다. 그들은 주시경을 조선 인민이 낳은 열렬한 애국자이며 탁월한 언어학자라고 평가하였다. 이와 함께 주시경의 학문을 '어음론, 철자법, 형태론, 문장론, 단어 조성(형성), 학술용어, 한자 폐지와 문자개혁'에 걸쳐 평가하기도 하였다.

탄생 90주년 때는 더 큰 기념행사가 있었다. 1966년 12월 21일 홍기문, 리극로, 이기영 등 언어학자, 과학자, 교육자, 문화인이 모여 주시경을 "열렬한 애국자, 뛰어난 언어학자, 정열적 교육자"로 추앙하면서 이를 거울로 삼아 조선 로동당의 언어정책을 강력하게 수행할 것을 다짐하였다. 1956년부터 10여 년 동안은 주시경의 논설이나 어록을 싣는다든지 주시경의 학문 세계를 분석함으로써 그들의 언어정책의 수행 및 언어학 연구의 디딤돌로 삼으려는 노력을 강하게 보여 주었다.

북한은 1960년대에 들어와서 언어연구를 더욱 조직적으로 추진하였다. 1964년 2월 17일 내각 결정 제11호에 기대어 과학원 기구를 개편하였다. 과학원 산하 "사회과학위원회"를 분리하여 "사회과학원"으로 개편하고 "언어문학연구소"를 "언어학연구소"와 "문학연구소"로 분리하였다. 이와 함께 북한의 언어학자들은 "조선언어학회"를 결성하였다. 사회과학원 언어학연구소 소장인 김병제가 중심이 된 이 학회의 창립 취지는 다음과 같다.

> (130) 조선언어학회가 조선로동당의 언어문화정책을 받들고 언어학 리론을 급속히 발전시키며 인민들의 언어 생활에서 문화성을 결정적으로 높이기 위하여 전국 언어 연구가들의 력량을 집결 동원하며 대외적으로 우리 언어학계를 대표 ….

이에 따라 회장(소장 김병제), 부회장(부소장 최정후)이 선출되고 상무위원으로 김병제, 홍기문, 리극로, 정렬모, 최정후, 류렬, 김수경 등 13명이 선임되었다. 그리고 분과 위원회로는 '현대조선어, 언어문화, 조선어력사 및 조선어방언학, 일반언어학 및 비교언어학, 외국언어학'의 5개 위원회를 두어 분과 위원장을 선임하였다.

북한의 언어학회는 1975년에 창립된 남한의 '한국언어학회'보다 10년 이상 앞섰으나 학회 결성만 되었지 학회로서의 독자적인 활동이나 업적은 내지 못하였다. 그것은 사회과학원의 언어학연구소와 인적 구성이 완전히 중첩된다는 데에 그 까닭이 있다고 생각한다.

제3기(1966~1976): "문화어운동"의 전개

북한의 언어규범은 1966년 또 한 차례 전환의 고비를 맞는다. 조선민주주의 인민공화국 내각직속 국어사정위원회는 이 해 6월 『조선말규범집』을 간행 · 공포하였다. 이에 따라 1954년에 공포된 『조선어 철자법』은 자동적으로 폐기되었다.

『조선말규범집』은 "맞춤법, 띄여쓰기, 문장 부호법, 표준 발음법"의 4부로 구성되어 있다. 『조선어 철자법』은 "철자법"이란 이름 아래 "철자법, 띄여쓰기, 표준말, 표준 발음법, 문장 부호"를 포괄하고 있었는데 이곳에서는 "표준어"를 제외한 나머지 부문을 따로 내세우고 각 부문별로 총칙을 먼저 제시한 다음, 세부규정을 설명하고 있다. "철자법"을 '맞춤법'으로 고친 것은 1933년의 『한글마춤법통일안』의 '맞춤법'과 이름뿐만 아니라 내용에 있어서도 차이가 없다는 점에서 특히 주목된다. 이 경우도 "규범집"이란 말 대신 앞에서 저자가 누누이 지적한 바와 같이 "정서법"으로 대치하는 것이 옳다.

『조선말규범집』은 『조선어 철자법』에 비하여 체계가 정비되고 내용이 자세하다. 특히 띄어쓰기와 표준발음법이 그러하다. 대표적으로 맞춤법의 총칙을 살펴보기로 한다.

(131) 맞춤법은 단어에서 뜻을 가지는 매개의 부분을 언제나 같게 적는 원칙을 기본으로 한다.

총칙에는 가로쓰기 규정도 들어 있으나 이는 『조선어 철자법』과 차이가 없다. (131)을 앞서 든 『조선어 철자법』의 규정 (126가)[182쪽]와 비교해 보면 이를 보다 간략하게 표현하고 있음을 알 수 있다. "형태주의"와 같은 어려운 말을 빼고 쉬운 표현으로 바꾸었다. (126나)는 원래 발음에 관한 것이므로 『조선말규범집』에서는 표준 발음법의 총칙으로 옮겨져 있다.

김일성은 1964년 1월 3일 언어학자들과의 간담회 자리에서 "조선어를 발전시키기 위한 몇가지 문제"라는 제목의 교시를 행한 바 있다. 김일성은 전부터 표방해 오던 조선어 어휘발달의 방향을 제시하고 문자개혁, 언어문화 운동의 추진, 한자교육의 부활문제 등을 들었다. 문자 개혁이란 김두봉 등이 주장하던 가로풀어쓰기를 가리키는데 남북한이 공통된 언어와 문자를 쓰는 현실을 무시하고 문자를 개혁하면 의사소통에 지장이 있고 자칫하면 민족이 갈라지는 위험에 빠지기 때문에 조국이 통일될 때까지 보류한다는 것이다. 남조선이 한자를 쓰고 있는 한, 어느 시기까지는 한자를 가르쳐야 한다는 것이다. 이는 표면상의 이유이고 단어의 뜻을 정확히 이해하는 데는 한자지식이 절대적으로 필요함을 느꼈기 때문에 한자교육이 부활된 것이다. 그들은 초 · 중학교에서 기술학교까지는 2,000자, 대학에서는 1,000자, 모두 3,000자를 교육용 한자로 사정하였다. 이 가운데는 남한에서 쓰이고 있는 한자도 포함되어 있으며 훈 · 음은 전통적인 토대 위에서 말다듬기의 성과를 받아들여 다시 사정하였다. 그러나 일상생활에서는 우리글로 써야 함을 분명히 하였다. 남한의 한글 전용 정책과 원칙적으로 일치한다고 하겠다. 이 자리에서 김일성은 언어문학연구소가 우리말을 정리하고 새 말을 만들어 내는 것을 통제하는 기관이 되어야 한다고 역설하였다.

앞에서 본 바와 같이 1964년 언어학연구소가 분리 · 독립되고 조선언어학회가 창립된 것도 모두 김일성의 1964년의 교시와 관련이 있다. 1966년의 『조선말규범집』은 1964년의 김일성의 교시를 실천화하고 우리말을 발전시켜 문화성을 높일 목적으로 제정 · 공포된 것이다. 이 시기에 남한은 아직도 일제강점기에 제정한 맞춤법과 표준말에 대한 개정의 필요성을 느끼지 않고 있었는데 북한은 1948년과 1954년에 이어 세 번째로 언어규범을 바꾼 것이다.

『조선말규범집』의 공포를 계기로 하여 북한에는 "문화어운동"이란 어학혁명이 전개된다. 김일성은 1966년 5월 14일 언어학자들과의 간담회 자리에서 "조선어의 민족적 특성을 옳게 살려나갈데 대하여"라는 교시를 행한 바 있다. 그는 이곳에서 혁명의 참모부가 있고 정치 · 경제 · 사회 · 문화 · 군사의 모든 방면에 걸쳐 혁명의 전략이 세워지는 수도 평양의 말을 중심으로 언어의 민족적 특성을 보존하고 발전시켜 나가야 한다고 역설하였다. 1964년의 교시에서 이미 조선어의 발달 기지는 공화국 북반부가 되어야 함을 천명하지 않은 바 아니었으나 1966년 교시에 있어서는 그것이 보다 구체화되어 있다. 우리말을 발전시키는 데는 다른 나라 말을 본받아도 안 되며 영어나 일본말이 섞여 든 서울말을 표준으로 삼을 수도 없고 고유어를 중심으로 사회주의를 건설하고 있는 북한 인민들만이 조선말을 발전시킬 수 있다는 것이다. 이렇게 조선 인민 공화국의 수도인 평양말을 중심으로 다듬어 낸 북한의 표준어를 "문화어"라고 한다.

문화어의 개별 분야는 발음, 억양, 문법, 어휘, 문체에 걸치는데 특히 어휘는 우리의 고유 어근을 중심으로 발전되어야 한다고 주장한다. 이런 방식으로 우리말을 정리하고 발전시키는 국어순화이론이 이른바 김일성의 "주체의 언어리론"이다. 그들은 주체의 언어이론이 김일성에 의해 창시되었으며 김일성이 민족어를 지켜 내고 발전시키는 과정에서 집대성한 이론이라고 주장하고 있다. 주체의 언어이론은 사람이 모든 것의 주인이며 모든 것을 결정한다는 주체의 철학적 원리를 사상적 · 이론적 기초로 삼고 있다.

문화어운동이 본격화한 것은 1968년 계간지 『문화어학습』이 창간되면서부터이다. 처음에는 50면 정도로 내다가 현재는 60면 정도로 부피가 늘어났다. 인민대중을 위한 모국어 학습지인 것이다. 『문화어학습』의 창간을 계기로 하여 어느 정도 전문성을 띠고 있던 어학 계통의 잡지가 자취를 감추었다. 1961년에 창간된 『조선어학』은 1965년으로 종간된 것 같고 1966년부터 계간으로 나오던 『어문연구』도 1967년까지만 간행되고 그 이후로는 『문화어학습』으로 이어진 것으로 생각된다.

『문화어학습』은 각 호마다 첫머리에 김일성의 주체언어이론과 관련되는 글이 나오고 문화어 지식, 생활과 언어, 물음과 대답 등의 내용이 담겨져 있다. 대중들에게 알려야 할 다듬어진 어휘를 "어휘수첩"이란 이름 아래 소개하기도 한다. 또 어휘가 새로 사정되면 널리 쓰자고 계몽하는 글귀도 보인다. 한글학회에서 내는 『한글새소식』과 성격을 같이하는 점이 많다.

북한은 『조선말규범집』의 공포를 계기로 하여 전체 인민을 대상으로 문화어운동을 전개하는 한편, 이를 뒷받침하기 위하여 규범집에 따른 사전과 문법을 다시 편찬하였다. 1969년에 『현대조선말사전』을 내고 1973년에는 이를 보충하되 문화어를 많이 실은 『조선문화어사전』을 내었다. 「머리말」을 보면 다음과 같이 편찬 취지를 밝히고 있다.

> (132) 우리 문화어는 영광스러운 항일혁명투쟁시기에 이룩된 우리 당의 빛나는 혁명전통의 깊은 뿌리에서 자라났으며 혁명의 붉은 수도 평양을 중심으로 하고 평양말을 기준으로 하여 발달한 말이다. 또한 문화어는 고유한 우리말을 기본으로 하면서 사회주의를 건설하고있는 우리 인민의 지향과 민족적 정서, 생활 감정에 맞는 세련되고 다듬어진 아름다운 말이다.

위의 (132)는 1966년의 김일성의 교시에서 가시화된 문화어가 사전을 통하여 열매를 맺었음을 선언한 것이다.

그리고 본격적인 문화어문법 편찬에 앞서서 북한은 1960년대 초의 『조선어문법』을 같은 이름으로 내되 한 권으로 줄여 문화어운동을 잠정적으로 뒷받침하였다. 이어 1972년에는 『문화어문법규범』(초고)을 내었다. 1960년대 초의 『조선어문법』과 비교하면 품사는 차이가 없으나 용어는 고유어계로 바뀐 것이 많다. 학술용어도 쉬운 우리말 어근을 중심으로 다듬어야 한다는 당의 기본방침에 순응하기 위한 조처로 해석된다. 전반적으로 체계가 잘 잡혀 있고 서술이 평이하여 이해하기가 쉽게 되어 있다.

1966~1967년에는 『어문연구』가 어학 연구와 보급의 기관지로 이용되었으나 1968년 『문화어학습』이 창간되면서부터 보급에 관련된 글은 이를 통해서 나왔다. 대신 전문성을 띤 업적은 단행본으로 출판되었다. 우선 사상성과 관련된 저술로는 다음과 같은 것이 있다.

(133) 사상성과 관련된 저술

- 사회과학원언어학연구소, 『항일무장투쟁시기 김일성동지의 언어 사상과 그 빛나는 구현』(1970. 4. 15.)
- 경애하는 수령김일성동지의 탄생 예순돐 기념 『혁명의 위대한 수령 김일성동지의 주체적 언어사상』(1971. 12. 30.)
- 사회과학출판사 편집 · 발행, 『조선로동당정책사(언어부문)』(1973. 9. 9.)
- 사회과학출판사 편집 · 발행, 『위대한 맑스-레닌주의자이신 김일성동지의 로작 해설문고 '조선어를 발전시키기 위한 몇가지 문제에 대하여'』(1973)
- 사회과학출판사, 『문화어학습 참고서』(1973. 5. 14.)
- 『미제의 조선말 말살정책의 반동성』(1975. 2. 10.)
- 『언어학 논문집 1』(1975. 5. 10.)
- 사회과학원 주체사상연구소, 조선로동당창건 30돐 기념 『주체사상에 기초한 언어리론』(1975. 10. 10.)

또 언어사실을 다룬 특수 저술로는,

(134) 언어 사실을 다룬 특수 저술

- 사회과학원 언어학연구소 어휘연구실, 『단어 만들기 연구』(1974. 5. 14.)
- 리상벽, 『조선말 화술』(1975. 10. 14.)
- 진경옥, 『문화어 어휘론』(1975)
- 김병제, 『조선방언학개요 (하)』(1975. 5. 14.)

등이 나왔다. 김병제는 1959년에 『조선방언학개요』의 (상)을, 1965년에 (중)을 내었고 1975년에 (하)를 내어 북한의 방언학이 그에 의해 주도되었음을 짐작할 수 있다. 이 시기에 나온 책도 앞 시기와 같이 사회과학원 언어학연구소나 사회과학출판사의 명의로 출판된 것이 대부분이고 개인 저술도 간혹 보인다. 북한의 방언 연구는 겉으로는 실증론인 것 같으나 문화어를 풍부하게 한다는 점에 목표를 두고 있으니 궁극적으로는 관념론이 바닥에 깔려 있다.

이 시기에도 북한 어학계는 남한의 언어정책을 신랄하게 비판한다. 남한의 언어를 미 제국주의의 조선어 말살 정책으로부터 지켜 나가야 한다는 방침이 천명되어 있다.

제4기(1976~1991): 규범집에 기초한 문화어운동의 정착

제3기가 『조선말규범집』에 기댄 어학혁명의 기반구축이었다면 제4기는 문화어운동이 정착되는 시기라고 규정할 수 있다. 우선 1976년은 김일성의 문화어운동 교시가 발표된 지 10주년이 되는 해로서 기념논문집이 나온 사실을 주목하였다. 1977년 이후의 『문화어학습』의 논조도 문화어운동이 전환기에 처해 있음을 보여 준다. "당의 영도 아래 꽃 피여 나는 문화어"라는 글의 제목에서도 그런 점이 부각된다. 1984년에는 "은혜로운 태양아래 꽃핀 문화어"란 제목 아래 논문, 시, 소설을 포함한 568면의 책이 나왔는데, 이는 문화어운동이 지난 10여 년 동안 상당히 밀도 있게 진행되었음을 증명한다. 문화어운동에 힘입어 특수 분야의 용어가 다듬어지고 학교에서도 지도 · 보급에 힘을 기울였다. 문화어운동의 결실은 모든 분야에서 확인된다.

문법분야에서는 1972년에 완성된 『문화어문법규범』이 수정을 거쳐 1976년에 정식으로 간행되었다. 이곳에는 언어구조 중심으로 편찬되었던 과거의 규범문법을 날카롭게 비판하고 언어 사용과 밀접하게 관련시키는 실증론 위주의 문법을 저술해야 한다고 주장하고 있다. 1979년에도 비슷한 체재의 『조선문화어문법』을 내었다. 근로자, 문필가, 어학 전문가, 학생들에게 문화어 문법규범을 보급할 목적으로 만들어진 것이다.

이 시기에는 김일성의 1966년의 교시에서 제안된 문자개혁에 관한 연구도 목격된다. 문자의 기계화를 위해서는 한글의 모양을 바꿀 필요가 있다는 것이다. 남한에서는 1960년대에 이 방면 연구에 착수했음을 이미 확인한 바 있고 지금도 민간단체에서 자율적으로 연구하고 있다. 방언을 연구하는 목적은 어디까지나 문화어가 될 수 있는 어휘를 발굴하는 데 있는 것이지 방언 체계나 국어사를 밝히는 일과는 직접 관계가 없었다. 일종의 관념론에 기울어진 방언 연구라 하겠다. 국어사 연구에 있어서는 공인된 신라어 중심의 이론을 비판하고 고구려어가 우리말의 기초 방언임을 주장하고 있다. 『조선민족어발전력사연구』(1978)에서는 민족어의 발전과정을 인민의 역사와 관련시키는 관념론적 접근을 표방하고 있다. 언어사실의 변화양상을 중심으로 실증론적으로 서술했다고 볼 수 있는 홍기문의 『조선어력사문법』(1966)과는 성격을 달리하고 있다. 시대가 내려올수록 김일성의 주체언어사상에 기반을 둔 방향으로 나아가고 있다. 문화어운동이 이 시기에 자리를 잡았다는 또 하나의 근거는 최정후의 『조선어학개론』(1983)에서 잘 드러난다. 이 책은 세 편으로 되어 있는데 제2편이 '조선문화어건설과 그 개화 발전'을 다루고 있다. 개설 서적에서 다룰 수 있을 정도로 문화어운동이 대중 속에 뿌리를 박고 있는 것이다. 갈수록 관념론을 부각시키는 방면으로 나아가고 있다.

이 시기에는 전문성을 띤 업적이 더 많이 나왔다. 사상성과 관련된 것으로는 다음과 같은 것이 있다.

(135) 사상성과 관련된 저술

- 『우리 당의 언어정책』(1976. 1. 20.)
- 『위대한 수령 김일성동지의 혁명적문풍』(1976. 12. 17.)
- 『위대한 수령 김일성동지의 로작 '조선어의 민족적특성을 옳게 살려 나갈데 대하여' 발표 10돐 · 기념 론문집』(1976)
- 『언어학 론문집 3』(1979)
- 『위대한 수령 김일성동지의 로작 용어사전』(1982. 4. 1.)
- 김정휘 · 정순기, 『주체의 언어리론 연구』(1982. 7. 30.)
- 『언어학 론문집 5』(1984)
- 『조선어학 론문집 6』(1985)
- 박수영, 『민족어를 발전시킨 경험』(1985. 3. 20.)

한편 언어사실에 관련되는 업적으로는 앞 시기보다 훨씬 다양하다. 우선 국어사정위원회에서는 『외국말적기법』(Ⅰ)을 내놓았다. 1969년의 『외국말적기법』을 수정 · 보충한 것이다. 중국어, 러시아어, 독일어, 영어, 프랑스어, 일본어, 스페인어, 라틴어를 적는 법을 포함하고 있다. 1969년의 표기법은 볼 수 없어 비교할 수 없고 1956년의 표기법과 비교할 때 크게 다 변화되어 있다. 앞서 말한 최정후의 『조선어학개론』은 문화어를 포함하여 언어 · 문자사, 어음론, 어휘론, 문법론을 포괄적으로 다루고 있다. 문자 · 음성 방면은 한영순의 『어음 및 글자론』(1976), 권종성의 『문자학개요』(1988)이 있다.

문법 방면은 앞서 언급한 두 문화어 문법 이외에 조선어학과 학생들의 전공 교재로 출판한 『문화어 형태론』(1980)과 『문화어문장론』(1983)이 있다. 『조선문화어문법규범』이 문법현상을 규범적으로 취급했다면 전자는 규범적 현상과 함께 특수한 사실도 다루었다. 1980년대 후반에 들어서는 문법의 분야를 형태 · 품사 · 단어조성 · 문장의 4부로 보고 그에 대한 이론 문법서를 편찬하였다. 조선어 이론문법은 규범문법이 해결하지 못하는 특수한 사실을 이론적으로 밝히는 것을 목적으로 삼고 있다. 리근영의 『조선어리론문법』(형태론, 1985), 고신숙의 『조선어리론문법』(품사론, 1987), 김동찬의 『조선어리론문법』(단어조성론, 1987), 김용구의 『조선어리론문법』(문장론, 1986)이 그것이다.

사전으로는 『현대조선말사전』 제2판(1981)이 나왔다. 김일성의 탄생 70돌을 맞은 기념 출판이다. 이와 관련된 업적으로는 『다듬은 말묶음』(1977), 박용순의 『조선어문체론』(1978), 『우리말 어휘 및 표현』(1979), 최완호 · 문영호의 『조선어어휘론 연구』(1980), 김병제의 『방언사전』(1980), 『조선속담』(1984), 정순기 · 리기원의 『사전편찬리론연구』(1984), 박상훈 · 리근영 · 고신숙의 『우리 나라에서의 어휘정리』(1986)이 있다.

국어사 및 국어학사를 다룬 것은 앞에서 언급한 『조선민족어발전력사연구』(1978) 이외, 렴종률의 『조선어문법사』(1980), 류렬의 『세 나라 시기의 리두에 대한 연구』(1983) · 『조선어학사』(1984) 등이 눈에 띈다. 또 실제의 언어생활에 도움이 되는 『글쓰기 참고자료』(1979, 1981 수정판), 『조선말례절법』(1983) 등도 들 수 있다. 마지막은 남한에서 나온 여증동의 『한국가정언어』(1985)와 비슷한 성격을 띠고 있다.

이 시기에는 개인 명의로 된 책이 많이 늘어났다. 특수분야일수록 그런 사실이 심하다는 사실을 알 수 있다. 출판사도 앞 시기는 "사회과학원 출판사"가 대부분을 차지했는데 특히 1978년부터는 많은 책이 "과학, 백과사전 출판사"에서 나왔다.

이 시기에도 북한은 남한의 언어정책을 신랄하게 비판한다. 「우리 민중은 박정희 일당의 국어순화운동에 속지 않는다」를 통하여 남한의 "국어순화운동"을 문화어운동의 관점에서 비판을 가하고 있다. 이에 대해 남한과 독일, 미국 등 자유세계에서는 북한어의 실상을 연구하여 그 이질화를 어떻게 해소할 것인가에 대한 연구가 많이 나왔다.

이곳에서 특기할 것은 1987년과 1988년에 서울대학교와 베를린 자유대학이 번갈아 서울(1987)과 베를린(1988)에서 "한독 분단의 결과와 재통일을 위한 회의"를 개최하였다는 사실이다. 언어 · 문학, 정치, 경제, 사회, 심리의 제 분야에 걸쳐 문제점을 극복하여 재통일을 성취하는 방안을 폭넓게 논의하였다.

여기서 한 가지 덧붙여 둘 것은 김민수 교수가 고려대학교 학생들과 함께 『북한의 조선어 연구사』 4권을 펴 내었다는 점이다. 김 교수는 고려대학교 아세아문제연구소를 거점으로 자료를 모아 이를 토대로 『북한의 국어연구』를 내었거니와 이후에도 이 방면에 대한 연구를 계속하여 후학들과 함께 위의 책을 편찬하였던 것이다. 이 책 4권만 가지면 적어도 북한의 우리말 연구의 어제와 오늘에 관한 한 주요한 길잡이 역할을 할 수 있다.

제5기(1992~2005): 개방시대

앞에서 언급한 바와 같이, 남북한이 UN에 동시 가입한 1992년부터 제5기가 시작되는 것으로 보기로 한다. 개방시대를 1992년으로 잡았지만 물꼬를 튼 것은 1990년 여름이었다. 이중언어학회는 박영순 교수(고려대)를 단장으로 하여 중국의 상해와 연변, 그리고 소련의 중앙 아시아에서 처음으로 공산권 학자들과 얼굴을 마주 대고 우리 어문의 제 문제를 중심으로 자유롭게 토론을 전개함으로써 개방 시대의 서막(序幕)을 올렸다. 특히 한국학자들은 제3국을 통하여 특수 비자를 내어 국교가 수립되지 않은 중국을 방문하였다. 중국의 조선족들이 자라나는 어린이들에게 중국어와 함께 모국어인 우리말을 가르치려고 피눈물 나는 노력을 기울인다는 보고를 접하고 모두 눈시울을 적셨다는 사실이 신문에 보도되기까지 하였다. 사실

한국의 "이중언어학계"와 중국의 연변대학을 중심으로 한 중국의 "조선어학계"는 남북으로 분화되어 있는 철자법과 문법체계를 통일하는 것이 급선무라는 점에 의견의 일치를 보았다. 중국의 조선족은 해방 전에는 반도에서 나온 책, 이를테면 최현배의 『중등조선말본』 등을 통하여 모국어를 익혔으며 해방 후에는 연변대학에 개설된 조선어문학과에서 우리말 강좌를 개설하여 모국어를 가르쳤다. 조선족 사회의 모국어 보급에 중추적 역할을 한 사람은 이호원인데 그는 경성사범학교 학생으로서 조선어 강습원에서 주시경으로부터 국어 문법을 배운 사람이었다. 오늘날 중국에서 우리말 연구에 종사해 온 조선족 학자들이 모두 그로부터 직접 간접으로 가르침을 받은 사람들이었다. 이중언어학회는 이어 중앙 아시아의 고려인 사회를 방문하여 그곳의 모국어 보존실태를 점검하기도 하였다.

당시까지 금기시되어 있던 공산권과의 교류에 물꼬를 튼 사건은 "제24회 서울 올림픽(1988)"이었다. 공산권은 북한만 제외하고는 거의 다 올림픽에 참가하였다. 올림픽이 끝난 다음해 1990년 1월에 《동아일보》는 김민수 교수(고려대)와 필자에게 의뢰하여 "蘇(소) 中(중) 속의 한국어—얼마나 달라졌나"라는 주제의 글을 연 3일에 걸쳐 보도하기도 하였다. 올림픽을 계기로 하여 언론기관의 기자들이 중국과 소련을 방문할 기회가 많아지자 교민들과의 의사소통에 불편이 많아 이를 해소하는 의미에서 두 지역의 우리말의 특징을 평설하는 기획 특집을 마련한 것이다.

중국의 상해와 연변의 회의에 이어 공산권 지역의 재외교민이나 북한학자들을 만날 기회가 조금씩 잦아지기 시작하였다. 1992년 8월에 미국 워싱턴에서 열린 국제한국어학자 회의에서는 연변대학의 허동진 교수가 참석하였다. 1993년 1월에는 일본 오사카에서 이중언어학회 국제대회가 열렸으나 북한 학자들은 한 사람도 참석하지 않았다. 그런데 1993년 8월에는 국제 고려학회 주최로 북경에서 "통일을 지향하는 언어와 철학"이라는 회의를 열었다. 이 자리에는 북한 과학원의 어학과 철학 교수들이 참석하여 뜻이 매우 깊었다. 남한에는 국어학에 김민수(고려대), 박갑수(서울대), 심재기(서울대), 그리고 고영근(서울대)이었다. 철학에는 이삼열 교수(숭실대) 등 몇 분이 참석하였다. 남북한 국어학자들과 철학자들이 처음으로 머리를 맞대고 토론을 전개하였다는 점에서 의의가 컸다고 하겠다. 헤어지는 마당에서는 울음을 터뜨리는 일까지 있었다.

1995년 7월에는 국립국어연구원의 지원으로 저자 고영근은 임동훈 연구사(현재 이화여대 교수)를 대동하고 중국 심양의 조선족 교사에 대한 강습을 2주 동안 실시하였으며 1996년 8월 초에 북한 국어사정위원회와 중국 조선어사정위원회와의 공동으로 중국 장춘에서 한글 맞춤법, 외래어 표기법, 문장 부호, 띄어쓰기를 주제로 회의를 열었다. 한국 측은 안병희, 임홍빈, 서종학 교수와 양명희 학예 연구사(현재 중앙대 교수)가, 북한 측은 사회과학원과 국어사정위원회의 심병호, 선우용하, 최정, 한선희가 참석하였다. 합의사항은 앞으로 어문규범을 바꿀 때에는 지금보다 차이가 나지 않도록 한다는 것이었다. 이런 행사는 그 뒤에도 이어졌는데 대체로 다음 두 그룹으로 나누어 실시되었다.

첫째는 국내 전문가의 국외 파견이요, 둘째는 국외 한국어 전문가의 초청이었다. 그 내역을 보면 다음과 같다.

(136) 국내 전문가의 국외 파견과 국외 전문가의 국내 초청

(가) 국내 한국어 전문가의 국외 파견

1) 재미 한국학교협의회(NAKS)의 한국어교사 집중연수회: 매년 여름 진행, 2020년은 코로나 상황으로 취소, 2021년은 온라인으로 진행.

2) 서(西)일본 지역 한국어교사 연수회: 매년 진행, 2020~2021년은 코로나 상황으로 취소. 기타 국제 교류가 필요한 경우가 생기면 의사 결정 과정을 거쳐 추진함.

(나) 국외 한국어 전문가 초청 사업

재외공관(대사관)의 추천을 받아 해외 대학에서 한국어교육을 담당하는 외국인 교수(강사)를 한국에 초청하여 연수를 진행하는 사업.

1990년대에는 대한민국 학술원에서 운소 중심의 『한국언어지도집』(1993)을 내는가 하면 각 지역별 방언 사전도 많이 내었다. 북한은 북한대로 『조선어학전서』를 대규모로 저술하는가 하면 사전도 그때그때의 필요에 따라 편찬하곤 하였었다. 이들 업적 가운데서 언어 지도집은 방언 조사와 같은 실증적 연구를 토대로 하였다는 점에서 그 가치가 돋보인다. 지역별 성조에 대한 이해는 각 도 사이의 의사소통을 원만하게 하는 데 기여할 수 있다는 점에서 관념론적 기여도 적지 않으리라 생각한다.

남한의 문화관광부는 2000년에 그 사이 표류해 오던 로마자 표기법을 국어의 표준발음에 따라 적되 로마자 이외의 부호는 적지 않는다는 내용 등이 포함된 규정을 포함함으로써 수십년간 끌어 오던 한글의 로마자 표기법을 공포하였다.

제5기는 김정일의 언어이론이 가시화하는 시기로도 볼 수 있다. 김정일의 언어이론은 최정후의 『친애하는 지도자 김정일동지의 언어 리론 연구』(1990)에 가장 소상하게 나타나 있으며 그 밖에도 『조선어문』과 『문화어학습』에 실린 강창조, 김병삼, 김영일, 김용구, 김영황, 최정후 등의 저작물에서도 대동소이한 내용을 접할 수 있다. 최정후의 책은 본론 3부가 핵이 되고 이에 머리말과 맺는말이 붙어 구성되어 있다. 각 부문의 제목과 주요 내용을 보이면 다음과 같다.

(137) 『친애하는 지도자 김정일동지의 언어리론 연구』의 구성
가. 머리말
나. 언어: 언어와 언어 행위의 본질적 특성/언어와 민족의 호상 관계
다. 언어 발전: 언어 발전에 작용하는 요인/문화어 건설/문화어는 우리

민족어의 본보기

라. 언어 생활: 언어 생활에서의 주체 확립/언어 생활에서의 통속성/언어 생활에서의 문화성/언어 사용 규범의 준수와 말과 글의 표현적 질 제고

마. 맺는말

(137가)에서 최정후는 김정일의 언어이론이 김일성의 주체언어이론을 더 높은 단계로 발전시킨 것이라고 평가하였다. 최정후는 김정일 시대는 지난 시기와는 다른 언어 문제가 많다고 말하고 이를 다음과 같이 명세하였다.

(138) 가. 제국주의 침략자들의 민족어 말살 정책으로부터 민족어를 고수하는 문제

나. 분열된 나라에서 민족어를 통일적으로 발전시키는 문제

다. 식민지 예속에서 해방된 인민들이 자기 민족어를 건설하고 발전시키는 문제

라. 해외 교포들의 민족어 문제와 다민족 국가들에 있어서의 언어 문제

김일성 시대의 주체언어이론과 비교해 보면 (138가, 다)는 큰 차이가 없고 (138나)는 강도가 높아졌으며 (138라)는 새로이 추가된 항목이다. (138라)는 소련 연방의 붕괴와 독일의 통일이 계기가 되어 옛 소련과 중국 등에 흩어져 사는 한인교포들이 북한의 영향권에서 이탈하지 않을까 하는 점을 염두에 둔 발언으로 보인다.

(137나)에서 최정후는 '언어'를 '언어와 언어 행위의 본질적 특성'과 '언어와 민족의 호상관계'의 두 항목으로 정리하였다.

먼저 전자에 대한 견해를 검토해 보기로 한다.

(139) 언어와 언어 행위의 본질적 특성
가. 언어의 본질적 특성
나. 언어 행위의 본질적 특성

(139가)에서는 김정일이 언어와 사유, 언어와 인간 활동과의 관계, 언어의 기능 등에 대한 심오한 분석에 기초하여 언어와 언어 행위의 본질적 특성에 관한 문제를 새롭게 해명하였다고 해석하면서 다음 5개 항목에 걸쳐 그 내용을 명세하였다.

(139가′) ① 언어는 사람들의 사상을 형성하고 보존함.
② 언어는 혁명과 건설의 중요한 무기임.
③ 언어는 사회주의적 민족문화 건설의 필수적 수단임.
④ 언어는 문화의 민족적 특성을 특징짓는 중요한 표징임.

(139가′)의 내용도 표현에 있어서는 차이가 없지 않으나 대체로 김일성의 주체언어이론과 맥을 같이한다. 소련의 유물론과 주체언어이론에 있어서는 언어가 혁명과 건설의 수단이라고 명언하였으나 김정일의 시대에 와서는 그 내용을 많이 불렸다. 그중 눈에 띄는 특징은 언어가 사회개조, 자연개조, 인간개조의 필수적 무기라는 점을 강조하고 있다. 언어가 인간과 사회를 개조하는 필수적 무기라는 것은 어느 정도 설득력이 있지마는 자연을 개조한다는 점은 석연치 않아 보인다. 자연개조와 언어의 관계에 관하여 최정후는 다음과 같은 견해를 피력하고 있다.

(139가′②′) 사람들이 살며 발전하려면 반드시 먹고 입고 쓰고 사는데 필요한 물질적 부를 생산하여야 한다. 그러므로 경제는 자연을 정복하기 위한 사람들의 창조적 활동 분야이며 사회 생활의 물질적 기초를 이룬다. 이와 같은 경제는 언어를 떠나서는 발전할 수 없다. 그것은 경제 법칙을 인식하고 리용하는 과정이 언어를 수단으로 하

여 진행되기 때문이다. (14쪽, 원문대로)

경제를 발전시키는 것이 반드시 자연뿐인가도 문제를 내포하고 있으며 경제법칙을 이용하고 인식하는 과정이 언어를 이용한다는 것은 (139가′①)에서도 얼마든지 그 중요성을 반영시킬 수 있다.

(139나)의 '언어 행위의 본질적 특성'은 이전의 주체언어이론 시대에는 볼 수 없던 새로운 강령으로 보인다. 언어가 사람들의 교제와 사상교환의 수단이라면 언어행위는 그 수단을 이용하는 사람들의 활동이라고 규정하는 최정후는 언어행위는 어디까지나 개성적 성격을 띤다고 하면서 다음과 같이 말하고 있다.

> (139나′) 같은 사상적 내용이라도 어떤 사람은 언어적 수단과 수법을 능숙하게 리용하고 그것을 론리정연하고 쉽게 표현하며 어떤 사람들은 힘든 표현과 까다로운 론리로 어렵게 표현한다. 이와 같이 언어 행위가 개인적인 것으로 하여 거기에는 언어를 구사하는 사람들의 사상 감정, 기호와 취미 등 개인들의 성격상 특징들이 반영되기 마련이다. (18~19쪽)

이전의 주체언어이론에서는 언어표현에 있어서 획일성을 강조하였는데 김정일 시대에 와서는 개인에 따라 언어행위가 다르다는 점을 부각시킨 것은 획일성보다는 다양성을 중시하는 주체 철학의 변용과 무관하지 않은 것 같다.

(137나)의 언어의 두 번째 특징인 '언어와 민족의 호상 관계'에서는 다음과 같이 그 내용을 명세하였다.

> (140) 언어와 민족의 호상관계
> 가. 언어는 민족을 특징짓는 가장 중요한 요소
> 나. 민족어와 민족문제

(140가)에서는 민족을 핏줄과 언어를 공유하는 집단으로서 규정하고 민족은 인종 및 종족과 구별되는 사회성을 띤 존재라고 보았다. 이 역시 유물론의 영향을 받은 지식체계이다. 언어가 민족을 특징짓는 중요한 징표가 된다는 것은 언어에 민족적 특성이 가장 많이 보존되기 때문이라고 보았다. 이 문제 역시 주체언어이론에서 늘 논의되던 것을 표현만 달리한 것으로 보인다. 민족적 특성이 언어에 가장 많이 보존되어 있다는 것은 그런대로 수긍이 가지 않은 바 아니나 관점에 따라서는 풍습과 민속 등에 오히려 민족적 특성이 더 오래 보존되는 사례를 어떻게 설명해야 할지 궁금한 것이 많다. 지금 중국의 소수 민족 가운데는 언어는 잃어버려도 민속은 그대로 보존되는 경우가 적지 않다.

(140나)에서는 주로 해외동포들의 민족문제에 대하여 언급하였다. 아무리 해외에 살고 있다고 하더라도 민족의 가장 중요한 징표인 언어를 보존하고 있으면 민족적 정체성을 잃지 않는다는 것을 내용으로 하고 있다. 해외 동포들이 현지어와 민족어를 동시에 익히면 동족의식을 지닐 수 있다는 뜻이다. 이는 남북이 협력하여 앞으로의 교민정책에 반영할 수 있는 바람직한 언어정책으로 보인다. 그리고 김정일 시대에 와서 특히 민족이 중시되는 것은 민족을 이데올로기에 우선하는 최근의 북한 사상계의 움직임과 무관하지 않은 것 같다(뒤에 나옴).

(137다)의 '언어 발전'(204쪽)은 3개 부문으로 구성되어 있는데 그 중 '언어 발전'에 작용하는 요인을 들면 다음과 같다.

(141) 언어 발전에 작용하는 요인
가. 언어 발전에 작용하는 객관적 요인
나. 언어 발전에 작용하는 주체적 요인

(141가)에서는 언어 발전에 미치는 객관적 요인으로 노동과 사람들의 사회생활을 들었다. 언어발전이 노동과 관련되어 있다는 것은 변증법적 유

물론에서 영향을 받은 것이며 언어가 사회생활과 관련을 맺고 있다는 것은 일찍이 주시경이 설파한 바 있고 북한이 초기부터 내세워 오던 사회학적인 언어관으로 특별히 새로운 것이 아니다.

(141나)는 언어의 발전이 언어대중에 의하여 결정된다는 뜻이다. 역사의 주체인 인민대중은 언어의 창조자일 뿐만 아니라 그 발전을 추진하는 존재로 보고 있다. 이곳의 언어발전의 두 요인 역시 유물론적 언어철학에 영향을 받아 형성된 견해로서 김일성의 주체언어이론에서 이미 확립되어 있었다. 이러한 견해는 개화기의 주시경이 이미 거론한 바 있고 그 뒤의 박승빈과 최현배, 이희승, 조윤제, 권영달 등도 비슷한 견해를 내세운 바 있는 일종의 해석학적 언어철학으로서 일제시대의 우리 민족어 수호운동의 중요한 철학적 기반이었다.

언어의 발전이 인위적으로 이루어지느냐 아니면 자연적으로 이루어지느냐는 사람에 따라 견해가 다를 수 있지만 너무 조여 매는 것도 능사가 아니고 그렇다고 방임해 두는 것도 권장할 만한 태도가 아니라고 생각한다. 북한은 언어의 발전을 위하여 너무 조여 매는 정책을 펴 왔다. 1970년대에 들어와서 문화어운동을 일으키면서 많은 고유어를 새로 만들었지만 그 가운데는 실패한 것이 적지 않다는 사실을 명심할 필요가 있다. 고삐줄을 당기되 궁극적으로는 대중의 선택에 방임하는 정책의 수행이 언어의 발전을 다그치는 길이라고 믿는다.

(137다)의 '문화어 건설'은 다음 4개 조항으로 구성되어 있다.

(142) 문화어 건설
가. 문화어 건설의 필요성
나. 문화어 건설에서 기준으로 삼아야 할 말
다. 말다듬기 사업(어휘정리)
라. 낡은 어휘의 정리와 새말 창조

(142가)는 우리말에 침투되어 있는 한자어를 비롯하여 외래어를 정리하고 잡탕말이 된 남한의 언어를 순화시키려면 문화어를 건설하지 않을 수 없다는 뜻이다. 이곳에서 최정후는 평양을 중심으로 다듬어지고 발전된 문화어를 '본보기말'이라고 불렀다. 본보기말이란 우리 민족이 누구나 따라 배울 수 있는 모범적인 언어란 뜻이다. 주체의 언어이론에서는 문화어가 가장 잘 다듬어진 한반도의 표준어라고 하였는데 '본보기'란 말을 사용하여 문화어의 지위를 한층 더 높이고 있다. 이와 함께 북한은 한반도의 기층어가 고구려어라는 주체언어이론 시대의 견해를 그대로 반복하고 있다. 언어자료를 통하여 세 나라의 언어실상을 검증하기보다는 현재의 북한 정권의 정통성을 뒷받침하는 매우 관념적이고 선험적인 논리를 전개하고 있다.

(142나)는 문화어 건설에서 기준으로 삼아야 할 언어는 평양말이라는 것이다. 그것은 평양이 조선 혁명의 심장이며 민족어의 주체적이며 통일적인 발전을 위한 사회 정치적 및 지역적 거점이 된다고 보기 때문이다. 현대의 북한 문화어가 표방하고 있는 "평양말"은 표현이 그러하지, 사실은 사회주의와 관련되는 소수의 전문적인 어휘를 제외하고는 한반도 전체에 통용되는 공통어를 달리 표현한 것이다. 일제 강점기의 "표준말"도 수천년 전부터 확립되어 왔던 한반도 공통어를 기반으로 하여 사정(査定)되었고, 북한의 "문화어"도 일제 강점기의 표준말에 윤색(潤色)을 가한 것이며 역사적으로는 자연스럽게 성립된 한반도 공통어에 그 뿌리를 두고 있어 질적으로 큰 차이가 있는 것이 아니다.

(142다)는 말다듬기 사업이 한자말과 외래어를 정리하여 민족적 주체성을 올바로 살려 나가야 한다는 뜻이다. 어휘구성 속에 외래적 요소가 많이 끼어 들면 민족어의 품위가 떨어지며 언어의 기능도 높이 발휘될 수 없어 언어를 주체성 있게 발전시키지 못한다는 것이다. 말다듬기와 같은 어휘 정리 사업은 김일성 시대에도 줄기차게 추진되어 온 것으로 특별한 내용

을 담고 있지 않다. 어려운 한자어를 정리하고 외래어를 퇴치(退治)시키자는 구호는 개화기의 주시경으로부터 일제 강점기를 거쳐 해방 후 지금까지 남북이 다 같이 고민해 온 우리말 순화 동의 연장선상에 있다는 것을 명심할 필요가 있다.

(142라)는 낡은 어휘를 골라내어 정리하게 되면 민족어를 주체성 있게 발전시킬 수 있다는 뜻이다. 특히 김정일은 새말을 창조하는 데 있어서 작가들의 역할을 강조하였다. 작가들은 시대의 미감에 맞는 말을 창조하도록 노력할 것을 교시하였다는 것이다. 새말을 만들 때에는 복고주의적 태도를 버리는 것이 중요하다고 보았다. 복고주의란 낡은 말을 되살려 쓰는 것을 말한다. 시인이나 작가들은 낡은 말을 되찾아 활력을 불어넣어 우리말의 어휘를 더 풍부하게 하는 일이 더 중요하다고 믿는데 복고주의적 태도를 버리라고 함은 설득력이 약한 주장이 아닌가 한다.

(137다)의 마지막 조항인 '문화어는 우리 민족어의 본보기'는 다음 2개 부분을 포괄하고 있다.

(143) 문화어는 우리 민족어의 본보기
가. 문화어는 전투적이고 아름다운 말이며 새 시대 새 생활에 맞는 말
나. 문화어는 인민대중의 교양과 혁명적인 생활기풍을 세우는데 적극 이바지하는 말

(143가)에서 문화어가 전투적이라는 말은 혁명적으로 세련되고 노동계급적 특징이 뚜렷하다는 뜻이다. 문화어가 아름답다는 것은 역사의 주체인 근로 인민대중의 요구와 지향에 맞는다는 뜻이다. 전투적인 말이 어떻게 아름다울 수 있는지 앞뒤가 맞지 않는 측면이 없지 아니하다. 전투적임과 아름다움의 두 가지 속성을 갖추고 있기 때문에 문화어가 우리 민족어의 본보기가 될 수 있다고 보고 있다. 이념에 기울어진, 사상성과 관련된 정의로밖에 해석되지 않는다. (143나)는 문화어가 노동계급의 지향과 요구에

맞게 발전된 언어이기 때문에 인민대중의 교양을 높이고 건전한 생활기풍을 세우는 데 적극적으로 이바지할 수 있다는 뜻이다. 문화어의 속성을 (143가)와 같이 규정한 이상, 문화어의 기능을 (143나)와 같이 보지 않을 수 없다고 생각한다. 요컨대 문화어를 우리 민족어의 본보기라고 하는 것은 김일성의 주체언어이론이나 김정일의 언어이론에 기울어진 해석으로서 과연 한반도를 비롯하여 전 세계에 흩어져 사는 한 민족 전체의 동의(同意)를 받을 수 있을지 의심되는 바 적지 않다.

(137라)의 '언어 생활'의 4개 조항 중 첫째 조항인 '언어 생활에서의 주체 확립'을 검토하기로 한다. 언어생활에서도 주체를 세워 우수한 우리말을 잘 살려 써야 언어생활기풍을 바로 세울 수 있고 동시에 민족어를 주체적으로 발전시킬 수 있다고 하는 것이다. 이곳에서는 한자어나 외래어를 분별없이 사용하는 것을 극복하는 문제를 비롯하여 고유어를 뼈대로 삼아 언어생활을 영위해야 한다는 내용을 포함하고 있다. 이런 토대 위에서만 민족적 자존심과 민족적 자부심이 높아지게 된다고 보는 것이다. 김정일이 주장하는 언어생활에서의 주체 확립은 사실 김일성의 주체언어이론과 큰 차이가 없다.

(137라)의 둘째 조항인 '언어 생활에서의 통속성'이란 언어생활에서 인민성을 규정하는 중요한 징표로 규정된다. 이를테면 노동가요가 부르기 쉽게 지어지거나 강연이 짧으면서도 내용이 풍부하면 그만큼 통속성이 보장된다고 보는 것이다. 최정후는 이 밖에도 기자가 신문 기사를 쉽게 쓴다든지 작가가 쉬운 말로 작품을 써서 독자가 이해하기 쉽도록 하는 것을 모두 언어생활의 통속성과 관련되는 것으로 해석하였다. 언어생활에서 통속성을 견지하려면 문법적 질서를 지키고 어휘를 잘 골라 써야 한다는 점도 아울러 강조하고 있다. 복합문보다 입말투의 단순문이 통속성에 맞으며 논리적이고 설득력 있는 글 또한 인민성이 보장된다고 하였다. 언어생활의 통속성 또한 김일성의 주체언어이론과 큰 차이가 없다.

(137라)의 셋째 조항인 '언어 생활에서의 문화성'이란 것은 말을 문화적으로 하고 글을 문화적으로 쓴다는 뜻이다. 예절 바른 언어생활을 한다든지, 낡고 저속한 말을 사용하지 않는다든지 하는 것이 모두 언어의 문화성과 관계된다. 최정후는 남한의 말이 바로 문화성을 잃은 말씨라고 비판하고 있다. 최정후는 언어의 문화성을 높이려면 교육기관에서 문화어 교육을 철저히 시켜야 한다는 김정일의 말을 인용하였다. 김정일 시대의 언어생활의 문화성도 김일성 시대의 것을 그대로 반복한 것이 적지 않다.

(137라)의 넷째 조항인 '언어 사용 규범의 준수와 말과 글의 표현적 질 제고'에서는 다음의 두 항목에 걸쳐 내용을 설명하였다.

(144) 가. 언어사용규범의 준수
　　　나. 말과 글의 표현적 질 제고

(144가)는 언어규범은 문화어의 본보기말인 평양말을 대상으로 한 것이기 때문에 이를 철저히 지켜야 한다는 점을 강조하였다. 언어가 변하면 규범도 변하게 마련이며 낡은 규범을 따르지 말고 새 규범을 따라야 한다고 하였다. 이곳에서 말하는 새 규범이란 1980년 후반에 개정된 『조선말규범집』(1988)을 가리킨다. 김동찬은 언어를 규범으로 간주하는 견해를 피력하고 있는데 북한이 어느 정도 언어에 인위적인 손질을 가하는가 하는 것을 엿볼 수 있다. (나)는 말과 글에서 간결성을 보장하기 위하여는 장황한 서술, 불필요한 중복, 쓸데없는 군더더기를 철저히 극복해야 한다는 점을 지적하였다. 이 점 역시 김일성의 주체언어이론의 시대에 확립된 내용과 큰 차이가 없다. 그러나 북한의 사상 관계의 저술을 보면 동어반복적인 표현이 너무 많아 읽는 이로 하여금 혐오증을 불러일으키는 경우가 적지 않은데 이를 어떻게 보는지 궁금한 점이 많다.

(137마)의 '맺는말'에서는 김정일의 언어 이론의 특수성을 휘갑하였다.

이를 간추리면 다음과 같다.

(145) 김정일의 언어 이론의 특수성
가. 언어와 언어 행위의 본성과 특성을 새롭게 천명함.
나. 언어는 혁명과 건설에 무기라는 사실을 체계화함.
다. 언어는 사람들의 목적 의식적 작용에 의해 발전함.

(145가)에서 언어행위의 특성을 덧붙인 것만 다소 특이하고 나머지는 이전과 큰 차이가 없다. (145나)는 혁명과 건설의 대상을 인간, 사회, 자연으로 범위를 넓혀 모든 경우에 언어가 개조의 역할을 한다고 하였는데 이는 이전의 언어이론에서는 볼 수 없었던 사항이다. (145다)는 우리의 선학과 유물론자들이 한결같이 부르짖었던 명제로서 특별히 새로운 것이 없다.

최정후의 책에서는 명시되지 않았지만 김정일 시대에 와서는 방언연구의 목적이 달라진 점을 지적할 수 있다. 김정일이 방언은 역사적 유물인 만큼 이를 잘 연구하면 민족과 민족어의 역사를 밝힐 수 있다고 한 점을 부각시키면서 방언연구의 중요성을 강조하였음을 지적하기도 하였다. 김일성 시대에는 방언은 문화어의 곁가지로서 언젠가는 없어져야 하며 문화어를 확충시키는 수단으로서만 연구의 가치를 인정하였는데 김정일 시대에 와서는 이렇게 방언 연구의 목적이 달라졌다. 이러한 흐름 역시 이데올로기보다는 민족을 중시하는 최근의 사상적 동향과 관계를 맺고 있지 않은가 한다.

사실 최정후의 『친애하는 지도자 김정일동지의 언어리론 연구』(1990)은 『주체문학론』(1992)에서 더 구체화되었다. 『주체문학론』은 작가들이 문학작품을 창작할 때 언어를 어떻게 하면 알기 쉽게 표현하고 문화성을 띠도록 해야 할 것인가를 중점적으로 다루고 있다. 최근의 『문화어학습』에는 김일성의 1차담화(1964)와, 당시 김일성대학 학생이던 김정일이 김일성의 두 담화를 뒷받침하는 담화를 학생들에게 들려 주었다는 자료가 나오고 있는데 진실성이 의심되는 점이 적지 않다. 그것은 어쨌든 통일 언어 철학을 세움에 있어서 김일성과 김정일의 손으로 마련되었다는 (145)의 명제들을 어떤 방식으로 수용해야 할까.

북한은 광복후 50여 년에 걸쳐 우리말과 글에 대한 업적을 주로 관념론과 유물론에 의거하여 쌓아 왔는데 2005년에는 주체의 언어이론으로부터 어학사, 말소리, 문법, 의미 · 어휘, 언어사, 언어공학, 언어규범, 사전편찬 등 10개 분야에 걸쳐 그 성과를 종합하였다. 북한의 우리말 연구에 대하여는 김민수 교수가 1991년에 어학사적인 관점과 서지 · 문헌적 관점에서 총정리하였음을 보았는데 이번에는 북한에서 지난 50여 년 동안 유물론적 관점과 주체사상의 관점에서 쌓아 올린 우리 어문에 관한 성과를 종합한 것이다. 이 모두 관념론에 근거한 우리말 연구의 성과인 것이다.

2.7. 협력시대의 어문 문제(2005~)

제6기를 "협력시대"라 함은 2005년 2월에 "겨레말 사전 남북 공동회의"가 열린 것을 기준으로 삼았기 때문이다. 우리말 사전을 공동으로 편찬한다는 것은 이전의 개방시대를 거쳐 협력시대로 진입하였다는 것을 의미한다. 겨레말 사전 편찬의 직접적 동기는 1989년 사회운동가인 목사 문익환이 북한의 주석 김일성을 만났을 때 발의되었고 2005년 2월에 사전편찬을 위한 남북공동회의가 시작되면서 구체화되었다. 저자가 2005년을 협력시대로 본 것은 이때부터 남북이 머리를 맞대고 우리의 언어문화가 영글어 형성된 우리말 어휘를 한 그릇에 담는 사전을 공동으로 편찬하기 시작하였기 때문이다. 우선 『겨레말큰사전』 공동편찬위원회 결성식 공동 보도문을 보기로 한다.

(146) 남과 북의 언어학자들은 내외의 커다란 관심 속에 2005년 2월 20일 금강산에서 역사적인 6.15 공동 선언을 실천하고 민족의 단합과 조국통일에 이바지하기 위하여 민족어 공동사전 편찬을 위한 공동편찬위원회 결성식을 가졌다. 남과 북의 언어학자들은 민족어 공동사전을 우리말과 글의 민족적 특성을 높이 발양시키고 통일의 시대적 요구를 반영하며 오랜 역사를 통하여 창조된 우리 민족어 유산을 총 집대성한 겨레말 총서를 편찬하기로 하였다.

남과 북의 언어학자들은 『겨레말큰사전』 공동 편찬위원회를 한 분기에 한 번씩 합의되는 장소에서 진행하며 여기에서 사전편찬과 관련한 제반 문제들을 협의 · 결정하기로 하였다.

2005년 7월에는 『겨레말 큰사전』 편찬요강이 작성되기 시작하여 2015년 12월까지 제25차 회의가 열렸었다. 그러나 그 이후는 북측의 불참으로 회의가 성립되지 못하였다. 이에 남측은 단독으로 종이 형식의 임시 가책을 제작하여 2021년 4월부터 국회의사당 본관에 전시하고 있다. 회의가 다시 열려 조만간 북측에서 검토결과를 보내오면 보완작업을 거쳐 정식책자로 간행될 것이다.

2009년 11월로 기억된다. 저자는 당시 "언어유형론" 연구차 독일 남부 콘스탄츠(Konstanz) 대학에 머물고 있었는데 사전편찬 보고서에 대한 평가를 부탁해 와 강평을 보낸 일이 있다. 사실 저자는 1987년에 서울에서 열린 "한독 분단의 문제점과 극복"이라는 주제의 토론회를 가진 일이 있는데 그때 저자는 남북한 어휘를 망라한 우리말사전 편찬을 제안한 일이 있다. 이는 뒤의 〈내용 보충〉에 옮겨 싣기로 한다.

남북의 국어학계, 곧 우리말글 연구학계는 개화기로부터 일제강점기 36년을 거쳐 분단 70여 년에 이르는 동안 문자 · 음운으로부터 문법과 어휘에 이르기까지 방대한 양의 업적을 쌓아 왔다. 시기별 우리말의 모습과 이를 종으로 이어 변천사를 엮는가 하면 개별방언의 모습을 부각시키는 업적이 줄지어 얼굴을 내밀었다.

이 시기의 사건으로 잊어서는 안 될 것은 외국어 내지 제2언어로서의 "우리말"을 교수 · 보급하는 기능을 띤 "세종학당"의 설립이다. 우리말은 특히 20세기 후반으로 접어들면서 한류(韓流)의 영향으로 외국어로서 우리말을 배우는 기운이 성숙해져 세계 각처에 우리말을 가르치는 기구가 생기는가 하면 전공학과로서의 "한국어문학과" 내지 "한국학과"가 우후죽순(雨後竹筍)처럼 설립되어 왔었다. 이에 정부는 국어 기본법 제19조 2에 근거하여 "세종학당재단"(KSIF)을 세우고 2012년 10월 9일에 "세종학당"을 출범시켰다. 이는 독일어를 대외적으로 보급하는 "Goethe Institut"를 본따서 한글을 제정한 세종대왕의 "세종"을 따 온 것으로 보인다. 세종학당은 2021년 6월 현재 82개국에 234 곳에 설치되어 있다. "한국어 능력 시험"도 부과하여 외국어로서의 우리말의 위상을 높여 주고 있다. 1950, 60년대에는 외국에서 우리말을 학습하는 외국인 학생들이 우리말 교재가 남의 눈에 띄지 않게 감추고 다녔었다는 일화와 관련시키면 격세지감(隔世之感)이 없지 않다.

이곳에서는 마지막으로 통일언어철학의 탐색 방향을 소묘함으로써 해석학적 언어철학에 기댄 통일언어철학을 가시화해 보고자 한다. 저자는 2004년에 남한의 "한국학 중앙 연구원"과 북한의 "사회과학원"이 평양에서 공동으로 개최하기로 한 「화해와 협력 시대의 한국학」(2004. 8. 3~7) 회의에 초청을 받아 "통일 언어 철학의 탐색 방향"이라는 원고를 작성한 일이 있다. 이곳에서는 당시 준비하였던 원고를 부분적으로 발췌하여 결론을 삼으려고 한다. 개화기로부터 일제강점기를 거쳐 해방 후의 남북의 언어철학을 개관함으로써 저자 나름의 통일언어철학을 세워 보고자 한다.

우리의 선인들은 어떠한 언어철학을 짊어지고 문자생활을 영위하였을까. 고대의 우리 조상들은, 앞에서 본 바와 같이, 우리말을 적는 데 있어서 표의 문자인 한자만 가지고는 문자생활을 원만하게 할 수 없다고 보아 차자표기법을 고안하였고 중세에 와서는 그것만으로도 민중 전체가 향유할 수 있는 문자체계가 될 수 없다고 보아 한글을 창제하였다.

우리의 선인들은 우리나라와 중국은 풍토(자연 환경)가 다른 만큼 언어가 다르고 따라서 문자도 달라야 한다는 언어철학을 지니고 있었으며 이러한 생각은 개화기까지 지속되어 언어 문자를 독립의 가장 우선하는 요소로 간주하여 정서법을 개선하고 문법을 연구하기에 이르렀다. 일제 치하에서는 한 민족의 언어에 그 민족의 정신이 깃들어 있다는 해석학적 언어철학에 기대어 우리 어문의 표준화에 관련되는 여러 가지 사업을 추진하였다. 해석학적 언어철학이란 언어의 본질을 주체적인 인간과의 관계에서 이해하고 언어현상을 삶의 핵심으로 관찰하고 철학적으로 해석하는 언어철학의 한 갈래이다.

남한은 남북분단 이후에도 개화기와 일제강점기에 확립된 해석학적 언어철학을 등에 지고 국어교육을 통제하면서 국어순화운동을 추진하여 왔고 북한은 마르(<마르크스)와 스탈린의 언어이론을 수용하면서 주체언어철학을 세워 언어정책을 추진해 왔다. 해석학적 언어철학과 주체언어철학은 관념론과 유물론의 대립이어서 쉽사리 양립할 수 없다. 그러나 양쪽이 한 발자국씩 뒤로 물러나면서 손을 잡으면 전혀 결합의 가능성이 없지 않은 것 같다. 곧 "조화"와 "상생"(相生)의 철학을 지녀야 한다는 뜻이다. 다음은 이삼열 교수의 견해이다.

> (147) 우리의 통일의 과제는 우선 전쟁과 침략의 가능성을 배제하는 평화 체제의 수립을 촉진하는 데 있으며 (…) 각자의 특성과 장점을 살리면서 변증법적으로 통합해 나가는 것이 불가능하지 않다고 생각하는 바이다. 북쪽은 보다 민주적인 사회주의로, 남쪽은

보다 더 사회적인 민주주의로 변형 발전해 갈 때 우리 민족은 멀지 않은 장래에 우리의 역사와 문화와 민족성에 맞는 하나의 새로운 이념과, 민주적인 사회체제를 창출해 낼 수 있다고 믿는다.

북한은 지난 반세기 동안 언어가 건설과 혁명의 무기라는 유물론적 언어철학에 기대어 언어정화에 고삐를 늦추지 않았고 남한은 개방사회인 데다가 북한과 같은 이데올로기에 기울어진 언어철학을 등에 지고 있지 않았기 때문에, 언어를 다듬는다든지 하는 실천적 문제에 대하여 일관성 있는 정책을 추진하지 못하였다. 북한은 실천적 언어문제, 곧 관념론에 골몰하다 보니 언어구조나 체계에 관련된 문제, 곧 실증론은 자연히 소홀히 될 수밖에 없었고 남한은 체계나 구조에 관련된 실증론에 많은 성과를 거두어 왔다.

그러나 남한도 사람이나 학파에 따라서는 언어순화에 성과를 올리는 일이 없지 않았다. 국민교육에서는 주체성 있는 국어교육을 실시하고 있으며 북한도 1960년대 중반까지는 구조나 체계에 관련한 우수한 업적을 낸 바탕이 있기 때문에 남북 양쪽이 상대방의 장점을 수용하여 변증법적으로 통합해 나가면 제3의 공통된 언어철학을 세울 수 있다고 생각한다.

우리 민족은 수천년에 걸쳐 동아시아의 공동문어인 한문을 공용해 왔다. 그러면서도 민족어를 지키기 위하여 한자를 가공(加工)하거나 고유문자를 창안하여 민족어를 잃지 않고 그 나름대로 발전시켜 왔다. 지금은 남북 양쪽이 한글만으로 문자생활을 영위하고 있으나 밑바닥에는 한자어의 뿌리가 깊이 박혀 있으며 최근에 와서는 국제어인 영어와 서양의 대표적 문자인 로마자가 남한의 언어 · 문자 생활에 깊이 침투하고 있다. 중세에는 동아시아의 공동문어였던 한문과 민족어가 갈등을 일으키며 공존해 왔으나 현대에 와서는 민족어, 한자, 영어가 갈등을 일으키고 있다. 중세어와는 달리 민족어와 민족문자가 앞자리에 서는 것은 당연한 일이겠지만 그렇다고 한자를 우리의 문자생활에서 완전히 추방할 수 없다. 더구나 국제어의 역할을 하는 영어의 자유로운 이해와 구사(驅使)는 국제사회에서 한국의 위상을 높이고 신속한 정보교환과 직결된다는 점에서 섣불리 외면할 수 없다.

지난 반세기 동안, 정도의 차이는 있지만 남북 양쪽은 한자를 너무 홀대(忽待)하여 왔다. 학교에서는 한문교육을 실시한다고 하지만 현실생활에서 사용되지 않으니 자라나는 세대들은 한자에 눈이 어두울 수밖에 없다. 우리의 전통문화 유산이 대부분 한문으로 적혀 있고 한국 어휘의 70% 이상이 한자기원의 어휘로 되어 있으며 동양의 세 나라가 한자를 공용하는 마당에 한자를 외면한다는 것은 한국어의 자율적 발전을 위해서도 큰 도움이 되지 않는다. 민족어와 민족문자를 앞세우되 한자와 한문을 알파벳과 영어와 함께 종속적인 자리에서 공존하도록 하는 것도 앞으로의 통일언어 철학의 수립에서 명심해야 할 과제라 믿는다.

'통일'의 개념은 여러 가지로 생각할 수 있다. 정치적 통합이라면 남북이 한 나라가 됨을 뜻하고 국가연합이나 연방제라면 오히려 통합이라는 말이 더 어울릴 수 있다. 극단적으로 한반도에는 두 개의 국가가 영속(永續)될 수도 있다. 그런 일이 일어나더라도 우리는 문화적 통합만은 지향할 수 있다. 문화적 통합의 첫걸음으로 간주되는 언어통일 내지 언어문화의 통합은 정치적 통합과 무관하게 이루어 낼 수 있다는 뜻이다. 합리적인 통일 내지 통합 언어철학의 수립은 먼저 한국의 전통적인 언어철학에 대한 이해가 깊어야 하고 그 사이 남북이 걸어온 언어철학적 배경을 편견 없이 들여다보는 자세를 지니는 것이 중요하다고 믿는다.

이 시기에서 주목할 것은 남한에서 2005년 1월에 국어 기본법이 공포되었다는 것이다. 대한민국 정부는 2002년 한글날을 맞아 국회의 심의를 거쳐 국어기본법 계획을 발표하여 실천되고 있다. 국어기본법은 국어 관련 법령을 한데 모아 놓았을 뿐만 아니라 국가기관과 지방 자치 단체에 국어

책임관을 두도록 하였다. 그리고 한국어를 가르치는 사람들에게 전문성을 인정하는 자격을 부여한다든지 국민의 국어능력을 키워 주기 위하여 국어 상담소를 두게 하는 등의 내용을 담고 있다. 또한 남한에서는 1997년부터 10년에 걸쳐 21세기 세종계획을 수립하여 실천되고 있으며 이후에도 관련 사업이 지속적으로 운용되고 있다. 이런 사업들이 잘만 운용된다면 국어 정보화가 의외로 빨리 진척되리라고 예측하고 있다.

2.8. 우리말과 한글의 해외 보급

2.8.1. 해외 동포의 우리 문자 및 우리말의 사용 양상

앞에서 본 바와 같이, 우리 민족은 19세기 중엽부터 러시아, 중국, 미주 등지로 이민을 가기 시작하였으며 특히 1910년 이후로는 일본의 국토 강점으로 일본 땅으로 강제 이주되기도 하였다. 전자의 경우에는 서당 등의 교육기관에서 우리말과 문자를 익히기도 하였으나 후자의 경우에는 모국어를 자유롭게 사용할 수가 없었다. 외국인, 특히 서양인들은 포교와 외교의 방편으로 우리말과 한글을 연구하여 우리말 문법서를 저술하고 사전을 편찬하였으며 일본인은 식민지 통치의 방편으로 역시 우리말과 한글을 연구하고 학습하였다.

재외 국민 가운데서 가장 숫자가 많은 재일 교포는 해방이 되면서 대부분 귀국하였으나 일본에 그대로 주저앉은 사람도 적지 않다. 해방 후 얼마까지는 재일 교포의 수가 70만이라고 하였으며 2019년 말 현재 재일 교포는 약 47만 명으로 집계되어 있다. 이제 제1세대는 대부분 작고하였고 제2, 3세대는 일본의 민족학교나 모국유학을 통하여 모어를 회복하기도 하였으나 대부분은 모어를 제대로 구사하지 못하는 상태에 놓여 있다. 재일교포도 친북성향의 "조총련계"(<"재일본조선인총연합회")와 친한국계의 "민단계"(<"재일본조선거류민단")로 나누어져 있어 동족 사이의 알력이 심하다. 조총련은 북한의 지원을 받아 초등학교에서부터 대학에 이르는 교육기관을 두고 있어서 우리말 교육을 그런대로 시키고 있다. 민단계는 1963년부터 모국 유학의 길이 열려 서울대학교 어학연구소에서 1년간 어학 연수를 받은 다음, 국내의 대학에 진학하였다. 이 기구는 1968년에 "재일교포모국유학예비교육과정부"라는 기구로 승격되었으며 1969년에는 서울대학교 교양과정부로 이관되기도 하였다.

1977년에는 "서울대학교 재외국민교육원"이라는 독립 기구로 발족하였다. 그러다가 2008년에는 대한민국 교육부 산하에 "국립국제교육원"을 두어 재외동포 모국유학과 외국인 장학사업 등 관련업무를 지원하고 있다. 2015년에 경기도 분당으로 청사를 옮겨 왔다. 국립국제교육원에서는 우리말 교재를 외국인용과 재외 동포용으로 제작하여 배포하고 있다. 외국인용에는 『맞춤 한국어』를 교재와 지도서로 나누어 편찬하였다.

해외교포는 원적이 우리나라일 뿐이고 거주국으로부터 시민권을 얻어 그곳의 시민으로 살고 있는 우리 동포를 가리킨다. 지금 중앙 아시아에서 삶의 터전을 누리고 있는 고려인은 원래 19세기 중반에 이른바 원동지역으로 이민 간 후손들이며 이들은 1930년에 『고려문전』을 만들어 그들의 민족어생활을 통제하였다. 그리고 2차 대전 후에는 《레닌 기치》라는 신문을 내면서 고려인의 정체성을 유지하여 오다가 소련연방의 해체 후에는 《고려일보》로 이름을 바꾸어 내고 있다. 특히 계봉우(원명 桂奉瑀)는 강제이주 전부터 우리 어문에 대하여 깊은 관심을 기울였으며 해방 후에도 관련 서적을 내면서 민족어 수호에 힘을 쏟았다. 사할린 지역은 해방 후 소련정부의 시학관으로 파견된 김병하 교수의 노력으로 우리말 회복 운동이 전개되었으며 일제 강점기에 노무자로 끌려간 춘계(春溪) 유시욱(柳時旭)

(1920~1962) 선생이 김병하 교수의 지도를 받아 『朝鮮文典』(조선문전)(1947)을 내어 모국어 회복에 기여하였다. 일본에서는 모국어를 되찾기 위하여 최현배 박사의 『한글의 바른 길』(1937)에 실려 있는 한글에 관한 글을 『한글略史(약사)』란 이름을 붙여 강연 교재로 사용하기도 하였다.

앞에서 본 바와 같이, 미주는 20세기 초부터 이민이 시작되어 21세기 10년대를 기준으로 할 때 한인 인구가 220만 명으로 나와 있다.

2.8.2. 북한이탈 주민과 다문화시대의 우리말

21세기 10년대를 기준으로 할 때 남한의 언어공동체는 복잡한 요인이 작용하고 있다. 우선 "새터민"으로 불리는 북한이탈 주민의 남한에서의 언어생활과 다문화가정의 언어생활을 들 수 있다.

북한이탈 주민은 북한을 탈출하여 북한에 주소, 직계가족, 배우자, 직장 등을 두고 있는 사람으로서 북한을 벗어난 후, 외국 국적을 취득하지 않은 사람을 가리킨다. 이들은 2017년 12월 말 현재 31만 명을 넘어서고 있다. 북한이탈 주민은 한국에 들어온 후, 남북한의 언어 차이 때문에 어려움을 많이 겪는다. 인터넷에 공개되어 있는 국립국어원의 『표준국어대사전』(1999)과 〈우리말샘〉을 잘만 활용하면 새로 생기는 어휘의 뜻을 쉽게 찾을 수 있다.

다문화가정은 결혼 이민자와 학업 및 구직의 필요에서 우리나라에 이입되어 우리나라 사람과 가정을 이루는 경우를 가리킨다. 다문화가정은 세계화에 따른 국제적 장벽이 약화되어 노동력의 이동이 활발해지고 국제결혼이 비교적 활발해지면서 생겨났다. 정부에서 국민의 다문화 인식을 강화하고 사회·문화적 인식을 존중하는 관점에서 이중 언어 교육을 실시하는 방면으로 틀을 짤 필요가 있다.

2.8.3. 외국인의 우리말 학습 상황

앞에서 우리는 19세기 전반기부터 우리말이 서양인에게 주목되어 문법이 서술되고 사전이 편찬되어 우리들에게 우리말 연구의 빌미를 제공하였음을 본 바 있는데 제2차 대전이 끝난 뒤에는 형태를 달리하여 우리말 연구와 학습이 줄을 이었다. 특히 지난 세기 90년대를 전후하여 한국에 대한 국제적 이미지가 상승세를 탐에 따라 동북아시아, 동남 및 서남아시아, 대양주, 유럽, 북남미, 러시아, 아프리카 등 세계 각처에 한국어 강좌를 비롯하여 석 · 박사 과정이 개설되고 있다. 이 방면의 정보는 https://www.kf.or.kr/koreanstudies/koreaStudiesList.do를 통하여 얻을 수 있다.

국내에서는 1985년에 한국어교육학회가 창립되어 가시적 업적을 쌓아 오고 있으며 그밖에도 이중언어학회 등을 통하여 외국어로서의 한국어교육을 위한 기초연구를 수행해 오고 있다. 유럽에는 1984년에 유럽한국학회(AKSE)가 창립되어 해마다(지금은 격년) 한국학대회를 열어 왔다. 이 모임에는 옛 공산권의 한국학 전공자는 물론, 북한학자들에게도 참여의 기회를 주고 있다. 미주에는 1994년에 미주 한국어교육학회가 창립되어 그 사이 가시적인 활동을 많이 하였으며 현재(2021. 11) 미시간 대학의 조항태 교수가 회장을 맡고 있다. 특히 우리말문법을 처음으로 연구하여 우리들에게 우리말 문법 연구의 동기를 심어 준 서양인들의 문법연구를 새로운 관점에서 평가하여 이 방면 연구에 활력을 불어넣고 있다. 하와이대학에서는 손호민 교수가 중심이 되어 전 미주에 한국어 교재를 공급하고 있다.

2.9. 마무리
- 우리의 해석학적 언어철학 어디로 -

지금까지 저자는 삼국시대로부터 20세기 10년대에 이르기까지 약 1,500여 년에 걸쳐 우리 민족이 사용해 온 문자 및 언어 생활의 모습을 소묘하여 보았다. 우리 선조들은 우리말이 이웃의 중국의 언어와는 유형론적으로 구조가 다르다는 점을 간파하고 중국 문자인 한자를 가지고 인명(사람이름)과 지명(땅이름)을 표기해 보기 시작하였으며 다음에는 한자를 가지고 우리말 문장을 적어 보기도 하였다. 우리말과 중국어는 어순이 다르고 문법적 기능을 표시하는 방법도 달라 처음에는 "이두문"이라는 변체 한문을 지어 보기도 하였으며 나중에는 "향찰"이라는 신종 이두문자를 만들어 시가 창작이나 불교 교리의 해석에 이용하기도 하였다. 물론 사대부들은 한문을 익혀 벼슬길에 나아가 국정에 참여하기도 하고 중국과의 외교적 교섭에 있어서는 "이문"(吏文)이라는 변체 한문을 사용하기도 하였다. 그리고 대민 업무에 종사하는 서리들은 이두로 문서를 만들어 행정사무를 관장하곤 하였었다.

그러나 한자 · 한문을 배울 기회가 없는 여자들이나 하층민들은 문자생활을 영위할 수 있는 여건에 놓여 있지 않았다. 조선조 제4대 임금인 세종대왕은 중국에 대하여 한자음을 정리한다는 구실을 붙여 1443년 12월에 드디어 "훈민정음"이라 부르는 한글 28자를 만들어 공포하였다. 한글은 처음은 여자들과 어린이들 사이에서 보급되기 시작하여 시대가 내려올수록 사용 범위가 넓어져 외국어학습에 이용되었으며 조선조 후기에 오면 여성이나 일반 서민 상대의 문학 작품에까지 폭넓게 사용되었다. 19세기 전반에 이르러 서양의 기독교가 우리나라에 발을 디뎌 놓음과 함께 서양과의 외교관계가 수립됨에 따라 한글이 우리나라 이해의 필수도구가 되었으며 19세기 말에 드디어 공용성을 얻어 우리나라를 대표하는 문자로서 자리를 굳히기 시작하였다.

주시경 같은 학자는 공용문자의 자격을 얻은 한글의 운용방식을 비롯하여 한글로 적혀지는 자료를 중심으로 우리말 문법을 연구하였다. 우리나라가 문호를 대외적으로 개방하고 우리말, 곧 한말과 우리글, 곧 한글을 연구하는 기운이 무르익어 서재필, 유길준, 주시경, 윤치호, 지석영, 이승만, 김규식, 신채호 등의 개화파들과 리델, 헐버트, 언더우드, 게일, 에카르트 등의 서양선교사들은 우리말의 철자법, 문법, 어휘를 연구하여 문법과 사전을 편찬하기도 하였다. 이들 대부분의 업적은 선교나 외교를 전제로 한 관념론적 언어철학을 머리에 이고 있었으나 실증론적 관점에서 우리말의 구조와 계통을 밝히려는 시도도 눈에 띄기 시작하였다. 우리말을 실증론적으로 바라보는 기운은 삼국시대의 지리지의 편찬, 세종 때의 훈민정음 창제, 실학사상이 풍미하던 조선 후기에서도 볼 수 없는 바 아니었으나 개화기로부터 올바른 자리를 잡기 시작하였다. 그 대표적인 사람이 주시경과 김규식이었다. 주시경은 관념론에 근거하여 우리말 문법을 연구하면서도 결과적으로는 실증론으로 기울어졌으며 김규식은 철두철미 실증론으로 일관하였다.

주시경은 어문민족주의에 근거하여 우리말을 사회형성의 기관, 곧 "성"(性)으로 간주하여 우리말문법을 연구하고 사전편찬에 심혈을 기울이다가 39세의 젊은 나이에 세상을 떠나셨다. 주시경이 그의 대표작 『국어문법』(1910)에서 어문민족주의를 부르짖은 것은 당시의 우리나라의 운명이 곧 일본에 병탄(倂呑) 당할 위기에 놓여 있음을 통감하였기 때문이다. 그러나 일제가 우리나라를 강점한 이후부터는 우리말 연구의 목표가 달라진다. 사전 편찬이나 우리말 연구를 우리 민족의 문화창조와 관련시키고 있다. 이는 『조선어사전』 편찬회의 강령[(93)]에 분명히 표백되어 있고, 136쪽의 최현배의 『우리말본』(1937)에도 되풀이되어 있으며[(96)] 조선어학회/한글학회의 『큰사전』(1947)의 머리말 (110)에도 그대로 계승되어 있다.

1947년 당시는 고루 이극로가 아직 남한에서 조선어학회 간사장으로 재임중에 있었기 때문에 내용이나 문체로 볼 때 필자가 고루임에 틀림없어 보인다.

지난 10여 년 동안 남북 합작으로 편찬되어 조만간 나오리라 생각되는 『겨레말큰사전』은 대내적으로는 언어 · 문자를 독립의 "性"으로 간주하는 주시경의 철학사상을 계승하되 남한의 "국어순화운동"과 북한의 "문화어운동"을 적절히 통합하여 민족어 발전철학을 수립하는 방면으로 틀을 짜야 할 것이다. 사실 남쪽의 "국어순화운동"과 북쪽의 "문화어운동"은 목적에 있어서는 차이가 있지마는 우리말 고유의 어근을 중심으로 어휘를 창조한다든지 글을 쉽게 쓴다는 점에서는 아무런 차이가 없다. 우리 민족은 한편으로는 관념론을 등에 짊어지고 민족어를 발전시켜 통일민족국가를 이루어 내고 민족문화를 창조하는 면에 온 힘을 기울여야 할 것이고 다른 한편으로는 실증론을 등에 짊어지고 우리말을 연구하는 "민족어학", 곧 "국어학"을 건설하는 면에 집중해야 할 것이다. 전자는 언어철학의 영역에 속하고 후자는 개별 언어학, 곧 언어과학에 속한다.

우리 조상들은 기원전부터 한자를 받아들여 문자생활을 영위하였을 뿐만 아니라 이를 바탕으로 시대적 요구에 부응하는 어휘를 만들어 내기도 하였고 한문을 배우는 과정에서 문장을 논리적으로 구사하는 훈련도 쌓을 수 있었다. 한자에 대한 지식이 쌓여 있으면 많은 한자기원의 어휘를 올바로 이해할 수 있고 한문을 읽는 규칙을 갖추고 있으면 우리의 문장을 논리적으로 구사하는 데도 큰 밑거름이 된다. 개화기의 지식인들이 우리말로 글을 쓰는 훈련을 받지 않았음에도 불구하고 문장 표현이 논리적인 것은 "토"가 붙은 한문을 어릴 때 이미 서당에서 배웠기 때문이었다.

한글은 전통시대에는 한자의 위력에 눌려 그 값어치가 제대로 드러날 수 없었다. 문자의 생김새가 간단하고 배우기가 쉬워 올바른 대접을 받지 못하였는데 19세기 말 대한제국 시대에 와서 공용문자의 자격을 얻으면서부터 문자적 특성과 이로써 적혀지는 우리말에 대한 연구가 봇물을 이루어 왔다. 한글은 인터넷 시대를 만나 문자를 보내고 받는 것이 지구상의 어느 문자보다도 수월하다는 것이 나날이 입증되어 가고 있으며 우리말은 선학들의 노력으로 국제 공통어가 될 수 있는 자격을 충분히 갖추어 왔다. 이런 점을 두루 고려할 때 "한글"과, "한말" 곧 우리말은 머지않은 장래에 국제문자와 국제어로 지구상에 우뚝 서리라 믿어 보는 바이다.

제2부

우리말에 대한 기호학적 접근과 윤리적 · 미학적 접근

제3장
우리말에 대한 기호학적 접근

제4장
우리말 텍스트에 대한 윤리적 접근

제5장
우리말 텍스트에 스며 있는 미학적 측면

제3장

우리말에 대한 기호학적 접근*

3.1. 들어가기

올해(2014년 현재)는 한힌샘 주시경(앞으로는 아호인 "한힌샘"을 쓰기로 함)이 이승을 떠난 지 100주년이 되는 해이다. 1876년 12월 22일(음력 11. 7)에 태어나서 1914년 7월 27일에 서거하였으니 올해로 100년이 된다. 지난 5월 16일 한글학회에서 서거 100주년 행사를 갖기는 하였으나 음학, 품사론과 형태론 및 통사론의 특수성을 지적하고 그것이 후세에 계승·발전되는 양상을 추적하였다. 그러나 종전에 확인된 사실을 반복하는 수준을 벗어나지 못하였다(한글학회 2014).

우리의 근대역사에서 한힌샘만큼 추모를 많이 받은 사람은 없으리라 믿는다. 작고 후에는 바로 《매일신보》에서 한힌샘 서거를 1면 머리 기사로 다루었고 그해 9월에는 미주의 《신한민보》에서 〈국문패왕 서세〉라 하여 크게 기사화하는가 하면 별도의 난을 이용하여 한힌샘의 숨은 이야기 [일화]를 공개하기도 하였다. 서거 15주년(1929)에는 교양지 『新生』(신생)에

* 이 글은 2014년에 쓴 글인데, 글의 흐름을 위해 당시 시점을 유지하여 실었다.

서 생전의 동료들과 제자들의 추모를 받았으며 1933년에는 한힌샘 유고집이 나왔고 1936년에는 고인을 위한 회갑연까지 베풀었다. 그밖에도 개인적으로 추모의 글을 남기는 일이 많았다.

해방 후의 추모행사는 북한에서 먼저 시작되었다. 북한에서는 한힌샘 유고집을 내면서 탄신 80(1956), 85(1961), 90(1966) 주년을 맞아 한힌샘의 사상과 학문을 북한의 언어 연구와 어문정책의 디딤돌로 삼을 목적으로 거국적 행사를 가졌다. 북한이 한힌샘을 집중적으로 연구하게 된 동기는 언어의 사회적 기능을 중시하는 한힌샘의 언어철학이 북한의 어문정책의 방향과 일치하였기 때문이었다.

남한에서는 1960년대 초부터 새로 발굴된 한힌샘 자료를 중심으로 한힌샘 연구에 박차를 가하였다. 특히 탄신 100주년이 되는 1976년에는 『周時經 全集』(주시경 전집)(상, 하)(이기문 편)이 나옴으로써 한힌샘 연구가 본격화될 수 있는 토대를 마련하였다. 사회학자들은 한힌샘을 애국계몽 사상가로 평가하기도 하였다. 그러는가 하면 소련 관영 모스크바 방송은 한힌샘 탄신 100돌을 맞아 특집 방송을 하였고 남한에서는 새로 나온 전집에 기대어 한힌샘 연구가 활성화하기 시작하였다. 탄생 105주년에는 한힌샘의 음학이론과 통사이론이 이기문과 고영근에 의하여 현대 언어학의 관점에서 본격적으로 조명되었으며(『國語學』(국어학) 11, 1982), 110주년에는 〈주시경 연구소〉와 〈한힌샘 주시경 모임〉이 창립되고 학보가 간행되는가 하면 그의 주저인 『주시경, 國語文法(국어문법)』 교감본(고영근 · 이현희 공동 교감)이 나왔다. 3종의 이본을 비교한 것이었다. 2010년에는 『국어문법』 간행 100주년을 맞아 『한힌샘 국어문법의 교감과 현대화』(고영근 · 이용 · 최형용 공동 교감)가 출간되었다. 총독부 검열본까지 합쳐 4종의 이본을 단락별로 자세히 비교하고 정본을 수립하였던 것이다. 이 책은 성균관대학에 유학 와 있었던 자유중국 출신의 채연강(蔡然康) 교수(대만 정치대학)가 1970년대 중반에 이본대교의 연구에 착수한 지 35년 만의 쾌거였다.

이상과 같은 한힌샘에 대한 추모행사 및 연구의 발자취를 디딤돌로 삼아 한힌샘의 서거 100주년을 맞이한 이때 한국의 텍스트언어학, 정확하게 말하면 한국 텍스트과학의 발전에 한힌샘의 문법이론을 어떻게 접목할 것인가 하는 문제를 제기하여 보려고 한다.

3.2. 한힌샘의 사상체계

개화기의 우리 지성계에는 두 줄기의 민족주의가 우리나라의 국체(國體)를 뒷받침하고 있었다. 하나는 한힌샘을 정점으로 하는 "어문민족주의"이고 다른 하나는 신채효와 박은식을 정점으로 하는 "역사민족주의"였다. 역사민족주의는 역사를 통하여 애국심을 양성하는 것이 독립을 쟁취하는 길이라고 믿었다. 한힌샘은 말과 글을 사회형성의 기관으로 보았으며 말과 글이 정리되지 못하면 사회가 피폐(疲弊)해진다고 진단하고 스스로 민족어 연구에 헌신하여 후진들을 양성하는가 하면 대한제국 학부의 〈국문연구소〉 주임위원으로 활약하기도 하였다. 그러면서 그는 민족어 연구와 민족어 어문정책의 방향을 제시하였으며 1908년 여름에는 〈하기국어강습소〉 출신 제자들과 함께 〈국어연구학회〉를 창립하여 민족어 연구의 기틀을 세웠다. 일제 강점기에 이윤재와 이극로가 중국과 독일 유학에서 돌아와 어문정리와 사전편찬에 헌신한 것도 개화기에 터가 닦인 두 민족주의를 계승·발전시켰기 때문이었다. 이윤재는 중국 유학에서 신채효와의 만남과 중국의 문자혁명을 통하여 역사연구와 어문정리의 필요성을 절감하였다. 이극로는 중국을 방황할 때 박은식을 통하여 우리의 역사를 바로 보는 안목을 길렀으며 주시경 제자들, 특히 김두봉과 교우하면서 어문정리의 필요성을 느꼈고 독일 유학시에는 일본의 한국침략을 전 유럽에 고발하는가 하면 베를린대학에서 우리말을 가르치면서 언어학 공부에도 시간을 투자

하였다. 이들 두 사람은 어문민족주의와 역사민족주의를 통합하여 한 차원 높은 "문화민족주의"를 창도하였다고 평가를 받고 있다.

한힌샘은 17세 때 민족어 연구에 뜻을 두어 23세 때에는 『국어문법』을 개성(槪成)하였다. 한힌샘이 민족어 연구에 뜻을 두기까지는 독립신문사 사장이었던 서재필의 계도(啓導)가 컸고 이미 『스민필지』(1890)를 내어 한글 전용의 횃불을 든 헐버트(H. Hulbert)의 역할이 컸다. 한힌샘은 우리 민족이 일제에 강점되기 직전인 1910년 4월에 23세 때에 개성한 『국어문법』을 정식으로 출판하였다. 한힌샘은 이 책의 서문에서 민족어를 국가형성의 "性"(성)이라 표현하였다. 이 어휘는 이전에 써 오던 서양의 고전 사회학의 개념인 "機關"(기관)을 동양의 형이상적 개념인 "性"으로 바꾼 것이다. 한힌샘의 "性"은 그의 『國語文典音學』(국어문전음학)의 서문을 보면 "天(천), 上帝(상제), 理(리)"로 달리 표현되기도 하였다. 이들은 모두 그 의미가 "본질"이라는 뜻이다. 그러니까 한힌샘의 어문민족주의가 동양사상과 결부됨으로써 차원 높은 사상체계를 형성하게 된 것이다.

한힌샘은 민족어를 국가형성의 요체(要諦)로 보면서 이를 정리하고 보급하는 한편, 국권회복과 독립쟁취를 위한 광범위한 사회개혁과 실력배양에 깊은 관심을 기울였다. 조혼폐지론, 과학적 위생론, 미신타파론, 부녀교육론, 음악 보급론 등이 주시경의 사회사상을 대변하는 활동이었다. 한힌샘의 음악보급론은 아름다운 풍악과 좋은 노래를 지어 널리 보급하는 것이었다. 우리 민족이 여가를 이용하여 가족과 함께 아름다운 음악으로 함께 즐기는 풍습을 만들지 못하였기 때문에 남자들도 건전치 못한 오락에 빠지고 여자들도 미신이나 무속에 빠졌다고 자가 비판을 가하였다.

한힌샘은 형이 상(上)적으로는 민족어문을 국가형성의 "性"으로 표방하면서 형이 하(下)적으로는 이를 민중에 보급함으로써 애국의 길을 텄고 각종 사회 제도의 개선을 통하여 우리 민족을 미망(迷妄)에서 깨어 날 수 있게 하였다. 한힌샘의 사상체계는 관념론(Idealismus)에서 벗어나 실용주의

(Pragmatik), 곧 실증론을 표방하고 있었다고 규정할 수 있다. 한힌샘은 학술용어를 비롯하여 한자어휘를 우리 민족 고유의 어휘로 바꾸어야 할 필요성을 절감하고 이를 실천에 옮기었다. 오늘날 "이름씨"와 같은 "한글식" 문법용어라고 말하는 것이 그 뿌리가 한힌샘에게서 시작됨을 알 필요가 있다. 한힌샘의 전문용어의 고유어화와 한글 전용 사상은 현재의 남북의 〈국어순화운동〉과 〈문화어운동〉으로 이어진다는 점에서 남북의 언어통일과정에서 이념적 지주로 삼을 필요가 있다고 생각한다. 그러면 한힌샘의 실용주의는 어디서 비롯되는지 그의 기호이론과 관련하여 풀어 보기로 한다.

3.3. 한힌샘의 기호학과 현대의 텍스트과학

한힌샘의 주저인 『국어문법』은 "국문의 소리, 기난갈, 짬듬갈"의 3부 체계로 구성되어 있다. 이는 "음성론, 품사분류론, 문장구성론"을 의미하는데 당시의 보편적 문법모형과는 달리 문장구성론을 문법의 중추부문으로 보고 이를 품사론 사이에 두어 품사에 대한 지식으로 문장의 구성을 이해하도록 하였다. 당시로는 획기적 발상이었으며 이는 바로 20세기 후반기의 생성문법과 호흡을 같이하는 것이다. 먼저 "말"이라는 유의적 단위 아래 다음과 같은 세부단위를 두었다.

(1) 말과 그 하위 단위

- 말
  - 기
  - 다
    - 모
    - 드
    - 미

이곳에서 “말”은 단어를, “기”는 품사를, “다”는 복합적 단위, “모”는 전통문법의 구, “드”는 문장을 뜻한다. “미”는 문장 위의 단위인 이야기 또는 텍스트에 해당한다. 한힌샘은 당대의 텍스트과학의 단위인 “미”에 대하여는 단위만 설정해 놓고 그에 대한 응용적 분석은 제시하지 않았다(뒤에 나옴).

한힌샘은 이상과 같은 문법단위를 발판으로 삼아 홑문장으로부터 겹문장에 이르기까지 문장을 구성성분으로 분석하고 도해를 하였으며 한 문장이 화자의 마음이나 사태의 특수성에 따라 의미가 달라지면 또 다른 도해를 시도하였다. 그러는 과정에서 한힌샘은 언어의 선형성과 도상성에 대한 투철한 견해를 제시하기도 하였다. 전자는 “한 줄”로 표현하였으며 후자는 사태의 “먼저”와 “나중”으로 표현하였다. 한힌샘의 “한 줄”은 같은 시대의 소쉬르(F. Saussure)(1857~1913)의 언어의 “선형성”(linėalitė)과 같으며 “먼저, 나중”은 역시 같은 시대의 퍼스(Ch. S. Peirce)(1839~1914)의 “icon”이나 현대 텍스트과학의 “Ikonizität”과 조금도 다름이 없다.

주시경의 기호학은 짬듬갈 결미부에 나타난 다음 어록을 통하여 분명히 알 수 있다.

> (2) 말로 그 뜻을 풀어내기가 어려울 때에는 그림으로 풀 것이다, 그림으로도 분명히 표현하기가 어려울 때에는 말로 풀어 내어야 한다. 이 두 가지로도 풀 수 없을 때에는 그 일의 뜻을 마음으로 살펴 풀 것이다. (주시경 『국어문법』 1910, 64면)

위의 어록은 한 문장의 의미해석의 단계를 설명한 것이지만 한힌샘의 기호학이론이 응결되어 있는 것으로 저자가 1982년 국어학회 공동연구회에서 보고한 바 있다(고영근 1982/1983나: 289-310, 2010: 141-170). 한힌샘은 그의 『국어문법』 곳곳에서 언어 기호는 “말”로, 지칭대상은 “일”로 표현하고 있는데 (2)에 나오는 “일의 뜻”은 지칭 개념을, “마음”은 해석자 내지 화자의 태도를, “마음으로 살피”는 해석 행위를 뜻한다. 한힌샘은 『국어

문법』(1910)을 기호학적 관점에서 접근하였을 뿐만 아니라 『소리갈』(1914)에서 "고나"(단음)와 "늣씨"(형태소)를 발견한 것은 현대의 생성음운론과 생성형태론으로 직접 이어진다는 점에서 앞으로도 계속 계승 · 발전해야 할 유산이라 생각한다.

한힌샘의 기호학은 언어기호학이어서 일반기호학과 다소 거리가 있지마는 언어기호학이 기호학 전체를 대변한다는 점을 감안하면 언어를 중심으로 한 한힌샘의 기호학은 일반기호학으로 간주해도 문제가 없다고 생각한다. 한힌샘의 기호학은 같은 해 죽은 소쉬르의 기표와 기의 중심의 구조주의 기호학은 물론, 같은 해 앞서 죽은 퍼스의 기호학도 아우르고 있다. 퍼스의 기호학이 오그덴 · 리차드(1923)의 기호삼각형을 거쳐 모리스(1938)에서 완성되었다는 역사적 사실과 견주어 볼 때 한힌샘의 선구적 면모를 발견할 수 있다. 다음의 그림은 한힌샘이 형식화하였던 "말-일-마음"의 3자 간의 관계를 모리스의 기호이론에 적응시켜 본 것이다(고영근 1982/2010: 141-170).

(3) 한힌샘의 "말-일-마음"과 모리스(Morris)의 기호 이론

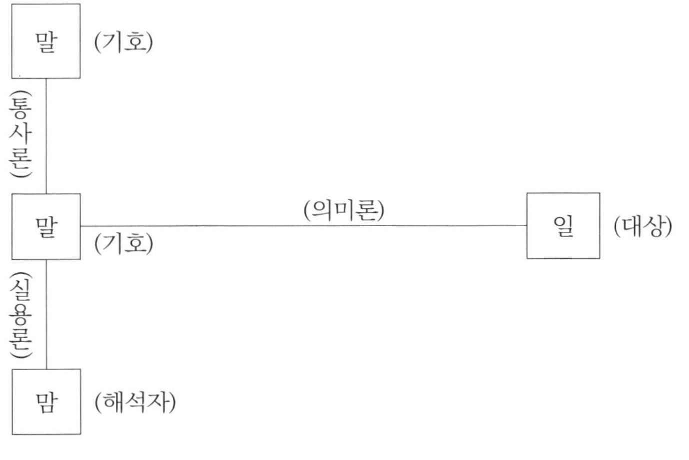

위의 그림만으로는 지칭개념인 "일의 뜻"과 "맘으로 살피"는 해석행위를 포함할 수 없다. 이 두 가지 개념을 고려한다면 한힌샘의 의미해석이론은 다음과 같은 그림으로 표시할 수 있다.

(4) 한힌샘의 의미해석이론

말$_2$(기호$_2$)——일의 뜻$_2$(지칭개념$_2$)——일$_2$(지칭대상$_2$)
|
말$_1$(기호$_1$)——일의 뜻$_1$(지칭개념$_1$)——일$_1$(지칭대상$_1$)
|
맘으로 살핌(해석행위)
|
맘(해석자)

위의 표를 보면 한힌샘의 기호학은 일차적으로는 통사론에 근거하고 있고 이차적으로는 의미론과 실용론을 존중하는 바탕 위에 서 있다고 말할 수 있다.

주시경의 기호학이론이 사용자 중심으로 전개된 것은, 앞에서 본 바와 같이, 국어 국문을 보급하고 실용성을 앞세우는 사회사상과 직접 연관된다. 이는 미국의 철학자 퍼스의 기호이론이 실용주의를 등에 업고 발전되었다는 사실과 밀접한 유추의 기반을 형성하고 있다고 말할 수 있다.

현대의 텍스트과학은 초기에는 구조주의의 영향을 받아 소쉬르류나 옐름슬레우의 구조주의 기호학의 영향을 받았으나 1970년대 이후로는 실용론의 영향을 받아 행위이론적 기호학을 등에 업고 발전하고 있다.

3.4. 마무리
- 우리 학문의 국제성 -

앞에서 저자는 한힌샘이 “미”라는 문법단위를 세웠음을 본 바 있다. 다른 문법단위는 그의 문법에서 활용되고 있는데 “미”에 대하여는 설정만 해놓고 그에 대한 응용적 분석을 볼 수 없다. 이는 “미”가 문법서술의 대상이 되지 않기 때문에 회피하였다고도 볼 수 있다. 그렇다면 세울 필요가 없었을 것이다. 단위를 세워 놓고 그에 대한 응용적 분석을 하지 않은 것은 미래의 과제로 돌렸다고도 할 수 있고 아니면 이미 곳곳에 흘려 놓은 화자의 태도나 해석행위가 바로 “미”를 겨냥한 서술이라고도 해석할 수 있다. “미”를 “一編文”(일편문)이라고 한 것은 현대적 의미의 ‘텍스트’와 관련이 깊다는 점에서 일단은 미래의 과제로 남겨 두었을 가능성이 많다.

문법서술에 한힌샘이 세운 “미”가 민족어 자료를 통하여 구상화되지는 못하였으나 20세기 중반부터 개화한 텍스트과학에 접목시키면 문장문법으로써는 설명되지 않던 많은 문법현상들이 제 모습을 드러낼 수 있고 실제로 지난 세기 90년대부터 활성화하기 시작한 이 방면의 연구를 되돌아보면 그 성과가 만만치 않음을 알 수 있다. 국제적으로는 2000년과 2008년에 텍스트과학과 수사학 및 문체론의 표준이론이 형성되어 이 방면 연구의 도표 노릇을 하고 있고 관련 국제학술지가 꾸준히 나오는 것을 보면 그 장래를 결코 비관할 필요가 없다고 생각한다. 중국과 우리의 고전시학에는 현대의 텍스트과학과 호흡을 같이할 수 있는 유산이 풍부하다. 더욱이 지난 몇 년 동안에 나온 하르베크(2008~2009)와 하르베크(2012)는 텍스트과학을 문학작품의 분석에 응용하는 길을 텄다는 점에서 이 방면 연구의 새로운 이정표를 제시하였다고 평가할 수 있다. 전자는 동서고금의 신화와 역사에 있어서 시간 문제를 다룬 것으로 달리 표현하면 허구와 현실의 시간 문제를 다룬 것이다. 후자는 토마스 만(Thomas Mann)의 〈부텐브

로크 가문〉(Buddenbrooks)을 다룬 것으로 작품 속에 나타나는 이중현실의 문제를 다룬 것이다. 우리 민족은 해방 후 남북을 통하여 수많은 장편대하소설을 생산하였다. 이런 작품에 대하여 일찍이 한힌샘 주시경에 의하여 "미"라는 단위로 실마리가 잡힌 한국적 내지 동양적 텍스트과학의 메스를 갖다 대면 종전에는 생각지 못하던 결실을 거둘 수 있고 이와 함께 한국의 어문학과의 어학과 문학이 합방 거처할 수 있는 메타이론을 창출할 수 있으리라 믿는다.

이 장을 끝냄에 있어 저자는 우리 전통 학문의 현대화와 국제성에 대하여 한 마디 베풀고자 한다.

조선시대의 성리학자 이이(李珥)는 사람의 소리를 "무용지성"(無用之聲)과 "유용지성"(有用之聲)으로 나누되 재채기를 하고 코를 고는 행위는 무용한 것이고 혀를 차고 말하고 웃는 행위는 유용한 것이라고 하였다. 이이의 "聲"(성)은 기호 일반에 해당하고 이를 다시 "무용"(無用)과 "유용"(有用)으로 가른 것은 의도의 유무에 따른 분류로서 현대기호학의 자연기호와 인공기호에 해당한다. 혀를 차거나 웃는 행위는 언어로 번역할 수 있다는 점에서 텍스트의 범주에 들어온다. 우리가 학문을 함에 있어서 서양 것만 맹종할 것이 아니라 서양의 것을 수용하되 이를 우리의 전통학문과 접합시키면 우리의 학문이 더 튼튼한 기반 위에 놓이어 세계학문을 주도할 수 있는 위치에 설 수 있다고 믿어 보는 바이다.

여적(餘滴)

앞에서 필자는 『주시경 국어문법의 교감과 현대화』를 간행 100주년을 맞아 성사하였다고 하는데 그에 대한 사연을 적기로 한다. 내가 1984년 훔볼트재단의 초빙교수로 독일을 두 번째 방문하였을 때 독일의 심리언어학자들이 심리언어학의 고전인 뷜러(K. Bühler)의 *Axiomatik der*

Sprachwissenschaft(1933)의 간행 50주년을 맞아 기념 논문집을 낸 것을 보고 우리도 이런 행사를 가져야 하겠다고 생각한 바 있다. 그리고 2014년 5~6월에 역시 훔볼트갱신장학금으로 독일어 사용지역과 헝가리를 둘러보았다. 헝가리 학술원을 방문하였을 때 *Sprachtheorie und germanistische Linguistik*(Supplement 1)(2011)을 본 일이 있다. 이 책은 20세기 후반 옛 서독의 Bielefeld 대학에서 텍스트언어학을 생성문법에 접합시키면서 텍스트기호론의 정립 등 많은 활동을 해온 헝가리 출신의 페퇴피(S. Petöfi)(1931~) 교수의 학문을 평가하는 기념 특집호였다. 이를 보고 필자는 이런 작업을 할 필요성이 있다는 것을 느끼고 그 첫 결실이 1986년에 이현희 교수와 공동 · 교감한 『주시경, 국어문법』이었다. 이 작업을 기반으로 삼아 어학전문 국제학술지 『형태론』의 산하단체인 "형태론 연구회"의 회원들과 5년간에 걸쳐 이본 교감을 성공리에 마치고 드디어 이용, 최형용 교수와 함께 『주시경 국어문법 교감과 현대화』를 2010년 4월에 간행하였다. 이듬해 2011년에는 누구든지 접할 수 있는 현대역(부록 『국어문법』 초판)을 『현대어로 풀어쓴 주시경 국어문법』이라는 이름으로 펴내기도 하였다. 이제는 전공분야와 관계 없이 누구든지 한힌샘의 저술에 접할 수 있다. 우리의 현대역이 널리 보급되어 한힌샘 탄신 150주년이 되는 2026년에는 주시경의 학문적 수월성이 한층 더 깊이 구명되어 국제 철학계와 언어학계에 한힌샘의 위상이 뚜렷이 부각될 것을 바라는 바이다. 지금부터 마음에 새겨 두어 150주년 행사에 많은 사람들이 적극적으로 참여하여 한힌샘의 사상과 학문을 대외적으로 선양해 줄 것을 당부하는 바이다.

제4장

우리말 텍스트에 대한 윤리적 접근

4.1. 들어가기

여기서 '우리'를 쓴 것은 역사적으로 우리나라에서 한문경전이나 한글자료 내지 구두로 전해 오는 시조, 속담 등 각종 텍스트에서 실현되는 윤리적 기능을 총칭한다는 뜻에서 붙였다는 것을 미리 말해 둔다. 해석학적 언어철학 가운데서 가장 먼저 손꼽히는 것은 윤리적 기능이다. 우리말 텍스트에 구현되어 있는 윤리적 기능의 실상을 파악하기 위하여는 『논어』 등의 중국 고전에 시현되어 있는 윤리적 가치관을 음미하는 것이 좋다.

중국고전 가운데서 맨 먼저 손꼽히는 것은 사서오경(四書五經) 중의 공자의 어록을 모아 놓은 『논어』(論語)이다. 『예기』(禮記)에도 언어윤리에 관련된 장(章)이 없는 것은 아니지만 대부분 공자의 어록을 인용한 것이므로 이곳에서는 주로 『논어』를 대상으로 하되 『예기』도 참고하기로 한다. 이곳에서는 평범사 번역판 장기근의 『논어』(1982)를 이용하되 원문은 생략하고 번역판의 내용을 중심으로 언어윤리의 면면을 보기로 한다.

4.2. 『논어』와 『예기』의 언어윤리

『논어』에 나타나는 언어윤리는 언어를 조심하여 사용하라는 윤리관이 대종을 이루고 있다. 괄호 안에 편명과 장차를 밝혔다. 공자는 『논어』에서 주로 '말'을 뜻하는 "言"(언)으로써 "말"의 윤리적 측면을 제자들에게 가르치고 있다. 우리가 『논어』에서 인용하는 글귀 가운데서 귀에 익은 대표적인 것 하나를 끌어 와 보기로 한다. 괄호안의 숫자는 장차(張次) 표시이다.

(1) 子曰 … 巧言令色, 鮮衣仁/교언영색이 선의인이라 (학이, 3)
(1′) 공자께서 말씀하였다. "좋은 말이나 좋은 낯을 꾸미는 자는 인(仁)이 적으니라"

(1)에서 '子'(자)는 '공자'(孔子)의 존칭, 곧 높임말이다. '/' 표시의 왼쪽은 한문원문이고 오른쪽은 구결문이다. 구결문에는 전통적으로 토, 곧 구결을 붙이어 읽었다. (1′)의 끝에 원칙평서형 어미 '-니라'를 붙인 것은 글귀의 내용이 지켜야 규범임을 독자들에게 일깨워 주기 위하여 전통적으로 지켜 오던 현토법(懸吐法)이었다. 여기서 '巧言'(교언)은 듣기 좋게 꾸민 말을 뜻하고 '令色'(영색)은 듣기 좋게 꾸민 얼굴 모습을 가리킨다. 교묘하게 말을 꾸미고 아양을 떠는 자는 '인'(仁)이 적으니 이를 잘 실천하라는 의미를 내포하고 있다. 『논어』에는 공자의 윤리철학을 대변하는 '仁'이 군데군데 나온다.

언행을 조심하라는 가르침은 『논어』의 군데군데에서 접할 수 있다. 끝에 편수의 장을 밝히기로 한다.

(2) 가. 옛 사람이 말을 함부로 하지 않은 것은, 몸소 실천함이 따르지를 못할까 두려워 하였기 때문이다 (里仁 22)
나. 어찌 말 잘 할 필요가 있겠는가 (公冶長 5)

다. 예가 아니면 듣지 말고 예가 아니면 말하지 말고 (顔淵 1)
라. 인자는 말하기를 어려워함 (顔淵 3)
마. 명분이 바로 서야만 말이 순조롭게 전달됨 (子路 3)
바. 덕 있는 사람은 바른 말을 함 (憲問 5)
사. 때를 가려서 말을 해야 함 (憲問 14)
아. 말이 행동보다 지나쳐서는 안됨 (憲問 29)
자. 말은 충성과 신의에 바탕을 두어야 함 (衛靈公 5)
차. 지혜로운 사람은 사람을 가려서 말을 함 (衛靈公 7)
카. 의(義)에 미치지 못하는 사람과는 상종하지 말 것 (衛靈公 16)
타. 간교한 말은 덕을 어지럽힌다 (衛靈公 26)
파. 군자는 말을 꾸며서는 안 됨 (季氏 1)
하. 군자는 말을 성실하게 해야 함 (季氏 10)

위의 15개 언행에 관한 편장을 간추리면 상황에 따라 말을 가려 써야 하고 그래야만 덕을 쌓아 군자가 될 수 있다는 것이다.

『논어』에 나오는 언행에 대한 내용은 『예기』에도 반복된다. 대부분 공자의 말을 인용하고 있다. 『예기』 특유의 언행장 두어 개를 인용하면 다음과 같다.

(3) 『예기』의 언행장
가. 無身質言語(무신질언어)
가′. 다른 사람과 대화를 할 때 상대방의 말에 의심스러운 점이 있을 때에는 그대로 넘겨 버리고 내 자신이 이를 바로잡지 않는다.
나. 言語之美 穆穆皇皇(언어지미 목목황황)
나′. 언어의 아름다움은 목목황황하다.

(3가)는 (3가′)의 뜻으로, 이는 과오를 범할 수 있기 때문이라고 주석에서 풀이하고 있다. (나)에서 '목목황황'은 공경하면서도 화평하고 바르면서도 아름답다는 뜻이다. (가)는 공자의 언어철학과는 상반되어 보이며 (나) 역

시 그렇게 이해되는데 이에 대한 후세의 해석을 탐색해 볼 필요가 있다.

4.3. 우리의 텍스트에 나타나는 언어윤리

전통시대의 우리의 사대부들은 『논어』의 언어윤리철학을 몸에 익혀 사회생활을 영위하였다. 그러면 이와 같은 언어철학이 우리나라에 어떻게 수용되어 왔는가를 찾아 보기로 한다. 남성 교화서로는 고려 때 예문관 제학을 지낸 추적(秋適)이 편찬하였다고 하는 『명심보감』(明心寶鑑), 선조 때의 율곡 이이(李珥)의 『격몽요결』(擊蒙要訣), 숙종대의 박세무가 편찬한 『동몽선습』, 저자 미상의 『계몽편』(啟蒙篇) 등을 들 수 있다. 이밖에 지금까지 별로 주목을 받지 않은 영정조 시대의 이덕무의 『사소절』(士小節)을 들 수 있다. 여성 교화서로는 성종 대의 『내훈』(內訓), 영조 대의 『여사서』(女四書)가 있다.

전통시대에 어린이 한자 학습서로 많이 읽힌, 고려 때 예문관 제학을 지낸 추적(秋適)이 편찬한 『명심보감』을 보기로 한다. 『명심보감』에는 〈언어편〉이라고 하여 다음 7개 텍스트를 넣고 있다. 김영배 편 『명심보감』(1996, 필문당)의 한글번역을 이용하기로 한다. 이 책에는 원문의 구결문에는 원칙평서형 '이니라'를 붙였으나 번역문에는 '니라'를 살려 쓴 것도 있고 그렇지 않은 것도 있어 통일이 되어 있지 않으나 앞의 (1)에 준하여 원칙평서형을 살려 다시 문면을 조정하였다.

(4) 가. 유회(劉會) 이르시되 말이 사리에 맞지 않으면 말하지 아니함만 못하느니라.
나. 한 마디 말이 맞지 않으면 천 마디의 말이라도 쓸 데가 없느니라.

다. 군평(君平)이 이르시되 입과 혀라는 것은 화와 근심의 근본이요 그것이 자신을 찍는 도끼와 같으니라.

라. 사람을 이롭게 하는 말은 솜같이 포근하고 사람을 해롭게 하는 말은 가시와 같이 날카로워서 한 마디의 말이 사람을 손상시킴에 그 아프기가 칼로 베는 것과 같음이니라.

마. 사람을 만나 말을 할 때 3분만 하되 자기가 지니고 있는 마음을 다 뱉지 말 것이니 호랑이에게 세 개의 무서운 입이 있는 것을 두려워 하지 말 것이요 오직 사람의 두 마음을 두려워할지니라.

바. 입은 사람을 상하게 하는 도끼요 말은 혀를 베는 칼이니 입을 막고 혀를 깊이 감추면 몸이 어느 곳에 있을지라도 편안할 것이니라.

사. 술은 나를 아는 사람을 만나면 천 잔의 술도 적을 것이요 말은 그 기회를 잃으면 한 마디도 많을 것이니라.

(4가, 다)만 출전이 밝혀져 있고 나머지는 그렇지 않다. 논조로 볼 때 중국의 고전에서 끌어 온 것 같으나 현재의 필자로서는 밝힐 처지에 있지 않다. (가)는 이치에 맞는 말을 하는 것이 중요하고 (나)는 앞뒤가 맞는 말을 골라 쓰라는 뜻이다. (다)는 중국 전한 무제 때의 점술가 "군평"(君平)의 말인데 입과 혀를 조심하라는 뜻이다. (라)는 출전이 안 밝혀져 있다. 이로운 말과 해로운 말을 '솜'과 '가시'에 비유함으로써 절제 없는 말의 사용을 경계하고 있다. (마)는 사람을 만나 이야기할 때에는 짧게 하라는 경구이다. 호랑이의 세 입보다는 사람의 두 입이 무섭다는 뜻이다. (바)는 사람의 입은 사람을 상하게 하는 도끼요, 말은 혀를 베는 칼이니 '입'을 막고 '혀'를 깊이 감추면 안전을 도모할 수 있다는 뜻이다. (사)는 말은 기회를 놓쳐서는 안 된다는 뜻이다.

어린이의 교화서 가운데서 우리가 어렸을 때부터 귀에 익도록 들은 것은 『동몽수지』(童蒙須知)에 나오는 "언어보추"(言語步趨), 곧 "말과 걸음걸이"이다. 첫머리 부분을 옮기기로 한다.

(5) 무릇 사람의 자제된 자는 반드시 목소리를 나직이하고 숨을 가라앉혀서 말을 상세하고 느리게 할 것이요 큰 소리로 떠들거나 허튼 소리로 시시덕거려서는 안 되며 부형이나 웃어른이 가르치고 타이르는 말씀이 있으면 다만 머리를 숙여서 받아들일 뿐 함부로 의논해서는 안 된다. 웃어른의 단속이나 책망에 혹 잘못이 있더라도 그 자리에서 해명해서는 안 된다. (이하 줄임)

걸음걸이 부분을 빼고 "말", 곧 언행에 대한 것만 뽑았다. 어른 앞에서는 말을 천천히 하고 대꾸해서는 안 된다는 것이다.

다음은 이덕무의 『사소절』의 언어규범과 여성의 언어법도를 보기로 한다. 『사소절』(1775)은 유덕무의 유고집인 『靑莊館全書』(청장관전서)에 실려 있다. '사소절'이란 선비가 지켜야 할 행동규범을 규제하는 절도라는 뜻이다. 이 책에는 924장에 걸쳐 선비가 지켜야 할 세행규칙을 체계적으로 정리하여 놓았다. 이덕무는 실학사상에 기반하여 당시의 문화적 · 학문적 · 교화적 지도상을 제시하고 계몽사상을 배경으로 하여 국민독본의 성격을 겸할 수 있도록 편찬하였다. 이 책에는 언어사용, 언어경계, 언어행동, 언어적응에 관련되는 내용을 중국의 소학, 논어 등에서 폭넓게 뽑아 언어의 전달적 기능을 비롯하여 사교적 · 지시적 기능을 부각시키고 있다.

끝으로 조선시대의 여성 교화서에 나타나는 언어윤리를 보기로 한다. 이에는 『내훈』과 『여사서언해』(앞에 나옴)가 있는데 이곳에서는 『내훈』만 검토의 대상으로 삼는다.

『내훈』은 성종 9년(1475)에 소혜왕후 한씨가 중국의 『소학』, 『열녀』, 『명감』 등에서 부녀자들의 훈육에 필요한 대목을 뽑아 편찬한 책이다. 『내훈』은 15세기 중엽의 한글문헌과 같이 한문원문에 한글로 구결을 달고 이어 언해문을 보이었다. 한자어는 동국정운식 한자음을 달아 그 보급의 역할도 하였다. 『내훈』은 여성독자들이 한자와 한글의 기초적인 이해능력을 높이고 고전에 대한 다양한 소양을 기를 수 있도록 기획된 여성 교화 교재이다.

『내훈』에는 앞에서 본 『명심보감』과 같이 「언어편」이 독립되어 있다. 이곳에서는 언행과 직접 · 간접으로 관련되는 30여 항목이 나오는데 그 중 언어와 관련되는 장구를 뽑아 보면 다음과 같다. 이경하 교수의 주해본을 따르되 목차에 나오는 핵심 표현을 가져오기로 한다.

(6) 가. 입을 조심하라
나. 말이 많음은 재앙의 시작
다. 언행일치
라. 말은 믿을 수 있게, 행동은 돈독하게
마. 말은 때와 장소를 가려서

우리는 (6)을 통하여 조선시대 여성들의 언어법도를 짐작할 수 있다. 대체로 앞의 『명심보감』과 큰 차이가 없다.

조선시대에는 사대부 계층은 주로 『논어』, 『예기』나 이를 중심으로 엮은 『명심보감』이나 『사소절』, 『여사서』를 통하여 언어윤리를 체득하였다. 한편 사대부들은 처음은 경기체가를 통하여 서민들에게 윤리의식을 고취시켰다. 변계량의 〈화신별곡〉, 주세붕의 〈오륜가〉가 그것이다. 선조 때의 정철의 〈훈민가〉 16수는 우리의 고유한 정형시인 시조를 통하여 언어윤리를 체득시키기도 하였다. 시조 가운데서 언행과 관련되는 것을 찾아보면 다음과 같은 작품을 들 수 있다.

(7) 가. 말하면 잡류라 하고 말 아니면 어리다 하니
빈한을 남이 웃고 부귀를 새오난데
아마도 이 하늘 아래 사롤 일이 어려워라
나. 말하기 좋다 하고 남의 말을 말을 것이
남의 말 내 하면 남도 내 말하는 것이
말로서 말이 많으니 말 모름이 좋애라

(7가)는 『진본청구영언』에 전하는데 작자는 조선 후기의 주의식 또는 김상용(1561~1637)으로 알려져 있다. 말을 하면 경망하다고 질책하고 말을 하지 않으면 어리석다고 하고 가난을 남이 비웃고 부귀를 시기하는 세상살이가 쉽지 않음을 독백한 것이다. (나)는 말하기가 좋다고 하여 남을 헐뜯는 말을 하면 남도 나를 헐뜯을 것이니 말을 조심하라는 뜻이다. 당시의 사대부나 가객들은 중국의 고전을 통하여 배운 언어윤리를 시조라는 작품을 통하여 자신의 것이 되도록 체화(體化)하고 있었다고 해석된다. 이런 작품을 더러 발견할 수 있다.

사대부나 이에 준하는 계층의 사람들은 중국고전과 이를 토대로 우리의 실정에 맞게 교재를 만들어 남녀의 언어윤리교육을 시켜왔다. 그러나 문식력이 없는 일반서민들은 속담을 통하여 언어윤리의식을 배양하였다.

먼저 우리의 입에 자주 오르내리는 다음 속담을 보기로 한다.

(8) 가. 낮말은 새가 듣고 밤말은 쥐가 듣는다
나. 가루는 칠수록 고와지고 말은 할수록 거칠어진다
다. 가는 말이 고와야 오는 말이 곱다
라. 발 없는 말이 천리 간다
마. 말이 고우민 굿인 항 사레 갓당 헌 항 사온다
(말이 고우면 온전한 항아리 사러 갔다가 헌 항아리 사온다)

(8)은 모두 언행을 삼가라는 의미의 속담인데 (8가)와 같은 예는 조선 후기의 실학자 정약용의 『이담속찬』(耳談續纂)에 나올 정도로 예로부터 우리 민족 모두가 애용하여 왔다. 이기문 · 조남호 교수의 『속담사전』(1962/2015)을 보면 언행과 관련되는 많은 속담을 찾을 수 있다. (가)는 아무도 안 듣는 데서라도 말조심을 하라거나 비밀히 한 말도 반드시 남의 귀에 들어간다는 두 가지 의미를 내포하고 있다. (나)는 가루는 체에 칠수록 고와지지만 말은 입에서 입으로, 말은 이 입에서 저 입으로 옮아갈수록 보태어

져서 거칠어진다는 뜻으로 말을 많이 하는 것을 경계할 때 쓴다. (다)는 자기가 남에게 좋은 말을 써야만 남도 자기에게 좋은 말을 쓴다는 뜻이다. (라)는 비밀로 한 말도 잘 퍼지니 말을 삼가라는 뜻이다. 언행과 관련된 속담은 각 지역에도 많이 분포되어 있어 우리 선조들은 이를 통하여 어린이의 윤리교육의 자료로 삼아 왔다. (마)는 제주 고유의 속담으로서 육지어의 '말 한 마디로 천냥 빚도 갚는다'에 대응하는 제주어의 속담이다. 이렇게 각 방언에는 지방 특유의 속담이 많다.

불경 및 노장철학을 보면 언어에 대한 부정적 기능, 곧 반윤리적 기능도 적지 않게 발견한다. 이는 통일신라 때의 고승이며 동시에 유학자 설총의 아버지인 원효의 『대승기신론소』(大乘起信論疏)에 잘 나타나 있다. 인간은 아무리 언어를 부정해도 그 부정하는 방식 또한 언어를 통하지 않으면 안 된다고 하였다. 원효의 언어철학은 언어의 한계에 대한 철저한 이해 위에서 나오는 언어의 무상한 긍정이다. 언어는 진리를 전달하지만 왜곡하기도 한다는 투철한 인식 아래 그는 언어를 적극적으로 활용하였다. 곧 원효는 진리를 전달하는 데 있어 언어의 효용성을 인정하지만 동시에 언어에의 집착성을 부정한다. 이러한 원효의 언어철학은 노장사상의 영향으로 보기도 하지만 보면 불교의 영향으로 보는 것이 타당해 보인다.

노장사상에서는 언어를 불신 · 비판하고 지적 요구를 거부한다. 마찬가지로 불교에서는 언어의 한계를 지적하여 그것을 불신하고 지적 · 논리적 담론에 대한 요구를 규탄하며 끝내는 무한한 침묵을 함양한다. 언어로 표현될 수 없고 언어로 표현되어서는 안 되는 "도"(道)가 어떻게 언어로 표현될 수 있는가라는 물음을 던지며 언어에 불신을 제기한다. 이러한 언어철학은 초기 불교에서 현저히 나타난다. 언어는 실재를 제대로 포착하기에는 불충분하고 실재를 왜곡시킨다고 보고 있다.

윤리적 기능은 금기담에도 발견할 수 있다.

(9) 가. 뒤주 위에 올라앉으면 재수없다
나. 떡고물을 밥솥에 쪄 먹으면 나쁘다
다. 남자의 몸을 여자가 타고 넘으면 재수없다

(9)에서 보는 바와 같이, 금기담은 가언판단(假言判斷)의 문장형식을 취한다. (가)는 뒤주 위에 올라 앉지 말라는 경고의 표시이다. 지금은 쌀 보관의 방식이 많이 달라져 가정에서 뒤주를 보기가 어렵지만 전통사회에서는 양식을 뒤주에 보관하였기 때문에 소중히 다루었다. '재수없다'란 말은 뒤주에 올라앉지 말라는 경고의 표시다. (나)는 떡고물은 떡부스러기이니 솥에 넣고 찔 정도가 못된다. 격식에 맞지 않은 일을 하고 있으니 복이 달아날 것은 당연하다. (다)는 우리가 어렸을 때 많이 듣던 금기담이다. '재수없다'란 표현은 금기담에서 많이 쓰였다. 잠을 거꾸로 잔다든지 여자가 남자몸을 타고 넘는다는 것은 상서로운 행동이 아니기 때문에 예로부터 금기시되어 왔다. 옛날 심마니들(산삼 캐는 사람)이 산삼 캐러 갈 때에는 부인과 동침을 하지 않았다는 것도 금기의 테두리에서 이해할 수 있다.

4.4. 마무리

이상과 같이 저자는 중국 고대의 공자의『논어』를 중심으로 하여 동양의 언어윤리를 검토하고 그것이 이웃나라, 특히 우리나라에 어떻게 전래되어 토착하는가 하는 문제를 거론하여 보았다. 중국고전 가운데는 특히 논어의 윤리철학이 우리의 언어윤리 함양에 큰 영향을 미쳐 특히 사대부들은 그 나름의 언어윤리 체계의 확립에 기여하였다. 그러는가 하면 문해력이 없는 일반서민들은 우리말로써 그 나름의 언어윤리 체계를 마련하여 후생들을 계도하면서 언어생활을 영위하여 왔다.

우리말은, 앞에서 본 바와 같이, 기호학의 대상이 되는 것도 있고 언어윤리로 활용할 수 있는 측면도 적지 않았다. 다음에는 우리말에 결부되어 있는 미학적 측면을 검토하여 보기로 한다.

제5장

우리말 텍스트에 스며 있는 미학적 측면

5.1. 들어가기

앞에서 저자는 우리말에 반영되어 있는 기호학적 세계와 윤리적 측면을 확인하여 보았다. 이곳에는 우리말에 담겨져 있는 미학적 측면을 드러내어 보고자 한다.

언어에 신통력, 곧 주술적 기능을 부여하는 언어철학은 고대의 신화나 가요에서 많이 찾을 수 있다. 이를 달리 "감동적 접근"이라고도 부를 수 있다. 이러한 현상은 여러 언어에서 탐색할 수 있다.

우선 우리에게 잘 알려진 단군신화를 보기로 한다. 단군신화에는 세 가지 의사교환의 장면이 나온다. 첫째는 아버지인 '환인'과 아들인 '환웅'의 의사교환이다. 여기에는 의사교환에 언어가 매개되어 있다는 흔적이 보이지 않는다. 그것은 두 실체가 모두 신이기 때문이다. 신과 신 사이에는 언어라는 매개체가 필요없다. 둘째 장면은 환웅인 신과 '熊虎'(웅호), 곧 곰과 호랑이의 의사교환이다. 곰과 호랑이는 그들의 소원을 환웅에게 빌었고 환웅은 분명히 언어를 통하여 그 방술을 가르쳤다. 곰과 호랑이가 환웅에게 소원을 빌 때, 언어를 사용하였는지 마음 속으로 빌었는지는 분명치 않으나 환웅은 그들에게 언어를 통하여 그 방법을 가르쳤음이 틀림없다. 이때 곰과 호랑이가 언어를 이해한 것은 그들이 일종의 화인(化人)에 속하기 때문이다. '화인'이란 도를 닦아서 현실의 인간세계를 떠나 자연과 벗하여 산다는 상상의 인간이다. 셋째 장면은 사람과 신과의 의사교환이다. 웅녀는 신단수 아래에서 아들을 점지해 달라고 빌었다. 웅녀는 그 주문(呪文)에 의하여 소원을 이루었다. 여기에서 우리는 언어가 주언(呪言)으로 전용되는 과정을 이해할 수 있다.

위와 같은 사실은 언어가 단순한 기호로만 인식되는 것이 아니라 보다 높은 차원에서 신과 교감할 수 있는 매개체로 인식하였기 때문이다. 신은 비록 언어를 이해하고 사람에 대하여 그것을 이용하는 일이 있다고 하더라도 어디까지나 그것은 사람의 것이란 점에 현실적 특이성이 있다고 할 것이다. 이를테면 『삼국유사』에 전하는 "사금갑설화"(射琴匣說話)를 보면 쥐가 사람의 말소리인 "인어"(人語)로써 사람과 교감하였다는 이야기가 전한다. 이는 사람의 말소리에는 주술력이 내포되어 있음을 증명한다고 볼 수 있으며 이는 원시 민족의 소박한 언어철학이라고 할 수 있다.

그러면 언어의 주술적 기능, 쉽게 말하여 감동적 기능이 문학작품에 어떻게 구현되는가 하는 문제를 논의하여 보기로 한다.

5.2. 고대가요의 주술적 기능

고대의 우리 민족의 주술적 언어철학은 고려시대의 승려였던 일연(一然)이 지은 『삼국유사』를 통하여 엿볼 수 있다. 『삼국유사』에는 언어의 주술적 기능을 엿볼 수 있는 작품이 많이 전한다. 〈구지가〉, 〈해가사〉, 〈처용가〉를 예로 들어 그 실상을 검토하기로 한다. 주술적 기능은 “감동적 기능” 내지 “미학적 기능”으로 달리 부를 수 있다. 저자가 “미학적”을 택한 것은 언어의 기능을 논의할 때 “미학적 기능”을 든다는 점을 고려하였기 때문이다.

(1) 거북아 거북아 머리를 내어라
내어 놓지 않으면 구워서 먹겠다

위의 (1)은 한문시가를 번역한 것인데 김수로왕의 강림(降臨)을 노래한 것이다. 거북에게 머리를 내어 놓지 않으면 구워서 먹는다고 하자 머리를 내놓았다는 것은, 경위야 어떻든, 언어가 주술성을 발휘하여 수로가 탄강(誕降)하게 하였다.

다음 〈해가사〉도 마찬가지다.

(2) 거북아 거북아 수로를 내어 놓아라
남의 아내 앗으니 그 죄가 얼마나 큰가

(2)는 한문으로 전하여 오는 〈해가사〉의 1, 2행을 번역한 것인데 이 노래를 부름으로써 수로부인을 구출하였다는 것이다. 호소적 기능이 발동된 것이다. 현대에 와서 구호를 외치면서 시위를 한다든지 집단진정을 하는 경우와 비교하여 볼 수 있다. 과거 일본의 국어학사를 쓴 한 언어학자는 언어에 깃들어 있는 주술적 언어철학을 “고토다마”(言靈)로 해석하였다.

다음 예를 보기로 한다.

(3) 학생의 피에 보답하자. 시민들이여 기뻐하시라

위의 (3)은 1960년 4 · 19 혁명 당시에 이승만 대통령의 하야 후의 질서회복을 호소하는 학생들의 플래카드에 적혀진 텍스트였다. 고대의 주술시가나 현대의 시위구호는 모두 청자나 청중을 설득시키는 호소 기능을 띠고 있다. 이런 호소 기능은 "기미독립선언문"과 같은 현대의 산문에서도 흔히 접할 수 있다.

> (4) 우리는 여기에 우리 조선이 독립된 나라인 것과 조선 사람이 자주 국민인 것을 선언하노라. 이것으로써 세계 모든 나라에 알려 인류가 평등하다는 큰 뜻을 밝히며 이것으로써 자손만대에 일러 겨레가 스스로 존재하는 마땅한 권리를 영원히 누리도록 하노라 (현대역)

(4)는 표면상으로는 선언기능을 표현한다고 할 수 있으나 국제적으로 우리나라가 독립국임을 선언함과 함께 일본 제국주의자들에게 우리에게 자주권을 부여하라는 호소적 기능이 함께 부여된다.

5.3. 고시조의 감동적 기능

앞에서 우리는 우리의 고대가요에 주술적 내지 감동적 기능이 결부되어 있음을 보았는데 이런 현상은 중세 이후의 시가작품에서도 발견할 수 있다.

먼저 고시조에 나타나는 예를 보기로 한다.

> (5) 이런들 어떠하리 저런들 어떠하리
> 만수산 드렁칡이 얽어진들 그 어떠하리
> 우리도 이와 같이 하여 백년까지 누리리라

(5)는 이성계의 아들 이방원이 고려말기의 유신 정몽주에게 자신과 뜻을

같이 해 달라는 호소적 기능이 표백된 〈하여가〉이다. 그러나 정몽주는 다음과 같은 〈단심가〉를 불러 이방원의 회유를 물리쳤다는 고사가 서려 있는 작품이다.

(6) 이 몸이 죽고 죽어 일백번 고쳐 죽어
백골이 진토되어 넋이라도 있고 없고
님 향한 일편단심이야 가실 줄이 있으랴

전통사회에서는 생일 때 생일상을 차려 놓고 무병 · 장수를 빌거나 4월 초파일(부처님 오신날)에 부처님 앞에서 불공을 드리거나 제사 때 제문을 읽기도 하였는데 이들은 모두 호소적 기능으로 해석될 수 있다.

전통사회에서는 기생이 사랑하는 사람을 여의거나 만나고 싶을 때 시조를 읊어 연정을 고백하기도 하였다. 대표적으로 황진이의 "청산리 벽계수야 … "나 "동짓달 기나긴 밤을 … "과 같은 시조가 그것이다.

다음은 홍랑이 최경창(1539~1583)과 이별할 때 읊은 작품이다.

(7) 묏버들 가려 꺾어 보내노라 님의 손대
자시는 창밖에 심어 두고 보소서
밤비에 새잎곳 나거든 날인가도 반기소서

(7)은 선조 때의 함경도 경원지방의 관기 홍랑이 최경창과 사랑에 빠져 있는데 임기를 마치고 한양으로 돌아갈 때 이별하는 길목에서 읊은 작품이라고 전해지고 있다.

5.4. 현대시의 호소적 기능

다음 작품은 일제 강점기에 읊어진, 〈상록수〉의 작가였던 심훈의 〈그날이 오면〉의 앞 부분이다.

(8) 그날이 오면, 그날이 오면은
삼각산이 일어나 더덩실 춤이라도 추고
한강물이 뒤집혀 용솟음칠 그날이
이 목숨이 끊기기 전에 와 주기만 할 양이면
나는 밤하늘에 나는 까마귀와 같이
종로의 인경을 머리로 들이받아 울리오리다
두개골은 깨어져 산산조각이 나도
기뻐서 죽사오매 우리려 무슨 한이 남으오리까

위의 (8)은 해방을 목마르게 기다리는 호소적 기능이 응결된 작품이다. 일제 강점기에 나온 작품으로서 독립정신을 일깨우는 작품을 여기저기에서 많이 발견할 수 있다.

이상화의 〈빼앗긴 들에도 봄은 오는가〉도 마찬가지다. 머리 부분만 보이기로 한다.

(9) 지금은 남의 땅—빼앗긴 들에도 봄은 오는가?
나는 온 몸에 햇살을 받고,
푸른 하늘 푸른 들이 맞붙은 곳으로,
가르마 같은 논길을 따라 꿈속을 가듯 걸어만 간다.
입술을 다문 하늘아, 들아,
내 맘에는 나 혼자 온 것 같지를 않구나
네가 끌었느냐. 누가 부르더냐. 답답워라, 말을 해 다오.

이 역시 일본의 압제로부터 해방을 갈구하는 우리 민족의 간절한 독립의

지를 노래한 것이다.

우리는 앞에서 고대의 시가에 주술성이 깃들어 있음을 보았는데 현대시에서도 그런 작품을 찾을 수 있다.

대표적으로 김현승(1913~1975)의 〈가을의 기도〉는 기독교를 바탕에 둔 주술시로 알려져 있다.

> (10) 가을에는
> 기도하게 하소서
> 落葉(낙엽)들이 지는 때를 기다려 내게 주신
> 謙虛(겸허)한 母國語(모국어)로 나를 채우소서
>
> 가을에는
> 사랑하게 하소서
> 오직 한 사람을 택하게 하소서
> 가장 아름다운 열매를 위하여 이 肥沃(비옥)한
> 時間(시간)을 가꾸게 하소서
>
> 가을에는
> 호올로 있게 하소서.
> 나의 영혼,
> 굽이치는 바다와
> 백합의 골짜기를 지나
> 마른 나뭇가지 위에 다다른 까마귀같이

위의 (10)은 기도의 시답게 연마다 "가을에는/기도하게 하소서", "가을에는/사랑하게 하소서", "가을에는/호올로 있게 하소서" 등의 기도문으로 첫 행을 장식하고 있다. 마치 암호나 주문을 염송(念誦)하는 것 같다. 이 작품은 많은 독자들에게 위로와 정화를 제공하는 주술성이 짙은 시로서 앞의 고대의 〈구지가〉나 〈해가사〉와 큰 차이가 있는 것 같지 않다.

5.5. 금기담과 길조담의 미학적 기능

이곳의 금기담과 길조담은 그 사이 금기어와 길조어로 불려 왔으나 문장 차원을 넘어 텍스트 차원에서 사용된다는 점에서 "금기담, 길조담"으로 불러야 한다는 견해에 동의하면서 두 텍스트에서 실현되는 미학적 기능을 검토하기로 한다. 금기담과 길조담은 "인간관계, 인조물 · 가공품, 동 · 식 · 광물, 자연 · 토지, 신과 제사, 꿈과 영혼"과 같은 6개 유형으로 나눌 수 있다. 먼저 금기담부터 보기로 한다.

(11) 가. 궁합이 맞지 않으면 결혼 못한다
나. 결혼식 첫날밤에 문을 열고 자면 복 나간다
다. 개가 땅을 파면 바깥주인이 죽는다
라. 꼬리별이 떨어지면 불길하다
마. 손 있는 날 이사하면 나쁘다
바. 꿈에 남자가 중이 되면 불길하다

(11가)는 인간관계를 표시하는 금기담이고 (나)는 '문'과 같은 인조물과 관련되는 금기담이다. (다)는 '개'와 같은 동물과, (라)는 자연(꼬리별)과, (마)는 신과, (바)는 사람과 각각 관련되어 보인다.

다음으로는 길조담을 보기로 한다.

(12) 가. 가르마가 길면 명이 길다
나. 가을 추수할 때 고사떡 해 먹으면 좋다
다. 가뭄 때 개구리가 자주 울면 비가 온다
라. 겨울에 눈이 많이 오면 보리가 잘 된다
마. 가뭄 때 산신제를 지내면 비가 온다
바. 꿈꾸고 깬 다음에 곧 잊어버리면 좋다

(12가)는 인간관계, (나)는 인조물(떡), (다)는 동물과 각각 관련된다. (라)는

하늘, 곧 '천공'과 관련된다. (마)는 제사, (바)는 꿈과 관련된다.

5.6. 마무리

이상과 같이 저자는 해석학적 언어철학이 향가 등의 고대 시가, 중세의 시조, 현대의 시가류와 표어, 선언문 등의 텍스트와 속담, 길조담, 금기담 등의 구비 전승 자료에서 어떻게 실현되는가 하는 문제를 논의하여 보았다.

지금까지의 논의를 간추리면 다음과 같다.

첫째, 고대 가요에 나타나는 주술적 기능은 감동적 내지 미학적 기능으로 수렴할 수 있다.

둘째, 중세의 신하들의 충군(忠君) 사상은 시조 작품을 통하여 구현되는 일이 많았다.

셋째, 기생들이 벼슬아치들이나 연인들에게 연정을 표백하는 데 있어서도 시조가 많이 애창되었다.

넷째, 현대에 와서 대중에게 단결심을 고취시키거나 주의를 환기시킬 때에는 고대나 중세와 같이 시가 등의 문학작품과 표어나 선언문을 이용하는 일이 많다.

우리의 논의를 통하여 얻은 수확은 지금까지 어휘론에서 다루던 속담, 길조담, 금기담이 해석학적 언어철학의 소관임을 확인할 수 있었다는 점이다. 이렇게 보면 우리의 해석학적 언어철학에는 문자의 가공과 창제, 보급뿐만 아니라 주시경에 의해 창도된 우리말에 대한 기호학적 접근과, 우리의 속담 등에 스며 있는 윤리철학은 물론, 문학작품과, 길조담과 금기담도 연구의 대상으로 삼을 수 있음을 확인하였다.

내용 보충

내용 보충

제1부 문자 운용의 발자취

제1장 말머리를 들면서

1.1. 우리 언어철학사의 범위 설정

저자는 지난 세기 90년대부터 새천년 10년대에 걸쳐 언어철학사의 국제적인 흐름과 움직임을 점검함으로써 우리 나름의 언어철학사와 우리말연구사, 곧 국어학사를 구성해 보았다(고영근 1990/2008: 3-33, 479, 1998/2001나: 17-51, 2000/2001나: 31-51, 53-91). 특히 고영근(2018다)에서는 우리 언어철학사를 구성하기 위하여 먼저 독일어권에서 나온 *Sprachphilosophie*(1992)(HLSK 7.1, 7.2)와 영어권에서 나온 *The Oxford Handbook of Language*(2006)을 검토하고 이어 신익성 교수의 훔볼트의 저작에 대한 번역(1985, 1998), 이규호 교수의 『말의 힘』(1968/2000)에서 전개된 해석학적 언어철학, 허발 교수를 중심으로 한 고려대학교 독문과 출신들의 모임인 내용중심학파의 업적을 종합하는가 하면 충북대학교의 임동철 교수 밖에 23인(2018)이 공동연구한, 언어와 사유의 관계를 다룬 업적과, 홍재성 교수의 존재동사와 계사를 통합하는 언어유형론적 접근도 주목하여 보았다(고영근 2018가: 690).

한편 고영근(2019)에서는 고영근(1985나)에서 제기한 "국어학적 업적"과 "국어학 업적" 중에서 전자는 언어철학의 영역으로, 후자는 개별언어학, 곧 국어학의 업적으로 간주함으로써 "국어학사"와 "언어철학사"의 영역을 분명히 하였다. 이에 앞서 고영근(2010: 3-27)에서는 관념론과 실증론의 관점에서 두 영역의 경계를 논의하기도 하였다. 물론 근대 이전도 국어학사, 곧 실증론의 영역으로 간주할 수 있는 주제도 없지 않으나 이는 우리 언어철학사의 사이사이에서 언급하기로 한다. 한편 김지홍(2021: 591-603)에서는 우리의 "실증론"을 "실제론"이라 하여 "관념론"과의 관계를 논하고 있어 참고되는 바 많다.

일본의 국어학사 연구에서 언어의 주술적 기능을 "言靈"(언령)으로 표현한 저술은 도키에다(時枝誠記)(1940)이다. 도키에다는 "국어연구사"란, 엄밀하게 정의하면 국어에 대한 과학적 인식의 역사가 되지만 넓은 의미로 본다면 국어에 관한 모든 성찰이 다 국어연구사의 내용이 된다고 하였다. 이는 관념론과 실증론에 의한 언어연구를 모두 언어학사의 대상으로 삼은 훔볼트 이전의 서양의 언어학사의 내포와 다르지 않다는 것을 의미한다(고영근 2019). "言靈", 곧 "고토다마" 신앙은 원래 언어적 표현을 두려워하거나 꺼리는 감정으로부터 시작되었다고 보는데 만요(萬葉) 후기에 이르러서는 고토다마 신앙 자체가 전설적으로 다루어지기 때문에 오히려 국어를 찬탄하는 유형적 사상이 되었다고 보고 있다. 이 부분은 도쿄외대의 이카라시 교수가 제공하였다는 것을 밝혀 둔다.

1.2. 우리 언어철학사의 과제

우리 언어철학사의 과제를 탐색하는 데 있어서의 전통적 국어학사류, 오구라(1920, 1942/1964), 김윤경(1938), 최현배(1942/1961), 이희승(1955/2000: 전집 권1, 전자책), 김민수(1954, 1960, 1980가), 유창균(1959, 1988), 강신항(1978/1988), 김석득(1983), 최경봉(2010, 2016: 14-51), 정광(2022) 등을 참고하였다. 특히 최경봉 교수는 김민수(1980가)를 바탕으로 하여 근대 국어학사를 관념론과 실증론을 아우르는 관점에서 체계화하고 있어 주목의 대상이 된다. 지금까지 이두사전으로는 장지영 · 장세경(1976), 배대온(2003)이 사용되었으나 2021년에는 남풍현 밖에(2021)이 나와 이두 연구의 새로운 지평을 마련하고 있다. 앞으로는 이두가 국어학 연구의 중심 주제가 되지 않을까 한다.

제2장 우리말에 대한 유형론적 접근과 문자의 가공 · 창제 · 보급

2.1. 우리말에 대한 유형론적 접근

《위지 삼국지》『동이전』을 보면 오늘날의 퉁구스족의 선조인 "읍루"(挹婁)는 "얼굴 모습은 부여와 비슷하나 언어는 같지 않다."고 서술되어 있다"(其人形似夫餘 言語不與扶餘[句麗]同). 한편『후한서』에도 비슷한 내용이 전하고 있다. 삼국지와 후한서『동이전』에 대하여는 전해종(1980: 37)이 참고된다. 읍루의 언어가 부여와 같지 않다는 것은 우리말과 달리 인칭 어미가 존재한다는 사실을 가리키는 것이 아닌가 한다. 저자가 2014년 여름, 라이프치히 소재 막스플랑크 진화인류학연구소를 방문하였을 때 언어학 부장 콤리(B. Comrie) 교수는 퉁구스어의 인칭 어미는 인도 · 유럽어의 인칭 어미와 똑같다는 견해를 피력(披瀝)하였다는 것을 언급하여 둔다. 퉁구스어를 비롯한 알타이어의 인칭 어미와 중세어의 화자 표시법에 대하여는 김주원(1994), 고영근(2018가: 464-65)를 보라. 구글에 나와 있는『동이전』의 번역에는 중요한 잘못이 있다. '읍루'의 '挹婁'의 '挹'을 '相'으로 적고 번역도 "言語不與夫餘句麗同"을 "언어는 '부여'와는 다르고 '구려'와 같다."와 같이 잘못을 저지르고 있다는 것을 지적하여 둔다.

신라 유학생이 발해 사신의 통역을 맡았다는 것은 발해와 일본의 교류사를 다룬 구난희(2007: 141-142)에 나와 있다. 양서(梁書) 백제전에 나오는 백제와 신라의 언어 동질성에 관한 증언과 자료제공은 계명대학교 사학과 노종국 교수의 제보에 의한다. 신라에 문자가 없었다는 것은 단순히 신라를 폄하한 것이라기보다 신라에는 백제의 문서 행정 시스템과는 구별되는, 각목(刻木)이 부수된 구두(口頭)에 의한 명령 전달 시스템이 6세기 직전까지 장기간 지속된 사실의 반영이라고 해석하기도 한다. 신라어와 백제어의 친근성에 대하여는 일찍이 이기문(1961/1972/1998: 47)에서 논증된 바 있고 도수희(2004: 90-91)에서는 두 언어의 공통점과 차이점이 지적되어 있다.

「훈요십조」를 보면 "거란은 우매한 나라로서 풍속과 언어가 다르다"(契丹是禽獸之國 風俗不同 言語亦異)와 같이 나와 있다. 이곳의 거란은 대체로 오늘날의 내몽골에 해당하는데 왕건은 우리말과 언어 풍속이 다르다고 보았다. 여기서 "풍속"은,

앞에서 본 바와 같이, "언어"와 그 내포를 같이한다. 고려인들은 거란어가 우리말과 차이가 큰 것으로 보았다. 이러한 차이는 『동이전』에서 고구려어와 읍루의 언어가 같지 않다는 증언과 관련시켜 볼 때, 고대 단계에 이미 우리말과 퉁구스 · 몽골 제어는 확연히 구별되어 있었음을 알 수 있다.

중세에는 동북아시아의 한문과 유럽의 라틴어뿐만 아니라 인도의 산스크리트어, 팔리어, 중동의 아랍어 등이 공동문어의 기능을 수행하고 있었다. 이 방면의 정보는 조동일(1999가, 나)에서 얻을 수 있다.

동북아시아의 문자에 대하여는 송기중(1997), 구결학회 편(2006), 정광(2019나) 등을 보라. 특히 구결학회 편(2006)에는 동북아시아에 출몰하였던 각종 문자의 기원과 활용양상이 다각도로 구명되어 있다.

문자유형론에 대하여는 그사이 음운부의 유형론에 가려 그 정체가 드러나지 못하였는데 윌스(WALS)(2013)을 계기로 하여 본격적으로 조명되기 시작하였다(고영근 2018가: 57). 그러나 이곳에서는 1443년에 창제된 한글만 논의되었을 뿐이고 한자 차용 이후에 변용을 거듭해 온 "이두"에 대하여는 언급이 없다. 이두의 문자 유형론적 위상도 분명히 파악할 필요가 있다. 한자의 전래에 대하여는 강신항(2012: 305-324)에, 우리나라의 한자 · 한문의 사용의 역사에 대하여는 심경호(2012)에 자세하다.

2.2. 한자의 가공과 이두

한자의 유입 이전, 고조선 시대에 "가림토 글자", "신지문자"가 유통되었다는 견해는 김인호(2005: 8-24), 박지홍 · 박유리(2013: 14-20)에서 볼 수 있으며 이에 대한 비판적 견해는 송기호(2002: 제5권 1-6)에서 볼 수 있다.

이성규(2003: 87)에서는 유리왕이 나무 아래서 쉬다가 노래를 읊었다는 "乃感而曰 … "이란 표현은 감정을 노래하였을 뿐 문자로 노래를 지었다는 의미는 아니며 따라서 설혹 유리왕이 황조가를 지은 것이 사실이었다고 하더라도 그 문자화는 후대에 이루어졌을 가능성이 많다는 견해를 비친 일이 있다.

광개토대왕의 비문이 순정한문이냐 아니면 우리말의 문법적 특성이 가미된 이두문의 성격을 띠고 있느냐를 둘러싸고 논의가 많았지만 최근에 나온 권인한

(2015: 255)을 보면 변격한문과 초기이두의 경계선에 놓이는 것으로 판정을 받고 있다. 광개토대왕의 구조에 대하여는 심경호(2021: 27-8)에서 자세히 분석된 바 있다.

한자를 중심으로 한 우리 민족의 문자생활에 대하여는 홍윤표(2022)를 참고하라.

A. 삼국시대의 문자생활

2.2.1. 고구려의 문자생활과 이두의 발아

고구려의 문자생활과 그 자료에 대하여는 유창균(1980), 남풍현(2000: 50-68), 이장희(2005), 김영욱(2004), 이승재(2016)에 자세하다. 김영욱(2004)에서는 삼국의 이두를 전기와 후기로 통합하여 다루고 있다. 전기는 이두 발생 이전의 한자·한문에 의한 문자생활 시대를 가리키고 후기는 광대토대왕의 비문에 나타나는 초기 이두의 발생 시대를 가리킨다. 최근에는 광개토대왕의 비문이 순정한 한문이라는 견해가 대두하고 있어 이 방면 연구가 더 필요함을 느낀다. 최근 들어 광개토대왕릉 비문의 구법과 평측이 심경호(2021: 267-78)에서 전면적으로 검토된 바 있다.

2.2.2. 백제의 문자생활

한자의 전래와 백제측 자료에 대한 해석은 우선 유창균(1983), 이승재(2013)이 참고되며 백제의 문자생활을 포괄적으로 다룬 논문으로는 정재영(2003)이 있고 동시에 김영욱(2004)에서 초기 이두의 모습을 보여 주는 〈숙세가〉가 알려졌다. 김영욱 교수가 발굴한 〈숙세가〉는 국문학 사가들에게도 주목되어 이른 시기의 한시로 평가되기도 하였다(조동일 2005가: 133). 김영욱 교수의 자료는 같은 해 구결학회 국제학술대회에서 발표된 바 있고 신문 지상에 보도되기도 하였다. 위의 〈숙세가〉도 정통 한문이라는 견해가 대두되고 있어 이두에 대한 정확한 개념 규정이 요망된다. 무령왕릉의 비문은 최근 심경호(2021: 30-33)에서 새로이 검토된 바 있다.

2.2.3. 신라의 문자생활

신라의 문자생활에 대하여는 남풍현(2000: 69-181) 참조. 신라시대의 비문으로는 포항 중성리에서 발견된 5세기 중엽 내지 6세기 초에 건립된 비문이 가장 오래

되었다(서울대 박진호 교수의 제보). 최근에는 6세기에 나온 신라시대의 비문의 구조가 총체적으로 논의된 바 있다(심경호 2021: 307-16). 신라의 문자생활에 대하여는 이승재 교수(서울대)가 준비하고 있어 조만간 얼굴을 내밀 것이다. 고대어의 연구에 있어서는 지명에 대한 연구가 크게 도움이 된다. 이 방면에 대한 업적은 도수희(2003)을 비롯하여 많은 업적을 쌓아 왔다. 최근에는 조강봉(2020)이 나와 한 봉우리를 형성하고 있으며 한국지명학회의 기관지 『지명학』에 관련 논문이 많이 발표되고 있다.

B. 남북국 시대의 문자생활

2.2.4. 통일신라 시대의 문자생활

통일신라 시대에 완성된 향찰 문자는 일본으로 건너가 고대 일본의 만엽 가나(萬葉假名)에 영향을 미쳤다는 사실이 밝혀지고 있고(이종철 1983) 한일 두 나라의 지명의 일치를 고대에 있어서 주민의 이동과 관련시키는 연구(이병선 1996)가 나오고 있는가 하면 유창균(2017)에서는 일본 신화를 한반도의 신화나 지명과 관련시키고 있어 앞으로 두 나라의 고대사의 비밀이 밝혀질 날이 머지않아 보인다.

통일신라의 문자생활에 대하여는 남풍현(2000: 187-435)을, 한문학적 업적은 조동일(2005가: 259-277)을 참고하였다. 『연암집』과 『해동역사』를 보면 제주도에는 한자와는 다른 고유 문자가 있었다는 보고도 있다(김인호 2005: 44).

신라의 문자생활에 대하여는 남풍현(2000: 69-186)에 자세하다. 경덕왕대의 지명 변경에 대하여는 이기문(1991)을 보라.

2.2.5. 발해의 문자생활

발해의 문자생활에 대하여는 한영우(2015: 156), 조동일(2005가: 244-253), 심경호(2021: 171-75)을 보고 발해와 일본의 교류에 대하여는 구난희(2007, 2017)에 자세하다. 북한에서는 발해에 고유문자가 있었다고 언급하기도 한다(김인호 2005: 45-48). 이곳에서는 발해는 한자와는 다른 고유문자를 외교 문서에 사용하였으며 당나라에서는 발해 문자를 가르치기도 하였다는 사실을 공개하였다. 최근에는 한자와는 다른 200개의 문자들이 발해 때의 기와에 새겨져 있으며 북한의 청진에서 발해 시기의 질그릇에서 신지문자와 비슷한 발해 시기의 문자를 발견하였다는 보고도 있다(김인호 2005: 45-47).

2.3. 고려시대의 문자생활

2.3.1. 균여의 방언본 저술과 향가의 창작

균여의 방언본 저술은 혁련정(赫連挺)/최철 · 안대회(1986), 안병희(1987/1992나: 314-327)에 자세하다. 최행귀의 균여의 향가 번역에 대하여는 김민수(1979/1987: 81-88)을 참조하였다. 최근에는 균여향가를 "고려향가"라 하여 오자를 가려내어 새로운 관점에서 향가를 해독한 업적(안정희2007a,b, 2010)이 나와 시선을 끌고 있다.

2.3.2. 음독구결의 출현

음독구결의 예는 정재영(1995)에서 소개된 『범망경보살계』를 본서의 취의에 맞게 가공한 것이다. 이 과정에서 이용 교수(서울시립대)와 정재영 교수(한국과학기술대)의 협조가 컸음을 밝혀 둔다. 인터넷에서도 많은 자료를 얻었다. 음독구결의 전반적 · 종합적 고찰과 그 자형 및 기능의 통시적 고찰은 남경란(2005, 2009)를 보라. 저자가 음독구결에 대한 정보를 수집함에 있어 남경란 교수는 자신의 저서를 기증해 주시는가 하면 미심쩍은 문제의 해결에 적지 않은 도움을 주셨다.

2.3.3. 이두문 사용의 확대

고려시대의 이두문의 사용양상에 대하여는 남풍현(2000: 460-592), 이승재(1992: 43), 심경호(2021: 201-2)를 참조. 후자에서는 이두를 품사에 따라 분류하고 특히 어미류를 선행어미(선어말어미)와 어말어미로 나누어 기능을 밝히고 있다. 이 밖에도 서종학(1995)에서도 관련 정보를 얻을 수 있다. 산문이두는 최근에 발견된 박성종(2008)에서 볼 수 있다. 이 자료는 이현희 밖에(2014나: 63)에서도 이용된 바 있다. 『대명률직해』는 그 사이 영인본의 형태로 많이 보급되어 왔다. 한국고전번역원에서는 우선 『대명률직해』를 교감하고 표점을 찍어 『校勘標點大明律直解』(교감표점대명률직해)를 내고 이어 우리말로 번역하여 모두 4권으로 간행하였다. 공동연구원은 한상권 밖에 7명(2018가)으로 전공분야는 "한국사, 법학, 국어학"으로서 학제성을 띤 번역물이다. 연구물로서는 대표적으로 박희숙(1985)를 비롯하여 고정의(2002), 박성종(2003), 안병희(1985), 장윤희(2003)을 들 수 있다.

2.3.4. 한문학의 발전

고려시대의 한문학의 발전양상에 대하여 조동일(2005가: 380-405)에 자세하다. 이곳에서는 탐라국의 왕족인 고조기(高兆基)(?~1157)가 고려 조정에서 벼슬을 하고 제주도로 돌아가는 길에 읊은 〈진도강정〉(珍島江亭)은 뒤에 『동문선』에 실릴 정도로 높은 평가를 받고 있었다고 하였다.

2.3.5. 외국어 교육기관과 외국인의 우리말 학습

고려말에 설치되었다는 통문관에 대하여는 더 이상 특별한 기록이 없다.

2.3.6. 불경 읽기와 부호

우리의 문자생활사에서 논의할 수 있는 문장부호는 유탁일(1989), 이승재(2002가, 나), 홍윤표(원고), 최준호(2021), 심경호(2012: 320)에서 논의되었고 특히 석독구결에 나타나는 부호구결에 대하여는 이승재(2000)을 들 수 있다. 종전에 예사로 보아 왔던 부호가 문장부호의 기능을 발휘하고 있었다는 것을 더러 발견한다(뒤에 나옴). 그러나 문현수(2021)에서는 문장부호라기보다는 구결점으로 해석하기도 한다.

2.4. 조선시대의 문자생활

2.4.1. 조선 전기의 문자생활

2.4.1.1. "한글"의 창제와 그 동기

세종 25년 12월의 기사를 보면 세종이 "언문"(諺文) 28자를 친히 제정하였다는 기록이 나온다. 이곳의 "언문"은 우리 문자 내지 우리 글자를 뜻하며 우리말에 대하여는 일반적으로 "언어"(諺語)라 불렀으나 '合字解'(합자해)에는 "國語"(국어)란 표현도 접할 수 있다. 이때의 "국어"는 갑오경장 이후의 "국어"와는 그 내포가 다르지 않나 한다. "諺語"와 별 차이가 없는 것으로 보인다(백두현 2021: 120, 김병문

2013: 61). "諺文"(언문)은 한글 창제 이전에도 쓰였다. 원래의 뜻은 "전하는 말, 일반 백성이 주고받는 말"을 뜻한다(홍현보 2022: 98). 백 교수는 앞의 책(105-152쪽)에서 우리말과 우리 문자의 명칭에 대하여 폭넓게 조사하고 있다. 「훈민정음서문」을 잘 읽어 보면 앞뒤가 맞지 않은 부분이 있다는 것을 알게 된다. 한문 원문의 '國之語音'(국지어음)은 분명히 '나라의 말소리'인데 이는 당시 우리나라에서 사용하던 "한자음"을 가리키는 것으로 해석하는 것이 온당하다. 곧 당시에 통용되던 한자음이 중국의 표준 한자음과 달라서 "문자", 곧 중국의 한자와는 통하지 않으므로 의사소통에 불편이 많다는 뜻으로 이해해야 문맥이 통한다. "훈민정음"(訓民正音)의 '정음'은 한자의 표준음을 가리킨다. 정음관 형성의 배경과 발전 양상, 그것이 우리나라의 어문정책에 미친 영향에 대하여는 심소희(2013)에 자세하다. 그러나 다음 구절에 나오는 "어리석은 백성[愚民]이 자신들의 의사를 충분히 표현하지 못한다"는 내용은 앞 구절의 내용과 모순된다. 전자가 중국을 의식한 대외용이라면 후자는 어리석은 백성들에게 문자 사용의 기회를 준다는 의미로 해석된다. 앞 구절은 사대부들은 한문으로써 문자생활을 할 수 있으나 일반백성들은 그렇지 않으니 새로 문자를 만들어 문자생활의 기회를 준다는 방면으로 이끌고 나갔더라면 논리의 비약이 없었을 것이다. 한글 창제에 대한 최만리의 "반대상소문"에도 표현되어 있다시피 새로운 문자를 창제한다는 것은 중국에 대한 반역행위인 것이다. 훈민정음창제가 극비리에 진행된 것은 당시 명나라의 황제가 9세의 어린 나이로 등극하였기 때문에 중국의 눈치를 보지 않고 마음에 품은 일을 성취할 수 있는 호기를 맞이하였다고 볼 수 있다(한영우 2019: 461). 『세종평전』에서 세종의 진실을 추구한 한영우 교수는 위 책의 859쪽의 상단과 관련하여 같은 책 뒤 표지에서 "우리의 민족적 정체성을 잃지 않으면서 국제 사회와 민족 주의를 배합시킨 그 중간에 그의 정체성이 자리잡고 있다"와 같이 말하고 있다. 한편 김슬옹(2015: 63)에서는 피지배층의 문해력과 문식력을 개선하였다기보다는 오히려 지배층의 문식력과 문해력에 도움을 주었으며 그러면서 피지배층들을 문해 잠재력과 문식 잠재력의 가능권으로 끌어들였다는 견해를 표명하고 있다.

우리 주변에는 문자를 가리키는 "한글"을 "우리말"과 혼동하는 일이 많다. 우리의 "한글"이 우수하다는 것은 "한자"나 "알파벳"과 비교할 때 단순하고 체계적으로 만들어졌다는 뜻이지, 우리말이 그렇다는 것이 아니다. 문자에는 우열이 있지마는 언어에는 우열이 없다는 것을 알아야 한다. 이 문제를 명쾌하게 설명한 책으로는 일본의 한국어학자 노마 히데키(2011), 김주원(2013)을 참고할 수 있다.

훈민정음은 세종의 친제설이 주류를 이루고 있으나 신하들과의 협찬설도 그 나름의 근거가 있다. 관련 논의는 이근수(1979)에 자세하다. 특히 이곳에서는 서문의 내용이 파스파 문자의 그것과 비슷하다고 하여 파스파 문자를 비롯하여 거란문자와 여진문자와의 관련성도 비치고 있으나(유창균 1966, 2008), 반론도 만만치 않다(정광 2009). 이 방면의 정보는 정광 교수의 조언(2021. 8. 9. 메일/정광 2022: 454-486)이 큰 도움이 되었다. 송기중(1997, 2009)에서는 지금까지의 논의를 발판으로 삼아 한글은 동북아시아 제문자의 오랜 전통과 전통적 음운 연구의 결정체로 보고 있다. 한편 정광(2019가)에서는 훈민정음창제와 그 후속 작업에서 협조한 세종의 가족과 학승, 집현전 학사들과의 관계가 잘 정리되어 있다. 세종대왕에 대한 종합적 연구서로는 이숭녕(1981)이 참고된다. 『훈민정음 해례』는 1940년 경북 안동에서 발견된 이래 많은 서지적 연구와 해설서가 나왔다. 해설서로는 김민수(1957/1985가), 강신항(1987/2003)이 그 사이 많이 읽혔고 박지홍 · 박유리(2013)은 주로 한문의 기본 문법의 관점에서 풀이를 하였다는 특징이 있다. 이현희 밖에(2014가)에서는 훈민정음 해례본의 여러 번역을 검토함으로써 새 번역안을 시도하는가 하면 이곳에 나오는 '가점, 병서, 정음' 등 105개의 개념어를 중심으로 자세한 해설을 붙이기도 하여 훈민정음 해례 연구의 새 지평을 열었다. 김유범 밖에 8인(2020)은 국어학, 국어교육학, 철학 전공자들이 원본 사진을 해당 면의 좌우로 배치해 가면서 공동으로 이루어 내었다는 특징이 있다. 최근에는 훈민정음 상주본이 나와 주목을 끌고 있다. 그러나 이 책은 소장자가 공개하기를 꺼려하여 그 정체가 아직 베일에 싸여 있다. 이 책이 빨리 공개되기를 바랄 뿐이다.

한글의 자모가, 많은 경우, 획의 추가에 의하여 조금씩 성격을 달리하는 글자가 만들어진다는 점을 중시하여 샘슨(G. Sampson)과 같은 학자는 자질 문자(featural system)의 범주에 넣기도 하지만 부분적으로만 적용되기 때문에 그에 대한 반론도 만만치 않다[한글박물관 기획, 헨리 로저스 지음/이용 밖에 옮김(2018: 376-377)]. 저자는, 이미 고영근(2018가: 57)에서 밝힌 바와 같이, "음절적 단음 체계"로 보는 것이 온당하다고 생각한다.

『동국정운』은 모두 6권 6책으로 국보(건국대학교 소장)로 지정되어 있다. 관련 연구서는 남광우(1966), 유창균(1966), 이동림(1970) 등이 있고 『홍무정운역훈』에 관한 연구서로는 정연찬(1972), 박병채(1983) 등이 있다.

2.4.1.2. 한글 창제의 후속 작업

『훈민정음 예의』는 중세 우리 정서법의 원리와 그 세칙을 설명한 것이다. '나랏말씀'은 당시 서울 중심의 표준어를 가리킨다. 이는 한자를 이용하여 신문자의 발음법을 설명하였다든지 종성, 곧 받침 사용법, 병서, 연서, 부서, 성음 등은 개별 글자를 조합하여 활용하는 규칙을 설명한 것이다. 이익섭(1992: 54-59)는 훈민정음 예의편을 중심으로 중세의 철자법을 명문화하였다.

종전에는 『용비어천가』는 국문 가사가 먼저 이루어지고 한문 가사는 뒤에 이루어진 것으로 보았으나 강신항(1958/1990: 287-295)에서 한문 가사가 먼저 이루어지고 국문 가사는 뒤에 이루어졌다는 것이 밝혀졌다. 『용비어천가』 125장 끝 구절 '洛水예 山行 가 이셔'에서 '洛水'에 나타나는 '水'의 당시 현실한자음은 '슈'였다. 그렇다면 처격이 '에'가 되어야 할 터인데 '예'가 선택된 것은 '水'를 현실음으로 읽지 않고 동국정운식 한자음 '쉬'로 읽었기 때문이다. 이러한 견해는 허웅(1955/1970: 337-338)에서 비쳐진 바 있고 도효근(1979)에서도 확인된 바 있으며 한영균(1994)과 강신항(2000가)에서도 같은 사실이 보인다. 국문 가사가 먼저라면 아직도 완성되지 않은 『동국정운』을 볼 수 없었기 때문에 '洛水예'를 설명할 도리가 없다. 『용비어천가』의 어학적 측면은 허웅(1955/1970)이 많이 읽혔고 최근에는 조규태(2010)에서 단순한 어학적 주석을 넘어 종합적으로 접근하고 있어 도움되는 바가 많다.

한글의 제자 원리에 대한 연구는 1940년 「해례」가 포함된 『훈민정음』이 나온 이래 한우충동(汗牛充棟)을 방불케 할 정도로 많은 업적을 쌓아 왔다. 「해례」에 대한 개괄적 소개는 강신항(2003)에서 볼 수 있다. 한글 창제의 배경이 되는 역(易) 사상에 대하여는 이정호(1976)이 있고 이에 의하여 한글의 구조 원리를 해명한 업적으로는 이정호(1975), 권오휘(2018)이 있다. 김석연(Kim-Cho Sek-Yen)(2001)은 정음 사상의 관점에서 한글의 뿌리와 진가를 밝혀 내었다. Huwe, A.(2010)(2019)는 한글이 정보화 시대에 부응하는 문자 체계임을 증명하였다. 김슬옹(2019)은 유네스코 세계기록유산으로 등재된 「훈민정음 해례」에 대한 입체 강독본으로서 누구든지 어렵지 않게 접근할 수 있다. 한편 「해례」에 구현되어 있는 문자이론을 차자 표기의 전통과 관련시켜 이해하려는 노력도 볼 수 있다(강창석 1992). 한글의 문자이론 중 글자체를 몽골의 파스파 문자나 중국의 고전(古篆)과 관련시키려는 시도가 있는가 하면(김완진 1983/1996: 358), 그에 대한 반론도 만만치 않다(정광 2009). 그러는가 하면 「六書略」(육서략)의 '起一成文圖'(기일성 문도)와 관련시키려는 시도가 홍기문(1946)으로부터 공재석(1967)을 거쳐 강신항(1990: 38), 안병희(2007가: 170)에 이르기까지 연면히 이어져 왔다.

최근 정광(2021)에서는 그 사이 『월인석보』가 세조 5년(1459)에 처음 나온 것이 아니라 『석보상절』과 『월인천강지곡』을 합본한 『월인석보』가 세종 29년(1447)에 옥책(玉冊)의 형태로 발간되었다는 견해를 내 놓아 주목을 끌고 있다. 이 옥책은 1447년에 개성 불일사(佛日寺)에서 제작하였으며 이 문제는 정광(2013)에서 제기된 이래 꾸준히 다듬어지다가 정광(2021)에 종합되어 있다. 세조의 『월인석보』 서문(16장 앞)을 보면 『월인석보』는 선고(先考)인 세종대왕이 지은 것으로 나와 있다. 종래에는 수양대군이 지은 『석보상절』과 세종이 지은 『월인천강지곡』을 가리키는 것으로 보아 왔으나 정광 교수는 세종이 지었다는 『월인석보』가 바로 불일사의 옥책을 가리키는 것으로 보는 것이다. 정 교수는 오랫동안 주장하여 오던 그의 "옥책론"을 정광(2021)에서 최종적으로 마무리짓고 있다.

『석보상절』에 대하여는 이동림(1959)에서 권 6, 9, 13, 19를 대상으로 주석이 면밀하게 행해져 있어 중세어의 연구에 많은 영향을 미쳤다. 이어 세종대왕기념사업회에서 현전 『월인석보』 7권(6, 9, 11, 13, 19, 20, 21)의 주석서를 내었고 최근에는 동국대학교 출판부에서 "언해불전총서"의 이름으로 주석서를 내고 있으며 나찬연 교수도 주석서를 몇 권 낸 것으로 알고 있다. 『월인석보』도 『석보상절』과 함께 세종대왕기념사업회에서 주석서를 낸 바 있다. 두 문헌에 대한 서평은 고영근(2020나)에서 시도된 바 있다. 『석보상절』과 『월인석보』의 서지 · 문헌적 특징과 언어 사실의 특징에 대하여는 고영근(1995/2004가: 323-64)에서 종합적으로 논의된 바 있다. 국어사 문헌연구에 정진하여 오던 안병희 교수의 업적은 작고 후 문하생들에 의해 안병희(2009)에서 정리가 되었음을 밝혀 둔다.

2.4.1.3. 한글의 보급과 문학작품의 창작

불교를 통한 한글의 보급과 불경 언해는 김슬옹(2015: 67-75) 참조. 조선 전기의 한글 사용에 대한 정보는 안병희(1979/1992나: 497-556)에 자세하다. 이와 관련된 정보는 안병희(2009: 50-65)에서 많이 얻을 수 있다. 불전 중심의 국어사 자료 연구는 김영배(2000)이 참고된다. 조선조 초기의 이두문 간찰은 이현희 밖에(2014가: 45-46) 참조.

『내훈』에 대하여는 그 사이 10여 종의 주해서 내지 해설서가 나왔으나 최근에 나온 이경하(2011)는 언해문의 세부도 번역에 반영하는가 하면 116 조목의 출전과 원출전을 조사하여 중국 고전과의 간텍스트성을 밝히기도 하고 각 조목마다 해설란을 두어 보충설명도 덧붙였다.

『초학자회』에 언문으로 주석을 달았다는 것은 이기문(1971: 23)에 나와 있고 최세진도 그의 『훈몽자회』에서 『문종어석』(文宗御釋)과 함께 참고한 것을 보면 어린 이들에게 한글을 사용하여 한자를 가르치는 교재가 개발되어 있었음을 알 수 있다. 마침 국립한글박물관에서 경북 봉화에서 발견된 사본(17세기경) 『초학자회』를 소장하게 되어 이 방면 연구에 활력을 불어넣어 주고 있다. 이 책에 대하여는 홍윤표(2017나: 20)에서 그 내용을 공개하고 있어 이 방면 연구를 진전시키는 활력소 역할을 하고 있다.

조선시대의 한글 편지에 대한 종합적 고찰은 황문환(2015)을 보고 자료 일람은 같은 책 166-171쪽을 보라. 순천김씨 출토 언간에 대한 자세한 정보는 조항범 역음(1998)을 보라. 임진란 당시의 선조 방문은 김종택(1975), 고영근(1999/2011: 231), 송강 정철 가문의 언간에 대하여는 김일근(1986)을 보라.

본문에서 저자는 고영근(1961/1995/2004가: 323-335)에서 여격 표시어 'ᄋᆡ/의 그에'가 『석보상절』(1447)로부터 『월인석보』(1459) 사이에 'ᄋᆞ/의게'로 축약 · 변화하였음을 밝힌 바 있다.

『두시언해』(1481)는 그 사이 고등학교 국어교과서에도 실린 바 있어 주석서가 많이 나왔다. 이병주(1958)이 나와 많은 영향을 미쳤고 최근에는 이현희 밖에(1997)이 나와 두시와 『두시언해』 연구에 한 봉우리를 형성하였다. 세종대왕기념사업회에서는 2011년부터 『두시언해』 초간본 10여 권에 대한 주해본을 내었으나 주석자가 대부분 중세국어 전문가가 아니라서 그런지 검증 받지 않은 학설을 응용한 곳이 많아 이용에 주의를 요한다(고영근 2020가).

『삼강행실도』(1482)는 이미 세종 때 윤리교육의 일환으로 편찬되었으며 후세의 『속삼강행실도』(1514), 『동국신속삼강행실도』(1617)로 연결되는 윤리 교화서의 언해본이다. 세종 16년에 한문본이 간행되었고 훈민정음 창제와 동시에 번역에 착수하여 성종 12년(1481)에 간행되었다. 성종본으로 알려진 성암문고본은 인쇄 상태가 좋지 않아 원간본임을 의심케 하는 점이 적지 않다.

저자는 §2.4.1.1의 내용 보충에서 훈민정음 서문의 '國之語音'(국지어음)은 당시 우리나라에서 사용되던 한자음일 가능성이 많다고 하였는데 그렇다면 이는 동국정운식 한자음을 공식적으로 선포하는 공시문이라고 할 수 있다. 이는 1894년 11월의 고종 황제의 칙령 "공문식"(1894. 11)과 같이 법적 효력을 발휘할 수 있는 규정으로 볼 수 있다. 이와 병행하여 연산군 즉위 초년에 동국정운식 한자음 대신 당시의 현실 한자음을 허용하는 법령이 나왔을 법한데 그에 대한 추적도 시도해 볼 만하다.

조선 전기의 한글 사용의 역사에 대하여는 일찍이 김일근(1986: 49-54)에서 면밀하게 추적된 이래 이를 바탕으로 한 연구가 황문환(2015: 166)에 정리되어 있다.

서경덕의 『황극경세성음』과 그것이 최석정의 『경세정운』의 형성에 미친 영향에 대하여는 유창균(1988: 171-182)에 자세하다.

2.4.1.4. 한문학의 발전과 이두문의 확대 사용

〈한문학의 발전〉

조선 전기의 한문학에 대한 정보는 조동일(2005나: 357-412)의 내용을 요약한 것이다. 특히 집현전 출신의 문인들과 사림 문학, 방외인 문학이 이 시대를 대표하는 한문학이다.

〈이두문의 확대 사용〉

조선조 초기의 이두에 관하여는 박희숙(1985), 오창명(1995), 박성종(2006, 2016) 등 중후한 업적이 나왔고 조남곤(2019)에서는 16세기 노비결송입안의 이두를 집중적으로 다루고 있다. 이두문은 지금까지 문어라 하여 보수성을 띠고 있는 것으로 치부하여 왔다. 그러나 자료를 정밀하게 검토하면 언어 변화를 그때그때마다 반영하고 있어 한글 자료와 대등한 관점에서 연구할 필요가 있어 보인다. 조선 시대에도 변체 한문(더러 한국식 한문)이 더러 보인다(심경호 2021: 202-4). 한글 자료에 나타나는 겸손법 '숩'의 기능 변화에 대하여는 허웅(1963: 62-75), 고영근(2018가: 545-548)이 참고된다.

2.4.1.5. 조선 전기의 한글 교육과 외국어 학습, 그리고 외국인의 우리말 학습

〈한글 교육과 한글의 보급〉

조선 전기의 궁중에서의 비빈들의 한글 사용에 대하여는 이경하(2006)에서 자세히 논한 바 있다. 조선 전기의 한글 교육에 대한 전반적 문제는 김슬옹(2015: 435-488)에서 자세히 검토한 바 있다. 항간의 한글 교육에 대하여는 최세진의 훈몽자회 범례를 보면 적극적으로 이루어진 것 같지 않다. 범례 제9항을 보면 시골 사람들은 언문을 이해하지 못하기 때문에 『훈몽자회』를 저술한다고 말하고 있다. 이 문제는 김민수(1980가: 149)에서 처음 지적되었으며 안병희(2009: 92)에서도 같은 견해를 볼 수 있다. 한편 지정민(1996)에서는 김안국(金安國)(1478~1543)의 교화서 언해 사업을 중심으로 문자 교육을 간단히 접근한 바가 있다. 시정곤(2007)에서는 지배 계층에서 한글을 더 많이 알고 있었다는 견해를 내세우고 있다. 지배 계층은 훈민정음 예의나 훈몽자회 등을 통하여 한글을 읽는 법을 배웠기 때문에 서당 등을 통하여 한글을 교수할 수 있었다고 보인다. 최경봉 밖에(2008: 125-131)에서도 서당에서 한글 교육이 먼저 이루어졌다는 흥미 있는 견해를 피력하기도 하였다. 앞으로 더 많은 자료가 출현하여 조선 전기의 한글 교육이 어떤 형태로 이루어졌는가 하는 문제가 깊이 논의될 필요가 있다.

〈우리들의 외국어 학습과 외래어 표기〉

조선시대의 이문에 대하여는 안병희(1987)을 보라. 한어문정책과 역학에 관한 업적은 매우 많다. 대표적으로 강신항(1978, 2000나), 최계화(2011), 정광(2014, 2017), 고영근(2018나) 참조. 중국어 역학자였던 최세진에 대하여는 연구 업적이 많다. 대표적으로 방종현(1946/1963), 이숭녕(1965), 박태권(1974) 등의 선구적 업적이 있고 안병희(2007나)에 와서 비교적 정확하게 정리가 되었다.

2.4.1.6. 글쓰기와 문장부호 등

훈민정음 해례의 부호는 최준호(2021)에서 다루어진 예를 이용하기로 한다. 구결문에 나타나는 주격의 표기에 대하여는 일찍이 김상대(1985: 86-87)에서 지적된 바 있고 고영근(1987/2020라: 95)에서 주격 어미의 용법에 대하여 지적한 바 있다. 전통 사회에서 사용되던 존경 · 겸손 방식에 대한 정보는 유탁일(1989: 106-111)에서 얻을 수 있다. 그리고 중세어의 협주는 그 나름의 격식이 있었다. 이에 대한 자세한 논의는 박금자(1997)에서 볼 수 있다.

2.4.2. 조선 후기의 문자생활

2.4.2.1. 관념론의 쇠퇴와 실증론의 등장

신경준의 『훈민정음운해』에 대하여는 강신항(1982), 김일(2001)이 나와 있어 이해에 도움을 준다. 최석정의 『훈민정음도설』에 대하여는 연구 업적이 많다. 개괄적인 것으로는 대표적으로 유창균(1988: 188-208), 강신항(1990/2003: 70-71) 등이 있고 전문적 업적으로는 심소희(2014)가 있다. 특히 후자에는 최석정의 학문과 사상을 비롯하여 주해가 붙어 있어 참고되는 바가 많다.

2.4.2.2. 한글 사용의 신장과 한글 문학의 자리잡음

17세기 왕실 언간에 대한 국어학적 연구는 김일근(1986: 93-158), 이종덕(2005)가 참고된다. 왕실의 한글 사용과 고대소설과의 관계에 대하여는 김일근(1986: 98-119)에 자세하다. 조선 후기의 대하장편소설 『완월회맹연』은 김진세 교수에 의하여 1987~1994년 사이에 12권으로 현대활자로 복원되어 출판되었으며 현재는 전자책으로 나와 있어 이용이 편리하다.

안동 장씨의 필사본 『음식디미방』은 현재 경북대학교 도서관에 소장 중이며 두 차례에 걸친 백두현 교수의 주해(2006/2015)가 있다. 모두 180권 180책인데 146개 항의 전통 음식 조리법이 설명되어 있다. 영남 지역의 t 구개음화 현상에 대하여는 안병희(1957/1992가: 135-146) 참조. 이 논문은 구개음화의 발생과 확대 과정을 알아보는 데 중요한 업적이다. 본문에서 소개한 조선시대의 고문서는 이상규(2011)에 집대성되어 있다. 위의 책에는 한글 고문서의 디지털 아카이브 방안도 논의되어 있다. 현장 방언을 문헌 방언과 관련시키는 업적은 백두현(2020)에 가시화되어 있다. 이곳에서는 동남의 현장 방언과 평안 현장 방언을 동남 지역과 서북 지역에서 간행된 한글 문헌과 관련시켜 현대 북한 문화어의 정체성을 드러내고 있다.

이종덕 밖에(2019)는 이종덕 박사가 한국학중앙연구원의 보조를 받아 이승희·이병기·김한별 등의 후학 국어학 전공자와 함께 역주한 1071쪽의 의성 김씨 학봉 종가 언간의 역주본이다. 이 역주본을 통하여 당시의 안동 중심의 경북 북부 지역의 언어 문화는 물론, 인적 교류 및 각종 풍습의 면모를 알아 볼 수 있다.

백두현 교수의 제보(2022. 1. 29)에 의하면 지금까지 발견된 언간은 왕실과 사대부 언간을 합쳐서 2857건으로 알려져 있다. 이에 대하여는 박부자·이래호 교수의 연구가 있다.

『규합총서』는 순조 때의 여성 실학자인 빙허각 이씨가 아녀자들을 위하여 엮은 여성 백과사전이다. 그 사이 저자와 간행 연대를 모르고 있었으나 1939년 『빙허각전서』가 알려짐으로써 저자를 알게 되었다. 정양완 역주(1975)에 의하여 주석본이 나와 있어 참고되는 바 많다. 그리고 최근에는 빙허각 이씨/윤숙자 엮음(2014)가 나와 전통 조리법의 현대화에 공헌하고 있다. 전자는 한글 원문과 현대 맞춤법으로 고쳐 쓰고 주석을 달았으며 후자는 정양완의 주석본과 한국학중앙연구원의 영인본을 참고하여 현대에 재현 가능한 음식을 중심으로 다시 편집하였기 때문에 우리말 옛말에 대한 지식이 없어도 쉽게 접근할 수 있다.

한글 비석 등에 관한 정보는 홍윤표(2013나: 70-73) 참조. 비문을 국한문으로 작성한 예는 저자의 선조이며 임진왜란 때 진주에서 왜병과 싸우다가 전사한 효열공 고종후(高從厚)의 비문을 들 수 있다(비문 작성자-저자, 고영근). 생활 속의 한글 사용에 대하여는 홍윤표(2013가,나: 127-348)에 좋은 자료가 많이 모여 있다. 조선 후기의 방각본의 유포에 대하여는 정병설(2005)에서 자세히 논의된 바 있다. 『한글 고문서 연구』는 경북대 국문과의 이상규 교수가 편찬하였다. 문헌에 나타나는 방언과 현장에 나타나는 방언의 상관관계를 다룬 업적으로 백두현(2020)이 대표적이다.

2.4.2.3. 한문학의 성격 변화와 이두(문)의 쇠퇴

조선 후기의 한문학에 대하여는 조동일(2005다: 51-88)을 주로 참조하였다. 이인상의 시서화(詩書畵)에 대하여는 최근 들어 본격적으로 평가되고 있다(박희병 2018). 조선 후기의 문학과 중인들의 문학활동에 대하여는 구자균(1947/1974), 정옥자(1988, 1990), 조선조 이두(문)에 대하여는 최현배(1961: 222), 유창균(1988: 310), 김민수(1980가: 190), 안병희(1987) 참조. 조선시대 중기와 후기의 국문 보급과 우리말 연구에 대하여는 이병근(2022: 13-240)을 참조.

2.4.2.4. 조선 후기의 한글 학습과 한자 · 외국어 학습의 다변화

〈한글 학습〉

조선 후기의 한글 학습, 특히 반절표에 의한 한글 학습에 대하여는 안병희(1992나: 227-265), 이원식(1984), 김슬옹(2012: 5부) 참조.

〈한자 학습〉

조선조 후기의 한자 학습서에 대하여는 홍윤표(2022)에서 자세한 정보를 얻을 수 있다.

〈외국어 학습〉

사역원을 통한 외국어 학습에 대하여는 정광(2002)에 자세하다. 이곳에서는 조선시대의 한학서, 몽학서, 왜학서, 청학서 및 여진학서가 종합적으로 정리되어 있다. 정광 외(2006)의 『역학서 연구』에서는 역학 연구에 필요한 문헌과 역학과 관련되는 논고가 실려 있어 이 방면 연구의 한 이정표를 마련하고 있다. 조선 후기의 한어 교재 『상원제어』는 조동매(2011)에 자세하다.

2.4.2.5. 글쓰기와 띄어쓰기

『규합총서』의 띄어쓰기는 김중진(1999: 280)에서 처음 지적되었다. 실제로 빙허각 『규합총서』 동치기사본(同治己巳本) 정양완 역주 『閨閤叢書』 화보와 인터넷 상의 자료를 보면 띄어쓰기 단위로 쉼표를 이용하고 있다. 이 자료가 빙허각의 친필을 언제 어떠한 과정을 밟아 목판으로 찍어 내었는지 구명할 필요가 있다.

2.4.3. 개방시대와 대한제국시대의 문자생활

2.4.3.1. 문호의 개방과 한글 및 우리말에 대한 재인식

이응호(1975: 29-38)에서는 갑오경장으로부터 조선 통감 정치가 끝날 때까지를 "개화기"로 잡고 개화기의 한글 운동사를 다음과 같이 편성하였다. 그러면서 이곳에서는 다음 네 견해가 있다고 보고 이를 들었다.

(1) 1876년의 "강화도 조약"을 출발점으로 보는 견해
(2) 1894년의 "갑오경장"을 출발점으로 보는 견해
(3) 1905년의 "조선 통감부" 설치를 출발점으로 보는 견해
(4) 1910년 한일 합방을 출발점으로 보는 견해

저자는 우리 어문이 공용성을 얻게 되는 과정을 서술함에 있어 1863년의 고종의 등극을 기점으로 삼았다. 이는 한영우(1997/2015: 425)와 일치한다. 우리 어문이 공용성을 얻은 것은 1894년이지만 이는 개항 이후의 우리 것에 대한 나라 안팎

의 끊임없는 자극의 산물이라고 믿었기 때문이다. 19세기 전반의 지볼트의 한국 기술에 대하여는 고영근(1989, 1998가: 278-346), 로우니의 한국어 문법에 대하여는 고영근(1979/2010: 387-407), 달레 신부의 한국어 문법에 대하여는 고영근(1976/1983나: 244-252, 2010: 378-384), 우형식(2021: 94-95) 참조. 러시아인의 우리나라에 대한 연구는 고영근(1989, 1998가: 332) 참조. 이기문(2000)에서는 19세기 유럽 학자들의 한글 연구를 19세기 이전, 19세기 초엽, 19세기 후반으로 나누어 자세히 고찰하고 있어 참고되는 바 많다.

2.4.3.2. 국문시대의 개막과 "국문연구소"의 설립

일본에서 사용하는 "국어 · 국자"의 시원에 대하여는 이연숙(1996)/고영진 · 임경화 옮김(2006) 참조. 이 문제에 대하여 저자는 이 교수와 메일 교환을 한 일이 있다(2020. 3. 1). 곧 일본에서도 우리와 같이 18세기까지 한자는 '마나'(眞名)라 하여 "제대로 쓴 글씨"로 간주되어 왔었다(사카이 나오키/이한정 옮김 2017: 7). 헐버트의 우리말에 대한 연구 논문은 헐버트박사 기념사업회 회장인 김동진 님이 마련한 헐버트박사 71주기 추모 특집 『THE KOREAN LANGUAGE-한글 자모, 조선시대(1889)에 세계를 날다』(2020. 8)에 원문과 함께 번역문이 실려 있다. 이 자료는 《동아일보》(2019. 10. 29)에 보도된 바 있다. 이곳에는 세종국어문화원 원장 김슬옹 박사, 대덕대 황우선 교수의 기고도 들어 있다. 한편 김동진 님은 헐버트 박사 서거 71주년 추모식(2020. 8. 31)에 즈음하여 『호머 헐버트(Homer B. Hulbert)』라는 책자를 만들되 "을사늑약은 정의와 인류애에 대한 일본의 반역 행위"라는 부제를 붙여 참석자들에게 배부하기도 하였다. 2021년 11월에 헐버트박사기념사업회 회장인 김동진 님은 〈사민필지〉 원본과 현대어판을 (사)헐버트박사기념사업회에서 출간하였다는 것을 밝혀 둔다. 이 책자에는 헐버트박사기념사업회 회장 김동진, 국회의장 박병석, 서울지방보훈청장 이성춘, 전 주한 미대사 해리스(H. Harris), 광복회장 김원웅 등 5명의 추모사가 들어 있다. 한편 헐버트박사 기념사업회 회장 김동진 님은 출판사 〈참 좋은 친구〉에서 2016년에는 『헐버트 조선의 혼을 깨우다』(557쪽)를, 2019년에는 『헐버트의 꿈 조선은 피어나라』(466쪽)을 간행하였다.

가벨렌츠(Gabelentz)의 한글에 대한 평가는 저자가 고영근(1998/2001가, 2001나: 17)에서 처음으로 지적하였으며 이기문(2000)에도 볼 수 있다. 이기문(2000)에서는 19세기 이전부터 19세기 말까지 서양인들의 한글 연구가 정밀하게 추적되어

있다.

개화기의 국문사용에 대하여는 고영근(2001나: 181-198)에서 많이 옮겨 왔다는 것을 밝혀 둔다. 초기 서양인의 우리말 연구와 학습서에 대하여는 고영근(2001나: 4-15, 15-19)에서 베푼 것을 많이 가져왔다. 《독립신문》의 한글 전용에 대하여는 이기문(1989)에 자세한 사정이 밝혀져 있다. 박승빈이 일본어로 된 법률 문장을 우리말로 옮겼다는 것은 『言文一致日本國六法全書』(언문일치일본국육법전서)를 번역하였다는 것을 가리킨다. 이 책은 1908년 10월 20일 신문관에서 나왔다. 시정곤(2015: 176-185)에 자세한 사정이 적혀 있다.

『한글모 죽 보기』(주의: '죽'은 '주욱'과 같이 길게 발음해야 한다)에 의하면 1908년 8월에 창립된 국어연구학회의 초대 회장은 김정진(金廷鎭)으로 되어 있다. 저자는 김정진이 국어 · 국문에 조예가 깊은 인사 정도로 기술하였는데(고영근 1983/2008: 97-98), 최근에 나타난 자료(『한글새소식』, 한글학회, 588호, 2021. 8, 20쪽)에 의하면 김정진(1884~1968)은 1904년 관립한성중학교 제1회를 졸업하고 1912년까지 인천영화학교, 이화학당에서 교사로 근무하였으며 1914년 미국으로 건너가 사업을 하면서 독립운동을 한 것으로 알려져 있다. 1997년에는 대한민국 정부에서 건국훈장 독립장을 추서하였으며 2002년에는 부부의 유해를 국립 대전 현충원으로 이장하였다.

개화기에 학부에 설립된 〈국문연구소〉에 대한 대략적 정보는 김민수(1980가: 207-210)에 소개되어 있고 이기문(1970)과 『역대한국문법대계』 3-09, 10의 두 책에 관련 자료가 집성되어 있다. 그리고 『주시경학보』 6에는 「국문 연구안」 제2회가 박선우에 의하여, 『주시경학보』 7(1991)에는 「국문연구안」 3-6회가 최호철에 의하여, 『주시경학보』 8에는 국문연구안 제7회가 조일영에 의하여, 『주시경학보』 9에는 7~8회가 조일영에 의하여 각각 역주가 되어 있다. 윤치호의 「죠선국문」은 동아대학교 한림 도서관의 안혜인 사서가 서울대학교 중앙도서관 상호 대차실에 제공한 것을 저자가 이용한 것이다. 이에 고마운 인사를 표한다. 한편 이 자료는 『주시경학보』 4(1989)(이현희 교수 해설)에도 소개된 바 있었다는 것을 뒤늦게야 알았다.

2.4.3.3. 개화기의 언어철학

개화기의 언어철학의 단초는 신용하(1976)과 이병근(1978/2022: 393-413)에서 잡혔고 고영근(1990, 2001가, 2001나: 17-30)에서 서양의 해석학적 철학과 관련하여 깊이 있게 논의되었다. 주시경 등의 어문민족주의를 국수주의의 산물이라고 비판하는 관점도 적지 않다는 것을 언급하여 둔다. 이 문제에 대하여는 김수곤 · 이광호(1980)이 참고된다. 갑오개혁 이후의 국어 교육과 어문 정책에 대하여는 박붕배(1987: 2-210), 허재영(2010가: 37-86)에 자세하다. 일본의 초기 국어학자 오쓰키(大槻文彦)(1847~1928)(1897: 26)은 "일국의 국어는 밖에 대해서는 한 민족임을 증명하고 안으로는 동일체의 공의(公義) 감각을 고결(固結)케 하는 것으로, 즉 '國'(국)의 통일은 독립의 기초이자 독립의 표식이다. 그러므로 국어의 소장(消長)은 나라의 성쇠와 관련되고 국어의 순(純) · 박(駁) · 정(正) · 와(訛)는 명교(名教)와 관련되고 원기(元氣)와 관련되며 국광(國光)과 관련된다. 어찌 황장(皇張)하지 않겠는가"(이연숙/고영진 · 임경화(옮김)(2006: 118)라고 하였다. 이 부분은 오쓰키가 1896년 음력 12월(臘月)에 집필한 것이다. 저자는 서울대학교 중앙도서관 고문헌 자료실(화한서분류 373012)에서 오쓰키의 문법서를 열람하여 이상의 사실을 확인하였다. 기본 발상은 주시경과 차이가 없으며 영향 관계를 생각해 볼 수 있으나 주시경은 차원을 높여서 우리말을 동양 철학의 개념인 "性"과 관련시켰다는 점에서 차이가 있다. 주시경의 "性"(성)은 중국의 고전 철학에서 영향을 받았다는 점을 상기할 필요가 있다(고영근 1998/2001가, 나). 주시경은 한문책과 중국 서적을 많이 읽었다는 문하생 고 김두종 박사의 증언이 참고된다. 오쓰키에 관한 정보는 일본 히토쓰바시 대학의 이연숙 교수가 제공하였다는 것을 밝히는 바이다. 일본은 명치 시대 국어학자 우에다를 중심으로 국민 · 국가 형성과 국어 국자론의 문제가 진지하게 논의된 일이 있다. 이에 대하여는 나카무라(1987)을 보라. "을사보호조약"으로 불려온 1905년의 "을사늑약" 이후로는 어문 정책에도 변화가 많았다. "통감 시대"라 불리는 5년간(1905~1910)은 '정신적 동화, 언어 · 문자의 동화, 문화적 동화'의 세 동화 정책이 추진되었다. 우리의 주권이 박탈당하였던 관계로 각급 학교에서 일본어가 새로운 필수 과목으로 부과되었고 출판물도 검열을 받았다(허재영 2010나: 24-32).

2.4.3.4. 한글 전용과 국한문 혼용에 얽힌 제 문제

개화기의 한글 전용과 국한문 혼용에 얽힌 자료는 『역대한국문법대계』 ③ 06의 『國文論集成』(국문론집성)에 거의 망라되어 있다. 이홍식(2000)에서는 개화기에 나온 논설을 중심으로 한글 전용과 국한문으로 된 텍스트가 국문, 곧 한글 문장으로 바뀌는 문제를 깊이 있게 다루고 있다. 최근에는 한영균(2021)에서 국한문 혼용문의 등장을 입체적 관점에서 조명하고 있으며 배수찬(2008)에서는 주로 논설문을 중심으로 일본과 중국의 예를 들어가면서 근대적 글쓰기를 입체적으로 다루고 있어 계발되는 바 많다. 이 밖에도 노력 여하에 따라서는 조명을 요하는 자료가 많이 발견될 수 있다. 이를테면 1909년에 미주에서 창간된 《신한민보》와 연해주에서 나온 《선봉》이나 해방 전 만주에서 발간되던 《만선일보》 같은 재외 교민의 신문을 상대로 조사를 하면 두 문제의 소재를 밝히는 데 기여하는 바가 많을 것이다.

2.4.3.5. 주시경과 김규식의 문법 연구

주시경의 문법에 관한 업적은 지난 세기 중반(1975)년부터 21세기 10년대까지 편찬된 『역대한국문법대계』(초판은 탑출판사, 재판은 박이정)와 『주시경전서』(모두 5권, 탑출판사)을 통하여 자료가 집성되었다. 학문적 특수성은 김민수(1977/1986)과 고영근의 「주시경연구의 어제와 오늘」[『주시경학보』 1(1988)(고영근 2001나: 93-180)], 김병문(2013)을 통하여 자세한 사정을 엿볼 수 있다. 특히 마지막 김병문의 저술에서는 주시경의 저술을 언어적 근대화의 관점에서 조명하고 있어 그 나름의 기여가 돋보인다. 그러나 주시경의 문법 이론에 대한 기호학적 접근에 대한 언급이 없어 아쉬움을 느낀다. 그리고 『국어문법』의 서지 · 문헌적 측면에 대하여는 채연강(1979), 고영근 · 이현희(1986), 총독부 검열본과 활판본을 비교하여 그 형성 과정을 분석한 고영근(1995나)와 이를 바탕으로 이본을 비교하여 정본을 확립한 고영근 · 이용 · 최형용(2010)과 고영근 · 이용 · 최형용(2011)을 보라. 전자는 주시경 『국어문법』 간행 100주년을 맞아 고영근 · 이용 · 최형용 세 사람이 4종의 이본을 공동 교감하여 정본을 확립한 것이고 후자는 앞의 정본을 현대어로 풀어 쓴 것이다. 주시경에 대한 연구는 작고 이후부터 현재까지 남북을 합쳐 많은 업적을 쌓아왔다. 주시경 연구의 어제와 오늘에 대한 자세한 정보는 고영근(2001나: 93-180)에 종합되어 있다. 최근의 김병문(2013)에서는 그 사이의 연구 업적을 바탕으로 하여 주시경을 근대적 담론과 관련하여 다시 조명하고 있어 주목을 받고 있다.

김규식의 문법은 지난 세기 70~80년대 『역대한국문법대계』를 편찬할 때 세상에 알려졌다. 이 방면의 정보는 김민수(1977), 고영근(1983/2001나: 52-55), 최경봉(2016: 35-36, 101, 133, 140-145) 등에서 자세한 정보를 얻을 수 있다. 자료는 『역문』 [1] 14, 15에 실려 있다.

2.4.3.6. 정서법 확립을 위한 노력

개화기는 우리의 정서법을 마련하기 위한 준비 시기였다. 우리 민족의 정서법이 확정된 것은 1930년대 중반이지만 그 준비 작업은 이미 개화기서부터 시작되었기 때문이다. 그 첫 단추를 낀 사람은 서재필, 윤치호, 이봉운, 이규대, 주시경, 한승곤이었고 특히 주시경에 의하여 그 기반이 닦였다. 개화기의 정서법에 대하여는 관심을 가지는 사람이 많다. 전반적인 정보는 김민수(1980가: 207-210), 이기문(1970), 신창순(2003)에 자세하다. 이규대는 이봉운과 같은 해에 이름이 같은 『국문졍리』를 낸 일이 있는데 이 책에는 이전의 한글 자료와 같이 모두 붙여 썼다. 정건택(1998)을 보라. 이 책은 앞의 정건택의 글을 통하여 비로소 세상에 알려졌다. 이 책은 현재 홍익대학교 세종 캠퍼스에 소장되어 있다.

주시경은 우리의 "가로풀어쓰기"를 그냥 "橫書"(횡서)라 부르고 있으나 "가로쓰기"와의 혼동을 피하기 위하여 항간에서 많이 쓰이고 있는 "가로풀어쓰기"를 사용한다. 주시경의 "가로풀어쓰기"에 대하여 한글학회(1971: 487)에서는 유길준의 『서유견문』과 예수교 계통의 선교사들의 영향이라고 말하고 있으나 후자는 개연성이 있지만 전자는 아무데서도 관련 내용을 찾을 수 없다. 주시경과 서양 선교사들의 접촉에 대하여는 고영근(1998가: 270), 킹(1997, 2004)에 자세한 사정이 밝혀져 있다. 중세의 '終聲復用初聲'(종성부용초성)에 대한 비판적 견해는 이기문(1963: 25-26), 이익섭(1992: 37-59)에 자세하다. 한편 최근에 와서는 위의 구절에 대한 주시경의 견해를 긍정적으로 보는 기운도 일고 있다(정우영 2014).

근대의 국어연구의 집중적 연구는 이병근(2022: 243-66)에 자세하다.

2.4.3.7. 한글의 로마자 표기와 외래어의 한글 표기

〈한글의 로마자 표기〉

이곳에서 이용하는 로마자 전사자료는 김민수·고영근(공편)(2008)에 들어 있는 고영근 편 『로마자 표기안집성』(③ 01)(박이정, 2008)의 자료를 이용한다. 그런데 이 책에는 로마자 안(案) 배열이 편집 과정에서 잘못되었기 때문에(7, 8, 9쪽은 쪽수가 안 매겨져 있음), 초판(김민수·하동호·고영근 공편, 『역대한국문법대계』 ③ 01, 탑출판사, 1986)을 이용하기로 한다(앞으로 『역문』이라는 줄임말을 사용한다. 이용자들의 양해를 바라 마지않는다(예: 『역문』 ③ 01, 19-21). 애스턴(Aston)의 로마자 표기안은 위의 책 19-21쪽에 실려 있다. 베어드(Baird)(1895)는 『역문』 ③

01, 159-175쪽에 실려 있다. 헐버트(Hulbert)(1895)는 『역문』 3 01, 159-173쪽에 실려 있다.

〈외래어의 한글 표기〉

A MANUAL of KOREAN GEOGRAPHICAL (『역문』 3 04)은 송기중(2007)에서 지명에 남아 있는 훈독 표기로 활용된 바 있다. 『역문』 제3부 제3책에 들어 있는 『역문』 3 04의 『朝鮮地名字彙』(조선지명자휘)(1903)와 3 05의 *A List of the Proper Names of the Bible in Korea*은 편집의 부주의로 자료가 바뀌어 있다는 것을 지적해 둔다.

2.4.3.8. 외국인의 우리말 배우기와 우리들의 외국어 배우기

가나자와(金澤庄三郞)는 동경대학 박언학과에서 독일 유학을 마치고 귀국한 우에다(上田萬年)의 지도로 아이누어를 공부하였다. 당시 동경대학 박언학과의 최대 관심사는 일본어와 주변 언어를 비교함으로써 일본어의 뿌리를 밝히는 것이었으며 곧 한일 양어의 비교 연구로 박사 학위를 받았다. 가나자와에 대하여는 요시모토(吉本一)(2020)를 참고할 수 있다.

일본인 다음으로 우리말을 학습한 외국인은 러시아인이다. 본문에서 언급한 바와 같이, 연해주 행정청에 근무하던 푸찔로는 가난을 피하여 월경한 우리 민족과 접촉하여 우리말을 배워 사전을 만들었다. 1897년에는 Peterburg 대학 동방학부에서 우리말 강의가 시작되었다. 아마 일본을 제외하고는 외국에 한국어 강좌가 처음 개설된 곳은 러시아가 아닌가 한다. 이 방면의 정보는 콘체비치(L. R. Koncevich (1971)/菅野裕臣(譯註)(1971)에서 얻을 수 있다.

불어를 배경으로 하는 외국인의 우리말 학습 자료 가운데서 『한불자뎐』은 지난 세기 70년대에 영인되어 이를 중심으로 많은 연구 업적이 나왔다. 인터넷에서 검색할 수 있다.

19세기 후반부터 1910년의 일제 강점기까지의 이른바 개화기의 우리나라의 외국어 교육에 대하여는 이광린(1980: 121-145), 조문제(1977, 1978, 1979, 1980) 참조. 특히 조문제 교수의 일련의 논고에는 개화기의 일어학교, 영어학교, 법어(프랑스어) 학교, 덕어(독일어) 학교, 아어(러시아) 학교의 교과 과정, 교재, 입학·졸업생 등이 자세히 소개되고 있어 앞으로 이 방면 연구의 중요한 지침 문헌으로 활용할 수 있다. 일찍이 문용(1976가, 나)에서 개화기의 영어 교육 중심의 외국어 교육이 조명된 바 있고 이광숙(2009)에서 독일어 교육이 조명된 바 있다. 그러나 19세기 후반의 개항을 계기로 하여 유럽 제도를 본 딴 신식 학교가 들어섬에 따라 전통적 일본어와 중국어 밖에 영어, 프랑스어, 독일어, 러시아를 교수하는 외국어 학교가 생기기 시작하였다. 특히 1895년부터는 관립외국어학교가 생겨 전통적 사학(四學)의 전통을 계승하면서 일어, 영어, 러시아어를 가르쳤다. 1906년부터는 관립한성외국어학교가 설립되어 독일어와 프랑스어가 추가되었다. 이들 외국어 학교는 1910년의 일제 강점기로 접어들면서 폐교되고 말았다. 전통적 사학과 근대의 서양 외국어는 국권 회복 후인 1954년에 "한국외국어대학"이라는 새로운 형태의 외국어 연수 기관으로 거듭 났다(뒤에 나옴). 19세기 후반에 전통적인 사역원이 언제 어떠한 과정을 밟아 외국어 학교로 대체되었는가 하는 문제도 구명해야 한다. 이런 작업이 선행되지 않고는 우리나라의 외국어 교육의 역사를 바로 엮을 수 없다.

일본 외국어대학의 조선어과의 설치 경위는 『東京外国語大学史ー独立百周年(建学百二十六年)記念ー』[동경외국어대학사ー독립백주년(건학백이십육년)기념ー](1999)에 자세히 기록되어 있다. 이 자료는 동경외대 이카라시 교수가 제공하였다.

2.5. 일제 강점기의 문자 · 언어 생활

개화기와 해방 직후의 문자생활에 대하여는 가시적 업적이 더러 있으나 일제 강점기에는 철자법과 사전 편찬에 대하여서만 관심을 기울였고 "국어"로 군림하였던 일본어의 그늘에서 우리말이 어떻게 사용되었는가 하는 문제에 대하여는 가시적 업적이 없었다. 그런데 21세기 10년대에 들어서면서 일제 강점기의 일본의 조선어 말살 정책과 우리들의 민족 어문의 수호에 관련된 연구가 나오기 시작하였다. 고영근(2012), 미쓰이 다카시(2010), 고영진 · 김병문 · 조태린(2012) 등이 그런 업적이다. 야스다(2006)은 일본이 명치유신 후, 근대적 통일 국가를 지향함에 있어 "國語"(국어)란 어휘를 사용함으로써 조선, 대만, 만주, 화태(사할린) 등지의 이민족 통합의 도구로 삼아온 내력과 "國語"의 근대사를 밝히고 있어 동아시아의 민족 간의 어문 문제를 논의하는 데 참고되는 바 많다.

2.5.1. 일제의 정서법 제정과 사전 편찬

2.5.1.1. 주시경과 해석학적 언어철학의 구현

현재 우리 문자의 이름으로 널리 쓰이고 있는 '한글'은 '크다'의 고어인 '하다'의 관형사형 '한'에 '글'을 붙여서 만들었다고 생각하여 왔으나 '한나라글'에서 나라를 빼고 만든 말임이 고영근(1983가, 2003/2008: 142-177, 482)에서 밝혀졌다. '큰 글, 위대한 글'이란 일제 강점기의 주시경 후계학자들이 덧붙인 것이다. 최근 김슬옹(2017: 295-297)에서는 우리의 언어 · 문자를 가리키는 말로 조종현 시인의 "한말 · 한글"이라는 동요의 예를 들어 우리말과 우리 문자를 통합하는 말로 "한말글"이라는 말을 쓸 것을 제안하고 있다. 조종현 시인의 작품은 이미 고영근(2003/2008: 155-174)에서 공개된 바 있다. 2014년에 개관한 "한글 박물관"("디지털 한글 박물관" 포함)은 우리 문자의 대명사인 "한글"의 역사와 가치를 조명하고 현대에 와서도 발전을 거듭하는 한글문화의 모습을 보여 준다는 뜻에서 설립되었다. 국립 한글 박물관에서 펴낸 『한글이 걸어온 길』(2014) 참조.

2.5.1.2. 일제의 철자법 제정과 『조선어사전』 편찬

조선 총독부의 『조선어사전』의 편찬 경위와 편찬 위원에 대하여는 이병근(1985/2000: 192-225), 안예리(2017)이 참고된다. 편찬 위원의 이력에 대하여는 동경외대의 이카라시 교수가 협조하였다. 책의 체제는, 앞에서 지적한 바와 같이, 서문은 없고 "범례"부터 시작하며 "諺文索引"(언문색인), "漢字劃索引"(한자획색인), "漢字音索引"(한자음색인)에 이어 본문이 나오고 끝에 "朝鮮語辭典編纂(조선어사전편찬)의 經過(경과)"가 나와 있다. 제2차 언문 철자법 개정의 경과와 내용과 자료에 대하여는 김민수(1973: 231, 714-6) 참조.

2.5.1.3. 주시경 후계학파의 표준화 연구

장지영이 간도 명동중학교에서 한글을 가르쳤다는 정보는 돌아가신, 연변대 교수를 지낸 이득춘 선생이 오래전에 귀띔해 주셨고 자세한 정보는 서울대학교 대학원에서 국어학을 전공하고 있는 조선족 마원걸 군이 제공하였다. 이 점은 김민수(1996)에서도 확인된 바 있다. 검돌 이규영의 문법 연구는 『現今朝鮮文典』(현금조선문전)(1920)만 알려져 있었다. 지난 세기 7~80년대 『역대한국문법대계』의 편찬을 계기로 하여 고려대학교 육당문고 등에서 비망록 『온갖것』, 문법서 『말듬』, 자료집 『한글적새』, 교안 『읽어리 가르침』이 나타남으로써 그에 대한 평가를 다시 하게 되었다. 이에 대한 사정은 국어학사 및 근대 문법학사 연구에 큰 족적을 남기신 김민수 (1980나)와 김민수(1981)이 참고된다. 『한국학보』는 창간인 김성재 사장의 작고로 폐간되었지만 모든 호수를 인터넷을 통하여 얻을 수 있다. 『한글적새』 제1권은 지난 세기 7~80년대 돌아가신 동국대 최범훈 교수가 저자에게 대여하여 주셔서 비로소 세상에 알려졌다. 현전 『한글적새』는 『주시경전서』 권4(탑출판사, 1992)에 실려 있다.

김두봉의 문법 연구와 행적에 대하여는 『역문』 ① 22, 23(제1부 8책) 참조. 김두봉은 중국 상해에서 인성학교 교장을 지내면서 우리말 사전 편찬에 종사하였고 뒤에는 항일 운동을 전개하다가 1945년에 북한으로 가서 북한의 어문 정책을 주도하였다. 관련 내용은 위의 책에 대한 해설(김민수) 참조. 『깁더 조선말본』은 상해에서 갖추어지지 못한 인쇄 시설로 활자도 가독성이 떨어지고 오자(誤字)가 많아 읽기가 매우 어렵다. 지난 세기 7~80년대에 『역대한국문법대계』를 편찬할 때, 딴 문법서와 같이 원전대로 재현하지 않고 다시 조판을 한 것은 이런 사정에 말미암는다. 이는 돌아가신 김민수 선생의 발의로 탑출판사의 편집부 직원이었던 시인 오용수 편집장의 헌신적 노력으로 영글어졌으며 이 자료에 의하여 김두봉에 대한 연구가 성황을 이루었다. 『역문』 ① 22, 23의 해설과 [참조]에서 관련 내용을 볼 수 있다.

동인지 『한글』 창간호(1927. 2. 8)의 "編輯室(편집실)에서"를 보면 『한글』은 "整理(정리)한 綴字法(철자법)"을 가지고 편집되었다고 하였다. 이 사실은 안병희(1996)에서 처음 지적되었다. 위의 글에는 그 소종래는 밝히지 않고 있으나 『동광』 9(1927. 1)의 설문 결과를 가리키는 것으로 보인다. 고영근(2008: 364)에도 관련 내용이 언급되어 있다.

[참조] 언문 철자법을 중심으로 한 일제 강점기의 언어 정책에 대하여는 이병근 밖에(2007: 71-93)에 실려 있는 정승철 교수의 "일제강점기의 언어정책"을 보라. 그리고 관련 자료는 부록 1-1, 1-2, 1-3, 1-4, 1-5, 1-6, 1-7, 1-8 참조. 이는 다음에 논할 〈언문 철자법〉의 개정과도 관련된다.

2.5.1.4. 『언문 철자법』의 개정과 보급

이 부분은 고영근(1998가: 59-68, 2008: 246-380)의 내용을 간추린 것이다. 개정된 『諺文綴字法』(언문철자법)(1930)은 『역문』 3 17에 돌아가신 김민수 선생의 해설을 붙여 실려 있고 그에 대한 해설서로는 장지영의 『朝鮮語綴字法講座』(조선어철자법강좌)(1930)(『역문』 3 18)(하동호 · 고영근 해제)와 강현의 『實用簡明改定綴字法』(실용간명개정철자법)(1930)(『역문』 3 19)(고영근 해제)이 있다. 전자는《조선일보》에 연재한 것을 묶은 것이고 후자는 계몽서로 저술된 것이다. 비슷한 논의는 신창순(2003: 324-364)에서도 볼 수 있다. 최근에 그 사이 다소 소홀하였던 장지영에 대한 연구가 보인다(린위팅 2020, 최종원 2020). 장지영(1930)과 박상준(1932)(『역문』 1 51 제1부 21책)은 중등학교 조선어법 교수 초안을 총독부의 조선어 교과서 철자법을 좇아 서술한 것이다. 1920년대의 에스페란토의 보급에 대하여는 고영근(1998가: 36, 2008: 343-345) 참조. 최현배의 『중등교육조선어법』(1936)도 총독부의 언문 철자법 개정안의 체계와 용어를 따라 저술한 것이다. 주시경 후계학자로서 『朝鮮語文法』(조선어문법)을 저술한 바 있으며 기관지 『한글』과 『주시경 선생 유고』 등을 편찬한 바 있는 신명균에 대한 평가를 박용규(2008), 이영환(2020)에서 볼 수 있다.

제2유형과 같은 최현배의 절충적 체계는 최현배(1930)에서 제안되었다. 이에 대한 평가는 이극로(1948)에 실린 "조선말 임자씨의 토"(1935)에 자세하고 이를 발전시킨 김민수(1954)를 참고할 수 있다. 최현배에 의하여 창도된 제2유형은 우리 어문의 표준화에는 그런 대로 기여한 면이 없지 않으나 합리적 문법서술에서는 오히려 부정적 측면을 안고 있다는 점이 최근에 지적되었다. 고영근(2018가: 163-192, 2020다) 참조.

2.5.2. 조선어학회의 정서법 제정과 표준어 사정

조선어학회의 창립과 그 연혁에 대하여는 이응호(1980가), 김민수(1992)에 자세하다. 이 부분은 고영근(1998가: 77-102, 2008: 300-418)의 내용을 간추린 것이다. 이와 관련된 논의는 신창순(2003: 365-392)에서도 볼 수 있다. 박승빈 학파와 주시경 학파의 철자법 논쟁에 대한 자세한 정보는 신창순(2003: 393-447)에 자세하다. 이희승의 한글 맞춤법에 대한 평가는 『한글』 6.1(1937. 1)에서 볼 수 있다. 조선어학회의 『한글 맞춤법 통일안』의 원문과 개정안은 김민수(1973: 727-779),

김민수 밖에(공편)(1976~1985, 2008)의 『역문』 3 20(제3부 9책)에 실려 있다. 박승빈의 『한글마춤법통일안에 대한 비판』은 원래 『正音』 10~13호에 연재되었는데 뒤에 별책 부록으로 간행되었다. 원문은 『역문』 3 21(제3부 9책)에 실려 있다. 최현배는 한글 맞춤법이 공포된 다음 해인 1934년에 조선어학회의 맞춤법을 문법적으로 뒷받침하는 『중등조선말본』을 내었다. 최근 이 책의 선행본인 유인본(프린트)(미국 하버드대학 소장)이 발견되어 『역문』 1 176, 제70책(박이정판)에 실렸다는 것을 언급하여 둔다. 표지는 『中等朝鮮文法』(중등조선문법)으로 되어 있고 목차에는 『중등조선말본』으로 나와 있다. 일제 검열관의 눈을 피하기 위하여 표지는 '문법'을 쓰되 내지에는 '말본'을 사용한 것이 아닌가 한다.

권영달의 『조선문철자법』은 어학전문국제학술지 『형태론』 24.1(2022)에 저자의 해설과 함께 자료가 소개되어 있다.

2.5.3. 『한글마춤법통일안』 제정 전후의 표준화에 관련된 제 문제

이 부분은 고영근(1998가: 102-104, 2008: 418-421)의 내용을 간추린 것이다. 주시경 학파에 반기를 들었던 박승빈 계열의 조선어학연구회는 1931년 7월에 그들 나름의 로마자 표기안을 마련하였다. 이 자료는 『역문』 3 29에 실려 있다. 최근 들어 이상춘의 생애와 학문을 재조명하는 기운이 보인다(한글학회 2020). 『조선어학회 외래어표기법 통일안』은 1931년부터 정인섭, 이극로, 이희승 3인의 책임 위원을 중심으로 중지를 모아 1940년 6월에 완성된 것이다. 이는 『역문』 3 28에 고영근의 해설을 붙여 실려 있다. 한편 최현배는 「한글의 比較硏究」(『文章』(문장) 4월호 폐간호, 1941)에서 「한글의 만국음성기호로 적기」, 「한글을 로마자로 옮겨 적기」, 「온누리소리표를 한글로 옮겨 적기」, 「國語音(국어음)을 한글로 적기」의 네 주제를 다루었다. 이는 『한글갈』(1942)에서 「견주는 한글갈」이라고 제목을 바꾸어 실었는데 내용은 차이가 없다. 일제 강점기에 우리말로 글 쓰는 문제는 문혜윤(2008)에서 다루어진 바 있다. 최근에는 일제 강점기의 한글 운동을 근대 출판문화(근대 미디어)와 관련시켜 해석하는 연구가 나오고 있어(이혜령 2006: 556-598) 주목을 받고 있다.

2.5.4. 조선어학회의 『조선어사전』의 편찬

문세영 사전은 그 사이 이윤재 사전 원고와의 표절 문제로 올바른 평가를 받지 못하였으나(이희승 1957, 이희승 · 김완진 1976), 박용규(2011)에 의하면 사실과 다르다는 것이 밝혀졌다. 앞에서 본 바와 같이, 『조선어사전』의 서문을 보면 이윤재의 도움을 많이 받았다는 표현이 나온다.

우리말 사전은 중국어와 일본어, 독일어, 프랑스어, 영어, 일어 등과의 대역사전에서 출발하였으나 1930년 후반부터는 우리말로 된 단일어 사전이 나오기 시작하여 현재는 남북한을 통틀어 수십 종의 사전이 나와 있다. 우리말 사전 편찬의 역사는 조재수(2021)에 잘 종합되어 있다. 이곳에서는 고대의 대역 어휘집으로부터 현대의 남북한의 사전에 이르기까지 사전 편찬의 역사를 종합하고 있어 우리말 연구에 종사하는 분들의 지침 역할을 하고 있다.

2.5.5. "조선어학회 수난"의 발단과 경과

이 부분은 고영근(2012)에서 가져온 것이 많다. 이희승은 「朝鮮語學會事件 回想錄」(조선어학회사건 회상록)을 『思想界』(사상계) 7.7(1959)부터 9.6(1961)까지 모두 13회에 걸쳐 연재하였는데 이는 『이희승전집』 2(2000)에 전재되어 있으며 이희승(2001: 138-172)에 관련 내용을 소재로 한 짧은 수상류의 글들이 실려 있다. 『이극로 저작집』 IV(2022) [붙임]에 "조선어학회 사건"에 대한 예심종결서 일부가 주석과 함께 붙여 실었다. 조선어학회의 항일투쟁사는 박용규(2012)에 잘 정리되어 있다. 특히 제5장에는 항일 투쟁을 전개한 조선어학회 33인과 관련 인물의 열전이 나와 있다. 한글학회에서 낸 『조선어학회 수난 얼음장 밑에서도 물은 흘러』(1993)는 "조선어학회 수난"(흔히 "조선어학회 사건") 50돌을 맞아 당사자를 비롯하여 유족들이나 제자들의 글을 모아 펴낸 책이다. 우리는 이 책자를 통하여 우리의 선학들이 우리말과 우리글을 지키기 위하여 얼마나 모진 고통을 겪었는가를 알 수 있다. 최경봉(2016: 192-193)에서는 "조선어학회 수난"이 수양 동우회사건(1937~1938), 흥업구락부사건(1938) 등의 일련의 사건과 연관되어 있다고 보고 있다. 뒤의 사건에는 최현배, 이윤재, 김윤경 등의 어학자들이 연루되어 있기 때문이었다.

2.5.6. 실증론의 대두와 우리말의 방언 및 음운의 연구

오구라와 고노의 방언 연구에 대하여는 『方言學事典』(방언학사전)(태학사, 2001) 248쪽(곽충구 교수 집필), 고노의 방언 연구에 대하여는 위의 책 371-3쪽 참조.

2.5.7. 반도 밖의 우리말 보급

일제 강점기의 반도 밖의 우리말 보급에 대하여는 저자가 지난 세기 70년대부터 발표한 논저(고영근 1983가, 2001나: 3-168, 2008: 428-465)와 기타 자료를 종합하여 편집한 것이다. 에카르트(Eckardt)와 로트(Roth)의 문법은 국내에서 저술되기는 하였으나 독일어로 되어 있다는 점에서 서술의 편의상 반도 밖의 업적으로 다루었다. 에카르트의 문법, 특히 그의 주해편은 1차 세계대전 중에 저술되어 교정쇄를 주고받는 사이에 잃어버릴까 하여 두 벌씩 만들어 이번 배로 보내고 또 다음 배로도 보냈다는 일화가 전해 온다. 정희준(1938)이 참고된다. 이미륵의 우리말 문법에 대하여는 김미경(2009)에서 처음 공개되었다. 이 자료를 우리 학계에 소개하여 주신 김미경 교수(청주대)에 대하여 고마운 인사를 표하는 바이다. 이미륵의 문법은 동물학자가 저술한 것이지만 그 가운데는 현대적 관점에 설 때 평가 받을 부분이 적지 않아 보인다.

2.5.8. 우리말(조선어) 교육과 외국어 교육, 고전 주석

2.5.8.1. 조선인을 위한 일본어 교육

일제 강점기의 일본제국주의자들의 우리말 교육에 대하여는 정책적 측면에서 우선 박붕배(1987: 212-503), 허재영(2011)이 참고된다. 그러나 각종 학습서에 대하여는 일본어학과 국어학 전공자들의 협동연구가 절실하다. 최근에는 식민지 시기 전후의 언어 의식과 언어 교육 및 정책을 포괄적으로 조망하는 연구물이 나오고 있어 앞으로 이 방면의 연구가 활성화할 가능성이 많다. 김성준(2010), 허재영(2011), 김순전 밖에(2012), 고영진 밖에(2012) 등이 그러한 업적이다. 일본인을 위한 우리말 교재는 단국대 허재영 교수가 발굴한 자료가 나와 시선을 끌고 있다. 관련 자료는 이병근 밖에(2007: 235-423)를 참고할 수 있다.

임규는 특히 박승빈과 일본 문법의 영향을 받아 소실 문자 'ㅿ, ㅸ, ㆍ'에 대한 이해를 새로이 하고 있다는 점이 드러나고 있다(최진 2020).

2.5.8.2. 일본인을 위한 조선어 교육

일본인을 위한 조선어 교육 정책에 대하여는 오대환(2009), 허재영(2011: 239-279)에 자세하다. 특히 후자에는 행정, 전염병 예방, 범죄 신고, 범인 체포 등의 내용이 자세히 베풀어져 있어 일제 강점기 당시의 일본 경찰이 대민 업무를 어떻게 담당하였는가 하는 사정을 잘 알려 준다.

2.5.8.3 조선인을 위한 영어, 중국어 등 외국어 교육

일제 강점기의 영어교재는 앞에서 든 윤태헌, 윤치호 등의 몇 가지 자료밖에는 보이지 않는다. 이 시기에는 일본인이 쓴 영어 문법책을 많이 이용하였다는 문용 교수의 제보가 있다. 일제 강점기의 중국어 교재에 대하여는 신미섭(2013)의 연구가 있다. 이에 대하여는 서울대 중문과 박정구 교수의 도움을 입었다. 이 논문에는 『역문』의 자료는 이용되어 있지 않다. 20세기 전반기의 우리 지식인의 에스페란토에 대한 관심과 그에 대한 평가는 서민정(2013) 등을 참고할 수 있다.

2.6. 분단 시대의 어문 문제

2.6.1. 해방공간(1945~1948)의 우리말 도로 찾기

이 시기의 우리말 도로 찾기에 대한 정보는 이응호(1980가: 21-124), 박붕배(1997가: 159-166), 김민수(1973: 786-799)를 통하여 얻을 수 있다.

당시 남쪽에는 주시경의 직계 제자들(장지영, 최현배, 김윤경, 정인승, 정렬모)과 그를 사숙(私淑)한 이희승, 이극로가 포진하고 있었고 북쪽에는 주시경의 수제자인 김두봉이 요직에 있었다. 이극로는 김구의 남북 협상 때, 평양으로 가서 돌아오지 않고 그곳에 머물러 〈조선어문회〉를 창립하여 회장직을 맡아 북한의 언어 정책과 어문 연구를 이끌었다. 정렬모는 홍익대 교수였는데 한국 전쟁 중에 북으로 갔다. 이런 인적 구성을 볼 때, 남북한이 조선어학회의 한글 맞춤법을 채택하는 것은 필연적이라 할 수 있다. 이런 사정을 고려하지 않고 김두봉과 최현배가 언어의 분단을 막았다는 것은 나무의 가지만 보고 둥치와 뿌리를 보지 않은 단견이라는 것을 지적하여 둔다.

이숭녕의 “모음조화 수정론”은 『한글』 11.3(1946)에 발표되었는데 1949년에 독립된 논문으로 발표되었으며 이는 1955년에 나온 『音韻論硏究』(음운론연구)(민중서관)에 실리기도 하였다. 김수경의 「『용비어천가』 삽입 자음에 대한 연구」는 『진단학보』 15(1947)에 발표되었으며 이 논문은 그가 월북한 후에 「용비어천가에 보이는 삽입자모의 본질」이라는 제목으로 『조선어연구』 1(1949)(역락 영인본 2001 참

고)에 다시 수정하여 발표하였다. 김수경의 학문에 대하여는 최근 일본에서 평가를 받기 시작하였다. 2013년 11월 9일 일본 京都 同志社大學 주최로「北に渡った言語學者 · 金壽卿(1918~2000)」(북한으로 간 언어학자 김수경)이란 행사를 가졌으며 곧 2015년에 같은 이름으로 板垣龍太 コヨンジン [編], 同知社コリア研究センタ에서 출판되었다(220면). 한편 板垣龍太 · コヨンジン 교수는 2021년 7월에 『北に渡った言語學者 · 金壽卿(1918~2000)』이란 이름으로 京都市 人文書院에서 총 374쪽의 단행본을 출간하였다. 이 책은 6장에 걸친 김수경의 전기(제1장~제6장)와 I~IV장에 걸친 학문의 흐름을 정리 · 서술하였다.

해방이 되면서 한반도가 남북으로 분단되기는 하였으나 우리 어문의 정서법의 원칙이 달라지지 않은 것은 개화기의 주시경이 뼈대를 세운 형태주의 원리(더러 형태음소적 원칙)에서 크게 벗어나지 않았기 때문이다.

2.6.2. 남북의 문자 · 언어 생활 양상

이 부분은 고영근(1988나: 47-84, 1994: 10-52, 1999나: 7-27)의 내용과 겹친다는 것을 밝혀 둔다. 당시는 북한의 사정에 대하여 정보가 어두운 때여서 저자의 글이 많이 읽혔다. 그러나 북한 자료를 많이 접함에 따라 시대 구분을 조금씩 달리하였다는 것을 미리 밝혀 둔다. 해방과, 분단에 따르는 반세기에 걸치는 언어 환경의 변화에 대하여는 김하수(2015)가 참고된다.

2.6.2.1. 남한의 문자생활 양상

1945년 8월~1948년 8월까지 정부 수립 이전이라는 점에서 "해방 공간"이라고 불렀다. 사실 이 시기는 남북이 해방 전의 『한글 맞춤법 통일안』에 의하여 잃었던 우리말과 한글을 되찾는 일에 몰두하였다. 『한글 첫걸음』(1945)이 잃었던 우리말과 한글을 되찾는 역할을 하였다는 뜻이다.

• 제1기(1948~1957): 학교 교육에서의 한글 전용과 한글 파동

한글 간소화 파동에 대한 관련된 1차적 자료를 보이면 다음과 같다.

鄭璟海 油印 『綴字法實態調査』(『역문』 ③ 32, 제3부 제14책)

정경해, 「한글 맞춤법 개정안」(『역문』 ③ 33, 제14책)

문교부, 『한글簡素化방안』(油印)(『역문』 ③ 34, 제14책)

한글 간소화 파동에 관한 연구로는 정재환(2006)이 참고된다.

• 제2기(1958~1969): "한글 전용 실천요강"의 공포

통일 문법 성립 경위와 파동의 전말에 대하여는 한글학회(1971: 367-417), 국어국문학회(1983: 58-74) 참조. 대학생들의 국어 순화 운동에 대하여는 서울대학교 국어운동학생회(편), 『자손에게 고운 이름을: 이제까지 뽑힌 고운 이름들』(1967: 75) 참조.

이 시기에는 해방 전후부터 물밑 작업을 해 오던 중세어 중심의 고어 사전류, 곧 『고어사전』(남광우 1960), 『이조어사전』(유창돈, 1965)이 간행되었으며 지금도 나오고 있다. 이기문의 『국어사개설』(1961), 유창돈의 『이조국어사연구』(1964)과 고려대학교 민족문화연구소의 『언어문학사』(1967)의 "언어사"(이기문, 김완진, 안병희)가 나옴으로써 반세기에 걸친 국어사 연구가 처음으로 종합되기에 이르렀다.

• 제3기(1970~1983): 한글 전용의 시행과 한문교육의 강화

이기문의 『국어사개설』의 일역본과 독역본의 서지 사항은 다음과 같다.

- 藤本幸夫(譯), 『韓國語史概說』, 東京: 太修館, 1975.
- B. Lewin et al(Übers) Lee, Ki-moon(1977), *Geschichte der koreanischen Sprache*, Wiesbaden: Reichert Verlag.

- 이기문의 『국어사개설』은 1998년에 신정판이 나오기도 하였는데 이를 토대로 한 영역판(2011)이 나오기도 하였다.

- 유네스코 위원회가 기획한 원래의 제목은 "한국에 있어서의 언어 · 문자 생활의 발전을 위한 기초적 연구"였다. 이기문 밖에(1983)의 「머리말」 참조.

- 주시경에 관한 최근의 업적은 김민수(1977/1986), 고영근(1988가: 268-308), 고영근 · 이현희(공동교감)(1986), 연구사는 고영근(1988/2001나: 93-180) 참조. 주시경의 대표 저술인 『국어문법』(1910)은 이본이 많아 이를 비교하여 고영근 밖에(2010)에서 정본을 수립한 바 있으며 고영근 밖에(2011)에서는 현대어로 풀어씀으로써 누구든지 접근하도록 하였다.

- 중세어의 동사활용에 나타나는 '거/어'의 교체 조건에 대하여는 고영근(1980, 1989/1999가: 443-491)에서 자세히 다루었고 '어'의 예외적 사용은 고영근(1986/2004가: 131-161) 참조.

• 제4기(1984~1991): "국어 연구소"의 설립과 정서법의 개정

『어문춘추』는 1988년 8월 20일 제30집이 나왔고 1~25집까지 합본하여 1987년

11월 15일에 편자인 김경한 선생의 고희 기념으로 출판한 바 있다(총 304면).

남북한의 UN 동시 가입은 한영우(2015: 563)에 의하였다.

• 제5기(1992~2005): 개방시대

2000년 이전에 사용하던 로마자 표기법의 문제점과 그 개선안에 대하여는 이현복(1998)에 자세히 나타나 있다.

개방 시대의 남한의 언어 문화 정책에 대하여는 국립국어원 홍고은 연구사의 힘을 많이 빌렸다. 자세한 내용은 『국립국어원 30년사』(문화관광부, 2021) 참조.

『한국언어지도집』의 서지 사항은 다음과 같다.

편집 주간: 이기문 · 김완진
편집위원: 최명옥 · 곽충구 · 이승재 · 김영배
편집자문: S. M. Wurm(호주 학술원), Theo Baumann(호주 국립 대학)
대한민국 학술원 제작
국제학술원 추천 출판
성지문화사 발행
서울, 1993

2.6.2.2. 북한의 문자생활 양상

북한의 우리말 연구의 선구자는 김민수 교수이다. 그의 업적은 김민수(1985나)에 집성되어 있으며 김민수 편(1991)에 분야별 연구사가 정리되어 있다. 본인이 그 뒤를 이어 주로 문법, 정서법 자료를 수집하고 분석하는 작업을 수행한 바 있다(고영근 1994, 1999나, 2001다: 173-214, 260-266, 2004나, 2008, 고영근 편 2000).

• 제1기(1948~1954): 『한글마춤법통일안』의 준용과 『조선어 신철자법』

북한에서 나온 『조선어신철자법』은 1948년에 프린트판으로 나왔고 1950년 4월에 활판으로 나왔다. 신철자법이 실용된 것은 조선어문연구회(김수경 책임 집필)의 『조선어문법』(1949)이다. 저자는 『북한 및 재외 교민의 철자법 집성』(역락, 2000)에서 돌아가신 연변대학 전병선 교수가 보내 온 복사본을 후학들의 도움을 받아 원본대로 입력하여 보이었으며 원본도 함께 제시하였다. 「머리말」은 훼손된 곳이 있어 판독이 매우 어려운데 돌아가신 안병희 교수의 혜안(慧眼)으로 판독되었다는 점을 밝혀 둔다.

• 제2기(1954~1966): 『조선어 철자법』의 공포

북한의 사전 편찬이 일제 강점기에 사전 편찬을 진두지휘하던 이극로의 입김이 작용하였다는 것은 이극로(1932)를 보면 알 수 있다.

북한의 주시경 연구는 고영근(1988가: 7-48)에서 남한과 함께 종합되었으며 고영근(2001나: 93-180)에서 다시 종합되었다. 황부영의 존칭 범주에 대한 연구는 양정호(1992)와 고영근(2018가: 543)에서 재평가되었다. 라치코프와 김금석의 서법 연구는 고영근(1999가: 223) 참조.

남한의 언어학회는 1956년 서울대학교 문리과대학 언어학과의 김선기 교수를 중심으로 창립되었다는 전언(傳言)이 있으나 더 분명한 증거가 제시될 필요가 있다. 『김방한 선생님을 다시 만나다』(한국언어학회/한국알타이학회, 2011)에 기고한 권재일 교수의 「잔잔한 미소, 온화한 마음」(85-101) 참조.

• 제3기(1966~1976): "문화어운동"의 전개

『문화어 학습』은 1968년에 창간되어 2019년 12월 현재 279호가 간행되었다. 저자는 고영근(2009)에서 『문화어 학습』의 창간호부터 2004년까지 나온 문법 관계의 논설을 중심으로 북한의 문법 연구가 현실 언어 생활에 응용되는 면면을 총체적으로 분석하기도 하였다. 북한 어학자들이 전문성을 띤 논문에서 언어생활의 개선과 관련되는 내용을 다루었다면 『문화어 학습』을 통하여서는 이를 대중에게 보급하는 역할을 수행한다는 것을 확인하였다. 실증론과 관념론이 상호보완하는 예로 간주할 수 있다.

• 제4기(1976~1991): 규범집에 기초한 문화어운동의 정착

남북한 어문 규범은 그 사이 많은 검토가 있었다. 관련 자료는 고영근 편(2000)에 집성되어 있다. 최근의 이 방면의 자료는 이관규(2021)에 종합되어 있다. 북한의 외래어 표기와 로마자 표기는 고영근 편(1989: 100-125)에 실려 있는 성광수 교수와 이상억 교수의 기고를 보라.

• 제5기(1992~2005): 개방시대

김정일의 언어 이론은 경희대학교 민속학연구소, 〈통일시대의 민속과 문학〉의 발제 논문 「통일 언어철학을 어떻게 세울 것인가」(고영근, 1999나: 254-273)에서 가져왔음을 밝혀 둔다. 최근의 북한 사상계의 동향은 박승덕(1995)를 통하여 짐작할 수 있다. 요컨대 북한의 사상계는 민족과 계급의 관계에 대한 마르크스-레닌적

이해의 제한성이 주체 철학에 의해 극복되었다는 말을 하고 있다.

주시경과 그 이후의 우리의 어문학자들이 지니고 있었던 언어철학은 고영근(1999나: 299-340)에 종합되어 있다. [자료] 1~3에는 주시경, 박승빈, 최현배, 이희승, 조윤제, 조선어학회의 어록이 실려 있고 [자료] 4~6에는 김일성과 김정일의 담화가 실려 있다.

김동찬의 견해는 김동찬(1995)에, 김병삼의 견해는 김병삼(1995가, 나)에 잘 나타나 있다.

정승혜(1997: 55-56)에서 김정일 담화문의 조작 가능성이 논의되어 있다.

2.7. 협력시대의 어문 문제(2005~)

국어 기본법에 대하여는 김세중(2005)에 시행 의의, 국어 발전 계획, 문제점 등이 자세히 설명되어 있다. 한편 국어기본법이 위헌이라는 견해도 있다(최대권 2011).

다음은 본인이 겨레말사전편찬위원회에서 개최한 토론회(2009. 11)에 보낸 강평문이다. 서울대의 김창섭 교수가 대독하였다.

> 본인은 현재 훔볼트재단의 초청으로 콘스탄츠 대학과 라이프치히 소재 막스플랑크 진화인류학 연구소에서 언어유형론을 연구하러 독일에 와 있습니다. 지금은 콘스탄츠 대학에 머물고 있습니다. 외국에 머물고 있는 사람에게까지 강평의 기회를 주신 〈겨레말큰사전남북공동편찬사업회〉에 대하여 충심으로 고마운 인사를 드립니다.
>
> 1987년의 일로 기억됩니다. 당시 서울대학교와 베를린 자유대학은 분단의 문제점과 극복이라는 주제의 심포지움을 2년에 걸쳐 가진 일이 있습니다. 본인은 통일원에서 용역을 받아 첫해(1987)에는 남북한 언어 정책의 비교, 둘째 해(1988)에는 주체언어이론에 관한 보고서를 통일원에 제출한 일이 있습니다. 당시는 북한 관계의 문헌은 개방하지 않은 때여서 북한 관계 문서 취급 인가를 받지 않으면 실물을 보기가 여간 어렵지 않았습니다. 자료 수집을 위해 국내는 물론, 일본, 미주, 유럽 등지를 헤매던 것이

엊그제 같습니다. 특히 고려대학교 아세아문제연구소와 통일원 자료실에서 마이크로필름을 열람하면서 메모하던 기억이 새롭습니다. 더욱이 통일원 자료실에서 북한 최초의 규범 문법서 『조선어문법』(1949)의 마이크로필름을 발견했을 때의 기쁨은 형언할 길이 없었습니다. 본인은 두 번째 보고서의 끝을 다음과 같은 말로 마무리하였습니다.

주체의 언어이론은 언어를 사회, 물질과 관련시키는 마르크스·레닌적 사고방식을 제외하고는 모두 한국의 언어학자들이 이전부터 주장해 왔거나 현재 남한의 어문 운동가들이 생각하고 있는 것과 큰 차이가 없다. 그러나 세부에 들어 가면 발음, 맞춤법, 어휘, 문법, 문체에 이르기까지 달라진 부분이 상당하다. 언어·문자의 이질성을 극복한다는 것은 서로 대화를 주고받거나 글을 읽을 때 상대방의 사정을 잘 이해하여 의사소통을 원만히 하는 데 목적이 있다. 가장 손쉬운 것은 북한측의 전문 서적은 물론, 신문·잡지를 비롯한 모든 간행물을 일반에게 공개하여 북한의 언어·문자에 익숙하도록 해야 한다는 점이다. 방송도 아무 방해 없이 서로 듣고 볼 수 있도록 해야 한다. 이와 함께 우리는 통일된 맞춤법을 제정하고 『남북한어휘사전』을 편찬해야 한다.

맞춤법은 원래 같은 뿌리에서 갈라져 나왔고 설사 그렇지 않다고 하더라도 이는 이데올로기나 체제상의 차이가 반영되지 않은 단순한 표기상의 약속에 지나지 않기 때문에 서로 조금씩 양보를 하면 공통된 맞춤법을 제정할 수 있다. 현재 남북한의 맞춤법은 표현의 차이만 제외하면 다 같이 형태·음소적 원리가 기초가 되어 있다. 이와 함께 공통된 규범문법의 편찬도 기획되어야 한다. 체계에서부터 용어에 이르기까지 이질화된 부분이 상당하다. 어휘 분야는 이념이나 체제의 차이로 만들어진 것이 많기 때문에 맞춤법처럼 택일적 방법을 쓸 수 없다. 대조 사전, 이를테면 『남한인을 위한 북한어 사전』, 『북한인을 위한 남한어 사전』을 편찬하고, 이것이 성공하면 남북한 공동의 『한국어 사전』을 편찬할 수 있다.

언어·문자의 이질화를 극복하는 데 있어서는 우선 남북한 간행물을 서로 개방하고 이와 함께 공통된 맞춤법을 만드는 것이 중요하다. 이론적 측면에서는 남북한 언어학자들의 공동주제인 훈민정음, 주시경, 향가 해독을 중심으로 그 동안의 연구 성과를 종합하고 토론회를 열 수 있다. 실용적인 것이든 이론적인 것이든 이념적 요소가 희박한 문제나 양측이 다 같이 관심을 가지는 주제를 중심으로 얼굴을 맞대고 의견을 교환하는 것이 이질화 극복의 첫걸음이라 생각한다.(『통일시대의 어문문제』, 도서출판 길벗, 1994; 『북한의 언어문화』, 서울대학교 출판부, 1998에서 인용)(이 부분은 방송통신대학교 고성환 교수가 메일로 보내 온 것임을 밝혀 둔다.)

지금 남북이 공동으로 추진하고 있는 큰사전의 편찬은 외람되지만 바로 본인이 1988년에 제안한 것이 성사된 것이라고 하겠습니다. 문익환 목사가 김일성 주석에게 제안한 통일 국어 사전의 편찬이 연대적으로 본인의 제안보다 뒤지기는 하지만 누구든지 이런 문제에 집착하면 비슷한 생각을 할 수 있습니다.

남북 공통의 사전을 편찬하면 그 사이 이질화되어 있었던 학교 문법과 맞춤법을 비롯한 언어 규범이 자동적으로 통일될 수 있고 민족어가 한 군데 집성되니 공통된 민족 의식의 배양에 크게 작용할 것입니다. 민족 의식이 공통화의 길을 걸으면 자연히 비가시적 · 정신적인 통합이 이루어질 것이고 이는 바로 가시적 · 물리적 통합으로 이끄는 지름길이 될 것입니다. 사전 편찬을 처음으로 제안한 본인이 그것이 실현되는 마당에 무슨 할 말이 있겠습니까. 옥에도 티가 있다는데 몇 가지 티를 적어 볼까 합니다. (이하 생략)

2009년 11월 2일
보덴제(Bodensee)가 바라보이는 콘스탄츠 대학교
언어학부 연구실에서

방언사전은 일찍부터 제주 방언을 중심으로 편찬되었다. 예를 들면 『제주도 방언연구』(1985, 현평효), 『평북방언사전』(1981, 김이협), 『함북방언사전』(1986, 김태균)이 나왔으며 최근에 와서는 『전남방언사전』(1998, 이기갑 밖에 4인), 『경북방언사전』(2000, 이상규), 『강릉방언사전』(2001, 박성종 · 전혜숙), 『울산방언』(2013, 신기상), 『강릉방언대사전』(2014, 김인기), 『경남방언사전』(상 · 하, 2017,

경남방언연구보존회), 『전라북도 방언사전』(1 · 2)(2019, 전라북도), 『창녕방언사전』(2019, 성기각)와 같다. 두만강 변의 조선족 자치주의 방언은 『두만강 유역의 조선어 방언 사전』(1, 2, 2019, 곽충구)에 집성되어 있다. 속담 사전도 보인다. 『경주 속담 · 말 사전』(2001, 김주석 · 최명옥), 『제주 속담 사전』(2002, 개정증보판, 고재환). 이 방면의 자료는 대부분 김정대 교수(경남대)가 제공하였음을 밝혀 둔다.

세종학당에 관련된 자료는 세종학당 이사장을 역임한 강현화 연세대 교수가 제공하였다.

2.8. 우리말과 한글의 해외 보급

2.8.1. 해외 동포의 우리 문자 및 우리말의 사용 양상

〈중국어권〉

남한과 중국 조선족 학자들은 특히 지난 세기 후반과 20세기에 들어와서 남북의 어휘 이질화와 문법체계의 이질화를 극복하기 위한 저서를 내었다. 중국조선족교육사편찬위(1991)에서는 중국 조선족 교육사를 엮으면서 우리말 교육사를 논급하였다. 최윤갑(1992)에서는 중국에서의 우리말의 변화 · 발전과 그 연구에 대하여 정리를 하였고 김광수(2004)는 해방 전의 중국에서의 우리말의 변화 및 발전 문제를 정리하였다. 한편 박금해(2012)에서는 20세기 초, 만주 사변 전, 만주국 시기, 광복 후의 사회주의 체제하의 교육 문제를 다루면서 민족어 교육에 대하여도 언급하였다. 관련 논의는 고영근(2001다: 233-238) 참조. 한편 대한민국 국립국어원에서는 해외지역어 구술자료총서를 내고 있는데 현재까지 곽충구 · 박진혁 · 소신애(2008), 박경래(2021)이 나왔다. 특히 맨끝에서는 충북에서 올라간 사람들이 독립된 마을을 이루되 함경도 출신 마을에 둘러싸여 언어의 섬을 이루고 있다는 특징을 지니고 있다.

〈러시아어권〉

러시아어권은 1930년에 오창환의 『고려문전』이 나옴으로써 자리가 잡혔으며 해방 후에는 게봉우, 김병하, 유시욱 등의 민족어학자에 의하여 교재가 편찬되어 나왔다. 관련 논의는 고영근(1998가: 105-140, 2001다: 217-232) 참조. 중앙아시아 고려인들의 언어는 일찍이 UBC의 킹(King) 교수가 실태를 보고한 일이 있고 저자는 〈레닌기치〉 등을 분석하여 그곳의 서사어, 문어의 실태를 보고한 일이 있다(고영근 1990/1996: 165-181). 한편 박넬리(1997)과 곽충구(2009)에서는 함경도 육진과 함경도 단천에 뿌리를 두고 있는 "고레말"의 사용 양상을 보고한 바 있다.

〈미주권〉

미주권은 손호민(2013: 144-81)에서 자세한 정보를 얻을 수 있다. 위의 책에는 미국(pp. 144-81)과 해외대학(pp. 199-211)의 한국어교육과 한국학의 현안이 종합적으로 논의되어 있다.

2.8.2. 북한이탈 주민과 다문화시대의 우리말

북한이탈 주민과 다문화시대의 우리말은 『새국어생활』 22.3(2012)에 기고한 박정아, 권순희, 김선정, 김재욱, 심혜령, 이해영 · 이준호의 기고 참조.

2.8.3. 외국인의 우리말 학습 상황

해당 자료는 한국국제교류재단에서 제공하였음을 밝혀 둔다. 이 과정에서 프랑스어권의 김진옥 교수, 황희영 교수, 한국국제교류재단의 임동준 님 등 여러분들의 도움을 입었음을 밝혀 둔다. 원래는 세계 각처의 한국어 교육 상황을 대륙별, 배경 언어별로 나누어 살펴보기로 하였으나 우선 자료 수집이 쉽지 않아 다른 기회로 미루기로 하였다. 이 과정에서 런던 대학의 연재훈 교수, UCLA(미주)의 손성옥 교수, 문화대학(대만)의 김선효 교수, 동경외대(일본)의 이카라시 교수, 남경대학(중국)의 오옥매 교수, 스톡홀름대학(스웨덴)의 Häussler 교수, 까렐대(체코)의 호락 교수, 아담미츠키에대(폴란드)의 오경근 교수, 소피아대의 김소영 교수(불가리아) 등 여러분들이 관련 자료를 제공하였음을 밝혀 인사를 대신한다.

2.9. 마무리

이 부분은 한국정신문화원(현재의 '한국학중앙연구원')과 북한의 사회과학원이 평양에서 공동으로 주최하여 열기로 한 "화해와 협력시대의 한국학대회"(2004. 8. 3~7)에 즈음하여 준비하였던 원고의 일부이다. 제목을 조금 바꾸고 내용을 손질하여 『민족어의 수호와 발전』(제이앤씨, 2008: 3-55)에 실었던 것의 '마무리' 부분을 가져와서 이 책의 성격에 맞도록 개고한 것이다. 그런데 대회 1주일 전에 남한 학자에 대한 북한 당국의 일방적 참가 거부로 행사가 취소되어 원고를 1년 이상 묵히고 있었는데 마침 한국어문학회 회장 김동소 교수가 저자에게 발표를 권유하여 한국어문학회 전국학술대회(2005. 10. 29)에서 위의 제목으로 발표를 하였으며 이는 『어문학』 91(2006. 12)에 지상으로 발표되었다. 한편 저자가 국제고려학회에 제출한 원고는 『화해와 협력 시대의 코리아학-제2회 세계코리아학대회 공동논/론문집』(국제고려학회 2006)에 「통일언어철학을 찾아서」(77-96쪽)의 제목으로 실렸음을 밝혀 두는 바이다. 이 원고는 고영근(2008: 34-55)에 다시 실었다.

권재일(2008, 2012)에서는 『조선어학 전서』 10권에 대한 소개를 하였고 권재일(2014)에서는 말다듬기를 중심으로 남북 언어의 어휘 단일화 문제를 제기하였다. 임현진(1999)에서는 '통일'이 정치 통합을 중심으로 분단된 남북한의 재결합에 중심을 두는 것이라면, '통합'은 국가 연합에서부터 연방제까지를 염두에 두면서 한 걸음 더 나아가 하나의 제도적 · 문화적 통합을 중심에 둔다고 하였다.

제3장 우리말에 대한 기호학적 접근

제3장은 저자가 『텍스트언어학』 37(2014: 1-12)에 기고하였던 「주시경의 기호학과 한국의 텍스트과학」의 제목을 조금 바꾸고 내용을 부분적으로 손질한 것이다.

3.1. 들어가기

한힌샘의 추모 관련 자료는 『周時經學報』(주시경학보) 1(1988)에 실린 「周時經追慕 日誌」(주시경 추모 일지)와 고영근(2001나: 176)을 보라. 『周時經全書』(주시경전서)(김민수 편 1992) 권5에도 실려 있다.

3.2. 한힌샘의 사상체계

고영근(2006/2008: 239-306, 2008/2010: 189-216)에 이극로의 민족어 운동과 민족어 연구에 대한 제반 사정이 구명되어 있다.

이윤재의 사회사상과 문화민족주의에 대하여는 고영근(1992/2008: 181-238)에 논의되어 있다.

헐버트 박사에 대하여는 〈헐버트박사 누리집〉이 참고된다.

한힌샘의 『국어문법』의 형성과정은 자필 검열용 원고본이 발견됨으로써 자세히 밝혀졌다. 고영근(1995나)에서 자세히 다루었다. 이 글은 고영근 · 이용 · 최형용(2010)의 앞 부분(17-69쪽)에 실려 있다. 『텍스트언어학』 37(2014: 1-12)에는 뒷부분이라고 하였으나 잘못임을 밝혀 둔다.

3.3. 한힌샘의 기호학과 현대의 텍스트과학

한힌샘의 음학이론과 통사이론은 이기문과 고영근에 의하여 현대 언어학의 관점에서 본격적으로 조명되었다(『국어학』 11, 1982에 관련 논의가 실려 있다).

이윤재와 이극로의 문화민족주의에 대하여는 고영근(2008: 211, 271; 2010: 183-184)에 자세히 언급되어 있다.

한힌샘을 사회사상가로 보는 견해는 신용하(1976)에서 제안되었으며 많은 사람들이 이에 동조하고 있다.

한힌샘의 문법이론이 20세기 후반기의 생성문법과 취향을 같이한다는 사실은 많은 학자들이 지적한 바 있다. 관련 논저는 고영근(1985나: 455-459)와 고영근 1982/2010: 113-140) 참조.

(2)에 대한 현대역은 고영근 · 이용 · 최형용 공동교감(2010, 2011) 참조.

퍼스의 기호학에 대한 자세한 내용은 김성도 편역(2006)을 보라.

저자가 세운 (4)의 주시경의 기호학 체계에 대하여 기호학 전공의 김성도 교수는 선구적 발상이라고 평가하였다. 김성도 교수의 견해를 다음에 적어 두니 주시경 선생의 이론을 계승 · 발전시키는 문제를 생각해 보기 바란다.

> "말"을 '언어기호'로, "일"을 '지칭 대상'으로, "마음"을 '화자의 태도'로 본다면, 주시경의 언급은 의미론과 화용론을 아울러 문장의 의미를 해석해야 한다는 뜻으로 볼 수 있을 것 같습니다. 다만, 이러한 설명을 유지하기 위해서는 좀 더 해명해야 할 부분이 있을 것 같아 의문이 나는 사항에 대해 제 생각을 몇 마디 적어 봤습니다.
>
> 1) 해당 언급(짬듬갈의 끝 '잡이')의 전반부에는 "말"이 두 번 출현하는데, 모두 맥락상 '문장 의미'에 대한 설명으로서의 "말"로 읽힙니다. 그렇다면 이때의 "말"은 '짬듬갈'에 나오는 문장에 대한 설명과 문장도해에 대한 추가적인 설명에 해당한다고 할 수 있습니다. 이런 점에서 보면 해당 언급에 등장하는 "말"을 '언어기호'에 대응하는 개념으로 추상화할 수 있을지 의문이 듭니다.
>
> "말"이 출현하는 구절은 "말로 문장의 뜻을 분명히 설명하기가 어려운 것은 문장도해로 설명하고 문장도해로도 분명히 하기 어려운 것은 말로

설명하라"는 정도로 해석할 수 있지 않을까 생각합니다.

2) 해당 언급의 후반부에는 "일"과 "마음"이 등장하는데, 선생님께서 설명하신 대로 '일'이 '지칭대상'인 것은 분명한 듯합니다. 그렇다면 "일의 뜻"은 문장으로 표현된 사태의 뜻이 되는데, 이는 주시경이 문장 구조만으로 설명하기 어려울 때는 그 문장이 표현하는 사태를 생각해 문장의 뜻을 설명해야 한다는 점을 말하기 위해 쓴 말로 이해됩니다. 이렇게 이해할 경우, "마음으로 살피"는 것은 '화자의 태도를 살피'는 것이 아니라 '문장을 읽는 사람이 자신의 마음으로 문장이 표현하는 사태를 생각하는' 것이 될 수 있습니다.

결국 이 대목에서 주시경이 하고 싶었던 말은 "문장의 구조를 말과 그림으로 분석해서 설명해도 그 뜻을 파악하고 설명하기 어렵다면, 문장의 구조를 떠나서 문장이 표현하는 사태가 무엇인지를 생각해서 문장의 의미를 파악하고 설명하라는 것"으로 볼 수 있다는 게 제 생각입니다.

(2018. 4. 20)

퍼스의 기호학에 대한 자세한 내용은 김성도 편역(2006)을 참조하라.

현실 속에 있는 부덴브로크 가문의 저택과 소설 속의 부덴브로크 가문의 저택이 '이중의 현실'을 이루고 있다는 것이다.

Axiomatik (1933)의 발전적 저술 *Sprachtheorie* (1934)는 지광신(연세대) 교수에 의하여 2008년 나남에서 번역 출간되었다.

1994년에 창립된 한국기호학회는 국내 기호학 전문가 12명이 동원되어 2021년 7월에 『한국기호학의 최전선』이라는 공동저작물을 내 놓았다. 로트만의 문화 기호학(김수환), 퍼스의 활동 기호학(이윤희), 크리스티앙 매츠의 영화 기호학(이수진), 신경 기호학(조창연), 화쟁 기호학(이도흠), 신화 기호학(오세정), 황순원 단편의 담화 기호학(홍정표), 박물관 기호학(태지호), 사진 기호학(김기국), 디자인 아이디어와 기호학(박영원), 음악 기호학(박여성), 스포츠 기호학(송치만)의 12개 주제를 다루고 있다.

제4장 우리 텍스트에 대한 윤리적 접근

4.1. 들어가기

제4장은 저자가 텍스트언어학 51(2022)에 기고한 같은 제목의 글을 개고한 것이다. 『논어』 번역본은 장기근(1982)를, 『예기』 번역본은 남만성(1982)를 이용하였다. 그 사이 많은 번역본이 나와 있으나 저자의 가정에 『사서오경』을 망라한 평범사판이 소장되어 있기도 하거니와 『고사 명언 명구 사전』까지 곁들여 있어서 이용에 편의를 주기 때문이었다.

4.2. 『논어』와 『예기』의 언어윤리

『논어』는 다른 경전과 함께 한자 · 한문의 수용과 동시에 기원전부터 수용되어 우리 민족의 윤리적 세계관을 확립하는 데 적지 않은 기여를 해 왔다. 『논어』가 기원전부터 우리 민족의 윤리 · 도덕의 형성에 있어 기본서 역할을 하였고 그 가운데서도 언행장은 앞의 『명심보감』에서 보았다시피 우리의 언어예절 형성에 적지 않은 영향을 미쳐 왔다. 그럼에도 불구하고 그에 대한 연구가 지난 세기 70년대에 나온 이을환(1975가)를 제외하고는 눈에 띄지 않는다. 이을환 교수는 1960년대초부터 30여 년간 숙명여대 국문학과의 국어학 교수로 재임하면서 남들이 돌보지 않던 조선조 시대의 여성의 언어법도에 대한 많은 업적을 쌓았다. 그 중에서도 이 교수는 중국의 『논어』와 우리나라의 『內訓』(내훈), 『女四書』(여사서), 『士小節』(사소절) 등을 대상으로 우리나라 여성 언어를 집중적으로 분석하였다. 이 방면의 업적은 이을환(1980, 1999)에 집성되어 있다. 특히 전자의 업적(1980)에는 동양의 언어법도와 고대인의 언어의식에 대한 연구도 집성되어 있다. 고대인의 언어의식에 대한 연구는 뒤에서 다시 언급하기로 한다.

4.3. 우리의 텍스트에 나타나는 언어윤리

"言語步趨"(언어보추)(말과 걸음걸이)가 실려 있는 『동몽수지』는 『동몽선습』(童

蒙先習)이라는 이름이 붙은 이기석(1982)에 실려 있는데 이 책에는 『동몽선습』 밖에 『계몽편』, 『동몽수지』의 두 책이 붙어 있다.

이덕무의 『사소절』에 나타나는 언어규범은 이을환(1980: 182-219, 1999: 125-153)에 잘 정리되어 있다.

언어윤리를 소재로 한 시조는 오래된 책이지만 정병욱(1966)에서 찾을 수 있다. 더 많은 자료와 이본간의 차이에 대하여는 심재완(1972)를 참조할 수 있다.

속담집은 조선시대부터 많은 양의 책이 나왔다. 최근에는 북한에서도 그 나름의 속담집을 많이 내 놓았다. 언어 속담을 비롯하여 우리말의 속담을 종합적으로 다룬 박갑수(1966)이 특기할 만하다. 전자는 '말'이 쓰인 147개의 속담을 중심으로 그 용법을 구명하고 형태론과 의미론을 전개하고 있어 국어 어휘론 연구의 기반을 쌓았다. 특히 심재기 교수의 속담에 관한 업적은 심재기(1980)에 집성되어 있다. 각 방언의 속담, 대표적으로 제주어의 속담은 고재환 (2002/2013)에 집성되어 있다. 육지 방언에도 그 고장 특유의 속담이 적지 않으니 그에 대한 자료 정리와 연구가 요망된다. 최근에 나온 왕안석(2016: 546-552, 2020: 326-334)은 그러한 자료들이다. 전자에서는 충청남북도의 홍성과 청원의 속담과 관용적 표현에 대한 조사 결과가 집성되어 있다.

앞에서 본 유교의 언어윤리를 공자의 정명주의와 관련시키되 공자, 순자, 율곡의 언어철학을 종적으로 관련시키는 논의를 정재관(1975/2018: 321-344)에서 볼 수 있다.

노장사상과 언어의 문제는 박이문(1980/2006), 정재관(2018: 282-281)을, 원효의 언어철학은 고영섭 편저(2002: 183)을, 불교의 언어철학은 윤희조(2012)를 보라. 특히 맨 끝의 책에는 불교의 언어철학을 "불교 이전, 초기불교, 상좌부의 언어관, 유부의 언어관, 나가르주나의 언어관"의 5개 부문으로 나누어 언어철학의 연속성과 불연속성을 다루고 있다.

우리말의 "금기담"은 "길조어"와 함께 김성배(1962, 1975)에서 수행된 자료 수집과 연구를 발판으로 삼아 심재기(1970/1982: 258-296), 김선풍(1994), 허재영(2000) 등에서 한 봉우리를 형성하였다. 이곳의 서술은 이들 업적을 기반으로 하였다. 단 "금기담"이라는 용어는 심재기(1982: 268, 각주 44)에서 가져왔다는 것을 밝히는 바이다. 뒤에 나오는 "吉兆語"도 "길조담"이라 부르기로 하였다.

제5장 우리말 텍스트에 스며 있는 미학적 측면

5.1. 들어가기

이 글은 『텍스트 언어학』 52(2022. 6)에 실렸던 것이다. 이곳에서 철학적 탐구의 대상이 되었다는 것은 이규호(1968/2000)에서 제기한 해석학적 언어철학을 가리킨다.

「단군신화」와 「사금갑 설화」는 유창균(1988: 24-25)에서 가져왔음을 밝힌다. 두 설화를 중심으로 우리 고대 신화의 주술력을 설명한 돌아가신 유창균 교수의 업적을 다시 한번 기리는 바이다. 유창균 교수는 고대 한자음에 대한 이해를 발판으로 유창균(1994/1996)에서 향가를 전면적으로 다시 해독하였다.

장덕순 밖에(2006)에는 구비문학의 내포에 "설화, 민요, 무가, 판소리, 민속극, 속담, 수수께끼"를 들고 있는데 이 가운데서 적어도 "속담"은 해석학적 언어철학의 대상이 된다. (뒤에 나옴)

「단군신화」와 「사금갑 설화」에 관련되는 내용은 해방 후 최초의 본격적인 "국어학사"를 저술한 돌아가신 유창균 교수의 저술 유창균(1988: 24-25)의 내용을 옮겨 온 것이다. "사금갑 설화"의 내용을 『민족문화대백과사전』[인터넷]에서 옮겨 보기로 한다.

신라시대 21대 왕인 소지왕은 정월보름날에 천천정으로 행차를 하였다. 쥐가 나타나 사람의 말로 소지왕에게 이르기를 까마귀를 따라가라 하였다. 이에 소지왕은 기사에게 명하여 까마귀를 따라가게 하였다. 기사는 가는 도중에 돼지싸움을 구경하느라 까마귀의 행방을 그만 놓치고 말았다. 이때 연못 가운데에서 한 노인이 나타나 글을 쓴 봉투를 주었다. 기사가 읽어보니, 겉봉에 "이 봉투를 열어본다면 두 사람이 죽을 것이고 안 열어보면 한 사람이 죽을 것이다"라고 쓰여 있었다. 기사는 이를 이상하게 생각하여 봉투를 왕에게 바쳤다. 왕은 그래도 한 사람이 죽는 것이 더 낫다고 판단하여 열어 보지 않으려고 했으나, 일관이 "두 사람은 보통사람일 것이고 한 사람은 왕을 가리키는 것이니 열어보셔야 합니다." 하고 왕에게 아뢰었다. 그래서 왕은 봉투를 뜯어 보았다. 봉투 안에는 "거문고갑을 쏘라."고 쓰여 있었다. 이에 왕은 활로 거문고갑을 쏘았고 그 안에서 왕비가 정을 통하던 중이었다. 왕을 해치려고 숨어 있던 차였다. 이에 왕은 중과 왕비를 함께 처형하였다.

5.2. 고대가요의 주술적 기능

이 방면에 대하여는 김민수(1980: 20-25)에 자세하다. 특히 김종우(1956), 임기중(1967), 이을환(1975가, 나)에는 『삼국유사』에 나타난 언어 주술을 종합적으로 다루고 있어 참고되는 바 많다.

언어의 기능은 심재기(1977), 김민수 밖에 공편(1984), 고영근(1999/ 2011: 55)에 자세하다.

5.3. 고시조의 감동적 기능

고시조의 주제, 곧 내용상의 분류에 대하여는 이태극[1959/1974(5판 정정)], 정병욱(1966/1974), 이희승(2013)을 보고, 고시조의 내용소 출현 분포, 유형별 통계, 시대별 통계, 창곡별 통계에 대하여는 김흥규 · 권순희(2002) 참조.

5.4. 현대시의 호소적 기능

김현승의 호소적 기능에 대하여는 박경자(2015)에 자세하다.

5.5. 금기담과 길조담의 미학적 기능

우리 민족의 금기담 자료에 대하여는 김성배(편)(1962, 1963/1974)의 선구적인 업적을 들 수 있고 그에 대한 연구로는 심재기(1970/1982: 258-197), 허재영(2000)을 들 수 있다.

김성배(편)(1974)에서는 "금기어"와 "길조어"만 다루고 있으나 허재영(2000)에는 "전조어"를 더 두고 있다. 금기어, 곧 금기담이 인간의 능동적 행위를 꺼리는 데서 나온 말이지만 전조어, 곧 "전조담"은 장래의 길흉화복을 예언하는 개념으로 풀이하고 있다.

참고 논저*

* 서양인과 일본인의 성은 모두 현지발음을 한글로 적어 한 곳에 배열하였다. '/'은 본문에서 어떤 책이 초판과 개정판이 나왔을 때, 빗금 앞의 연대는 초판을, 빗금 뒤는 개정판을 가리킨다. 단 [참고 논저]에는 개정판의 연대만 밝히었다.

* "내용보충"에서 자료의 출전을 밝힐 때, 『역대한국문법대계』의 줄임말 『역문』을 사용하였다. 위의 책의 초판은 1977~1986(탑출판사), 재판은 2008(박이정), 보충판은 2015(박이정)에서 나왔다.

가벨렌츠(G. von der Gabelentz)(1892), "Zur Beurtheilung des koreanischen Schrift-und Lautwesens", *Sitzungsberichte der Königlich Preussischen Akademie der Wissenschaften zu Berlin*, Band XXIII. [김민수 밖에 공편, 『역문』 ③ 01: 85-199에 실림].

강신항(1978), 『李朝時代의 譯學政策과 譯學者』(국어학연구선서 11), 탑출판사.

______(1982), 『韻解 訓民正音』, 형설출판사.

______(1988), 『國語學史』(증보개정판), 보성문화사.

______(1990), 『훈민정음연구』(증보판), 성균관대학교 출판부.

______(2000가), 『韓國의 韻書』(국어학 총서 2), 국어학회/태학사.

______(2000나), 『韓國의 譯學』(한국의 탐구), 서울대학교 출판부.

______(2003), 『訓民正音硏究』(修訂增補版), 성균관대학교 출판부.

______(2009), 「朝鮮初期漢字音과 東國正韻漢字音 比較表」, 『한국어연구』 6, 119-194.

______(2012), 『韓漢音韻史硏究』(증보보유편), 도서출판 월인.

강창석(1992), 「15世紀 音韻理論의 硏究 - 借字表記 傳統과의 관련성을 중심으로 - 」, 서울대학교 국문과 박사논문.

고노(河野六郎)(1968), 『朝鮮漢字音の硏究』, 天理時報社.

고송무(1991), 「핀란드와 카작스탄에서의 한국말 및 고려말 교육」, 『교육한글』 4, 241-262.

고영근(1980), 「中世語의 語尾 活用에 나타나는 '거/어'의 交替에 대하여」, 『국어학』 9, 55-99.
______(1983가), 「'한글'의 유래에 대하여」, 『白石趙文濟教授華甲紀念論文集』, 간행위원회, 31-42.
______(1983나), 『國語文法의 硏究』, 탑출판사.
______(1985가), 「처용가의 한 해독」, 『김일근박사 화갑기념논총』, 건국대학교 국문학과, 903-911.
______(1985나), 『國語學 硏究史』, 학연사.
______(1988가), 「주시경연구의 어제와 오늘」, 『주시경학보』 1, 7-48.
______(1988나), 「남북한 언어 문자의 이질화와 그 극복방안」, 『주시경학보』 2, 47-84.
______(1989), 「지볼트(Fr. von Siebold)의 韓國記錄 硏究」, 『東洋學』 19, 1-64.
______(1990), 「공리적 언어관의 형성 · 발전과 훔볼트 언어관의 수용 양상」, 『國語學論文集 - 姜信沆教授回甲紀念』, 태학사, 7-25. [『통일시대의 어문문제』(1994: 319-339)에 다시 실림].
______(1994), 『통일시대의 語文問題』, 길벗.
______(1995가), 『최현배의 학문과 사상』, 집문당.
______(1995나), 「주시경 국어문법의 형성에 얽힌 문제 - 검열본을 중심으로」, 『大東文化硏究』 30(강신항교수 정년기념), 성균관대, 233-277. [고영근 · 이용 · 최형용 2010의 머리에 실림].
______(1996), 『우리 언어문화의 뿌리를 찾아서』, 한신문화사.
______(1998가), 『한국어문운동과 근대화』, 탑출판사.
______(1998나), 「개화기 이후의 한글 운동의 발자취와 그 전망」, 『겨레의 글 한글』, 국립중앙박물관, 184-192.
______(1998다), 「개화기의 한국어문운동」, 『관악어문연구』 25: 5-21. [고영근(2001나: 181-198)에 다시 실림].
______(1999가), 『國語形態論硏究』(增補版), 서울대학교 출판부.
______(1999나), 『북한의 언어문화』(한국의 탐구), 서울대학교 출판부.
______(2001가), "Zur koreanischen traditionellen Sprachphilosophie und ihren modernen Transformationen", *Linguistik jenseits des Strukturalismus*. Akten des II. Ost-West-Kolloquiums Berlin

1998, herausgegeben von Kennosuke Ezawa, Wilfried Kürschner, Karl H. Rensch und Manfred Ringmacher. Günter Narr Verlag.

______(2001나), 『한국의 언어 연구』, 역락.

______(2001다), 『역대 한국문법의 통합적 연구』(한국문화총서 33), 서울대학교 출판부.

______(2004가), 『단어 문장 텍스트』(보정판), 한국문화사.

______(2004나), 『북한의 문법 연구와 문법 교육』, 박이정.

______(2008), 『민족어의 수호와 발전』, 제이앤씨.

______(2009), 『북한의 문법연구와 문법지식의 응용화』, 한국문화사.

______(2010), 『민족 어학의 건설과 발전』, 제이앤씨.

______(2011), 『텍스트 과학』 집문당. [『텍스트 이론』, 아르케, 1999의 신정판].

______(2012), 「조선어학회 수난과 민족어 수호 운동」, 『새국어생활』 22.3, 131-152.

______(2014), 「주시경의 기호학과 한국의 텍스트 과학」, 『텍스트언어학』 37, 1-12.

______(2018가), 『우리말 문법, 그 총체적 모습』, 집문당.

______(2018나), 「조선시대의 외국어 교육에 관한 정광 교수의 저작에 대한 서평 - 정광(2014), 〈조선시대의 외국어교육〉 등을 중심으로 - 」, 『한국어학』 80, 33-47.

______(2018다), 「우리 언어철학사 구성 시론」, 『텍스트언어학』 45, 1-25.

______(2019), 「우리의 언어 철학사와 언어 철학의 과제」, 『텍스트언어학』 46, 1-22.

______(2020가), 「서평: 세종대왕기념사업회, 『역주 분류두공부시언해』」, 『텍스트언어학』 48, 1-19.

______(2020나), 「서평: 세종대왕기념사업회, 『역주 석보상절』, 『역주 월인석보』」, 『텍스트언어학』 49, 1-25.

______(2020다), 「우리말 격형태의 통시론과 유형론」, 『형태론』 22.2, 419-434.

______(2020라), 『표준중세국어문법론』(제4판), 집문당.

______(2022), 「권영달, 『조선문철자법』 해설」, 『형태론』 24.1, 194-306.

______(2022), 「일제 강점기의 권영달(1901~1945?)의 우리 어문 연구」, 『진단학보』.

______(준비중), 〈다시 찾는 어학자 권영달의 학문과 생애〉. (2022. 10월 초, "한글학회 주최 576돌 한글날 기념 전국 국어학 학술대회"에서 발표 예정).
______(2008)(공저), 『북한의 문법 연구와 문법 지식의 응용화』, 한국문화사.
______ 편(1985), 『國語學硏究史』, 학연사.
______ 편(1989), 『북한의 말과 글』(북한의 인식 7), 을유문화사.
______ 편(2000), 『북한 및 재외 교민의 철자법 집성』, 도서출판 역락.
______ 편(2001), 『조선어 연구』(전3권), 도서출판 역락.
고영근 · 이현희(공동교감)(1986), 『주시경, 국어문법』, 탑출판사.
고영근 · 이용 · 최형용(2010), 『주시경 국어문법의 교감과 현대화』, 박이정.
________(2011), 『현대어로 풀어쓴 주시경의 국어문법』, 박이정.
고영섭 편저(2006), 『원효』(한국의 사상가 10인), 예문서원.
고영진 · 김병문 · 조태린(2012), 『식민지 시기 전후의 언어 문제』, 소명출판.
고재환(2013), 『제주 속담 사전』(개정판), 민속원.
고정의(2002), 「대명률직해의 이두와 그 특징」, 『구결연구』 9, 19-92.
공재석(1967), 「한글의 古篆起源說에 대한 고찰」, 『중국학보』 7.
곽충구(1988), 「〈로한사전〉의 한국어와 그 전사에 대하여」, 『이화어문논집』 10, 이화여대, 125-155.
______(2006), 「초기 露韓辭典의 편찬 경위 및 체제와 구조」, 『한국사전학』 7, 35-64.
______(2009), 『중앙아시아 이주 한민족의 언어와 생활 - 우즈베키스탄 타슈켄트』, 태학사.
______(2019), 『두만강 유역의 조선어 방언사전』(전2권), 태학사.
곽충구 · 박진혁 · 소신애(2008), 『중국 이주 한민족의 언어와 생활 - 길림성 회룡봉』, 태학사.
구결학회 편(2006), 『漢文讀法과 東아시아의 文字』, 태학사.
구난희(2007), 「발해와 일본의 교류」, 동북아시아재단(편), 『새롭게 본 발해사』, 동북아시아재단.
______(2017), 『발해와 일본의 교류』, 한국학중앙연구원 출판부.
구자균(具滋均)(1974), 『朝鮮平民文學史』, 民學社.
국립중앙박물관(2009), 『불국사 석가탑 유물 2-중수문서』.

국립한글박물관(2014), 『한글이 걸어온 길』.
국어국문학회(1983), 『국어국문학회 30년사』, 일조각.
권오휘(2018), 『훈민정음: 제자 원리와 역리의 상관성』, (주)박이정.
권인한(2015), 『廣開土大王碑文 新研究』, 박문사.
권인한 · 김경호 · 이승률(책임 편집)(2011), 『죽간 · 목간에 담긴 고대 동아시아』, 성균관대학교 출판부.
권재일(2008), 「북한의 우리말 연구 성과와 〈조선어학전서〉」, 『나라사랑』 114, 외솔회, 150-183.
______(2012), 『북한의 '조선어학전서' 연구』(서울대학교 통일학연구총서 14), 서울대학교 출판문화원.
______(2014), 『남북 언어의 어휘 단일화』, 서울대학교 출판문화원.
김광수(2004), 『남북한전문용어비교연구』, 역락.
김규식(1908~1909?), 『大韓文法』(프린트판), 『역문』 1 14.
김동진(2016), 『헐버트 조선의 혼을 깨우다』, 참 좋은 친구.
______(2019), 『헐버트의 꿈 조선은 피어나라』, 참 좋은 친구.
김동찬(1995), 「조선어 규범화를 위한 리론과 실천」, 『통일을 지향하는 언어와 철학』(국제고려학회 학술총서 3).
김미경(2009), 「이미륵의 독일어로 쓰인 『한국어문법』(초고)」, 『헤세연구』 22. (참조, 김미경, 『한국어문법』; 이미륵의 독일어로 쓰인 한국어 문법 초고, 『인문과학논집』 39, 2009. 8월).
김민수(1954), 「국어문법의 유형 - 국어문법학사 시고」, 『국어국문학』 10. [남기심 · 고영근 · 이익섭 공편, 『現代國語文法』, 계명대학교 출판부, 7-14에 다시 실림].
______(1960), 『국어문법의 연구』, 통문관. [『역문』 1 98에 재수록].
______(1973), 『國語政策論』, 고려대학교 출판부.
______(1977), 「김규식 大韓文法의 연구」, 『인문논집』 22, 고려대, 1-31.
______(1980가), 『新國語學史』, 일조각.
______(1980나), 「李奎榮의 文法研究」, 『한국학보』 19, 57-86.
______(1981), 「필사본 『말듬』」, 『韓國學報』 23.
______(1985가), 『注解 訓民正音』, 통문관.

______(1985나), 『북한의 국어 연구』, 고려대학교 출판부.
______(1986), 『주시경연구』(증보판), 탑출판사.
______(1987), 『國語學史의 基本理解』, 집문당.
______(1992), 「朝鮮語學會의 창립과 그 沿革」, 『周時經學報』 5, 50-74.
______(1996), 「장지영 선생의 전기」, 『語文硏究』 25.4(통권 96).
______(2007), 『現代語文政策論』, 한국문화사.
______ 편(1991), 『북한의 조선어 연구사』, 도서출판 녹진.
______ 편(1992), 『周時經全書』(전6권), 탑출판사.
______ 편(1996), 『김정일 시대의 북한 언어』, 태학사.
김민수 · 고영근(공편)(2008), 『역대한국문법대계』, 박이정.
김민수 · 고영근 · 최호철 · 최형용(공편)(2015), 『역대한국문법대계』(II), 박이정.
김민수 밖에(공편), 『國語와 民族文化』(집문당, 1984). [방송통신대학 『대학국어』 (1992), 서울시립대학교 교양교재편찬위원회, 『대학인의 글쓰기』(1999)에 다시 실렸고, 『통일시대의 語文問題』에 「우리 글자 이름 '한글'의 유래와 그 본 뜻」이라는 제목으로 다시 실림].
김병문(2013), 『언어적 근대의 기획』(연세근대한국학총서 74), 소명출판.
김병삼(1995가), 「방언을 통하여 본 민족어 발전의 합법칙성에 대한 연구」, 『조선어문』 3(루계 99).
______(1995나), 「위대한 령도자 김정일동지께서 밝히신 방언연구에서 우리 민족어의 고유성을 해명할데 대한 리론」, 『문화어학습』 2.
김상대(1985), 『中世國語 口訣文의 國語學的 硏究』, 한신문화사.
김석득(1983), 『우리말 연구사』, 정음문화사.
김석연(Kim-Cho Sek-Yen)(2001), *The Korean Alphabet of 1446*, Asea Culture Press and Humanity Books.
김선풍(1994), 「韓國人의 禁忌語와 禁忌談」, 『어문론집』 23, 중앙대국문과, 53-68.
김성도(편역)(2006), 『퍼스의 기호 사상』, 민음사.
김성배(1962가), 「한국 금기어고(韓國禁忌語考)」(上), 『국어국문학』 25, 219-234.
______(1962나), 「한국 금기어고(韓國禁忌語考)」(下), 『국어국문학』 26, 239-268.
______(1974), 『韓國의 禁忌語 · 吉兆語』(正音文庫 95), 정음사.
김성준(2010), 『일제강점기 조선어 교육과 조선어 말살정책 연구』, 경인문화사.

김세중(2005), 「국어 기본법 시행의 의의」, 『새국어생활』 15.3, 7-23.
김수곤 · 이광호(1980), 「주시경(周時經)의 한글전용 주장에 대한 배경이론 연구」, 『語學』, 7, 1-14.
김순전 · 박제홍 · 장미경 · 박경수 · 사희영 · 김서은 · 유철(2012), 『일제강점기 일본어교과서 『國語讀本』을 통해 본 식민지조선 만들기』, 제이앤씨.
김슬옹(2005), 『조선 시대 언문의 제도적 사용 연구』, 한국문화사.
______(2015), 『조선시대의 훈민정음 발달사』, 역락.
______(2017), 『한글혁명』, 살림터.
______(2019), 『훈민정음 해례본 입체 강독본』, 박이정.
김영기(Kim-Renaud)(1997)(eds.), *Korean Alphabet*, University of Hawaii.
김영배(2000), 『國語史資料硏究』, 월인.
김영욱(2004), 「百濟 吏讀에 대하여」, 『口訣硏究』 11, 125-151.
김완진(1996), 『음운과 문자』, 신구문화사.
______(2016), 『향가해독법연구』, 서울대학교 출판부.
김유범 밖에 8인(2000), 『훈민정음 해례본』, 역락.
김윤경(1938), 『朝鮮文字及語學史』, 朝鮮紀念出版館.
김인호(2005), 『조선인민의 글자생활사』, 사회과학출판사.
김일(2001), 「신경준의 훈민정음운해와 그의 역학적 언어관」, 『중국조선어문』 3, 23-26.
김일근(1986), 『諺簡의 硏究』, 건국대학교 출판부.
김종우(1956), 「향가문학의 종교적 성격」, 『국어국문학』 15, 62-74.
김종택(1975), 「宣祖大王諺敎考」, 『국어교육논지』 3, 대구교대, 27-34.
김주원(1994), 「퉁구스 제어의 인칭 어미」, 『역사언어학』(김방한 선생 회갑기념), 전예원, 277-303.
______(2013), 『훈민정음 - 사진과 기록으로 읽는 한글의 역사』, 민음사.
김중진(1999), 『國語表記史硏究』, 태학사.
김지홍(2021), 『여러 학문에서의 언어 산출 접근』, 경진출판.
김하수(2015), 「해방과 분단, 그리고 언어 환경의 변화」, 『새국어생활』 25.2, 3-24.
김흥규 · 권순희(2002), 『고시조 데이터베이스의 계량적 분석과 시조사의 지형도』, 고려대학교 안문학연구원.

나카무라(中村哲也)(1987), 「明治期における國民國家形成と國語國子論の相克 - 國語學者上田万年の歷史的位相」, 『東京大學 教育學部紀要』 27.
남경란(2005), 『麗末鮮初 音讀 입겿(口訣)의 綜合的 考察』, 경인문화사.
______(2009), 『麗末鮮初 音讀 입겿(口訣)의 字形과 機能의 通時的 硏究』, 경인문화사.
______(2016), 『한글 창제 전후의 입겿[口訣] 연구』, 경인문화사.
남광우(1966), 『東國正韻式 漢字音 硏究』(한국연구총서 6), 재단법인 한국연구원.
남권희(2002), 『高麗時代 紀錄文化 硏究』, 청주고인쇄박물관.
남풍현(南豊鉉)(1999), 『國語史를 위한 口訣硏究』, 태학사.
______(2000), 『吏讀硏究』, 태학사.
남풍현 · 이건식(李建植) · 오창명(吳昌命) · 이용(李勇) · 박용식(朴容植)(2021), 『吏讀辭典』, 檀國大出版部.
노마 히데키(2011), 『한글의 탄생-문자라는 기적』, 돌베개.
도수희(2003), 『한국의 지명』, 아카넷.
______(2004), 『백제의 언어와 문학』, 주류성출판사.
도키에다(時枝誠記)(1940), 『國語學史』, 東京: 岩波書店.
도효근(1979), 『용비어천가 한자음 연구』, 충남대학교 석사논문.
렴종률(1992), 『조선말 력사문법』, 김일성종합대학출판사 (2001, 역락 영인).
로젠(Rosén, Staffan)(1974), *A Study of Tones in Middle Korean* (Koreanological Studies 2), Institute of Oriental Language.
린위팅(2020), 「洌雲 張志暎의 한국어학 연구」, 이현희 밖에(2020: 299-328).
모리스(C. Morris)(1938), *Foundations of the theory of signs*, foundations of the unity of science: Towards an international encyclopedia of unified science 1, 2. Chicago: The University of Chicago.
문용(1976가), 「舊韓末의 英語教育考」, 『영어교육』 12, 1-12.
____(1976나), 「개화기의 영어 교육사」(1883~1945), 『성곡논총』 7, 618-654.
문현수(2021), 「점토구결 합부금강명경 권 3에 사용된 빼침선 연구」, 『국어사연구』 33, 241-70.
문혜윤(2008), 『문학어의 근대 - 조선어로 글 쓴다는 것 - 』, 소명출판.
미쓰이 다카시(三ツ井崇)(2010), 『朝鮮植民地支配と言語』, 東京: 明石書店.

______(2012), 「식민지하 조선의 언어 정치학-조선 언어정책, 그 사회사 재고」. 『한림일본학』 20, 94-104.
미쓰이 다카시/임경화 · 고영진(2013), 『식민지 조선의 언어 지배 구조 - 조선어 규범화 문제를 중심으로』(연세근대한국학총서 88), 소명출판.
박갑수(1966), 「언어에 관한 속담고」, 『연포이하윤선생화갑기념논문집』.
박경래(2021), 『중국 이주 한민족의 언어와 생활 (1) - 중국 길림성 도문시 양수진 저암촌』, 역락.
박경자(2015), 「김현승 시의 주술성 연구 - 동아시아 사상과 절대 고독의 만남」, 『동북아 문화연구』 45, 43-59.
박금자(1997), 『15세기 언해서의 협주 연구』(텍스트언어학총서 3), 집문당.
박금해(2012), 『중국 조선족 교육의 역사와 현실』, 경인문화사.
박넬리(Pak, Nelly)(1997), "Besonderkeiten der Kasusformen des Yukchin-Dialektes des koreanischen in Kazachstan", 『국어학논집』 3(서울대학교 국문과), 태학사, 243-258.
박병채(1983), 『洪武正韻譯訓의 新研究』, 고려대학교 민족문화연구소.
박붕배(1987), 『韓國國語教育全』 (상), 대한교과서주식회사.
______(1997가), 『韓國國語教育全史』 (중), 대한교과서주식회사.
______(1997나), 『韓國國語教育全史』 (하), 대한교과서주식회사.
박상준(1932), 『개정 철자법 준거 조선어법』, 동명서관 [『역문』 ① 51].
박성종(2003), 「大明律直解吏讀의 豫備的 考察」, 『진단학보』 96, 289-231.
______(2006), 『朝鮮初期 古文書 吏讀文 譯註』, 서울대학교 출판부.
______(2008), 「李兆年의 『鷹鶻方』에 나타난 吏讀文 作品에 대하여」, 『국어국문학』 148, 5-37.
______(2016), 『朝鮮 前期 吏讀 研究』, 역락.
박승덕(1995), 「주체적 견지에서 본 민족 통일의 철학」, 김진우 · 김철앙(편)(1995), 『통일을 지향하는 언어와 철학』(국제고려학회 학술총서 제3호).
박용규(2008), 「일제 강점기 한글운동에서의 신명균의 위상」, 『민족사학연구』 38, 315-394.
______(2011), 「조선어 사전의 편찬 과정과 국어사전사적 의미」, 『東方學志』, 259-300.

______(2012), 『조선어학회 항일투쟁사』, 한글학회.
______(2008), 「일제시대 한글운동에서의 신명균의 위상」, 『민족문학사연구』 38.
______(2009), 『미주 한일 소설연구』, 창조문화사.
박이문(2006), 『노장사상』, 문학과 사상사.
박종홍(1972), 『한국사상사』(불교사상편), 서문문고.
박지향 밖에(2006), 『해방 전후사의 재인식』, 책세상.
박지홍 · 박유리(2013), 『우리나라 글살이의 변천과 훈민정음』, 새문사.
박진호(2007), 「생활사의 관점에서 본 구결(口訣)」, 2007년 한말 연구학회 발표 논문집.
박태권(1974), 『崔世珍 硏究』, 친학사.
박희병(2018), 『능호관 이인성 서화평석』, 돌베개.
박희숙(1985), 『대명률직해의 이두 연구』, 명지대학교 박사논문.
방종현(1963), 『一蓑國語學論集』, 민중서관.
배대온(2003), 『(역대) 이두사전』, 형설출판사.
배수찬(2008), 『근대적 글쓰기의 형성 과정 연구』, 소명.
배윤덕(2005), 『우리말 韻書의 硏究』, 성신여자대학교 출판부.
백두현(2015), 『음식 디미방 주해』, 글누림.
______(2020), 『현장 방언과 문헌 방언 연구』, 역락.
______(2021), 『한글 생활사 연구』, 역락.
변광수(Pyun, Kwang-sou)(1987), *Korean-Swedish Interlanguage Phonology*, Stockholm: Institute of Oriental Language, University of Stockholm.
빙허각 이씨/윤숙자 엮음(2014), 『규합총서』, 백산출판사.
빙허각 이씨/정양완 역주(1975), 『규합총서』, 보진재.
사카이 나오키(酒井直樹)/이한정 옮김(2017), 『과거의 목소리 - 18세기 일본의 담론에서 언어의 지위 - 』, 그린비.
서민정(2013), 「20세기 전반기의 지식인의 에스페란토에 대한 관심과 언어 의식」, 『한글』 300.
서울대학교 국어운동학생회(편)(1967), 『자손에게 고운 이름을』.
서종학(徐鍾學)(1995), 『吏讀의 歷史的 硏究』 (인문과학연구총서 7), 영남대학교 출판부.

소혜왕후/이경하(2011), 『내훈(內訓)』, 한길사.

손호민(2013가), 「재외동포 한국어 교육의 현황과 미래」, 손호민(2013나: 182-98).

______(Sohn, Ho-min)(2013나), *Topics in Korean Language and Linguistics*, Korea University Press.

송기중(宋基中)(1991), 「세계의 문자와 한글」, 『언어』 16.1.

______(1997), 「東北아시아 歷史上의 諸文字와 한글의 起源」, 『震檀學報』 84, 203-226.

______(2007), 「近代 地名에 남은 訓讀 表記」, 한국지명학회 편, 『地名學 論文選』, 335-366.

______(2009), 「팍바('Phags-pa, 八思巴) 문자와 訓民正音」, 『國語學』 54, 17-74.

______ 밖에(2003), 『한국의 문자와 문자 연구』, 집문당.

송기호(宋基豪)(2002), 「고대의 문자 생활」, 『강좌 한국고대사』 제5권, 재단법인 가락국사적개발연구원.

시정곤(2007), 「훈민정음의 보급과 교육에 대하여」, 『우리어문연구』 28.

______(2015), 『훈민정음을 사랑한 변호사 박승빈』, 박이정.

신미섭(申美燮)(2013), 「日帝强占期 中國語教材에 나타나는 文法內容 硏究」, 『동아인문학』 25, 71-93.

신용하(1976), 「주시경의 애국계몽사상」, 『한국사회학연구』 1. [신용하(1984)에 다시 실림].

______(1984), 『한국현대사회사상』, 지식산업사.

신익성(1985), 『훔볼트 - 카비말 연구 서설』 (상), 서울대학교 출판부.

______(1998), 『훔볼트 - 언어와 인간』 (하), 서울대학교 출판부.

신창순(申昌淳)(2003), 『國語近代表記法의 展開』, 태학사.

심경호(2012), 『한국 한문기초학사 1, 2, 3』, 태학사.

______(2021), 『한국의 석비문과 비지문』, 일조각.

심소희(沈小喜)(2013), 『한자 정음관의 통시적 연구』, 이화여자대학교 출판부.

______(2014), 「經世訓民正音圖說 坤冊 群書折衷 硏究」, 『民族文化』 43, 451-521.

심재기(1982), 『국어어휘론』, 집문당.

______(1999), 『국어 문체 변천사』, 집문당.

심재완(1972), 『歷代時調全書』, 세종문화사.

안병희(1971), 「十五世紀 漢字音 한글 表記에 대하여」, 『金亨奎 博士頌壽紀念論叢』, 一潮閣, 371-380.

______(1985), 「대명률직해 이두의 연구」, 『규장각』 9, 1-22.

______(1987), 『吏文과 吏文大師』(국어학연구선서 11), 탑출판사.

______(1992가), 『國語史 硏究』, 문학과 지성사.

______(1992나), 『國語史資料硏究』, 문학과 지성사.

______(1993), 『國語史 資料 硏究』, 문학과 지성사.

______(1996), 「한글 맞춤법의 연혁과 그 원리」, '96 한국어학자 국제학술회의(중국 장춘시).

______(2007가), 『訓民正音硏究』, 서울대학교 출판부.

______(2007나), 『崔世珍硏究』(국어학총서 6), 국어학회/태학사.

______(2009), 『國語史 文獻 硏究』, 신구문화사.

안예리(2017), 「조선총독부편 『朝鮮語辭典』의 편찬 경위」, 『한국사전학』 30, 67-99.

안정희(An, Jung-Hee)(2007a), *Studien zur Entzifferung der Schrift altkoreanischer Dichtung*, Band 1 (Zur Entschlüsselung altkoreanischer Lieder Die Koryŏ-Hanyangga) (Band 1). Harrassowitz Verlag.

______(2007b), *Studien zur Entzifferung der Schrift altkoreanischer Dichtung* (Band II), Konkordanz der Koryŏ-Hangga, Harrassowitz Verlag.

______(2010), 「均如鄕歌에 사용된 否定의 표현에 대하여」, 『口訣硏究』 27: 145-72.

야스다(安田敏郎)(2006), 『國語の 近代史-帝國日本と國語學者たち』, 中公新書.

양정호(1992), 「15세기 조선어 존칭 범주 연구」, 『주시경학보』 10, 145-155.

오구라(小昌進平)(1920), 『朝鮮語學史』, 京城: 大阪室號書店.

______(1964), 『增訂補注 朝鮮語學史』, 東京: 刀江書院.

오그덴·리차드(C. K. Ogden & I. A. Richards)(1923), *The meaning of meaning*, NY: Harcourt.

오대환(2009), 「식민지 시기 일본인을 위한 조선어교육 연구」, 연세대학교 박사

논문.
오쓰키(大槻文彦)(1897), 『廣日本文典別記』, 著者發行.
오창명(1995), 「朝鮮前期 吏讀의 國語史的 硏究」, 단국대학교 박사논문.
왕안석(2016), 『한국의 언어 민속지 - 충청남북도 편』, 서울대학교 출판원.
______(2020), 『한국의 언어 민속지 - 강원도 편』, 서울대학교 출판원.
요시모토, 하지메(2016), 「가나자와 쇼자부로(金澤匠三郞)의 생애와 학문」, 『관악어문연구』 4, 163-190.
________(2020), 「가나자와 쇼자부로(金澤匠三郞)의 생애와 학문」, 이현희 밖에(2020).
우형식(2021), 『근대 시기 서양인의 한국어 문법 연구』, 역락.
월스(WALS)(2013), "The world atlas of languages(2012)", in: Haspelmath et al.(eds.)(2013), *The World Atlas of languages*, (revised ed.), Oxford University Press/on line.
위국봉(魏國峰)(2017), 『고대 한국어 음운 체계 연구』(국어학총서 74), 국어학회/태학사.
유창균(兪昌均)(1959), 『國語學史』, 형설출판사.
______(1966), 『東國正韻硏究』, 형설출판사.
______(1973), 『較定 蒙古韻略』, 成文出版社, 台北.
______(1975), 『蒙古韻略과 四聲通攷의 硏究』, 螢雪出版社, 大邱.
______(1980), 『한국 고대한자음의 연구』 I, 계명대학교 출판부.
______(1983), 『한국 고대한자음의 연구』 II, 계명대학교 출판부.
______(1988), 『국어학사』(개정판), 형설출판사.
______(1996), 『향가비해』, 형설출판사.
______(2008), 「『蒙古韻略』과 『東國正韻』」, 『訓民正音과 파스파 文字 국제 학술 Workshop』, 101-110.
유창균 저/이영아 옮김(2017), 『일본신화의 언어학적 접근』, 집문당.
유탁일(1989), 『韓國文獻學硏究』, 亞細亞文化史.
유효홍(兪曉紅)(2014), 『訓民正音의 文字 轉換 方式에 대한 硏究』(국어학총서 70), 태학사.
윤선태(尹善泰)(2009), 「百濟와 新羅에서의 漢字 · 漢文의 受容과 變容」, 『고대 문

자자료로 본 동아시아의 문화평자와 소통』, 동북아시아재단.
윤희조(2012), 『불교의 언어관』, 씨아이알.
융커(Junker, Heinrich F. J.)(1955), *Koreanische Studien,* Berlin: Akademie Verlag.
이경하(2006), 「15~16세기 왕후의 글쓰기에 대한 문헌적 고찰」, 『한국고전여성문학』 7, 390-415.
______(주해)(2011), 『내훈』(소혜황후), 한길사.
이관규(2021), 『북한의 학교 문법론』, 역락.
이광린(1980), 『한국 개화사 연구』, 일조각.
이광숙(2009), 「개화기의 독일어 교육사」, 『독어교육』 46, 37-58.
이광호(1980), 「國文硏究所 「국문연구의정안」에 대해서」, 『일산김준영선생화갑기념논총』, 간행위원회, 87-115.
이규호(2000), 『말의 힘』, 좋은날.
이규영(1920), 『現今朝鮮文典』, 新文館.
이극로(1932), 「조선어 사전 편찬에 대하여」, 『한글』 1.1.
______(1948), 『國語學論叢』, 정음사.
이근수(1979), 『朝鮮朝의 語文政策 硏究』, 개문사.
이기문(1955), 「어두 자음군의 생성 및 발달에 대하여」, 『진단학보』 17, 187-258.
______(1963), 『국어 표기법의 역사적 연구』, 한국연구원.
______(1970), 『개화기의 국문연구』, 일조각.
______(1971), 『訓蒙字會硏究』 (한국문화연구총서 5), 서울대학교 한국문화연구소.
______(Ki-moon Lee)(1977), *Geschichte der Koreanischen Sprache,* Übers. hrsg von B. Lewin, Wiesbaden: Reichert Verlag.
______(1989), 「독립신문과 한글 문화」, 『周時經學報』 4, 7-21.
______(1991), 『國語 語彙史 硏究』, 동아출판사.
______(1998), 『國語史概說』(新訂版), 태학사.
______(2000), 「19세기 서구 학자들의 한글 연구」, 『학술원 논문집』 39, 107-153.
이기문 밖에(1983), 『한국어문의 제문제』, 일지사.
이기석(1982), 『동몽선습(童蒙先習)』, 홍신문화사.
이돈주(1985), 「漢字音의 硏究」, 고영근 편(1985: 179-191).

이동림(1959), 『注解 釋譜詳節』, 동국대학교 출판부.
______(1970), 『東國正韻研究』, 동국대학교 박사논문.
이병근(1978), 「愛國啓蒙主義 時代의 國語觀」, 『韓國學報』 12.
______(2000), 『한국어 사전의 역사와 방향』, 태학사.
______(2022), 『국어학사, 시대와 학문』, 태학사.
이병근 · 송철의 · 정승철 · 이종묵 · 임주탁 · 류양선(2007), 『일제 식민지 시기 한국의 언어와 문학』, 서울대학교 출판부.
이병선(1982), 『한국고대국명지명연구』, 형설출판사.
______(1996), 『일본고대지명연구』-한국 옛 지명과의 비교, 아세아문화사.
이병주(1958), 『두시언해비주』, 통문관.
이상각(2013), 『주시경과 그의 제자들』, 유리창.
이상규(2011), 『한글 고문서 연구』, 도서출판 경진.
이상희(2013), 『주시경과 그의 제자들』, 유리창.
이성규(李成珪)(2003), 「韓國 古代 國家의 形成과 漢字 受容」, 『한국고대사연구』 32, 55-93.
이숭녕(李崇寧)(1955), 『音韻論研究』, 민중서관.
______(1965), 『崔世珍研究』(아세아학보 1).
______(1981), 『世宗大王의 學問과 思想』, 아세아문화사.
이승재(李丞宰)(1992), 『高麗時代의 吏讀』(국어학총서 17), 태학사.
______(2000), 「새로 발견된 각필(角筆) 부호 구결과 그 의의」, 『새국어생활』 10.3, 135-152.
______(2002가), 「옛 文獻의 각종 符號를 찾아서」, 『새국어생활』 12.4, 21-43.
______(2002나), 「부호의 자형(字形)과 제작 원리」, 고영근 밖에(2002), 『문법과 텍스트』, 서울대학교 출판부, 61-78.
______(2009), 「묵서지편의 어학적 의의」, 『불국사 석가탑 유물』 2-중수문서.
______(2013), 『한자음으로 본 백제어 자음 체계』, 태학사.
______(2016), 『漢字音으로 본 고구려어 음운 체계』, 일조각.
이연숙(1996)/고영진 · 임경화 옮김(2006), 『국어라는 사상-근대 일본의 언어 인식』, 소명출판.
이영환(2020), 「국어 민족주의자, 신명균의 활동과 사상」, 이현희 밖에(2020:

367-383).
이용(2006), 「廣開土大王陵의 吏讀的 要素」, 『口訣研究』 17, 67-83.
이원식(李元植)(1984), 「朝鮮通信使に隨行した倭學譯官について」, 『朝鮮學報』 111, 54-117.
이을환(李乙煥)(1975가), 「論語의 言語意識에 대한 意味論的 研究」, 『亞細亞女性研究』 15, 107-134.
______(1975나), 「三國遺事에 나타난 言語意識」, 『東洋學』 5, 145-154.
______(1975다), 「三國遺事에 나타난 言語呪術 分析」, 『國語敎育』 23, 147-159.
______(1980), 『國語의 一般意味論的 研究』, 淑明女子大學校 出版部.
______(1999), 『한국의 여성 언어 - 李乙煥 教授 遺稿集 -』, 숙명여자대학교 출판부.
이응호(1975), 『개화기의 한글 운동사』, 성청사.
______(1980가), 『미군정기의 한글 운동사』, 성청사.
______(1980나), 「《조선어학회》의 창립과 그 업적」, 『어문학』 40, 37-66.
이익섭(1992), 『國語表記法研究』, 서울대학교 출판부.
이장희(2005), 『고구려 문화의 비교 연구』, 고구려연구재단.
이정호(1975), 『正易研究』, 국제대학 인문사회과학연구소.
______(1976), 『訓民正音의 構造原理』, 아세아문화사.
이종덕(2005), 「17세기 왕실언간의 국어학적 연구」, 서울시립대 박사논문.
이종덕 · 이승희 · 이병기 · 김한별(2019), 『역주 의성김씨 학봉 종가 언간』, 한국학중앙연구원 출판부.
이종철(1983), 『향가와 만엽집가의 비교 연구』, 집문당.
이중식(2008), 「최현배와 김두봉」, 『역사비평』 2, 41-67.
이태극(1974), 『時調概論』, 새글사.
이현복(ANSOL H. B. LEE)(1989), *Korean Grammar*, Oxford University Press.
______(1998), 「로마자 표기법의 이론과 실제 - 현행 표기법은 하루속히 개정되어야 -」, 『한글』 240 · 241, 425-451.
이현희 밖에(1997), 『두시와 두시언해』, 신구문화사.
______ 밖에(2014가), 『『訓民正音』의 한 이해』, 역락.
______ 밖에(2014나), 『근대 한국어 시기의 언어관 · 문자관 연구』, 소명출판.

______ 밖에(2020), 『한국어학사의 인물을 찾아서』, 역락.
이혜령(2006), 「한글 운동과 근대 미디어」, 박지향 밖에(2006: 556-598).
이홍식(2000), 「개화기의 국문 논설에 대한 고찰」, 『덕성어문학』 10.
이희승(1949), 『초급 국어문법』, 박문출판사.
______(1957), 「인간 이윤재 - 인물평전」, 『新太陽』 59.
______(2000), 『이희승 전집』, 서울대 출판부.
______(2001), 『다시 태어나도 이 길을』, 선영사.
______(2013), 『고시조와 가사 감상』, 집문당.
이희승 · 김완진(1976), 「學術 對談, 國語學半世紀」, 『韓國學報』 5, 일지사.
임기중(1967), 「新羅歌謠에 나타난 呪力觀」, 『東岳語文學』 5, 49-102.
임동철 밖에 23인(2018), 『언어와 사유』 I, II, 도서출판 동과서.
임현진(1999), 「사회문화적 접근을 통한 남북 통합의 모색」, 『통일연구』 3.1, 329-371.
장경준(2015), 「조선 초기 대명률의 이두 번역에 대하여」, 『우리어문연구』 52, 451-490.
장덕순 밖에(2006), 『구비문학개설/口碑文學概說』, 일조각.
장석진(Chang, Suuk-Jin)(1996), *Korean*, Benjamins.
장윤희(2003), 「大明律直解의 書誌學的 考察」, 『震檀學報』 96, 265-288.
장지영 · 장세경(1976), 『이두 사전』, 정음사.
장한엽(2003), 『한국의 불어 교육』, 이화여자대학교 출판부.
전해종(全海宗)(1980), 「東夷傳의 文獻的 研究 - 魏略 · 三國志 · 後漢書 東夷關係 記事의 檢討」, 『東亞史論集』 2.
정건택(1998), 「異本 「국문정리」에 대한 小考」, 『古書』 5, 30-32.
정광(鄭光)(2002), 『역학서 연구』(譯學書研究), J&C.
______(2009), 『몽고 자운 연구 - 훈민정음과 파스파 문자의 관계를 해명하기 위하여 - 』, 박문사.
______(2013), 「〈월인석보〉의 舊刹과 훈민정음의 언해본 - 正統 12년 佛日寺板 〈월인석보〉 옥책을 중심으로」, 『國語學』 68, 3-49.
______(2014), 『조선 시대의 외국어 교육』, 김영사.
______(2017), 『역학서의 세계』, 박문사.

______(2019가), 『훈민정음의 사람들』, 박문사.
______(2019나), 『동아시아 여러 문자와 한글 - 한글 창제의 비밀을 밝히다 - 』, 지식산업사.
______(2021), 『월인석보 옥책(玉冊) 연구』, 박문사.
______(2022), 『언어학사로 본 20세기까지의 한국어 연구사』, 박문사.
정길남(1987), 『개화기 국역성서의 표기법과 문법형태』, 개문사.
정병설(2005), 「조선후기 한글소설의 성장과 유통 - 세책과 방각을 중심으로 - 」, 『진단학보』 10.
정병욱(1974), 『시조문학사전』, 신구문화사.
정승혜(1997), 「김일성 교시와 김정일의 언어이론」, 김민수 편(1997).
정양완(역주)(1975), 『규합총서』(閨閤叢書), 보진재.
정연찬(1972), 『홍무정운역훈의 연구』, 일조각.
정옥자(1988), 『朝鮮後期文化運動史』, 일조각.
______(1990), 『朝鮮後期 文學思想史』(韓國文化研究叢書 26), 서울대학교 출판부.
정우영(2014), 「《訓民正音》 해례본의 '例義篇' 구조와 '解例篇'과의 상관관계」, 『國語學』 72, 103-153.
정재관(2018), 『문학과 언어 그리고 사상』, 도서출판 경남.
정재영(1995), 「順讀口訣資料 〈梵網經菩薩戒〉에 대하여」, 『口訣研究』 1, 127-234.
______(2003), 「백제의 문자 생활」, 『口訣研究』 11, 88-124.
정재환(2006), 「이승만 정권 시기 한글 간소화 파동 연구」, 성균관대학교 석사논문.
정희준(1938), 「에카르트와 한글」, 『한글』 6.8.
조강봉(2020), 『한국 지명의 어원 연구』, 태학사.
조규태(2010), 『용비어천가』, 한국문화사.
조남곤(2019), 「16세기 노비결속입안의 이두 연구」, 고려대학교 국문과 석사논문.
조동매(2011), 「조선시대 한어교본(朝鮮時代漢語教本)」 《상원제어(象院題語)》적 편사특색(的編寫特色), 『중국학논총』 33.
조동일(趙東一)(1999가), 『하나이면서 여럿인 동아시아 문학』(중세문학의 재인식 1), 지식산업사.
______(1999나), 『공동문어문학과 민족어문학』(중세문학의 재인식 2), 지식산업사.
______(2005가), 『한국문학통사』 1, 지식산업사.

______(2005나), 『한국문학통사』 2, 지식산업사.
______(2005다), 『한국문학통사』 3, 지식산업사.
______(2005라), 『한국문학통사』 4, 지식산업사.
______(2005마), 『한국문학통사』 5, 지식산업사.
______(2005바), 『한국문학통사』 6, 지식산업사.
조문제(1977), 「한말의 일어학교 교육의 연구」, 『서울교육대학 논문집』 10집.
______(1978), 「한말의 영어학교 교육의 연구」, 같은 책 11집.
______(1979), 「한말의 법어 한어 덕어 아어학교 교육의 연구」 (1), 같은 책 12집.
______(1980), 「한말의 법어 한어 덕어 아어학교 교육의 연구」 (2), 같은 책 13집.
조승복(Cho, Seungbok)(1967), *A Phonological Study of Korean, with a Historical Analysis* (Acta Universtatis Upsaliensis), Studia Uralica et Altaica Upsalensia.
조재수(2021), 『한국어 사전 편찬의 발자취』, 한글학회.
조항범(엮음)(1998), 『순천김씨묘 출토간찰』, 태학사.
중국조선족교육사편찬위(1991), 『중국조선족교육사』, 한국문화사 영인본 (1991).
지정민(池政敏)(1996), 「朝鮮前期庶民文字教育」, 『교육사학연구』 6 · 7, 97-116.
채연강(1979), 「주시경의 문법서에 대한 비교 연구」, 『성대문학』 20.
최경봉(2010), 「국어학사의 서술 방법론에 대한 비판적 고찰」, 『국어학』 59, 153-84.
______(2016), 『근대 국어학의 논리와 계보』, 일조각.
최경봉 · 시정곤 · 박영준(2008), 『한글에 대해 알아야 할 모든 것』, 책과 함께.
최계화(崔桂花)(2011), 「조선초기 韓語文政策 연구」, 서울대학교 국사과 박사논문.
최대권(2014), 「국어기본법의 위헌성에 관한 연구 - 한글 전용의 강제를 중심으로 - 」, 『법학』 55.4, 241-272, 서울대학교 법학연구소.
최윤갑(1992), 『중국에서의 조선어의 발전과 연구』, 연변대학 출판사.
최정후(1990), 『친애하는 지도자 김정일동지의 언어 리론 연구』, 사회과학출판사.
최종원(2020), 「열운 장지영의 생애와 국어학적 업적」, 이현희 밖에(2020: 329-366).
최준호(2021), 「옛 文獻 속 句讀點의 기능에 대한 일고찰」, 2021 구결학회 겨울 연구회 발표논문.

최진(2020), 「林圭에 대한 한국어학사적 연구」, 이현희 밖에(2020: 65-92).
최학근(1975), 「M. 푸질로의 露韓辭典에 대하여」, 『관악어문연구』 1, 115-154.
최현배(1930), 「朝鮮語 品詞分流論」, 『연희전문학교 문과논문집』(조선어문연구 1), 51-99.
______(1942), 『한글갈』, 정음사.
______(1961), 『한글갈』(고친판), 정음사.
최희수(1986), 『조선한자음 연구』, 흑룡강조선민족출판사.
콘체비치(L.R. Koncevich)(1971)/菅野裕臣(譯註)(1971), 「蘇聯의 韓國語學」, 『아세아연구』 14.2, 187-216.
킹(J. King)(1997), Experimentation with HANGUL in Russia and the USSR 1914~1937, in: 김영기(Kim-Renaud)(1997).
______(2004), Western Protestant Missionaries and the Origins of Korean Language — Modernization, *Journal of International and Area Studies* 11.3.
하르베크(R. Harweg)(1968), *Pronomina und Text Konstitution,* München: Fink.
________(2008), *Zeit in Mithos und Geschichte* 1, Berlin: LIT.
________(2009가), *Zeit in Mithos und Geschichte* 2, Berlin: LIT.
________(2009나), *Zeit in Mithos und Geschichte* 3, Berlin: LIT.
________(2009다), *Zeit in Mithos und Geschichte* 4, Berlin: LIT.
________(2012), *Fiktion und doppelte Wirklichkeit,* LIT.
한글박물관(2014), 『한글이 걸어온 길』.
한글학회(1971), 『한글학회 50년사』, 한글학회.
________(2014), 『주시경 100주기 추모집』.
________(2020), 「白夜 李常春의 생애와 학문」, 이현희 밖에(2020: 265-297).
한글박물관 기획, 헨리 로저스 지음/이용 밖에 옮김(2018), 『언어학으로 풀어 본 문자의 세계』, 역락.
한상권 밖에(2018가), 『校勘 · 標點 大明律直解』, 한국고전번역원.
________(2018나), 『대명률직해』 1~4, 한국고전번역원.
한영균(1994), 『후기중세국어의 모음조화 연구』, 서울대학교 박사논문.

______(2021), 『현대 한국어 형성기의 새 국한문혼용의 등장과 그 변전』(연세근대한국학총서 L-116), 소명출판.
한영우(2015), 『다시 찾는 우리 역사』(제2전면 개정판), 경세원.
______(2019), 『세종 평전』, 경세원.
허웅(1963), 『中世國語 硏究』, 정음사.
___(1970), 『용비어천가』, 정음사.
___(1975), 『우리 옛말본』, 샘문화사.
허재영(2000), 『생활 속의 금기어 이야기』, 역락.
______(2010가), 『근대 계몽기 어문 정책과 국어 교육』, 보고사.
______(2010나), 『통감시대(統監時代) 어문교육과 교과서 침탈의 역사』, 경진.
______(2011), 『일제 강점기 어문정책과 어문생활』, 도서출판 경진.
헨리 로저스 지음/이용 밖에 옮김(2018), 『언어학으로 풀어 본 문자의 세계』, 역락.
혁련정(赫連挺)/최철(崔喆)·안대회(安大會) 역주(1986), 『譯註 均如傳』, 새문사.
홍기문(1946), 『正音發達史』, 서울신문사.
홍기순(2011), 「M. П. пучипп(뿌찔로)의 노한사전에 대한 一考」, 『노어노문학』 23.3, 325-351.
홍윤표(2013가), 『한글 이야기』 1, 태학사.
______(2013나), 『한글 이야기』 2, 태학사.
______(2017가), 『초학자회』(初學字會),
______(2017나), 「초학자회(初學字會) 해제」, 『한국어사 연구』 3, 311-332.
______(2020), 「한국 한자 학습서의 변천 과정」, 『韓國語硏究』 14, 203-284.
______(2022), 『한자 학습 문헌자료 연구』, 태학사.
______(원고), 문장 부호 표기.
홍현보(2022), 『세종과 한글 이야기』, 이화.
황문환(2015), 『언간』 - 조선시대의 한글 편지, 역락.
______(2019), 「韓中間 對外機密 유지를 위한 諺簡 실용의 한 사례 - 1796년 冬至副使 李亨元이 義州府尹 沈晉賢에게 부친 諺簡 - 」, 『장서각』 46.
Huwe, A.(2010)/ 알브리히트 후베(2019), *Hangŭl und kompter*, ㈜박이정.

찾아보기

해당 용어가 자세히 설명된 쪽수에는 *표를 붙였다.

(ㄱ)

가나 9
가로쓰기 107
가로쓰기 규정 182
가로풀어쓰기 135
가벨렌츠 80
〈가을의 기도〉 261
감동적 기능 257, 258
감동적 접근 255
강준원 135
개방시대 201
개화기의 언어철학 88
거칠부(居柒夫) 14
건민회 179
계봉우 145, 222
게일 105, 117, 226
겨레말 사전 남북 공동회의 215
『겨레말큰사전』 215, 216, 227
『격몽요결』 246
《경성신문》 93
『경세정운』 51, 63
《경향신문》 94
『계림유사』 30
계명구락부 127, 132, 133
『계몽편』 246
고구려의 문자생활 10
『고금운회거요』 41
고나 237
『고려문전』 144, 222
고려시대의 문자생활 23
고려인 222
《고려일보》 222
고영근 203, 232
고유어계 160
고주몽 21
공동문어 8, 219
과학원 언어문학연구소 190
곽주 67
관념론 3, *4, 142, 163, 172, 215, 226, 234
관념론적 언어철학 4
관립한성외국어학교 113, 163
교육용 기초한자 169
『구급방언해』 45
구두점 100
구조 · 기술 언어학 168
국립국제교육원 222
국문 82
국문동식회 124
「국문론」 85
『국문연구』 87
국문연구소 *81, 174, 233
「국문연구의정안」 106, 119
『국문정리』 83, 88, 103
국어 기본법 217, *220
국어 심의회 169
『국어 정서법』 170
『국어국문학』 183

국어국문학회 170, 177, 184
『국어대사전』 139
『국어문법』 *88, 119, 190, 226
『국어문전음학』 190
국어사정위원회 199, 203
『국어생활』 176
국어순화 169
국어순화운동 161, 167, 171, *177, 181, 218, 235
국어심의회 174
국어연구소 170, 174, 176
국어연구학회 233
국어운동 대학생연합회 177
국어의 로마자 표기법 170
국어조사위원회 169, 170
국어학 업적 4
국어학사 3
국어학회 167, 184
국자 145
국자선치 40
국제 고려학회 202
국제어 220
국한문 혼용 95, 157
국한문 혼용시대 5
권덕규 123, 129
권승욱 141
권영달 129, 133, 139
귀츠라프 77
〈규중칠우쟁공기〉 72
『규합총서』 69
균여 23
균여대사 8
〈그날이 오면〉 260
근초고왕 12
글쓰기 60
글자 나열법 100
『금강경』 44
금기담 251, 262
기 236
機關 234
기술언어학 189
기초 방언 198
기호학 235, 237
기호학이론 238
길조담 262
김구 179
김규식 97, 99, 226
김두봉 123, 125, 126, 188, 233
김민수 162
김병제 179, 189, 191, 192
김수경 *158, 162, 179, 181, 188, 192
김시습 51
김영창 135
김완진 168
김윤경 127
김정일 211
김정일의 언어 이론의 특수성 214
김정일의 언어이론 204, 205
김종직 51
김현승 261
김형규 143
『깁더조선말본』 126
꿜리올리 교수 172

(ㄴ)

『나한소사전』 117
남광우 168, 169
남북국 시대의 문자생활 18
남산 신성비명 17
남한의 언어정책 178
남한의 언어학 189
『내훈』 45, 248
『녀ᄌ독본』 93
『노걸대』 76
『노박집람』 59
〈노비결송입안〉 54

노장사상 251
노장철학 251
노정기 70, 73
『노한사전』 78, 116
『논어』 243, 246
농무회 124
늣씨 119, 237
능격구문 173
『능엄경』 43
『능엄경언해』 44

(ㄷ)
다 236
다문화가정 223
다카하시 123
단군신화 255
『대명률직해』 28, *29, 53
『대승기신론소』 251
대창학원 129
『대한문전』 122
대한민국 학술원 204
『대한인 정교보』 144
도키에다(時枝誠記) 4
《독립신문》 *83, 92, 93, 102, 103, 119
『동광』 128, 133
『동국정운』 35, 38, *41, 42
『동몽선습』 27, 246
『동문선』 51
《동아일보》 128, 132, 134
『된소리 및 긴소리 연구』 169
『됴선말독본』 149
『두시언해』 45, 46
드 236
띄어쓰기 100, 105
띄어쓰기 규정 182

(ㄹ)
라틴어 154
람스테트 143, *148
람스테트의 문법 149
《레닌 기치》 222
로마자 표기법 165, 204
「로마자의 지명 일람표」 165
로쓰 78, 102, 117
로우니 77
류렬 192
류진걸 148
리극로 191, 192
리델 77, *108, 116, 226

(ㅁ)
마르크스 · 레닌의 언어이론 189
마에마 115, 143
마음 *99, 173, 236
마음으로 살핌 173
말 *99, 173, 236
말갈족 7
『말과 글』 184
『말모이』 *119, 125
말본파 166
『말의 소리』 119, 190
맞춤법 170
『맞춤법통일안』 139
머큔 · 라이샤워 표기법 170
『명심보감』 246
명월봉 179
모 236
『목우자수심결』 44
『몽산법어』 44, 46
『묘법연화경』 43
무령왕릉 13
『무식을 없이하는 자란이의 독본』 144
무용지성 240
무진사(無盡寺) 종명(鐘銘) 18
문맹퇴치운동 180
문맹퇴치의 의지 181

문법통일안 *166, 176
문법파 166
문세영 137, *138, 140
문자개혁위원회 184
문자생활 159
문장 부호 100
문장부호 60, 135, 145
문제 반정 74
문화민족주의 234
문화어 194, *211
문화어 건설 209
『문화어문법규범』 196, 198
문화어운동 161, *181, 192, 194, 209, 227, 235
『문화어학습』 195, 196
미 236, 239
미학적 기능 257
민단계 222

(ㅂ)
박사 고흥 12
박승빈 127, 132
박영옥 140
박용만 149
박종식 179
『박통사』 76
발해 사신 7
발해의 문자생활 22
방언 8, 25
『방언』 170
방종현 143
백제어 8
백제의 문자생활 12
『번역소학』 62
『범망경 보살계』 27
『법화경』 44
변체한문 11
변형 · 생성 문법 168
변형생성문법 172
『별건곤』 128
보우 52
본보기말 210
부호구결 31
북한 과학원 187, 202
북한이탈 주민 223
분단시대 5
불경 251
불상명(佛像銘) 18
『불설아미타경』 44
비석 70
〈빼앗긴 들에도 봄은 오는가〉 260

(ㅅ)
사금갑설화 256
사대(史臺) 30
『ᄉᆞ민필지』 80, 234
사비시대 12
『사소절』 246
사역원 59, 76, 163
사전편찬위원회 137
사택지적당탑비 13
사학 76, 113
사회개조 206
사회과학원 191, 203
살수 대첩 10
『삼강행실도』 47
삼국시대의 문자생활 10
『새옥편』 187
새터민 223
서거정 51
서경덕 50, 51
서기석명 15
서봉총 은합우명 12
서울대학교 국어운동학생회 167
『서유견문』 101
서재필 119, 226

서종학 203
석독구결 *26, 173
『석보상절』 39, 40, 43, 47
『석봉천자문』 49
《선봉》 145
선시(選試) 42
『선종영가집』 44
선형성 236
설장수 59
성(性) *89, 226, 227, 234
성경번역인회 112
성벽각서 12
세로쓰기 107
『세종어제훈민정음』 42
세종학당 217
세종학당재단 217
소련의 유물론 206
소통시대 5
손목 156
손목(孫穆) 30
송순 50, 51
송시열 67
〈숙세가〉 13
승문원 58
《시대일보》 139
시서화 74
신경준 63
신구현 179
신기선 95
신라 장적 18, 19
신라어 8
신라의 문자생활 14
신명균 129
『신민』 128
신사임당 52
신숙주 59
『신증유합』 49
신지글자 9
『신집』 10
신창 맹씨 묘 57
신채호 90, 94, 226
『신철자법편람』 134
《신학월보》 94
《신한민보》 150
『신한첩 곤』 64
실증론 *4, 120, 158, 162, 163, 168, 226, 235
『심경』 44
심병호 203

(ㅇ)

『아학편』 76
안병희 162, 168, 203
안확 128
애국계몽 사상가 232
양명희 203
『양주의 영비 각자』 48
어문민족주의 *90, 226, 233, 234
『어문연구』 169, 196
『어문춘추』 177
어순 재배치 11
어윤적 81
언더우드 117, 226
言靈 4
언문 34, 79
『언문말칙』 117
『언문철자법』 129
『언문철자법개정안』 131
언문청 38
언어 34
언어 생활 212
언어 생활에서의 문화성 213
언어 생활에서의 통속성 212
언어공동체 7
언어규범 213
언어기호학 237

언어문학연구소 183, 187, 193
언어순화 219
언어유형론 216
언어윤리 246
언어정책 178
언어철학 218
언어철학사 *3, 11
언어학사 3
언어학연구소 191
언어학회 192
에스페란토 131, 154
에카르트 146, 226
여규형 96
역독선 *25, 33, 173
역사민족주의 90, *233, 234
영문법 교재 153
『예기』 243
예심종결결정서 141
오구라 123, 143
오창환 144, 145
『외국말적기법』 199
외국어 학습 55, 57
외국인의 우리말 배우기 113
외국인의 우리말 학습 55
외래어 표기 57
외래어 표기법 165, 170
외래어의 한글 표기 107, 111
외래어표기법 160
용비어천가 50, 100
우리들의 외국어 배우기 113
우리말 8, 217
우리말 도로 찾기 157
우리말 되찾기 158
『우리말본』 136, 184
우중문 10
『운회』 35, 41
웅진시대 12
『원각경』 44
『원각경언해』 62
원영의 118
『월인석보』 47
〈월인천강지곡〉 40, 43, 50, 100
위항문학운동 74
『유가사지론』 32
『유기』 10
유길준 101, *122, 226
유네스코 한국위원회 170
유럽한국학회 224
유물론 215
유물론적 언어철학 219
유시욱 222
유용지성 240
유응호 181
유창돈 156
유창선 156
『유합』 58, 76
『육조법보단경언해』 47
윤치호 78, 84, 226
을지문덕장군 10
음독구결 27
『음식디미방』 65
의미해석이론 238
이광수 95
이규방 123
이규영 123, 124
이극로 123, *127, 130, 139, 142, 147, 179, 233
이기 96
이기문 168, 172, 232
이기영 191
이능화 81, 95
이두 9
이두 자료 173
이두문 34, 225
이두문의 확대 사용 52
이두의 발아 10

『이로파』 59
이문 225
이미륵 147
이병기 123, 129, 142
이상춘 123, 135
이상화 260
이석린 141
『이수신편』 63
이숭녕 143, *158, 162
이승만 93, 161, 226
이언적 50
이윤재 123, 136, *137, 141, 233
이이 51
이중언어학계 202
이중언어학회 201
이중화 141
이태준 136
이필수 123
이호원 202
이황 51
이희승 132, 139, *141, 169
인간개조 206
일 99, 173, 236
일본문 전용시대 5
일본어 교육 150
일의 뜻 *99, 173, 236
일제 강점기 151
임동훈 203
임진장초 53
임홍빈 203

(ㅈ)

자연개조 206
장수왕 11
장지영 123, *124, 141
재외국민교육원 222
재일 교포 221
전통시대 5
절충적 체계 132
정교 96
정극인 50
정렬모 123, 127, 129, 192
정리된 철자법 128
정문부 53
정서법 100, 134
『정음』 133
정음사상 34, *161
정인승 141
정철 50, 51
정태진 141
제2유형 131
제문 70
조선 총독부 128
『조선관역어』 30
조선글자 7
『조선말 사전』 186
『조선말규범집』 *192, 193, 194, 195, 197, 213
『조선문전』 223
『조선문철자법』 130
『조선민족어발전력사연구』 200
『조선사상통신』 129
조선시대 언간 57
조선어 7
『조선어 문법』 184
조선어 및 조선문학연구소 182
『조선어 신철자법』 178, 182
『조선어 연구』 179
조선어 연구회 123, 133
『조선어 외래어 표기법』 183
『조선어 철자법』 184, 193
『조선어력사문법』 198
『조선어문』 183, 184, 187
『조선어문법』 179
조선어문연구회 158, 179
『조선어문정체』 139, 140

『조선어사전』 *121, 122, 140, 157, 179, 186
조선어사전편찬회 130, 136
조선어사정위원회 203
조선어속기술연구회 131
조선어연구회 124, 132
『조선어철자법』 184
『조선어학』 184, 187, 190
조선어학계 202
조선어학연구회 *132, 133, 134, 137
『조선어학전서』 204
조선어학회 *133, 134, 135
조선어학회 수난 141, 157, 169
조선언문회 126
『조선왕조실록』 114
《조선일보》 128
조총련계 222
〈조침문〉 71
족보 70, 72
종서 102
주몽 10
주술력 4
주술적 기능 256
주시경 81, 85, 87, 90, 92, 97, 98, *119, *121, 131, 209, 226, 231
주시경 연구 190
주시경 연구소 232
『주시경 전집』 232
주시경 학파 128
주시경 후계학파 *123, 132
『주시경선생유고』 190
『주시경전집』 173
주체언어이론 206, 209
주체언어철학 218
주체의 언어리론 194
중국어 학습서 154
중국의 조선족 202
중성독용십일자 56
《중외일보》 128, 130
중원 고구려비 12
『지명 총람』 171
지볼트 75, 77, 146
지석영 *101, 118, 226
『직지심체요절』 30
『진단학보』 179
〈짬듣갈〉 98
쯔놈 9

(ㅊ)

차자 표기법 5, 218
『천자문』 58, 76
철자법 100, 105, 121
초기이두 28
초기이두문 11
초성독용팔자 56
초성종성통용팔자 56
『초학자회』 42, 55
총독부 정서법 134
최경창 259
최남선 136
최만리 36
최석정 63
최세진 59
최정후 192, 198, 205, 210
최행귀 8
최현배 123, 127, 129, *131, 136, 141, 160, 164
칠지도 13

(ㅋ)

코제리우 172
『큰사전』 137, *157, 167, 186

(ㅌ)

태학 10
텍스트과학 233, 235

통일 220
통일문법 161
통일신라 시대의 문자생활 18
통일언어철학 217

(ㅍ)
파울 127
『팔만대장경』 30
팔종성법 100
평양말 210, 213
표음적 철자법 128
『표준국어대사전』 223
『표준국어문법론』 176
표준말 170
표준말 규정 182
표준어 183
표준어 개정안 175
『표준조선말사전』 186
푸찔로 78, 116
필모어 172

(ㅎ)
하기국어강습소 *87, 123, 124, 233
하위지 51
학교문법용어 160
학봉 종가 언간 68
학술원 174
한국교열기자협회 171
한국어 7
한국어 능력 시험 217
『한국어 초보』 78
한국어교육학회 224
한국어문교육연구회 169, 177
『한국언어지도집』 204
한국언어학회 192
한국외국어대학 113, 163
한국정신문화연구원 170
한국학대회 224
한국학중앙연구원 170
한글 7, 9, *119, 145, 157, 225, 227, 228
「한글 간소화 방안」 188
한글 고문서 66
한글 교육 55
한글 맞춤법 175
한글 모 124
한글 박물관 66
한글 반절표 75
한글 전용 95, 157, 159, 169
한글 전용 시행 168
「한글 전용 실천 요강」 163
한글 전용 운동 91
한글 전용 정책 167, 168
한글 전용 찬성론자 161
한글 전용 특별심의회 164
한글 전용법 159, 163, 180
한글 제문 71
『한글 첫 걸음』 157
한글 파동 159
『한글』 129, 184
『한글마춤법통일안』 *128, 132, 134, 135, 138, 157, 178, 182
「한글만 쓰기에 관한 성명서」 164
한글맞춤법 161
『한글모 죽 보기』 124
『한글새소식』 171
한글의 로마자 표기 107, 109
「한글의 로마자 표기법」 165
한글의 로마자표기법 160
한글파동 161, 188
한글학회 164, 169, 171, 180, 231
한나라글 119
한나라말 119
「한나라말」 104
한말 157, 228
『한말글』 177

한문 33, 220
한문 전용 95
한문 학습서 155
한문교육 강화 168
『한불ᄌᆞ뎐』 108, 117
『한빛』 128
漢城 12
한성시대 12
《한성주보》 91
한승곤 105
『한영자전』 105
한자 *9, 33, 220
『한자 안쓰기의 이론』 160
한자교육 169
한자선치 40
한자어계 160
한자폐지 95
한자폐지 반대론자 161
한징 141
한힌샘 231, 238
한힌샘 유고집 232
한힌샘 주시경 모임 232
해동강서파 51
해방공간 5, 156, 157, 159
해석학적 언어철학 *3, 90, 119, 123, 136, 209, 218, 243
향찰 28, 225
허난설헌 52
허웅 169
헐버트 226, 234
헨더슨 172
『현대조선말사전』 195, 200
협력시대 5, 215
형태·음소적 원칙 178
홍기문 133, 179, 189, 191, 192, 198
『홍무정운역훈』 35
『화엄경』 25
화엄경 사경 조성기 18
「황극경세성음해」 51
황부영 189
《황성신문》 86, 93, 95
황윤석 63
〈황조가〉 10
황찬 36
횡서 102
『훈몽자회』 42, 49, 56, 58, 76
훈민정음 225
『훈민정음 해례』 35, 37, 60, 62, 98, 100, 190
『훈민정음』 36
『훈민정음운해』 63
훈요십조 8
훈점 31
훔볼트의 언어철학 127
휴정 52

(A)
Aston 108
Grammaire Coréenne 117